Hana Klages und Giulio Pagonis (Hrsg.)
Linguistisch fundierte Sprachförderung und Sprachdidaktik

DaZ-Forschung

―

Deutsch als Zweitsprache, Mehrsprachigkeit und Migration

Herausgegeben von
Bernt Ahrenholz
Christine Dimroth
Beate Lütke
Martina Rost-Roth

Band 7

Linguistisch fundierte Sprachförderung und Sprachdidaktik

Grundlagen, Konzepte, Desiderate

Herausgegeben von
Hana Klages und Giulio Pagonis

DE GRUYTER

ISBN 978-3-11-055539-4
e-ISBN (PDF) 978-3-11-035510-9
e-ISBN (EPUB) 978-3-11-039411-5
ISSN 2192-371X

Library of Congress Cataloging-in-Publication Data
A CIP catalog record for this book has been applied for at the Library of Congress

Bibliografische Information der Deutschen Nationalbibliothek
Die Deutsche Nationalbibliothek verzeichnet diese Publikation in der Deutschen Nationalbibliografie; detaillierte bibliografische Daten sind im Internet über http://dnb.dnb.de abrufbar.

© 2017 Walter de Gruyter GmbH, Berlin/München/Boston
Dieser Band ist text- und seitenidentisch mit der 2015 erschienenen gebundenen Ausgabe.
Lektorat: Sabine Lambert, München/Hamburg
Druck und Bindung: CPI books GmbH, Leck

♾ Gedruckt auf säurefreiem Papier
Printed in Germany

www.degruyter.com

Inhalt

Vorwort —— vii

Karin Aguado
Sprachliche Routinen als Wegbereiter für den Erwerb bildungssprachlicher Handlungsfähigkeit im schulischen DaZ-Kontext —— 1

Doreen Bryant und Nadine Noschka
Personal- und Demonstrativpronomen im Sprachverstehensprozess. Untersuchungen zum Erwerb funktionaler Anapherndistribution bei DaM, DaF und DaZ —— 17

Stefanie Haberzettl
Schreibkompetenz bei Kindern mit DaZ und DaM —— 47

Hana Klages und Johannes Gerwien
Verstehen anaphorischer Personalpronomina im DaZ- und DaM-Erwerb —— 71

Beate Lütke
„From meta-processes to conscious access". Metasprachliche Fähigkeiten im frühen Zweitspracherwerb aus theoretischer, empirischer und sprachdidaktischer Perspektive —— 99

Anja Müller
Spracherwerbstheoretische Aspekte der (Zweit-)Sprachdidaktik —— 123

Giulio Pagonis
Zur Eignung von expliziter Formfokussierung in der schulischen DaZ-Vermittlung —— 141

Julia Ricart Brede
Zur Didaktik des Versuchsprotokolls als Aufgabe eines sprachsensiblen Fachunterrichts und eines fachsensiblen Sprach(förder)unterrichts —— 173

Sarah Schimke
Die rezeptive Verarbeitung von Markierungen der Diskurskohärenz bei Grundschulkindern mit Deutsch als Erst- oder Zweitsprache —— 193

Sarah Schneitz
Passiv im kindlichen Zweitspracherwerb – Diagnostik und Förderimplikationen — **215**

Tetyana Vasylyeva und Gunde Kurtz
Das „Robuste Wortschatztraining" im schulischen Spracherwerb.
Theoretische Begründung und Beispiele aus der Praxis — **237**

Register — **265**

Vorwort

Am 4./5. Oktober 2013 fand an der Universität Heidelberg die Tagung „*Linguistisch fundierte Sprachförderung und Sprachdidaktik: Grundlagen, Konzepte, Desiderate*" statt. Ausgerichtet vom Institut für Deutsch als Fremdsprachenphilologie und dem dort seit 2004 angesiedelten Sprachförderprojekt *Deutsch für den Schulstart* schuf die Tagung einen Rahmen, in dem Fragen der Sprachförderung und Sprachbildung im Bereich Deutsch als Zweitsprache vor dem Hintergrund linguistischer und didaktischer Forschungsbefunde diskutiert wurden. Damit knüpfte die Tagung an einem zentralen Anliegen des Projektes *Deutsch für den Schulstart* an: die Nutzbarmachung aktueller Erkenntnisse aus der Spracherwerbsforschung für die Entwicklung einer Sprachförderkonzeption, die abgestimmt auf das Alter und den Sprachstand von Vorschul- und Grundschulkindern Fortschritte im Spracherwerb (Wortschatz, Grammatik, Text) unterstützt.

Im Rahmen der Projektarbeit hatte sich ein (psycho-)linguistischer Zugang zu Fragen der Sprachförderung als sinnvoll und gangbar erwiesen; gleichzeitig zeigte sich, dass eine Vertiefung der Zusammenarbeit zwischen erwerbstheoretischer Forschung und Sprachvermittlungspraxis im DaZ-Bereich notwendig ist.

Vor diesem Hintergrund kann dieser aus der Heidelberger Tagung hervorgegangene Sammelband als Beitrag zur Stärkung der Kooperation beider Disziplinen verstanden werden. Die zusammengetragenen Beiträge vereint das Anliegen, didaktisch relevante Aussagen zur DaZ-Vermittlung (psycho-)linguistisch zu begründen. Sie liefern somit Impulse, die bei der Ausgestaltung von Sprachförderkonzepten oder von konkretem Sprachfördermaterial genutzt werden können.

Die Beiträge lassen sich in drei Gruppen gliedern:

Die erste Gruppe befasst sich im Rahmen von empirischen Studien mit der Entwicklung des Deutschen als Erst- und Zweitsprache und leitet auf Grundlage der gewonnenen Erkenntnisse Aussagen zu potentiellen Fördergegenständen und didaktischen Vorgehensweisen ab. Doreen Bryant & Nadine Noschka, Hana Klages & Johannes Gerwien sowie Sarah Schimke wenden sich dabei dem Erwerb referentieller Ausdrücke in Texten zu, Sarah Schneitz dem Erwerb von Passivstrukturen und Stefanie Haberzettl sowie Julia Ricart Brede der Aneignung von schulrelevantem, textsortenspezifischem Wissen.

Auch Karin Aguado und Beate Lütke setzen den Schwerpunkt ihrer Beiträge auf den Spracherwerb. Dabei spricht sich Aguado für die Vermittlung von Chunks im DaZ-Erwerb aus, während Lütke sich der Entwicklung metasprachlicher Fähigkeiten im frühen Zweitspracherwerb zuwendet.

Giulio Pagonis und Tetyana Vasylyeva & Gunde Kurtz schließlich fokussieren methodisch-didaktische Aspekte der Sprachförderung. Während Vasylyeva & Kurtz ein Konzept zur Förderung des Wortschatzes vorstellen, reflektiert Pagonis in seinem Beitrag die Eignung formfokussierender Vermittlungsmethoden im Grundschulbereich.

Die in den Beiträgen formulierten Desiderate spiegeln den immer noch bestehenden Bedarf an empirischer Erkenntnis zu Spracherwerb und Sprachförderung im DaZ-Kontext wider. In seiner Gesamtheit kann der vorliegende Band dennoch als ein Beitrag der Linguistik zur dringend geforderten Interdisziplinarität im DaZ-Bereich verstanden werden. Wir verbinden mit der Publikation die Hoffnung, bei der anwendungsorientierten Arbeit von Sprachdidaktikern Berücksichtigung zu finden, konzeptuelle Entscheidungshilfen zu liefern und somit einen Beitrag zu einer besseren und effektiveren Sprachförderung zu leisten.

Wir danken allen Autorinnen und Autoren für die konstruktive Zusammenarbeit, die es ermöglicht hat, den Sammelband zeitnah zur Tagung herauszugeben. Darüber hinaus bedanken wir uns bei der Dürr-Stiftung (Hamburg) sowie der Günter-Reimann-Dubbers-Stiftung (Heidelberg), ohne deren langjährige und vertrauensvolle Unterstützung die Projektarbeit, die Ausrichtung der Tagung und die Herausgabe des Sammelbandes nicht möglich gewesen wären. Ein besonderer Dank gilt Erika Kaltenbacher, die das Projekt *Deutsch für den Schulstart* von 2004 bis 2013 geleitet hat und maßgebliche Impulse zur Ausrichtung der Tagung und Entstehung des Sammelbandes geliefert hat.

Heidelberg, im August 2014
Hana Klages
Giulio Pagonis

Karin Aguado
Sprachliche Routinen als Wegbereiter für den Erwerb bildungssprachlicher Handlungsfähigkeit im schulischen DaZ-Kontext

Abstract: Die Bildungssprache ist gekennzeichnet von einer Vielzahl sprachlicher Routinen, die für die erfolgreiche Bewältigung spezifischer Handlungssituationen unverzichtbar sind. Voraussetzung für den Erwerb einer angemessenen bildungssprachlichen Handlungsfähigkeit ist eine gut entwickelte alltagssprachliche Kompetenz, die jedoch insbesondere bei Kindern aus einem eher bildungsfernen Umfeld häufig nicht gegeben ist. Diese Lerner/innen bedürfen daher einer besonderen schulischen Unterstützung, indem ihnen gezielt geeignete sprachliche Mittel zur Verfügung gestellt werden, die sie zur Durchführung bildungssprachlicher Kernhandlungen wie z. B. ‚Beschreiben', ‚Erklären' oder ‚Begründen' nutzen können. Solche Routinen erfüllen gleichzeitig mehrere Funktionen: sie verhelfen den Sprecher/innen zur Bildung grammatisch korrekter und idiomatisch angemessener Äußerungen, geben ihnen Formulierungssicherheit und unterstützen sie auf diese Weise beim Erwerb der erforderlichen Handlungsfähigkeit.

Keywords: Bildungssprache, sprachliche Routinen, Sprachdidaktik, Sprachförderung, Sprachentwicklung, Chunks, Kollokationen, phraseologische Ausdrücke

1 Einleitung

Jede Sprache bzw. jede Sprechergemeinschaft verfügt über verschiedene spezifische Sprachgebrauchsformen bzw. Varietäten, die von ihren Sprechern im jeweiligen sozialen Kontext erworben werden. Die Bildungssprache ist eine Varietät des sozial-funktionalen Kontexts ‚Schule' bzw. ‚Bildung'. Sie enthält historisch einzelsprachlich geprägte sprachliche Mittel und stellt somit eine wichtige „kulturelle Ressource" (vgl. Feilke 2012) dar, die es zu erhalten und ggf. weiterzuent-

---

Karin Aguado: Professorin für Deutsch als Fremd- und Zweitsprache: Fremdsprachenlehr- und -lernforschung, Universität Kassel, Kurt-Wolters-Str. 5, D-34125 Kassel, e-mail: karin.aguado@uni-kassel.de

wickeln gilt. Im Rahmen des FörMig-Programms[1] wird unter Bildungssprache Folgendes verstanden:

> Schulerfolg setzt die Beherrschung einer Sprachebene voraus, die durch Formen von Schriftlichkeit geprägt und damit deutlich abgehoben ist von der allgemeinen, mündlichen Umgangssprache. Je weiter Schüler in ihrer Bildungsbiographie voranschreiten und je mehr sich Unterricht in Fächer ausdifferenziert, umso mehr kommt es darauf an[,] Inhalte ohne erklärende Kontexte, sondern allein mit fachsprachlichen Mitteln verstehen und ausdrücken zu können. Dieses sprachliche Register nennen wir Bildungssprache. (http://www.foermig-berlin.de/konzeption.html, 09.09.2014)

Die Aufgabe der Schule besteht daher darin, Schüler/innen eine „bildungssprachliche Kompetenz zu vermitteln, die sie zum Handeln in dekontextualisierten Kommunikationssituationen befähigt" (Ohm 2010: 88). Lange Zeit ist davon ausgegangen worden, dass diese Kompetenz beiläufig erworben wird bzw. als gegeben vorausgesetzt werden kann. In jüngster Zeit zeigt sich jedoch immer häufiger, dass insbesondere Schülerinnen und Schüler, die Deutsch als Zweitsprache sprechen bzw. erlernen und deshalb u. U. noch nicht über sichere alltagssprachliche Wissensbestände („*BICS*")[2] verfügen, aber auch Kinder mit Deutsch als Muttersprache, die aus sozial benachteiligten und eher bildungsfernen Familien stammen, Schwierigkeiten mit dem Erwerb bildungssprachlicher Kompetenzen („*CALP*")[3] haben und daher einer spezifischen Unterstützung bedürfen (s. Haberzettl in diesem Band). Falls die für den Erwerb erforderlichen frühkindlichen sozialen Erfahrungen also nicht in dem Maß vorhanden sind, dass sich Schüler/innen aktiv an sprachbasierten unterrichtlichen Aufgaben beteiligen können, müssen die fehlenden Ressourcen und Fähigkeiten durch gezielte schulische Unterstützung entwickelt werden – auch damit sich die wechselseitige Wirksamkeit von kognitiven und sprachlichen Kompetenzen optimal entfalten kann. Etwa ab der 4. Klasse unterscheidet sich die im schulischen Unterricht verwendete Sprache zunehmend von der Alltagssprache. Die zu verarbeitenden Unterrichtsinhalte werden anspruchsvoller und abstrakter, die Relevanz des ‚Hier-und-Jetzt' verringert sich, und auch die Möglichkeiten der Bezugnahme auf eigene Erfahrungen nehmen kontinuierlich ab. Damit Schüler/innen diese stetig steigenden Anforderungen bewältigen können, müssen sie eine über alltagssprachliche Kompetenzen hinausgehende bildungssprachliche Handlungsfähigkeit entwickeln (vgl. dazu auch Feilke 2012).

---

[1] Mehr zum BLK-Programm FörMig (= *Förderung von Kindern und Jugendlichen mit Mi*grationshintergrund) ist unter http://www.foermig.uni-hamburg.de (09.09.2014).
[2] *BICS = Basic Interpersonal Communicative Skills*, vgl. dazu Cummins (1979).
[3] *CALP = Cognitive Academic Language Proficiency*, vgl. dazu Cummins (1979).

Sowohl die normale Alltagssprache als auch die allgemeine Bildungssprache ist gekennzeichnet von bevorzugten und somit erwartbaren Ausdrücken und Formulierungen unterschiedlichen Umfangs (vgl. dazu z. B. Feilke 1996). Solche zum geteilten Sprachgebrauchswissen zählenden Routinen werden im Laufe der (primären, sekundären und tertiären) Sozialisation erworben. Ein kompetenter Gebrauch sprachlicher Varietäten zeichnet sich u. a. durch die Fähigkeit aus, mittels typischer und gebräuchlicher Formulierungen situativ angemessen und ‚flüssig' zu handeln (vgl. dazu Pawley & Syder 1983). Pragmatisch dienen solche formelhaften Routinen dem Ausdruck von Zugehörigkeit und durch die interaktive, kooperative Aushandlung bzw. wechselseitige Angleichung (vgl. Trofimovich 2013) der Partizipation an der jeweiligen (ziel)kulturellen Praxis (vgl. Adolphs & Durow 2004) bzw. am jeweiligen Diskurs und damit der Integration in die betreffende Sprechergemeinschaft (vgl. Dörnyei et al. 2004).

Nach einer Skizzierung der Spezifika der beiden Varietäten ‚Alltagssprache' und ‚Bildungssprache' und den daraus resultierenden Konsequenzen für den schulischen Unterricht folgt eine knappe Zusammenfassung der wesentlichen Merkmale und Funktionen von sprachlichen Routinen im Sprachgebrauch und Spracherwerb unterschiedlicher Lernergruppen, bevor abschließend Überlegungen zu der Frage angestellt werden, inwiefern die gezielte Vermittlung von sprachlichen Routinen insbesondere DaZ-Sprecher/innen in ihrem Erwerb bildungssprachlicher Kompetenzen unterstützen kann.

2 Gemeinsamkeiten und Unterschiede von ‚Alltagssprache' und ‚Bildungssprache' und ihre Implikationen für den schulischen Unterricht

Zwar sind die Gemeinsamkeiten und Unterschiede zwischen der ‚Alltagssprache' und der ‚Bildungssprache' schon andernorts ausführlich beschrieben worden (vgl. z. B. Schleppegrell 2001). Dennoch sollen die zentralen Aspekte dieser beiden Varietäten noch einmal kurz skizziert werden, und zwar mit Bezug auf die Lern(er)perspektive. Es soll gezeigt werden, worin die Schwierigkeiten für Lernende liegen können, deren Sprachkenntnisse aus verschiedensten Gründen nicht so entwickelt sind, wie es der schulische Unterricht meist voraussetzt – also wenn z. B. die in der Schule verwendete Sprache nicht die Erst-, sondern die Zweitsprache der Lernenden ist.

Viele Lernende – und auch Lehrende – gehen irrtümlicherweise davon aus, dass sich die Bildungssprache in erster Linie durch ihren Wortschatz von der

Alltagssprache unterscheidet.⁴ Dies ist zwar ein offensichtliches und auch wichtiges Kennzeichen dieser Varietät, das jedoch um weitere, z. T. komplexere Merkmale auf der morphologischen, syntaktischen und lexiko-grammatischen Ebene ergänzt wird. Doch zunächst zu den typischen Merkmalen der Alltagssprache: Unser alltäglicher Sprachgebrauch ist generell stark kontextualisiert, Bedeutungen werden in der direkten *face-to-face*-Interaktion ko-konstruiert bzw. ausgehandelt: Die Interaktanten können praktisch jederzeit in den Verstehens- und Produktionsprozess des jeweils anderen eingreifen und tun dies auch. D. h. die Alltagssprache ist konzeptionell mündlich und wird normalerweise dialogisch gebraucht, die Gesprächsbeteiligten vervollständigen gegenseitig ihre oft kurzen und z. T. elliptischen Äußerungen. Die produktiven und rezeptiven Verwendungen der Alltagssprache sind also eng miteinander verzahnt. Sprachliche Äußerungen werden i. d. R. von Nonverbalia begleitet bzw. unterstützt; allerdings kommt es auch vor, dass sie vollständig von ihnen ersetzt werden. Psychologisch betrachtet besteht im alltagssprachlichen Gebrauch normalerweise eine Nähe zwischen den Interaktanten, meist kennen sie einander und teilen kommunikative Erfahrungen, aus denen entsprechende gegenseitige sprach- und handlungsregulierende Erwartungen an die jeweils dialektal, soziolektal oder idiolektal geprägten Spezifika ihres Sprachgebrauchs erwachsen.

In der Bildungssprache haben wir es hingegen mit einer an der Standardsprache ausgerichteten, primär geschriebenen, zumindest aber konzeptionell schriftlichen Varietät zu tun (vgl. Koch & Österreicher 1985, 1994). Bildungssprachliche Texte sind grundsätzlich situationsunabhängig, monologisch und haben keinen konkreten Adressaten. Die Sätze in dieser Varietät sind i. d. R. länger, ihre Syntax hypotaktischer, ihre Grammatik komplexer. Zu den bildungssprachlichen Spezifika, die Lerner/innen sowohl bei der Rezeption als auch bei der Produktion Schwierigkeiten bereiten, gehören komplexe Komposita, Nominalisierungen, Passivkonstruktionen, (synthetischer) Konjunktivgebrauch, Partizipialkonstruktionen, komplexe Konnektoren, hypotaktische Satzkonstruktionen sowie sprachliche Routinen bzw. phraseologische Ausdrücke. Um bildungssprachliche Texte verstehen zu können, ist auf Seiten der Sprachbenutzer/innen neben der Beherrschung der genannten Merkmale eine gewisse Antizipationsfähigkeit erforderlich, die sich jedoch erst mit zunehmender Erfahrung entwickeln kann.

---

4 Dies nehmen im Übrigen auch viele Studienanfänger in Bezug auf die Wissenschaftssprache an – was ein möglicher Grund für die in den ersten Fachsemestern vielfach zu beobachtenden Schwierigkeiten bei ihrer angemessenen rezeptiven und produktiven Verwendung sein könnte.

Was Feilke (2003: 7) in Bezug auf die sprachliche Basishandlung ‚Beschreiben' festgestellt hat, nämlich dass sie die Wahrnehmung nicht einfach nur abbildet, sondern sie darüber hinaus auch strukturiert, gilt meiner Auffassung nach ebenso für alle anderen bildungssprachlichen Sprechhandlungen wie ‚Berichten', ‚Erzählen', ‚Zusammenfassen', ‚Instruieren', ‚Vergleichen', ‚Bewerten', ‚Erklären', ‚Begründen', ‚Argumentieren' und ‚Schlussfolgern'. Auch bei ihnen wird durch die jeweils erforderliche Formulierungsarbeit Wissen nicht nur abgerufen und wiedergegeben, sondern auch aufgebaut und erworben. Von besonderer Relevanz erscheint mir in diesem Zusammenhang auch die Idee Ortners, die Bildungssprache als ‚Themenentfaltungsmodus' zu begreifen,

> in dem Schul- und Orientierungswissen entwickelt, d. h. bearbeitet und dargestellt wird. Um in diesem Modus arbeiten zu können, benötigt ein Schreiber umfangreiches Szenario- und Frame-Wissen,[5] aber auch lexikalische Ausdrücke, mit denen textsortenspezifische Operationen vollzogen werden, z. B. wenn unterschiedliche Teile einer Argumentation moderierend aufeinander bezogen werden (Ortner 2009: 2233).

In den ersten Schuljahren werden die zuvor genannten Sprechhandlungen noch bevorzugt mit alltagssprachlichen Mitteln realisiert – im Laufe der Zeit werden die Inhalte kognitiv anspruchsvoller und die sprachliche Form entsprechend komplexer. Ohne eine gute alltagssprachliche Basis kann es dabei zu keiner erfolgreichen Weiterentwicklung kommen. Für Ortner (2009: 2229) stellt sich das Verhältnis der beiden Varietäten zueinander so dar, dass „die Alltagssprache im Zuge der weiterführenden Bildung zur Bildungssprache ‚veredelt'" wird. Für den Fall, dass die erforderlichen Basiskenntnisse, die im Laufe der Sozialisation in der alltagssprachlichen Kommunikation durch Imitation, Interaktion und Aushandlung erworben werden, nicht in dem erforderlichen Maß vorhanden sind, müssen sie im schulischen Unterricht u. a. durch eben diese Strategien entwickelt werden.

---

5 Gemeint sind damit ganzheitlich aktivierte „handlungs- und geschehensbezogene Wissensbestände" (Busse 2009: 81) bzw. Wissensrahmen, denen allgemeine Strukturprinzipien der menschlichen Kognition zugrunde liegen (vgl. v.a. Minsky 1974, Fillmore 1977 sowie Schank & Abelson 1977) und die auf typischen, standardisierten kollektiven zwischenmenschlichen Situationen und Erfahrungen beruhen.

3 Merkmale und Funktionen von sprachlichen Routinen im Sprachgebrauch

Die im vorliegenden Beitrag fokussierten sprachlichen Routinen sind linguistisch betrachtet höchst unterschiedlich – sie reichen von Diskursmarkern über Kollokationen und Muster[6] bis hin zu phraseologischen Ausdrücken. Fragen der formalen Klassifikation sind im vorliegenden Zusammenhang jedoch nicht von Bedeutung und werden hier deshalb nicht weiter diskutiert. Im Zentrum der Betrachtung soll vielmehr die Rolle dieser idiomatisch geprägten Ausdrucksmittel im Sprachgebrauch und im Spracherwerb stehen, d. h. sie sollen hinsichtlich ihrer pragmatischen und psycholinguistischen Funktionen aus der Sprachbenutzer- bzw. aus der Lernendenperspektive beleuchtet werden.

Die hier besprochenen Sequenzen sind Wahrnehmungs- und Gedächtniseinheiten. Die hohe Geschwindigkeit einer kompetenten – d. h. mühelosen, flüssigen und effizienten – Sprachproduktion ließe sich ohne die Verwendung solcher memorisierten komplexen Formulierungen gar nicht erklären (vgl. dazu u. a. de Bot 1992). Sie können entweder ganzheitlich erworben und memorisiert oder aufgrund von Regeln gebildet und anschließend automatisiert worden sein. Entsprechend können sie also auf unterschiedliche Weisen mental repräsentiert sein; es ist daher grundsätzlich auch möglich, dass sie in der Lernersprache gleichzeitig auf verschiedene Weisen „vorhanden" sind (wie Ann Peters bereits im Jahr 1983 annahm) und dabei entweder in freier Variation stehen oder in Abhängigkeit von noch zu ermittelnden Faktoren (wie z. B. dem jeweiligen Sprachstand oder der Situation) komplementär verwendet werden.[7]

Sprachliche Routinen spielen auf allen Ebenen und in allen Modi der Sprachverarbeitung eine Rolle. Sie tragen sowohl bei der Rezeption (d. h. beim Hören und Lesen) als auch bei der Produktion (d. h. beim Sprechen und Schreiben) zu einer verbesserten Verarbeitung bei (vgl. Wray 1999: 213): Durch die Verwendung von langzeitgespeicherten Formulierungen kommt es zu einer Entlastung des Arbeitsgedächtnisses und zur Freisetzung von kognitiven Ressourcen für parallel stattfindende – sowohl sprachliche als auch nicht-sprachliche – Prozesse.

---

[6] Unter Mustern versteht man beispielhafte Strukturen, die das Ergebnis sprachlich-sozialen Handelns sind. Muster weisen unterschiedliche Grade an Festigkeit bzw. an festen und variablen Bestandteilen auf.

[7] Da sich zunehmend auch Neurowissenschaftler wie z.B. Tremblay & Baayen (2010) für formelhafte Sequenzen und deren Verarbeitung interessieren, sind hier in absehbarer Zeit sicherlich interessante Einsichten im Hinblick auf ihre mentale Repräsentation zu erwarten.

Zusätzlich zu den vom Sprachsystem vorgegebenen und den in der Interaktion ausgehandelten Routinen schaffen sich insbesondere L2-Lerner/innen häufig ihre eigenen, z. T. hochgradig idiosynkratischen (und daher zielsprachlich nicht immer korrekten bzw. angemessenen) Routinen: D. h. für gut befundene Formulierungen – seien sie aufgrund von interlingualem Transfer, per L2-Analogie oder anderweitig selbst konstruiert – werden gespeichert und wiederverwendet, was zu unidiomatischen Äußerungen führen kann, die – wenn sie nicht rechtzeitig erkannt und korrigiert werden – aufgrund ihrer selbstverstärkenden Wirkung leicht fossilisieren können.

4 Gemeinsamkeiten, Unterschiede und individuelle Besonderheiten beim Erwerb von sprachlichen Routinen durch unterschiedliche Altersgruppen[8]

Für den L1-Erwerb gilt es als empirisch gesichert, dass Kinder zunächst unanalysiert memorisierte und verwendete Sequenzen im Laufe der Zeit segmentieren, die ihnen zugrundeliegende grammatische Information entnehmen, diese produktiv verwenden und auf diese Weise ihre weitere sprachliche Entwicklung aktiv vorantreiben (vgl. dazu z. B. Lieven et al. 1997). Im Alter von etwa acht Jahren ist Wray & Perkins (2000) zufolge die Sprachkompetenz von L1-Kindern so weit entwickelt, dass die analytische Komponente die nicht-analytische zeitweilig dominiert. Langfristig erfolgt der L1-Sprachgebrauch dann aber offenbar wieder stärker vorgefertigt (vgl. dazu v. a. Perkins 1999) – dem analytischen System kommt dabei die Funktion eines Monitors zu.

Genau wie L1-Erwerber verwenden kindliche L2-Erwerber in der sozialen Interaktion komplexe Formulierungen zunächst unanalysiert, und erst später entnehmen und nutzen sie die darin enthaltenen grammatischen Informationen für ihre weitere sprachliche Praxis (vgl. dazu z. B. Tomasello 2003 und 2006).

Auch jugendliche und erwachsene L2-Lernende verwenden *Chunks*, allerdings bevorzugt in ihrer kommunikations- bzw. produktionsstrategischen und weniger in ihrer erwerbsstrategischen Funktion. Grundsätzlich lässt sich jedoch feststellen, dass ältere Lernende stärker auf Einzelelemente und nicht so sehr auf

---

8 Für einen Überblick zur Rolle von formelhaften Sequenzen für den L2-Erwerb siehe Aguado (2002); zum Zusammenhang der Nutzung von *Chunks* und dem Faktor ‚Alter' vgl. Aguado (2013).

Sequenzen achten (vgl. dazu z. B. Handwerker & Madlener 2009). Dieser Fokus resultiert offenbar aus einem Mangel an Bewusstheit über die Formelhaftigkeit von Sprache, was häufig zu direkten Übersetzungen aus der L1 und damit zu einem unidiomatischen und somit markierten L2-Gebrauch führt (vgl. dazu Fitzpatrick & Wray 2006). Dieses Verhalten könnte eine Folge der im herkömmlichen Fremdsprachenunterricht nach wie vor bevorzugt praktizierten Art der Wortschatzarbeit sein, nämlich Präsentation, Memorisierung und Abruf von Wortpaaren bzw. -gleichungen. Es ist zweifelsohne kognitiv aufwendiger, sich anstelle eines Einzellexems eine Sequenz von Lexemen einzuprägen, so dass es nachvollziehbar ist, wenn Lernende diesen Aufwand scheuen und stattdessen auf kleinere Einheiten fokussieren. Aber weil – wie korpuslinguistische Analysen belegen (vgl. z. B. bereits Sinclair 1991 oder Biber et al. 1999) – der alltägliche Sprachgebrauch voller rekurrenter Sequenzen ist und eine kompetente Sprachbeherrschung ihre Verwendung umfasst, erscheint es geboten, Lernende dafür zu sensibilisieren, gezielt auf solche Sequenzen im Input zu achten und anschließend in ihr eigenes Formulierungsrepertoire zu übernehmen.

Darüber hinaus ist festzustellen, dass (insbesondere nicht-kindliche) L2-Lernende bei der Rezeption von zielsprachlichen Äußerungen bevorzugt auf den Inhalt bzw. die Bedeutung achten, was dazu führen kann, dass sie ihre Aufmerksamkeit ‚abschalten' und die sprachliche Form ignorieren, sobald sie glauben, eine Äußerung inhaltlich verstanden zu haben und zu wissen, um was es geht. In Bezug auf die erforderliche Genauigkeit bei der Wahrnehmung von komplexen unterrichtstypischen Formulierungen, aber auch von vergleichsweise einfachen Ausdrücken wie z. B. (transparenten) Kollokationen (wie *ein Buch aufschlagen, eine Berechnung durchführen, einen Vergleich vornehmen, eine Einschätzung abgeben*) ist dies jedoch ungünstig und führt nachgewiesenermaßen zu Schwierigkeiten und Fehlern bei der anschließenden eigenen Verwendung solcher Sequenzen (vgl. dazu die Studien von Zöfgen 2001 oder Bardovi-Harlig 2008). D. h. nicht nur hinsichtlich der Grammatik, sondern auch in Bezug auf komplexe Lexik ist auf die sprachliche Form zu achten. Da die meisten Lernenden dies nicht wissen, richten sie darauf keine Aufmerksamkeit, was häufig fehlerhafte Äußerungen zur Folge hat, insbesondere je kontextfreier und abstrakter – also je bildungssprachlicher – die Formulierungen gebraucht werden. Während Kinder aus eher bildungsnahen Familien, die mit nur einer L1 aufwachsen, nicht nur viel mehr zielsprachlichen Input erhalten, sondern ihn darüber hinaus im Rahmen der Familienkommunikation viel intensiver aushandeln, sind Kinder, die ihre Deutschkenntnisse unter anderen, ungünstigeren Bedingungen erwerben, hier im Nachteil. Hinzu kommen unterschiedliche, z. T. individuelle, aber z. T. auch sozioökonomisch bedingte Spracherwerbsstile wie referentiell/analytisch vs. expressiv/holistisch (vgl. z. B. Szagun 2006), die sich unterschiedlich auf den Erwerbsprozess auswirken können.

Dörnyei et al. (2004) haben im Rahmen ihrer empirischen Untersuchung des Zusammenhangs zwischen individuellen Unterschieden und dem Erwerb vorgefertigter Sequenzen im Zweitsprachenerwerb erwachsener Lerner Folgendes beobachtet:

> Success in the acquisition of formulaic sequences appears to be the function of the interplay of three main factors: language aptitude, motivation and sociocultural adaptation. (Dörnyei et al. 2004: 105)

Wenngleich bei Kindern grundsätzlich von einer hohen Motivation und einem starken Bedürfnis nach Anerkennung und Akzeptanz durch Gleichaltrige und somit von der Bereitschaft zur soziokulturellen sowie zur psychosozialen Anpassung (vgl. dazu Birdsong 2005) ausgegangen werden kann – d.h. eine zentrale Voraussetzung für den Erwerb formelhafter Sequenzen ist bei den meisten DaZ-Kindern als gegeben anzunehmen –, müssen sie aufgrund nicht ausreichender *BICS*-Grundlagen dennoch stärker als die meisten DaM-Kinder in ihren Erwerbsbemühungen hinsichtlich bildungssprachlicher Routinen unterstützt werden, insbesondere wenn sie aus eher bildungs- und schriftfernen Elternhäusern kommen, in denen sie bis zum Schuleintritt nicht die erforderliche Sprachkompetenz erworben haben.[9]

L2-Lernende, die sich gezielt bemühen, eine Sprache inklusive ihrer diversen Register – wie z.B. die Bildungssprache – so zu verwenden, wie es kompetente Sprecher/innen dieser Sprache tun, erwerben quasi nebenbei auch die wesentlichen Partizipationsvoraussetzungen – d.h. Wissen über Präferenzen, Normen und Werte der Zielkultur (vgl. Coulmas 1979). In Bezug auf den Erwerb von bildungssprachlichen Sequenzen scheint hier die partielle oder vollständige Imitation besonders erfolgversprechend, weil diese Ausdrucksmittel durch ihre ganzheitliche Wahrnehmung, Memorisierung und Anwendung erworben werden müssen und nicht – wie die meisten grammatischen Phänomene – alternativ durch das Verstehen und Anwenden von Regeln oder per Analogie erschlossen werden können. Sprachlich korrekte und pragmatisch-situativ angemessene Formulierungen können Lernenden als ‚Sicherheitsinseln' (vgl. auch Raupach 1984) ein Gefühl der Souveränität im Umgang mit der Zielsprache vermitteln, was sich nicht zuletzt auch positiv auf die für den Lernerfolg so wichtige Aufrechterhaltung der Motivation auswirken kann.

---

9 Aus Platzgründen kann an dieser Stelle nicht auf den hier m.E. wichtigen individuellen Faktor der ‚Sprachlerneignung' eingegangen werden – also einer Expertise, die sich auf der Grundlage vielfältiger Beziehungen zwischen individuellen Lernervariablen und kognitiven Anforderungen der jeweiligen L2-Umgebung entwickelt. Für einen Überblick vgl. Schlak (2008) – einen der wenigen deutschsprachigen Beiträge zu dieser Thematik – oder Granena & Long (2013).

Im Unterschied zu erwachsenen L2-Lernenden, die aufgrund ihres Alters und ihrer abgeschlossenen erstsprachlichen und erstkulturellen Sozialisation häufig Hemmungen haben, identitätsstiftende zielsprachen- und zielkulturspezifische Merkmale – wie z. B. Aussprache und Prosodie sowie sprachliche Routinen – durch gezielte Imitation und häufige Wiederholung zu erwerben, sind diese Strategien kindlichen L2-Lernenden meist noch nicht so fremd. Kinder sind es gewohnt, ihre Sprache kontinuierlich zu verändern und zu restrukturieren. Ihr Weltwissen sowie ihre Erfahrungen und Erwartungen in Bezug auf Sprache sind insgesamt noch nicht so umfangreich und noch nicht so verfestigt – was in Bezug auf die Förderung der Bildungssprache in vielfältiger Weise genutzt werden kann.

Zusammenfassend lässt sich aufgrund der zuvor grob skizzierten Unterschiede zwischen kindlichen, jugendlichen und erwachsenen L2-Lernenden feststellen, dass ihre altersbedingt unterschiedlich gelagerten sozialen und kommunikativen Bedürfnisse sowie die an sie gerichteten Erwartungen und Anforderungen im Hinblick auf Korrektheit, Flüssigkeit und Komplexität und Angemessenheit ihres Sprachgebrauchs eine wesentliche Rolle auch im Hinblick auf den erfolgreichen Erwerb von sprachlichen Routinen spielen, denen Rechnung zu tragen ist. Wie dies im Hinblick auf bildungssprachliche Routinen im DaZ-Kontext aussehen kann, soll im folgenden Abschnitt skizziert werden.

5 Schlussfolgerungen für den unterrichtlichen Einsatz von bildungssprachlichen Routinen im DaZ-Kontext

Da – wie zuvor bereits erwähnt – bildungssprachliche Spezifika im Allgemeinen nicht beiläufig mitgelernt werden (vgl. dazu auch Grundler 2010: 67), müssen sie zum Lerngegenstand gemacht werden. Für die Ausbildung einer optimalen bildungssprachlichen Handlungsfähigkeit sollte Schüler/innen ein den schulspezifischen Anforderungen angepasstes Repertoire von sprachlichen ‚Fertigteilen' angeboten werden, denn:

> Häufig werden in Lernsituationen feste Formulierungen und Wendungen verwendet (Fragen stellen, Versuchsbeobachtungen formulieren, Argumentieren, Erklären usw.). Hier ist es insbesondere für Zweitsprachenlerner wichtig, dass sie Redemittel und unterschiedliche sprachliche Handlungsmuster in mündlicher und schriftlicher Form erwerben, sie in unterschiedlichen kommunikativen Situationen verwenden und ihre Wirkung erfahren. (Budde 2012: 88)

Budde (2012: 89) spricht in diesem Zusammenhang auch von einem „Sprachgeländer" zur Unterstützung der Gestaltung von monologischen und dialogischen Redebeiträgen – eine Bezeichnung, die sich gut in das Bild des in jüngster Zeit vermehrt diskutierten *scaffolding*-Ansatzes (siehe z. B. Gibbons 2002, 2006) einfügt, bei dem es unter Bezugnahme auf Vygotskys (1978) Konzept von der ‚Zone der proximalen Entwicklung' (ZPD) darum geht, Lernende durch angepasste didaktische Maßnahmen darin zu unterstützen, sich neue fachliche und sprachliche Inhalte zu erschließen und dabei an den äußersten Rand ihrer ZPD zu gehen, indem sie erfolgreich Aufgaben bearbeiten, die anspruchsvoller sind als diejenigen, die sie allein bewältigen könnten. Ziel ist die schrittweise systematische Erarbeitung einer korrekten und angemessenen Sprachverwendung: Von den Lehrkräften zur Verfügung gestellte bildungssprachliche Sequenzen können hier als Orientierungsgrundlage dienen, auf der Schüler/innen ihre Aufgabenlösungen in sprachlich angemessener Weise formulieren, ohne dabei allzu viel über die konkrete sprachliche Gestaltung nachdenken zu müssen. Mit zunehmender Sicherheit in Bezug auf den Lerngegenstand bzw. den fachlichen Inhalt können Lernende dann auf dieser Basis die bereits erworbenen Formulierungen variieren und ihre Äußerungen allmählich freier und kreativer formulieren. Da die im schulischen Unterricht gebräuchlichen bildungssprachlichen Routinen nur bedingt selbsterklärend sind und zumindest von DaZ-Lerner/innen in ihren Funktionen nicht ohne Weiteres verstanden und korrekt angewendet werden, müssen sie in ihrer idiomatisch geprägten Musterhaftigkeit explizit thematisiert werden. Alle im Abschnitt 2 genannten bildungssprachlichen Kernhandlungen vom ‚Beschreiben' bis zum ‚Schlussfolgern' können mithilfe von formelhaften Routinen oder Mustern (wie z. B. *Es wird gezeigt, dass...* , *Zusammenfassend ist festzustellen, dass ...*, *Im Gegensatz/Unterschied zu ...*, oder *Meiner Einschätzung/ Meinung/Auffassung nach ...*, *Es fällt auf, dass ...*, *Daraus kann man schließen, dass ...*, *Dagegen könnte man einwenden, dass ...*) realisiert werden, die als solche zwecks kognitiver Entlastung der Formulierungsarbeit als Modelle bzw. als „Sprachgeländer" zur Verfügung gestellt und anschließend gezielt eingeübt werden sollten (vgl. dazu z. B. Budde 2012). Ihre kompetente Verwendung erfordert Kenntnis und Verständnis des Gebrauchszusammenhangs (vgl. dazu bereits Nattinger 1980: 341) und entsprechendes Textsortenwissen, d. h. Wissen über die zu vollziehenden Handlungen. Lackman (2011) schlägt vor, sich hinsichtlich sprachlicher Routinen auf die Vermittlung von Strategien zu konzentrieren, wobei er die Schaffung eines Bewusstseins für die Formelhaftigkeit von Sprache für zentral hält:

> The idea is not so much that students remember the structure of various lexical chunks, for there are far too many to remember, but that they become aware of the structural nature of

> the language beyond the traditional grammar structures. Once they have some awareness of how language is chunked together, they are more likely to notice how a particular lexical chunk is structured and that dissection process is a step not only towards retaining that structure but also other structures like it. (Lackman 2011: 5)

Dabei lediglich auf der metakognitiven Ebene zu bleiben oder ausschließlich auf umfangreichen, situativ eingebetteten und strukturierten Input zu setzen, erscheint jedoch nicht ausreichend. Lernende können noch so viel Input angeboten bekommen, wenn sie die darin enthaltenen Formulierungen – nachdem sie sie bewusst wahrgenommen haben (Stichwort: *noticing*) – nicht selbst in situativ angemessenen Kontexten wiederholt anwenden und somit aktiv verarbeiten, werden diese nicht zu *Intake*[10] (vgl. dazu u. a. auch Taguchi 2008). Im Idealfall sollten L2-Lernende auch im Unterricht als sie selbst handeln und authentische, für sie relevante und nützliche Sprechhandlungen – ohne kontraproduktive „wohlmeinende Vereinfachungen" (Ohm 2010: 103) – vollziehen, bei denen sie die ihnen zur Verfügung gestellten Formulierungen der Zielvarietät ‚Bildungssprache' verwenden. Durch die kollaborative Bewältigung von Aufgaben, bei der Schüler/innen gemeinsam Wissen konstruieren und strukturieren, das sie unter Zuhilfenahme sprachlicher Routinen mündlich und schriftlich korrekt, angemessen und damit sicher formulieren, können sie die für ihren schulischen Erfolg erforderlichen bildungssprachlichen Kompetenzen erwerben und festigen (für eine Reihe von guten methodisch-didaktischen Überlegungen und unterrichtspraktischen Vorschlägen vgl. z. B. Budde 2012).

Abschließend bleibt festzuhalten, dass wir hinsichtlich der empirischen Erforschung des Erwerbs bildungssprachlicher Handlungsfähigkeit noch ganz am Anfang stehen. Von besonderem Interesse scheint mir u. a. die Frage zu sein, ob es hinsichtlich der bildungssprachlichen Handlungsfähigkeit tatsächlich einen kategoriellen Unterschied zwischen DaM- und DaZ-Kindern gibt oder ob in der Schule nicht grundsätzlich viel mehr an der Sprachbewusstheit *aller* Kinder gearbeitet werden sollte, um der wichtigen Rolle der Sprache für den Erwerb und die Strukturierung von Wissen Rechnung zu tragen.

---

10 Unter *Intake* versteht man den von Lernenden wahrgenommenen, verstandenen und anschließend in das eigene lernersprachliche System integrierten *Input*.

6 Literatur

Adolphs, Svenja & Durow, Valerie (2004): Social-cultural integration and the development of fomulaic sequences. In Schmitt, Norbert (ed.): *Formulaic sequences. Acquisition, processing and use*. Amsterdam, Philadelphia: John Benjamins, 107–126.

Aguado, Karin (2002): Formelhafte Sequenzen und ihre Funktionen für den L2-Erwerb. *Zeitschrift für Angewandte Linguistik* 37: 27–49.

Aguado, Karin (2013): Sprachenlernen mit Chunks. Welche Rolle spielt der Faktor ‚Alter'? In Blachut, Edyta; Jarosz, Józef; Malgrorzewicz, Anna & Opilowski, Roman (Hrsg.): *Sprachwissenschaft im Fokus germanistischer Forschung und Lehre*. Wroclaw, Dresden: Neisse, 231–242.

Bardovi-Harlig, Kathleen (2008): Recognition and production of formulas in L2 pragmatics. In Han, Zhao-Hong (ed.): *Understanding second language process*. Clevedon: Multilingual Matters, 205–222.

Biber, Douglas; Johansson, Stig; Leech, Geoffrey; Conrad, Susan & Finegan, Edward (1999): *The Longman Grammar of Spoken and Written English*. London: Longman.

Birdsong, David (2005): Why not fossilization? In Han, Zhao-Hing & Odlin, Terence (eds.): *Studies of Fossilization in Second Language Acquisition*. Clevedon: Multilingual Matters, 173–188.

Budde, Monika (2012): *Über Sprache reflektieren*. Unterricht in sprachheterogenen Lernergruppen. Kassel: kassel university press.

Busse, Dietrich (2009): *Semantik. Eine Einführung*. München: Fink.

Coulmas, Florian (1979): On the sociolinguistic relevance of routine formulae. *Journal of Pragmatics* 3: 239–266.

Cummins, James (1979): Linguistic interdependence and the educational development of bilingual children. *Review of Educational Research* 49/79: 222–251.

de Bot, Kees (1992): Bilingual production model: Levelt's 'speaking' model adapted. *Applied Linguistics* 13: 1–24.

Dörnyei, Zoltán; Durow, Valerie & Zahran, Khawla (2004): Individual differences and their effects on formulaic sequence acquisition. In Schmitt, Norbert (ed.): *Formulaic sequences*. Amsterdam, Philadelphia: John Benjamins, 87–106.

Ellis, Nick (2001): Memory for language. In Robinson, Peter (ed.): *Cognition and second language instruction*. Cambridge, MA u. a.: Cambridge University Press, 33–68.

Erman, Britt (2009): Formulaic language from a learner perspective: What the learner needs to know. In Corrigan, Roberta; Moravcsik, Edith; Ouali, Hamid & Wheatley, Kathleen (eds.): *Formulaic Language*. Vol. 2: Acquisition, loss, psychological reality and functional explanations. Amsterdam, Philadelphia: John Benjamins, 323–346.

Feilke, Helmuth (1996): *Sprache als soziale Gestalt. Ausdruck, Prägung und die Ordnung der sprachlichen Typik*. Frankfurt am Main: Suhrkamp.

Feilke, Helmuth (2003): Basisartikel Beschreiben und Beschreibungen. *Praxis Deutsch* 182: 6–14.

Feilke, Helmuth (2012): Bildungssprachliche Kompetenzen – fördern und entwickeln. *Praxis Deutsch* 233: 4–13.

Fillmore, Charles C. (1977): Scenes-and-Frames Semantics. In Zampolli, Antonio (ed.): *Linguistic structures processing*. Vol. 5. Amsterdam u. a.: North-Holland, 55–81.

Fitzpatrick, Tess & Wray, Alison (2006): Breaking up is not so hard to do: individual differences in L2 utterances in L2 utterance memorization. *Canadian Modern Language Review* 63/1: 35–57.

Gibbons, Pauline (2002): *Scaffolding language, scaffolding learning*. Teaching second language learners in the mainstream classroom. Portsmouth, NH: Heinemann.

Gibbons, Pauline (2006): Unterrichtsgespräche und das Erlernen neuer Register in der Zweitsprache. In Mecheril, Paul & Quehl, Thomas (Hrsg.): *Die Macht der Sprachen*. Englische Perspektiven auf die mehrsprachige Schule. Münster u. a.: Waxmann, 269–290.

Granena, Gisela & Long, Mike (2013): *Sensitive periods, language aptitude, and ultimate attainment*. Amsterdam, Philadelphia: John Benjamins.

Grundler, Elke (2010): Argumentieren in der Zweitsprache. In Ahrenholz, Bernt (Hrsg.): *Fachunterricht und Deutsch als Zweitsprache*. Tübingen: Narr-Attempto, 55–68.

Handwerker, Brigitte & Madlener, Karin (2009): *Chunks für DaF*. Theoretischer Hintergrund und Prototyp einer multimedialen Lernumgebung (inkl. DVD). Baltmannsweiler: Schneider Hohengehren.

Koch, Peter & Oesterreicher, Wulf (1985): Sprache der Nähe – Sprache der Distanz. Mündlichkeit und Schriftlichkeit im Spannungsfeld von Sprachtheorie und Sprachgeschichte. *Romanistisches Jahrbuch* 36/85: 15–43.

Koch, Peter & Oesterreicher, Wulf (1994): Schriftlichkeit und Sprache. In Günther, Hartmut & Ludwig, Otto (Hrsg.): *Schrift und Schriftlichkeit. Writing and its use*. Ein interdisziplinäres Handbuch internationaler Forschung. An Interdisciplinary Handbook of International Research. Berlin, New York: de Gruyter, 587–604.

Lackman, Ken (2011): *Lexical Approach Activities*. Methods for more effective teaching with less preparation. KL + Ken Lackman and Associates – Educational Consultants.

Lewis, Michael (ed.) (1997): *Implementing the Lexical Approach*. Hove, England: Language Teaching Publications.

Lieven, Elena V. M.; Pine, Julian M. & Baldwin, Gillian (1997): Lexically-based learning and early grammatical development. *Journal of Child Language* 19: 287–310.

Minsky, Marvin (1971): A framework for representing knowledge. In *Artificial Intelligence Memo* No. 306, M.I.T. Artificial Intelligence Laboratory.

Nattinger, James (1980): A Lexical Phrase Grammar for ESL. *TESOL Quarterly* 14: 337–344.

Ohm, Udo (2010): Von der Objektsteuerung zur Selbststeuerung: Zweitsprachenförderung als Befähigung zum Handeln. In Ahrenholz, Bernt (Hrsg.): Fachunterricht und Deutsch als Zweitsprache. Tübingen: Narr-Attempto, 87–105.

Ortner, Hanspeter (2009): Rhetorisch-stilistische Eigenschaften der Bildungssprache. In Fix, Ulla; Gardt, Andreas & Knape, Joachim (Hrsg.): *Rhetorik und Stilistik. Ein internationales Handbuch historischer und systematischer Forschung*. Bd. 2. Berlin: de Gruyter, 2227–2240.

Pawley, Andrew & Syder, Frances H. (1983): Two puzzles for linguistic theory: nativelike selection and nativelike fluency. In Richards, Jack C. & Schmidt, Richard W. (eds.): *Language and Communication*. London: Longman, 191–227.

Perkins, Mick R. (1999): Productivity and formulaicity in language development. In Garman, Michael; Letts, Carolyn; Richards, Brian; Schelletter, Christina & Edwards, Susan (eds.): *Issues in Normal and Disordered Child Language: From Phonology to Narrative*, Special Issue of The New Bulmershe Papers. Reading: University of Reading, 51–67.

Peters, Ann M. (1983): *The units of language acquisition*. New York: Oxford University Press.

Raupach, Manfred (1984): Formulae in second language speech production. In Dechert, Hans et al. (eds.): *Second language productions*, Tübingen: Narr, 114–137.
Schank, Roger & Abelson, Robert (1977): *Scripts, plans, goals, and understanding: An inquiry into human knowledge structure*. Hillsdale, NJ: Lawrence Erlbaum.
Schlak, Torsten (2008): Fremdsprachenlerneignung: Tabuthema oder Forschungslücke? Zum Zusammenhang von Fremdsprachenlerneignung, Fremdsprachenlernen und Fremdsprachenvermittlung. *Zeitschrift für Fremdsprachenforschung* 19: 3–30.
Schleppegrell, Mary J. (2001): Linguistic features of the language of schooling. *Linguistics and Education* 12/4: 431–459.
Sinclair, John (1991): *Corpus, concordance, collocation*. Oxford: Oxford University Press.
Szagun, Gisela (2006): *Sprachentwicklung beim Kind*. Weinheim: Beltz.
Taguchi, Naoko (2008): Building language blocks in L2 Japanese: Chunk learning and the development of complexity and fluency in spoken production. *Foreign Language Annals* 41: 130–154.
Tomasello, Michael (2003): *Constructing a language: A usage-based theory of language acquisition*. Cambridge: Harvard University Press.
Tomasello, Michael (2006): Acquiring linguistic constructions. In Kuhn, Deanna & Siegler, Robert (eds.): *Handbook of Child Psychology*. New York: Wiley.
Tremblay, Antoine & Baayen, Harald (2010): Holistic processing of regular four-word sequences: A behavioral and ERP study of the effects of structure, frequency, and probability on immediate free recall. In Wood, David (ed.): *Perspectives on formulaic language: Acquisition and communication*. London: The Continuum International Publishing Group, 151–173.
Trofimovich, Pavel (2013): *Linguistic convergence in dialogue. Interactive alignment as language learning?* Plenarvortrag auf der 23. EUROSLA, Amsterdam, 31. August 2013.
Vygotsky, Lev S. (1978): *Mind in society. The development of higher psychological processes*. Cambridge, MA: Harvard University Press.
Wray, Alison (1999): Formulaic language in learners and native speakers. *Language Teaching* 32: 213–231.
Wray, Alison & Perkins, Mick R. (2000): The functions of formulaic language: An integrated model. *Language & Communication* 20: 1–28.
Zöfgen, Ekkehard (2001): Lexikalische Zweierverbindungen: ‚Vertraute Unbekannte' im mentalen Lexikon germanophoner Französischlerner. *französisch heute* 31: 89–107.

Doreen Bryant und Nadine Noschka
Personal- und Demonstrativpronomen im Sprachverstehensprozess

Untersuchungen zum Erwerb funktionaler Anapherndistribution bei DaM, DaF und DaZ

Abstract: Personal- und Demonstrativpronomen verfügen über unterschiedliche anaphorische Kapazitäten und unterliegen verschiedenen Restriktionen. Erst eine sichere Kenntnis der Anbindungspotentiale und -beschränkungen ermöglicht ein zielsprachliches Verfassen und Verstehen kohäsiver Texte. Während sich deutsche Muttersprachler mit Personalpronomen (*er, sie, es*) präferiert auf das Diskurstopik beziehen, das typischerweise die Subjektposition einnimmt, wird ein Demonstrativpronomen (*der, die, das/dieser, diese, dieses*) üblicherweise verwendet, um auf das Nicht-Subjekt zu referieren oder um einen Topikwechsel anzuzeigen. Gestützt auf experimentell erhobene Sprachverstehensdaten liefert der folgende Beitrag für verschiedene Lernerpopulationen Einblicke in den Erwerb der funktionalen Anapherndistribution. Wie die Daten dokumentieren, handelt es sich um einen ausgesprochen schwierigen Lerngegenstand. Bei den untersuchten erwachsenen DaF-Lernern (mit Türkisch und Persisch als L1) wirkt sich offenbar das muttersprachliche Muster der Anaphernresolution auf den Erwerbsprozess aus. Der Datenvergleich von Viertklässlern mit DaZ und DaM lässt unter Einbeziehung aktueller Erwerbsstudien vermuten, dass ein vom erstsprachlichen Weg abweichender Zugang ins deutschtypische Verweis-System (mit entsprechend fehlenden Vorausläufern) den anaphorischen Erwerbsprozess deutlich erschweren kann.

Keywords: funktionale Anapherndistribution, Anaphernauflösung, Personalpronomen, Demonstrativpronomen, Erstspracherwerb, Zweitspracherwerb, Sprachverstehen, Grundschule

---

Doreen Bryant: Professorin für Germanistische Linguistik / Deutsch als Zweitsprache: Sprachdiagnostik und Sprachförderung, Universität Tübingen, Deutsches Seminar, Wilhelmstr. 50, D-72074 Tübingen, e-mail: doreen.bryant@daz.uni-tuebingen.de
Nadine Noschka: Wissenschaftliche Mitarbeiterin am Lehrstuhl für Deutsch als Zweitsprache, Deutsches Seminar, Universität Tübingen, Wilhelmstr. 50, D-72074 Tübingen, e-mail: nadine.noschka@daz.uni-tuebingen.de

1 Einleitung[1]

Das Deutsche verfügt über ein umfangreiches Anaphernrepertoire mit partiell überlappenden Funktionen, aber auch mit klaren Beschränkungen. Dies sei anhand der folgenden Beispiele kurz illustriert:[2]

(1) Peter geht immer auf Nummer sicher. **Er/Der/*Dieser** hat stets einen Regenschirm bei sich.

(2) a. Peter$_1$ traf seinen Freund in der Stadt. **Er$_1$/*Der$_1$/*Dieser$_1$** hatte einen Regenschirm bei sich.

b. Peter traf seinen Freund$_2$ in der Stadt. **?Er$_2$/Der$_2$/Dieser$_2$** hatte einen Regenschirm bei sich.

In Beispiel (1) mit nur einem möglichen Antezedenten im vorhergehenden Satz sind das Personalpronomen (PERS) und das einfache Demonstrativpronomen austauschbar, nicht aber in (2a), wo zwei potentielle Referenten zur Auswahl stehen und auf das Subjekt *Peter* Bezug genommen werden soll. Sowohl das hinsichtlich der phonologischen Form einfache (DEM I) als auch das komplexe Demonstrativpronomen (DEM II) sind in diesem Falle ausgeschlossen. Hingegen sind DEM I und DEM II in (2b) gleichermaßen geeignet, um auf das Objekt *seinen Freund* zu verweisen.

Dieser Beitrag untersucht aus verschiedenen Erwerbsperspektiven das Anbindungsverhalten bei PERS, DEM I und DEM II, und zwar anhand sprachlicher Kontexte mit zwei potentiellen Referenten, s. (2).

Warum ist es interessant und notwendig, sich mit diesem Phänomenbereich zu beschäftigen? Es handelt sich hier um einen hochkomplexen Lerngegenstand, über dessen Erwerbsverlauf wir immer noch relativ wenig wissen. Zudem ist allgemein bekannt, dass obwohl viele Schüler und Schülerinnen Schwierigkeiten beim Herstellen anaphorischer Bezüge haben (u. a. Peschel 2006), der Unterricht weder am Ende der Grundschule noch in der Sekundarstufe I hinreichend auf das Gestalten referentieller Kohärenz vorbereitet (u. a. Musan & Noack 2014). Mehr Grundlagenforschung dazu, wie sich die anaphorischen Fähigkeiten bei Kindern

---

[1] Der Artikel enthält an ausgewiesenen Stellen im Rahmen von Abschlussarbeiten erhobene Daten von Pegah Azizpour, Eva Bohnet und Susanne Göttfert, denen wir herzlich hierfür danken. Ein großer Dank geht auch an Robin Hörnig für seine Unterstützung in statistischen Belangen. Für die konstruktiven Anregungen zum eingereichten Beitrag danken wir Christine Dimroth, Hana Klages, Giulio Pagonis und einem anonymen Gutachter.

[2] Die relevanten Formen sind fett hervorgehoben. Ist eine Form mit Asterisk markiert, ist ihre Verwendung in diesem Kontext ausgeschlossen. Ein Fragezeichen steht vor einer unpräferierten, aber möglichen Verwendung.

im Schulalter unter Berücksichtigung ihrer Erwerbssituation entwickeln und darauf basierende didaktische Empfehlungen könnten hier möglicherweise positive Veränderungen bewirken. Ein besonderes Forschungsdesiderat besteht hinsichtlich der Interpretation referentieller Bezüge in Abhängigkeit vom Pronomentyp, weswegen wir unsere Sprachverstehensexperimente für diesen Teilbereich konzipiert haben. Die Untersuchungen geben Aufschluss darüber, ob und wie pronominale Funktionsunterschiede in den Prozess der Anaphernresolution einbezogen werden.

Für DaZ- und DaF-Lerner stellt der Erwerb der funktionalen Anapherndistribution eine ganz besondere Herausforderung dar. Einerseits fußt der zielsprachliche Gebrauch pronominaler Anaphern auf einem sicher beherrschten Genussystem, das wiederum als schwer zu erwerben gilt, andererseits unterscheiden sich die Anbindungsmöglichkeiten in den Sprachen der Welt, so dass je nach anaphorischer Prägung durch die Erstsprache mit zusätzlichen Schwierigkeiten zu rechnen ist. So wirkt sich bei den untersuchten erwachsenen DaF-Lernern (mit Türkisch und Persisch als L1) das muttersprachliche Muster der Anaphernresolution offenbar ungünstig auf den Erwerbsprozess aus – nicht so bei den untersuchten DaZ-Kindern. Der Datenvergleich von Viertklässlern mit DaZ und DaM lässt unter Einbeziehung aktueller Erwerbsstudien jedoch vermuten, dass ein vom erstsprachlichen Weg abweichender Zugang ins deutschtypische Verweis-System (mit entsprechend fehlenden Vorausläufern) eine starke Unsicherheit im Umgang mit den verschiedenen Anapherntypen bewirkt.

2 Anaphorische Anbindung von Personal- und Demonstrativpronomen

Im Fokus unserer Untersuchungen stehen Personalpronomen (*er, sie, es*), einfache Demonstrativpronomen (*der, die, das*) und komplexe Demonstrativpronomen (*dieser, diese, dieses*) in ihrer anaphorischen Verwendung. Das Personalpronomen der dritten Person fungiert im Deutschen als unmarkierte Anapher und wird deutlich häufiger verwendet als Demonstrativpronomen (u. a. Bosch & Umbach 2007)[3]. Von den beiden Demonstrativpronomen ist DEM I das frequentere – im Mündlichen wie im Schriftlichen.

---

[3] So fanden Bosch & Umbach (2007) im NEGRA-Corpus, das deutsche Zeitungstexte in einem Umfang von 355.000 Wörtern enthält, 1436 Personalpronomen und 180 Demonstrativpronomen.

Eine Anapher zeigt dem Rezipienten an, worüber bzw. über wen gerade eine Aussage getroffen wird. Kommen mehrere potentielle Antezedenten im Text vor, muss die anaphorische Referenz unter Berücksichtigung verschiedener grammatischer und pragmatischer Hinweise aufgelöst werden. Hierfür können Numerus- und/oder Genusinformationen, aber auch Weltwissen hinzugezogen werden. Zudem kann auch der pronominale Typ Aufschluss über den referentiellen Bezug geben. Pronominale Formen verfügen, wie bereits in Kapitel 1 illustriert, über unterschiedliche anaphorische Kapazitäten (vgl. u. a. Bittner & Kühnast 2012). Der folgende Abschnitt versucht die Unterschiede, die in (2a) und (2b) sichtbar wurden, im Rahmen einschlägiger Anbindungstheorien zu erklären.

Durch anaphorische Ausdrücke wird signalisiert, ob der Referent, der momentan im Zentrum der Aufmerksamkeit steht, dort verbleibt oder ob der Leser seine Aufmerksamkeit auf einen anderen Referenten richten soll (vgl. Schnotz 2000: 500). Personal- und Demonstrativpronomen erfüllen hierbei jeweils unterschiedliche Funktionen. Bosch, Rozario & Zhao (2003: 4) formulieren in Bezug auf die Referenz von Personal- und Demonstrativpronomen die *Complementary Hypothesis*: „Anaphoric personal pronouns prefer referents that are established as discourse topics, while demonstratives prefer non-topical referents." Als Topik wird in der Informationsstrukturtheorie jene Entität bezeichnet, über die auf Satzebene eine Aussage gemacht wird. Charakteristisch für Diskurstopiks, deren Domäne Mehrsatzeinheiten sind, ist, dass sie schon zu einem früheren Zeitpunkt in den Diskurs eingeführt wurden und nicht etwa erst im aktuellen Satz erscheinen (vgl. Bosch & Umbach 2007: 13). Bosch & Umbach begründen die *Complementary Hypothesis* (bezugnehmend auf Comrie 1997) wie folgt: Personalpronomen beziehen sich auf Referenten, von denen erwartet wird, dass sie wieder aufgegriffen werden, Demonstrativpronomen hingegen auf Referenten, von denen man dies nicht erwartet. Referenten, von denen ein Wiederaufgegriffenwerden erwartet wird, stellen typischerweise das Topik im jeweiligen Diskurs dar. Demnach beziehen sich Personalpronomen auf Referenten, die als Diskurstopiks etabliert sind. Sie dienen als Anzeiger der Themenfortführung im jeweiligen Diskurs und werden daher als Kontinuitätssignal verstanden (vgl. Consten & Schwarz-Friesel 2007: 266, 282). Sie weisen darauf hin, dass am Topik des aktuellen Diskurses festgehalten wird. Demonstrativpronomen hingegen beziehen sich auf Referenten, die nicht das Diskurstopik darstellen (vgl. Bosch & Umbach 2007: 13), und zeigen damit einen Topikwechsel an (vgl. Diessel 1999: 96). Der Rezipient wird durch das Demonstrativpronomen angewiesen, seine Aufmerksamkeit nun auf einen Referenten zu richten, der bislang nicht im Zentrum der Aufmerksamkeit stand (vgl. Consten & Schwarz-Friesel 2007: 282). In (3) ist der Anwalt im ersten Satz das Topik. Durch das Demonstrativpronomen *der* oder *dieser* im folgenden Satz wird signalisiert, dass nun über den Klienten gesprochen wird. Es findet ein Topikwechsel statt.

(3) Der Anwalt$_1$ sprach mit einem Klienten$_2$. Da der$_2$ / dieser$_2$ nicht viel Zeit hatte, vereinbarten sie ein weiteres Gespräch nächste Woche. (vgl. Diessel 1999: 96)

Während Demonstrativpronomen als markierte Anaphern gelten, stellt das Personalpronomen den unmarkierten Fall pronominaler Anaphorik dar (vgl. Consten & Schwarz-Friesel 2007: 276). Es gibt eine allgemeine Tendenz, das Topik über einen längeren Zeitraum im Diskurs zu erhalten (vgl. Krifka 2008: 267). Hierfür wird üblicherweise die unmarkierte Variante genutzt. Soll jedoch ein Topikwechsel stattfinden, wird dies durch die markierte Form – durch ein Demonstrativpronomen – angezeigt (vgl. u. a. Schnotz 2000: 500).

Auch die *Reversed Mapping Hypothesis* befasst sich mit Anbindungspräferenzen unterschiedlicher Pronomentypen und geht dabei zum einen auf die Komplexität der pronominalen Formen ein und zum anderen auf die Salienz der Antezedenten. Die Hypothese besagt, dass mit minimal komplexen Anaphern auf maximal saliente Antezedenten und mit maximal komplexen Anaphern auf minimal saliente Antezedenten verwiesen wird (vgl. Bittner & Kühnast 2012: 3). Abbildung 1 fasst die Annahmen der *Reversed Mapping Hypothesis* graphisch zusammen und zeigt, wo Personal- und Demonstrativpronomen (DEM II) zu verorten sind. DEM I ließe sich dazwischen einordnen. Unsere Untersuchungen mit Erwachsenen konzentrieren sich zunächst auf die beiden maximal distinkten Typen PERS und DEM II.

hohe Salienz der Antezedenten	niedrige Salienz der Antezedenten
niedrige Komplexität des Pronomens	hohe Komplexität des Pronomens
Personalpronomen (*er, sie, es*)	Demonstrativpronomen (*dieser, diese, dieses*)

Abb. 1: Graphische Darstellung der *Reversed Mapping Hypothesis*

Ein zentraler Begriff der Hypothese ist Salienz. Was ist darunter zu verstehen? Wie salient, wie auffällig ein potentieller Antezedent ist, muss anhand konkreter Kriterien festgemacht werden. Fasst man die verschiedenen Abhandlungen hierzu zusammen (u. a. Comrie 1997), dann kann für eine Phrase hohe Salienz angenommen werden, wenn sie (i) Topik des Satzes oder (ii) Subjekt des Satzes ist, (iii) Erststellung im Satz aufweist, (iv) sich auf einen belebten Referenten bezieht oder (v) als Eigenname realisiert wird. Je mehr dieser Kriterien zusammen auftreten, desto salienter ist die Phrase.

Die zuvor dargestellte *Complementary Hypothesis* lässt sich durchaus in die *Reversed Mapping Hypothesis* integrieren, denn eine als Diskurstopik fungierende Entität weist eine hohe Salienz auf und dementsprechend erfolgt die referentielle Bezugnahme mit dem Personalpronomen, das sich in seiner Form durch eine niedrige Komplexität auszeichnet.

Auf dieser Basis lassen sich dann verschiedene (etwas vereinfachende) Vorhersagen treffen wie etwa, dass sich Personalpronomen eher auf das Subjekt im vorhergehenden Satz beziehen, während Demonstrativpronomen sich auf das Nicht-Subjekt beziehungsweise das Objekt im vorhergehenden Satz beziehen, da das Diskurstopik typischerweise auch Subjekt eines Satzes ist (vgl. Bosch & Umbach 2007: 13). Eine weitere Vereinfachung wäre folgende: Personalpronomen beziehen sich eher auf den Antezedenten, der im vorhergehenden Satz zuerst genannt wird, während Demonstrativpronomen sich auf den Antezedenten beziehen, der im vorhergehenden Satz zuletzt genannt wird, da die kanonische Satzstellung im Deutschen Subjekt – Objekt – Verb ist. Die Beobachtung, dass sich Demonstrativpronomen meist auf den näherliegenden Antezedenten beziehen, ist bereits in verschiedenen Schriften dokumentiert (vgl. Consten & Schwarz-Friesel 2007: 276 sowie Ahrenholz 2007: 20).

An dieser Stelle ist es wichtig anzumerken, dass die oben formulierten theoretischen Annahmen und Vorhersagen auf Personalpronomen in nicht so starkem Maße zutreffen wie auf Demonstrativpronomen. Dies sei am Beispiel (4) verdeutlicht.

(4) Der Anwalt$_1$ sprach mit einem Klienten$_2$. Da er$_{1/?2}$ / dieser$_{*1/2}$ nicht viel Zeit hatte, vereinbarten sie ein weiteres Gespräch nächste Woche. (Diessel 1999: 96)

Hier kann das Personalpronomen *er* sowohl auf den Anwalt als auch auf den Klienten verweisen. Jedoch ist die Lesart, dass der Anwalt derjenige ist, der keine Zeit hatte, die präferierte. Es liegt also (nur) eine starke Präferenz vor, mit dem Personalpronomen auf das Topik zu verweisen. Das Demonstrativpronomen ist hingegen deutlich strikter in seiner Vorgabe, auf das Nicht-Topik zu referieren. Eine Anbindung ans Topik (im Beispielsatz an die NP *der Anwalt*) ist laut Comrie (1997: 59) ausgeschlossen und würde daher von Muttersprachlern als ungrammatisch beurteilt werden.

Die komplementäre Arbeitsteilung, wie sie die beiden oben skizzierten Hypothesen nahelegen, sollte also nur als theoretisches Ideal angesehen werden, welches insbesondere bei den im Anbindungsverhalten weniger strikten Personalpronomen partiell aufweicht. Dennoch ist im Deutschen in Kontexten mit (aus morpho-syntaktischer Sicht) mehreren in Frage kommenden Referenten ein deutlicher Zusammenhang zwischen pronominaler Form und anaphorischer

Funktion zu erkennen. Kapitel 4 widmet sich anhand gleicher Diskurskontexte den Anbindungsmustern des Türkischen und Persischen, um anschließend kontrastiv geleitete Hypothesen dazu aufstellen zu können, wie türkische und persische DaF-Lerner die deutschen Anaphern PERS und DEM II im Diskurskontext interpretieren.

3 Ausgewählte Studien zur Anaphernresolution in der Zweitsprache (L2)

Zu den zentralen Themen der Zweit- bzw. Fremdsprachforschung gehört auch die Untersuchung von Spracheinflussphänomenen. Die Frage, die sich in diesem Kontext stellt, ist, ob und in welchem Ausmaß sich Gemeinsamkeiten und Unterschiede zwischen L1 und L2 positiv bzw. negativ auf den Erwerbsprozess auswirken. Diese Frage muss gesondert für jedes sprachliche Phänomen und in Abhängigkeit verschiedener Sprachkonstellationen untersucht werden. Auch im Bereich der Anaphernresolution liegen bereits einige Studien vor, die sich mit sprachspezifischen Anbindungspräferenzen und L1-bedingten Transfereffekten beschäftigen.

Es sei hier lediglich auf zwei Studien aus der Experimentserie von Roberts, Gullberg & Indefrey (2008) eingegangen, die sich mit ähnlichen Strukturen und mit einer vergleichbaren Sprachkonstellation beschäftigen wie wir. Und zwar handelt es sich um türkische und deutsche Muttersprachler mit Niederländisch als L2. Während im Niederländischen wie auch im Deutschen das Pronomen in Subjektposition realisiert werden muss, ist Türkisch eine Nullsubjekt-Sprache, d. h. das Pronomen wird in der Regel weggelassen. Man spricht von einem Nullpronomen – kodiert als *pro*. Wird im Türkischen das overte Personalpronomen (*o*) gebraucht, vgl. (5b), signalisiert dies ein anderes, ein vom unmarkierten Fall abweichendes Anbindungsverhalten. Während sich das Nullpronomen nur auf die Topik-Entität *Peter* beziehen kann (vgl. (5a)), löst der Gebrauch des overten Pronomens beim Rezipienten einen Topikwechsel aus. Es muss nach einem anderen Referenten Ausschau gehalten werden – im Beispiel (5b) wäre *Hans* der einzig mögliche Kandidat. Vor diesem Hintergrund stellte sich den Autoren die Frage, wie ein Lerner mit Türkisch (einer Nullsubjekt-Sprache) als L1 mit einem overten Pronomen in der L2 Niederländisch umgeht. Wird er dieses wie ein Nullpronomen interpretieren und von den potentiellen Antezedenten das Topik auswählen oder wird er dieses wie ein overtes Pronomen in der L1 behandeln und einen Topikwechsel annehmen? Letztere Option würde zu einem nicht-zielsprachlichen Anbindungsverhalten führen, wie in (6) mit der deutschen Übersetzung veranschaulicht.

(5) Peter₁ und Hans₂ sitzen im Büro. Während Peter₁ arbeitet, isst er₁ ein Sandwich.

Niederländisch: Personalpronomen (unbetont)
Peter₁ en Hans₂ zitten in het kantoor. Terwijl Peter₁ aan het werk is, eet hij₁ een boterham.

Türkisch⁴
a. Nullpronomen (= pro)
*Peter₁ ve Hans₂ ofiste oturuyorlar. Peter₁ çalışırken, pro₁/*₂ sandeviç yiyor.*
b. overtes Personalpronomen
*Peter₁ ve Hans₂ ofiste oturuyorlar. Peter₁ çalışırken, o*₁/₂ *sandeviç yiyor.*

(6) *Peter₁ und Hans₂ sitzen im Büro. Während Peter₁ arbeitet, isst er₂ ein Sandwich.

In einer Sprachverstehensfragebogenstudie, an der zwei L2-Gruppen mit Türkisch als L1 und mit Deutsch als L1 sowie eine Kontrollgruppe mit Niederländisch als L1 teilnahmen, sollten die jeweiligen Anbindungspräferenzen ermittelt werden. Hierfür folgte jedem Minidiskurs (s. (7)) ein Satz mit auszufüllender Lücke (s. (8)).

(7) *Peter₁ en Hans₂ zitten in het kantoor. Terwijl Peter₁ aan het werk is, eet hij₁ een boterham. Het is een rustige dag.*
‚Peter₁ und Hans₂ sitzen im Büro. Während Peter₁ arbeitet, isst er₁ ein Sandwich. Es ist ein ruhiger Tag.'

(8) *Er wordt een boterham gegeten door _____*
‚Ein Sandwich wird gegessen von _____ '

In der Datenauswertung zeigte sich, dass die Muttersprachler in 100 % der Fälle das Pronomen mit der satzinternen NP *Peter* koreferierten. Die deutschen L2-Lerner präferierten mit 91 % das gleiche Anbindungsmuster. Die türkische Lernergruppe entschied sich hingegen nur in 55 % der Fälle für den satzinternen Antezedenten. In 45 % der Fälle war die NP *Hans* der präferierte Bezugspunkt – eine im Niederländischen ausgeschlossene Anbindungsvariante. Diese Ergebnisse dokumentieren anschaulich, wie stark der L1-Einfluss sein kann: Je nach Ausprägung bewirkt er bei aus einer Nullsubjektsprache kommenden Lernern ein zielsprachlich abweichendes Anbindungsverhalten in der L2 Niederländisch.

---

[4] Wie wir durch Befragung von Muttersprachlern erfahren konnten, verhält sich das Persische (ebenfalls eine Null-Subjekt-Sprache) in diesen Fällen genau wie das Türkische.

Der in diesem experimentellen Offline-Paradigma beobachtete L1-Effekt verschwand allerdings in einer zweiten Studie im Online-Paradigma, das Einblicke in die unmittelbare Prozessualisierung der Minidiskurse erlaubt. Mit Hilfe von Augenbewegungsmessung und ermittelten Lesezeiten ließ sich anhand verschiedener Diskurstypen (variierend hinsichtlich der morpho-syntaktischen Kongruenz zwischen den involvierten NPn und dem Pronomen) feststellen, dass L1-unabhängig beide L2-Gruppen (im Gegensatz zur muttersprachlichen Kontrollgruppe) größere Schwierigkeiten mit Minidiskursen wie (7) hatten, was sich in längeren Fixations- und Lesezeiten niederschlug. Dieser bei beiden L2-Populationen festzustellende Verarbeitungseffekt ist offenbar der morpho-syntaktischen Ambiguität geschuldet – das Pronomen kongruiert in Genus und Numerus mit beiden NPn. Für L2-Lerner scheint generell die Integration von syntaktischer und informationsstruktureller Information recht anspruchsvoll zu sein und mehr Verarbeitungskapazitäten zu beanspruchen, und zwar unabhängig von der L1-abhängigen Anaphernauflösung (Roberts et al. 2008: 351), bei der – wie oben gesehen – die muttersprachlichen Anbindungsmuster durchschlagen.

Auch unsere Experimentreihe widmet sich potentiellen L1-bedingten Schwierigkeiten bei der Anaphernresolution. Allerdings betrachten wir sprachliche Kontexte, in denen an gleicher Position Personalpronomen oder aber Demonstrativpronomen eingesetzt werden können mit (für Muttersprachler) einhergehenden Unterschieden im referentiellen Bezug.

4 Anaphorische Anbindungspräferenzen im Türkischen und im Persischen

Das Türkische gehört zur altaischen und das Persische zur indogermanischen Sprachfamilie. Trotz fehlender Verwandtschaft weisen die Sprachen einige für unsere Fragestellung relevante Gemeinsamkeiten auf: Die Grundwortstellung ist jeweils SOV, d. h. das Verb steht am Satzende. Die satzinitiale Position ist dem Topik vorbehalten und in beiden Fällen handelt es sich um eine Null-Subjektsprache. Ferner wird in beiden Sprachen nicht nach grammatischem Geschlecht unterschieden. Somit fehlt (anders als im Deutschen) beim Referenztracking die Genus-Information im overten Pronomen, wodurch mehr referentielle Ambiguitäten entstehen. Das Nullpronomen ist in beiden Sprachen die unmarkierte Anapher, die Bezug auf das etablierte Topik nimmt.

Kornfilt (1997: 129) berichtet vom Türkischen, dass overte Pronomen bevorzugt für Konstituenten in einer Nicht-Subjekt-Position verwendet werden und dass ein pronominales Subjekt einen Wechsel des Diskurstopiks anzeigt. Hier stellt sich die Frage, ob zwischen der Nullanapher und dem Personalpronomen im Türkischen eine ähnliche Relation besteht wie im Deutschen zwischen PERS und DEM. Wenn dem so wäre, dann würde sich die Nullanapher als minimal komplexer anaphorischer Ausdruck auf den salientesten Antezedenten und das Personalpronomen als komplexerer anaphorischer Ausdruck auf den weniger salienten Antezedenten beziehen. Dies trifft jedoch im Fall referentieller Ambiguität nicht zu. Wenn das Pronomen hinsichtlich Person und Numerus keine referentielle Eindeutigkeit verschafft, würde man auf das Nicht-Subjekt nicht mit einem Pronomen Bezug nehmen, sondern mit einer vollen NP.

Im Persischen gebraucht man laut Khanlari (1994) overte Personalpronomen lediglich zur Verstärkung, zur Kontrastierung, zur Salienzsteigerung und Disambiguierung, nicht jedoch um einen Topikwechsel anzuzeigen (zitiert nach Soheili Esfehani 2005: 19). Dennoch sehen wir in den von uns untersuchten sprachlichen Kontexten die gleichen Anbindungspräferenzen wie im Türkischen: Das overte Pronomen wird bevorzugt an das Subjekt angebunden (s. (11b)). Bei Referenz auf das Nicht-Subjekt würde man auch hier zu einer vollen NP tendieren.

Bevor wir uns den Hypothesen zum Anbindungsverhalten von DaF-Lernern mit den Nullsubjekt-Sprachen Türkisch und Persisch als L1 zuwenden, seien die Minidiskurse, wie sie in unserer experimentellen Studie verwendet werden (s. (9)), den jeweiligen Übersetzungen (für Türkisch s. (10), für Persisch s. (11)) gegenübergestellt.

(9) Deutsch
 a. Personalpronomen
  Ralf$_1$ fährt zusammen mit seinem Opa$_2$ zum Angeln. Er$_{1/?2}$ freut sich schon.
 b. Demonstrativpronomen
  Ralf$_1$ fährt zusammen mit seinem Opa$_2$ zum Angeln. Dieser$_{*1/2}$ freut sich schon.

(10) Türkisch
 a. Nullpronomen (= pro)
  Ralf$_1$ dedesiyle$_2$ birlikte balık tutmaya gidiyor. Pro$_{1/*2}$ şimdiden çok seviniyor.
 b. Personalpronomen
  Ralf$_1$ dedesiyle$_2$ birlikte balık tutmaya gidiyor. O$_{1/?2}$ şimdiden çok seviniyor.

(11) Persisch
 a. Nullpronomen (= pro)
  Ralf$_1$ ba doostash$_2$ be mahigirie miravad. Pro$_{1/*2}$ khoshhal ast.
 b. Personalpronomen
  Ralf$_1$ ba doostash$_2$ be mahigirie miravad. U$_{1/?2}$ khoshhal ast.

Die ausgeschlossenen Anbindungsvarianten sind jeweils mit Asterisk markiert. Wie zu erkennen, besteht im Deutschen eine strikte Anbindungsvorgabe beim Demonstrativpronomen und im Persischen und Türkischen bei der Nullanapher (pro) – allerdings mit konträrem referentiellen Bezug (DEM II → Nicht-Subjekt vs. pro → Subjekt). Beim Personalpronomen sehen wir in allen drei Sprachen eine Präferenz zur Subjektanbindung. Im Deutschen lässt sich diese Präferenz mit der *Complementary Hypothesis* bzw. mit der *Reversed Mapping Hypothesis* erklären (vgl. Kapitel 2): Das Personalpronomen stellt im deutschen Sprachsystem die Form mit der geringsten Komplexität dar und nimmt daher Bezug auf den salientesten Antezedenten, auf das Topik. In den beiden Null-Subjekt-Sprachen greift die sogenannte *Center Promotion* Regel (vgl. Turan 1998), derzufolge im Fall mehrerer möglicher Referenten und bei referentieller Uneindeutigkeit (aufgrund von Übereinstimmung in den morphologischen Merkmalen Person und Numerus) auf einen potentiellen Antezedenten in Nicht-Subjektposition erst dann anaphorisch Bezug genommen werden kann, wenn dieser zunächst als volle NP realisiert wird und damit zur bevorzugten Diskursentität avanciert. Somit nehmen beide Anapherntypen (pro und PERS) – wenn auch mit unterschiedlicher Striktheit – im Persischen und Türkischen Bezug auf die erste NP, auf das Subjekt. Es fehlt demnach eine pronominale Anapher, die, vergleichbar dem deutschen DEM, den Bezug zur zweiten NP, zum Nicht-Subjekt herstellt. Dies ist eine ungünstige Konstellation für den Zweitspracherwerb, da die Lerner aus ihrer L1 diese Anbindungsoption nicht gewöhnt sind und sie möglicherweise daher auch nicht in der L2 vermuten.

5 Experimentelle Untersuchungen mit Erwachsenen (DaM vs. DaF)

5.1 Hypothesen zum Anbindungsverhalten bei DaF-Lernern mit Türkisch und Persisch als L1

Wie die vorherigen Ausführungen bereits aufzeigen, unterscheidet sich das Deutsche von den beiden Sprachen Türkisch und Persisch darin, dass es hier eine relativ klare Funktionszuschreibung für die zwei Anapherntypen gibt: PERS hat die Hoheit über die Subjektanbindung, DEM über die Nicht-Subjektanbindung. Eine solche Arbeitsteilung fehlt im pronominalen Anaphernspektrum der beiden anderen Sprachen, weshalb wir davon ausgehen, dass DaF-Lerner Schwierigkeiten damit haben, den deutschtypischen Form-Funktionszusammenhang zu entdecken:

Hypothese 1
DaF-Lerner mit Türkisch und Persisch als L1 unterscheiden im Anbindungsverhalten nicht zwischen PERS und DEM II.

Im vorherigen Kapitel wurde dargestellt, dass mit den beiden Anapherntypen (pro und PERS) im Persischen und Türkischen in Diskurskontexten mit mehreren potentiellen Antezedenten auf den salientesten Kandidaten (= die erste NP = das Subjekt = das Topik) referiert wird. Hieraus leitet sich Hypothese 2 ab:

Hypothese 2
DaF-Lerner mit Türkisch und Persisch als L1 zeigen unabhängig vom Anapherntyp (PERS oder DEM II) eine allgemeine Präferenz zur Subjektanbindung.

Zur Überprüfung dieser Hypothesen wurde ein experimentelles Design entwickelt, das sowohl für Erwachsene als auch für Kinder ansprechend sein sollte.

5.2 Untersuchungsmethode

5.2.1 Material

Das Testmaterial besteht aus 20 Items sowie 20 Distraktoren. Bei den Items handelt es sich um je zwei Sätze, die eine kleine Szene beschreiben. Der erste Satz führt dabei zwei Protagonisten ein, s. (12). Der zweite Satz beschreibt einen der beiden Protagonisten näher. In Bedingung 1 wird der anaphorische Bezug durch ein Personalpronomen (PERS) hergestellt, s. (13a); in Bedingung 2 geschieht dies durch ein Demonstrativpronomen (DEM II), s. (13b).

(12)   Ralf fährt zusammen mit seinem Opa angeln.

(13)   a.   Er freut sich schon.
        b.   Dieser freut sich schon.

Jedes Item besteht zudem aus einer Zeichnung, die den Inhalt des ersten Satzes visualisiert. Die Information des zweiten Satzes fehlt in der Zeichnung, vgl. Abbildung 2. Die Aufgabe des Probanden besteht darin, die Zeichnung um die fehlende Information zu ergänzen. Dabei muss er das Pronomen entsprechend interpretieren und einen der beiden Protagonisten als Referenten auswählen. Die Abbildungen 3 und 4 zeigen für die beiden experimentellen Bedingungen (PERS/DEM II) von Muttersprachlern vervollständigte Zeichnungen.

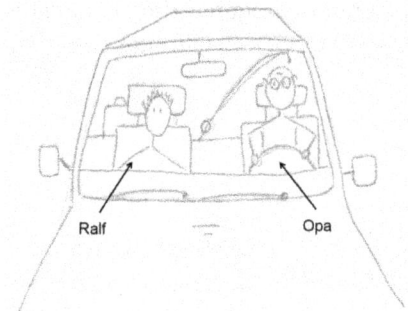

Abb. 2: „Ralf fährt zusammen mit seinem Opa zum Angeln."

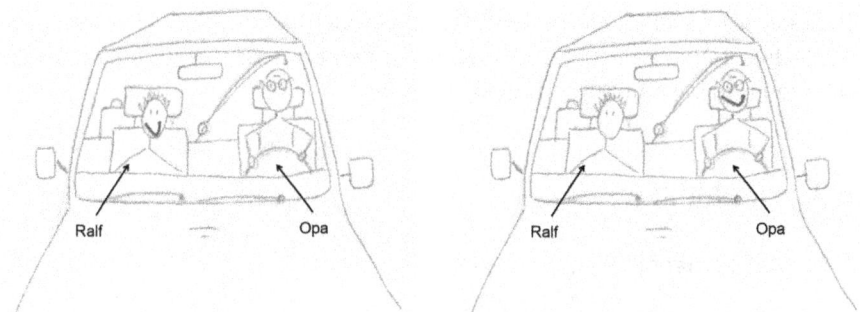

Abb. 3: „Er freut sich schon." **Abb. 4:** „Dieser freut sich schon."

Die Protagonisten einer Szene sind jeweils gleichen Geschlechts, um auszuschließen, dass die anaphorische Referenz über die Genuskongruenz aufgelöst werden kann. Bei der Erstellung der Items wurde außerdem darauf geachtet, die Beschreibungen der Referenten so zu wählen, dass nicht einer der beiden Protagonisten aus Plausibilitätsgründen bevorzugt gewählt wird. Die anaphorische Referenz sollte also nur über die Kenntnis der informationsstrukturellen Restriktionen der Pronomen aufgelöst werden können.

Die Sätze sind alle nach demselben Muster aufgebaut: Nominalphrase (1. Protagonist), Verb, Komitativadverbial mit Nominalphrase (2. Protagonist) sowie eine weitere Phrase (Präpositionalphrase oder Nominalphrase). Der erste Protagonist ist dabei immer als Subjekt und gleichzeitig Topik realisiert und zudem als Eigenname versprachlicht. Damit vereint diese NP sämtliche Salienzmerkmale (siehe Kapitel 2). Bei zehn Items sind die beiden Protagonisten weiblichen, bei den restlichen zehn Items männlichen Geschlechts. Die Items wurden auf zwei Listen verteilt, und zwar so, dass auf Liste 1 jeweils zehn Items (fünf mit männlichen, fünf mit weiblichen Protagonisten) in der Bedingung 1 (PERS) und zehn Items in der Bedingung 2 (DEM II) repräsentiert sind.

Liste 2 enthält die Items in der jeweils anderen Bedingung. Hinzu kommen 20 (ebenfalls aus zwei Sätzen und einer zu ergänzenden Zeichnung bestehende) Distraktoren.

5.2.2 Durchführung

Jeder Teilnehmer erhielt einen in sich randomisierten Fragebogen in Heftform mit 20 Items aus einer der beiden Listen plus 20 Distraktoren, einer Instruktion sowie einer Abfrage zu Alter, Geschlecht und Sprachbiographie. Pro Seite wurde immer nur ein Item präsentiert. Die Probanden erhielten zum Fragebogen einen roten Stift und sollten mit diesem das fehlende Merkmal in der Zeichnung ergänzen (s. Material). Es gab kein Zeitlimit. Das Experiment dauerte bei den erwachsenen deutschen Teilnehmern 10–15 Minuten, bei den erwachsenen DaF-Lernern 15–20 Minuten und bei den Kindern 35–45 Minuten.

5.3 Ergebnisse

5.3.1 DaF-Lerner mit Persisch als L1[5]

Insgesamt 65 persische Muttersprachler, die im Iran Deutsch als Fremdsprache lernen, nahmen an zwei Experimenten[6], deren Ergebnisse hier zusammengefasst dargestellt werden, teil. 35 von ihnen verfügten zum Testzeitpunkt über Deutschkenntnisse auf C1-Niveau, die anderen 30 Teilnehmer waren den Stufen B1.2 und B2.2 zuzuordnen.[7] Für die muttersprachliche Kontrollgruppe wurden 30 Probanden rekrutiert. Die zentralen Erkenntnisse lassen sich wie folgt zusammenfassen:
(i) Die deutschen Muttersprachler differenzieren in ihrem Anbindungsverhalten zwischen den beiden Pronomentypen. Personalpronomen werden mehrheitlich (89 %) an das Subjekt angebunden, Demonstrativpronomen (97 %) an das Nicht-Subjekt.

---

5 Die Daten wurden von Pegah Azizpour erhoben.
6 Das erste Experiment wurde im Rahmen eines Seminars durchgeführt und enthielt aufgrund des knappen Zeitrahmens noch keine Distraktoren. Die Ergebnisse wurden im zweiten Experiment mit Distraktoren bestätigt.
7 Nach dem *Gemeinsamen Europäischen Referenzrahmen* gliedert sich das Sprachniveau in sechs Stufen: A1 und A2 (elementare Sprachanwendung), B1 und B2 (selbstständige Sprachanwendung), C1 und C2 (kompetente Sprachanwendung).

(ii) Die DaF-Lerner mit B1/B2-Niveau differenzieren in ihrem Anbindungsverhalten nicht zwischen den Pronomentypen. In beiden Fällen zeigen sie eine Präferenz (66% / 61%) für die Subjektanbindung.[8]

(iii) Die DaF-Lerner der C1-Stufe differenzieren in ihrem Anbindungsverhalten zwischen den beiden Pronomentypen.[9] Personalpronomen werden mehrheitlich (90%) an das Subjekt angebunden, Demonstrativpronomen jeweils zu 50% an das Subjekt bzw. Nicht-Subjekt (= Zufallsniveau).

Tab. 1: Prozentuale Realisierung des zielsprachlichen Anbindungsverhaltens in den zwei Testbedingungen PERS und DEM II bei Erwachsenen mit DaF und Persisch als L1 im Vergleich zu Erwachsenen mit DaM

zielsprachliche Anbindung im Deutschen	Erwachsene DaM	Erwachsene DaF, C1 L1 Persisch	Erwachsene DaF, B1–B2 L1 Persisch
PERS → Subjekt	89%	90%	66%
DEM II → Nicht-Subjekt	97%	50%	39%

Tabelle 1 stellt noch einmal die deutschtypischen Anbindungsmuster für PERS/DEM II und deren prozentuale Entsprechung bzw. Nichtentsprechung in den drei getesteten Probandengruppen dar. Eine zielsprachliche Annäherung ist nur in der C1-Gruppe zu beobachten, jedoch lediglich in der PERS-Bedingung. Bei der Interpretation von Demonstrativpronomen herrscht, wie die Anbindung auf Zufallsniveau dokumentiert, offenbar Unsicherheit. Diese mag daher kommen, dass es im Persischen keine zwei overten Pronomentypen gibt, die eine dem Deutschen vergleichbare referentielle Arbeitsteilung ermöglichen. Denkbar wäre, dass die DaF-Lerner der C1-Stufe im deutschen Personalpronomen ein Äquivalent zum persischen Personalpronomen (u) sehen und die muttersprachliche Präferenz, dieses an die erste NP, an den salientesten Referenten anzubinden, übernehmen.[10] Die Rolle des Demonstrativpronomens bleibt dem Lerner jedoch unklar. Um bei Diskursen wie (11) mit potentiell ambiger Referenz auf die zweite NP, also auf das Nicht-Subjekt zu referieren, würde man im Persischen eine volle NP verwenden – in Ermangelung einer Pro-Form, die in solchen Kontexten als

---

[8] Auch die 61% Subjektanbindung bei DEM II liegen signifikant ($t(28)=2{,}451$, $p< .021$) über der Zufallswahrscheinlichkeit (50%).

[9] Der im Anbindungsverhalten zu beobachtende Unterschied bezüglich DEM II und PERS ist statistisch signifikant ($t(34) = 5{,}804$, $p< .001$).

[10] Bei einer ebenfalls im Rahmen der BA-Arbeit von Pegah Azizpour durchgeführten Studie mit 40 persischen Muttersprachlern und ins Persische übersetzten Testitems mit Personalpronomen im zweiten Satz wurde eine 84%ige Subjektpräferenz ermittelt.

komplementäres Pendant zum Personalpronomen fungiert. Es verwundert daher nicht, dass die DaF-Lerner, die dem Personalpronomen die Funktion der Subjektanbindung zuschreiben, bei den Testitems mit Demonstrativpronomen verunsichert sind und in dieser Testbedingung willkürlich mal die eine, mal die andere Option wählen. Auch könnte die vergleichsweise niedrige Frequenz von DEM II im mündlichen wie im schriftlichen Input die Unsicherheiten im Anbindungsverhalten mitverursacht haben.

Während sich die Probanden auf C1-Level bereits mit den pronominalen Formen auseinandersetzen, was in den unterschiedlichen Reaktionen auf PERS und DEM II zum Ausdruck kommt, zeigen die B1/B2-Lerner unabhängig vom Pronomentyp eine Subjektanbindungspräferenz mit annähernd gleichem Prozentsatz. Dieses Ergebnis kann dahingehend interpretiert werden, dass die Probanden niedriger Sprachlevel die pronominalen Anaphern unabhängig von ihrer Form mit dem salienteren Referenten verknüpfen, so wie sie es auch in ihrer Muttersprache mit dem overten Personalpronomen tun würden.

Aus der Erst- und Zweitspracherwerbsforschung wissen wir, dass Lerner auf der Suche nach Form-Funktionszusammenhängen sind. Die C1-Lerner haben in der hier relevanten Anaphern-Domäne bereits mit der Suche begonnen. Sie gehen davon aus, dass unterschiedliche Formen unterschiedliche Funktionen kodieren. Da sie den Personalpronomen bereits eine Funktion zugewiesen haben, sollte den Demonstrativpronomen folglich eine andere Aufgabe zukommen. Diese ist allerdings noch unentdeckt oder stößt beim Lerner auf Zurückhaltung, weil sie auf einen L1-bedingten Widerstand trifft, denn die L1 vermeidet in ambigen Kontexten eine pronominale Referenz auf das Nicht-Subjekt.

Wenden wir uns nun den DaF-Lernern mit Türkisch als L1 zu und vergleichen deren Reaktionen mit denen der persischen DaF-Lerner.

5.3.2 DaF-Lerner mit Türkisch als L1[11] und Persisch als L1 im Vergleich

An dem Experiment nahmen insgesamt 39 türkische Muttersprachler teil, die in der Türkei Deutsch als Fremdsprache lernen. Was den Sprachstand betrifft, sind 8 Probanden der Stufe B1, 24 Probanden der Stufe B2 und 7 Probanden der Stufe C1 zuzuordnen. Wir betrachten im Folgenden nur die Ergebnisse der 32 B1- und B2-Lerner und vergleichen die Daten mit der persischen B1/B2-Gruppe (N=30). Die türkische C1-Gruppe ist zahlenmäßig zu klein, um Aussagen über Präferenzen und Entwicklungstendenzen treffen zu können.

---

11 Die Daten wurden von Susanne Göttfert erhoben.

Tab. 2: Prozentuale Realisierung des zielsprachlichen Anbindungsverhaltens in den zwei Testbedingungen PERS und DEM II bei Erwachsenen mit DaF auf B1/B2-Niveau und L1 Türkisch sowie L1 Persisch im Vergleich zu Erwachsenen mit DaM

zielsprachliche Anbindung im Deutschen	Erwachsene DaM	Erwachsene DaF, B1–B2 L1 Türkisch	Erwachsene DaF, B1–B2 L1 Persisch
PERS → Subjekt	89%	78%	66%
DEM II → Nicht-Subjekt	97%	20%	39%

Wie Tabelle 2 dokumentiert, zeigen auch die türkischen B1/B2-Lerner – dargestellt in der mittleren Spalte – in den zwei Testbedingungen ein von der Zielsprache deutlich abweichendes Anbindungsverhalten. Genau wie die persischen Probanden der B1/B2-Gruppe (s. rechte Spalte) differenzieren auch sie nicht zwischen den beiden Pronomentypen und zeigen darüberhinaus eine allgemeine Präferenz für die Subjektanbindung, obgleich diese in der Zielsprache Deutsch in der Testbedingung DEM II ausgeschlossen ist. Tabelle 3 stellt für die drei Testgruppen dar, mit welchem Prozentsatz sie PERS bzw. DEM II auf das Subjekt beziehen. Interessant ist die DEM II-Zeile. Lediglich 3 % der deutschen Muttersprachler koreferieren DEM II mit dem Subjekt – vermutlich handelt es sich bei diesem geringen Prozentsatz um Fehler, die auf Unkonzentriertheit im Experimentdurchlauf zurückzuführen sind. Die Reaktionen der türkischen und persischen DaF-Lerner heben sich mit 80 % und 61 % deutlich davon ab, wobei die nicht-zielsprachliche Subjektpräferenz bei den türkischen DaF-Lernern deutlich stärker ausgeprägt ist.

Tab. 3: Subjektanbindung in den zwei Testbedingungen PERS und DEM II bei Erwachsenen mit DaF auf B1/B2-Niveau und L1 Türkisch sowie L1 Persisch im Vergleich zu Erwachsenen mit DaM

	Erwachsene DaM	Erwachsene DaF, B1–B2 L1 Türkisch	Erwachsene DaF, B1–B2 L1 Persisch
Subjektanbindung bei PERS ✓	89%	78%	66%
DEM II *	3%	80%	61%

In Diagramm 1 sind die Prozentwerte der Subjektanbindung für die beiden Testbedingungen PERS und DEM II noch einmal graphisch veranschaulicht. Die Linien verbinden für jede Probandengruppe die der Tabelle 3 zu entnehmenden Prozentwerte. Die Linie der muttersprachlichen Kontrollgruppe verläuft diagonal von der maximalen Subjektanbindung bei PERS zur minimalen Subjektanbindung bei DEM II. Für die zwei Gruppen auf B-Sprachlevel sind beide Pronomentypen gleichermaßen subjektaffin, was sich in einer horizontalen Linie oberhalb des Zufallsniveaus von 50% ausdrückt. Integriert ist in dieses Diagramm (mit einer gestrichelten Linie) auch die DaF-Lernergruppe der Stufe C (mit Persisch als L1). Deren Linie verläuft dem unterschiedlichen Antwortmuster in den beiden Testbedingungen entsprechend diagonal, und zwar vom zielsprachlichen Maximum der Subjektanbindung in der Bedingung PERS hin zum nicht-zielsprachlichen Chance-Level (50%) in der Bedingung DEM II.

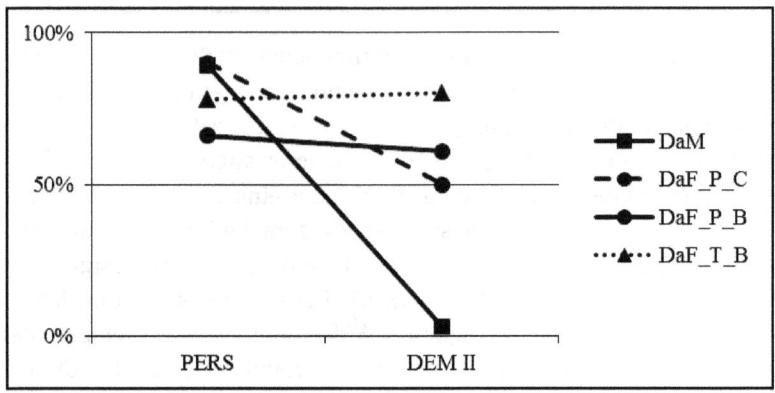

Diagramm 1: Prozentuale Verteilung der Anbindung von PERS und DEM II an das Subjekt durch Muttersprachler (DaM), DaF-Lerner mit Türkisch als L1, Sprachlevel B (DaF_T_B) und DaF-Lerner mit Persisch als L1, Sprachlevel B (DaF_P_B) und Sprachlevel C (DaF_P_C)

5.4 Fazit und didaktische Anmerkungen

Die in Kapitel 4.1 formulierten Hypothesen konnten für das B1/B2-Sprachlevel beide experimentell bestätigt werden. Unabhängig vom Pronomentyp (PERS oder DEM II) zeigen die DaF-Lerner das gleiche Anbindungsverhalten (= Hypothese 1), und zwar nehmen sie dabei mehrheitlich auf das Subjekt Bezug (= Hypothese 2).

Für das Aufspüren des Form-Funktionszusammenhangs in der Anaphern-Domäne haben die B1/B2-Lerner offenbar noch nicht genügend Kapazitäten frei oder der bisher erhaltene Input war qualitativ und quantitativ noch nicht hinreichend, um diesen Prozess einzuleiten. Aber auch den C1-Lernern ist es noch nicht gelungen, die komplementäre Arbeitsteilung von PERS und DEM II zu erfassen. Lediglich die Personalpronomen werden konsequent mit dem Subjekt koreferiert – bei dieser einseitigen Annäherung an die Zielsprache handelt es sich vermutlich um einen Fall von positivem L1-Transfer. Während sich die L1 in Bezug auf PERS (→ Subjekt) begünstigend auswirkt, scheint sie sich in Bezug auf DEM II

(→ Nicht-Subjekt) eher hemmend auszuwirken, denn für das entsprechende anaphorische Anbindungsmuster gibt es in der L1 kein Äquivalent.

Dass es den DaF-Lernern trotz Deutschunterricht nicht gelingt, zwischen PERS und DEM II zu differenzieren, spricht für die Schwierigkeit des Lerngegenstands oder aber für eine unzureichende Thematisierung im Unterricht. Die Sichtung von Lernergrammatiken und gängigen DaF-Lehrwerken offenbart, dass insbesondere Demonstrativpronomen in ihrem anaphorischen Gebrauch kaum Beachtung finden (s. hierzu auch Ahrenholz 2007) und dass der Funktionsunterschied zwischen PERS und DEM gar nicht erst angesprochen wird. Dabei wäre gerade die Kontrastierung von Personalpronomen (*er/sie/es*) und einfachen (*der/die/das*) sowie komplexen (*dieser/diese/dieses*) Demonstrativpronomen enorm wichtig, um das deutsche Anaphernspektrum mit seinen morpho-syntaktischen und informationsstrukturellen Besonderheiten tiefergehend zu verstehen. Ferner würde man durch ein explizites Herausarbeiten und Gegenüberstellen der Anbindungsoptionen in der L1 und in der L2 die Lerner sicher früher an den zielsprachlichen Anapherngebrauch heranführen können und so ungünstige, sich möglicherweise manifestierende L1-Einflüsse vermeiden.

6 Experimentelle Untersuchungen mit Viertklässlern (DaM vs. DaZ)

6.1 Studie mit PERS und DEM II[12]

Die nun folgende Studie mit Viertklässlern wurde mit dem bereits vorgestellten Testmaterial durchgeführt und sollte zunächst einmal explorieren, inwieweit Kinder mit Deutsch als Muttersprache (DaM) und mit Deutsch als Zweitsprache (DaZ) am Ende der Grundschulzeit Kenntnis über die komplementäre Arbeitsteilung von PERS und DEM II haben.

An der Studie nahmen 21 DaM-Kinder und 25 DaZ-Kinder mit folgenden Muttersprachen teil: Russisch (10), Türkisch (5), Ungarisch (2), Rumänisch (2), Albanisch (1), Kroatisch/Serbisch (2), Polnisch (1), Französisch (1), Vietnamesisch (1).

Tabelle 4 stellt zunächst einmal für die zielsprachlichen Anbindungsmuster dar, wie die beiden Kindergruppen diesen im Vergleich zur erwachsenen DaM-Kontrollgruppe entsprechen. Obgleich das Präferenzmuster (PERS → Subjekt, DEM II → Nicht-Subjekt) in beiden Kindergruppen erkennbar ist, sehen wir in

---

12 Die Daten wurden von Eva Bohnet erhoben.

den Prozentwerten bei den DaM-Kindern eine stärkere Annäherung an die erwachsenen Werte. Dennoch besteht auch bei den DaM-Kindern eine fast 30%ige Diskrepanz in der DEM II-Bedingung.

Tab. 4: Prozentuale Realisierung des zielsprachlichen Anbindungsverhaltens in den zwei Testbedingungen PERS und DEM II bei Viertklässlern mit DaM und mit DaZ im Vergleich zu Erwachsenen mit DaM

zielsprachliche Anbindung im Deutschen	Erwachsene DaM	Kinder, Klasse 4 DaM	Kinder, Klasse 4 DaZ
PERS → Subjekt	89%	84%	67%
DEM II → Nicht-Subjekt	97%	70%	59%

Tabelle 5 führt auf, wie häufig in den zwei Testbedingungen eine Subjektanbindung erfolgte. Beide Kinder-Gruppen haben die Personalpronomen signifikant häufiger an das Subjekt angebunden als die Demonstrativpronomen.[13] Dieser Unterschied ist bei den DaM-Kindern (mit 84% zu 30%) stärker ausgeprägt als bei den DaZ-Kindern (67% zu 41%), wie auch Diagramm 2 graphisch veranschaulicht.

Tab. 5: Subjektanbindung in den zwei Testbedingungen PERS und DEM II bei Viertklässlern mit DaM und mit DaZ im Vergleich zu Erwachsenen mit DaM

Subjektanbindung bei	Erwachsene DaM	Kinder, Klasse 4 DaM	Kinder, Klasse 4 DaZ
PERS ✓	89%	84%	67%
DEM II *	3%	30%	41%

Im Unterschied zu den erwachsenen DaF-Lernern (vgl. Diagramm 1) sehen wir bei den Kindern mit DaZ in beiden Bedingungen eine Annäherung an das zielsprachliche Anbindungsmuster. Möglicherweise ist hierfür der intensivere Sprachkontakt mit der Umgebungs- und Schulsprache Deutsch verantwortlich. Zur Erinnerung: Die erwachsenen B1/B2-Lerner haben unabhängig vom Pronomentyp die Subjektanbindung favorisiert und die fortgeschrittenen C1-Lerner zeigten zwar bei PERS die zielsprachliche Präferenz für das Subjekt, lagen aber bei DEM II auf dem Zufallsniveau.

---

[13] DaM: $t(20) = 6{,}00$, $p < .001$; DaZ: $t(24) = 3{,}43$, $p = .002$.

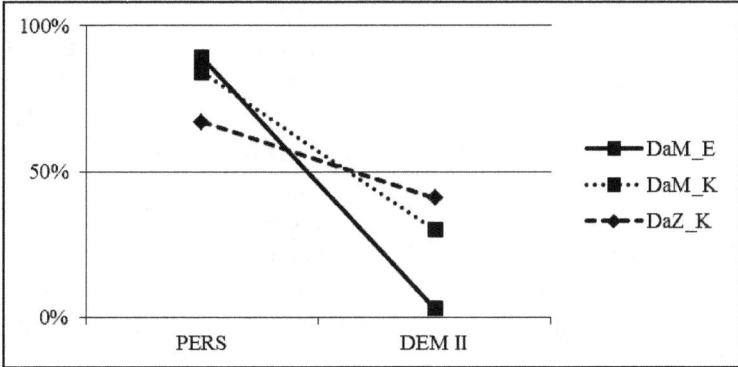

Diagramm 2: Prozentuale Verteilung der Anbindung von PERS und DEM II an das Subjekt durch muttersprachliche Erwachsene (DaM_E) und Kinder (DaM_K) und Kinder mit Deutsch als Zweitsprache (DaZ_K)

Aussagen darüber, inwieweit die L1 das Anbindungsverhalten beeinflusst, sind in Anbetracht der geringen Probandenzahl pro Muttersprache nicht möglich. Um einen Eindruck der heterogenen Antwortmuster zu vermitteln, seien für die zwei größten Sprachgruppen die Ergebnisse in Tabelle 6 kurz zusammengefasst:

Tab. 6: Anbindungsmuster bei Viertklässlern mit DaZ und den Erstsprachen Russisch und Türkisch

	L1 Russisch (N=10)	L1 Türkisch (N=5)
* PERS/DEM II → Subjekt	5	1
* PERS/DEM II → Nicht-Subjekt	2	1
* PERS/DEM II → 50%	1	2
✓PERS → Subjekt, DEM II → Nicht-Subjekt	2	1

Lediglich drei Kinder interpretieren PERS und DEM II in zielsprachlicher Weise (siehe letzte Zeile). Daneben sehen wir drei abweichende Muster: eine generelle Subjektpräferenz, eine generelle Nicht-Subjektpräferenz und eine auf Zufall basierende Entscheidung. Bei den russischen Kindern zeichnet sich eine Tendenz zur Subjektanbindung ab. Da im Russischen in Bezug auf die komplementäre Arbeitsteilung von PERS und DEM II in Kontexten mit zwei Referenten vergleichbare Anbindungsmuster wie im Deutschen bestehen, kann die pronomenunabhängige Subjektanbindungspräferenz nicht auf die L1 zurückgeführt werden. Möglicherweise haben die Kinder den Form-Funktionsunterschied auch in ihrer Muttersprache noch nicht erworben, handelt es sich doch um einen relativ späten Erwerbsgegenstand, wie auch die Ergebnisse der deutschsprachigen Kinder dokumentieren. Nur etwa die Hälfte der Kinder mit DaM interpretieren die beiden Pronomentypen erwachsenengleich. Der relativ späte Erwerb ist sicher darauf zurückzuführen, dass das komplexe Demonstrativpronomen eher selten und primär schriftsprachlich gebraucht wird und sich die komplementäre Distribution dementsprechend auch nur auf der Basis konzeptionell schriftlicher Sprachangebote erschließen lässt. Für die eine Hälfte der Kinder war bis zum Ende der Klasse 4 der schriftsprachliche Input offenbar hinreichend genug, um die Funktion des komplexen Demonstrativpronomens zu identifizieren, für die andere Hälfte hingegen nicht. Die nun folgende Studie versucht u. a. zu klären, ob das deutlich frequentere Vorkommen einfacher Demonstrativpronomen (DEM I) schon früher an die funktionale Anapherndistribution von PERS und DEM heranführt und ob Kinder die anaphorischen Restriktionen von DEM I eher beachten als von DEM II.

6.2 Studie mit PERS und DEM I

6.2.1 Exkurs zum erstsprachlichen Erwerb von PERS und DEM I

Da dem einfachen Demonstrativpronomen (DEM I) im Erstspracherwerb eine Sonderrolle zukommt, seien zunächst einige ontogenetische Überlegungen vorangestellt:

Wie Bittner (2010) anhand spontansprachlicher Korpusdaten zeigt, beginnen deutschsprachige Kinder im Alter von ca. 2 Jahren ihren Weg ins pronominale System mit DEM I. Sie verwenden diese zunächst als Default-Pronomen in allen Verweiskontexten – sowohl situationsgebunden als auch sprachgebunden (Bittner 2010: 350f.). Personalpronomen werden erst etwas später erworben und bis zum 3. Lebensjahr sehr viel seltener produziert als Demonstrativpronomen. Mit Beginn des 3. Lebensjahres zeigt sich eine Tendenz zur funktionalen Differenzierung. Ist der Referent nur im sprachlichen Kontext und nicht im situativen Kontext präsent, wird bevorzugt PERS verwendet. Damit bildet sich im pronominalen Gebrauch eine erste Opposition heraus. PERS dominiert den sprachgebundenen Bezug und DEM I den situationsgebundenen – ohne jedoch den sprachgebundenen Bezug gänzlich aufzugeben. Im letztgenannten Fall verweisen DEM I dann aber tendenziell auf Referenten, die im sprachlichen Kontext weiter zurückliegen, während der Verweis auf direkt vorangehende Referenten PERS vorbehalten scheint (Bittner 2010: 352).[14]

Im weiteren Erwerbsverlauf wird die Funktionsteilung weiter ausgebaut. Zudem kommen neben anderen Pronomentypen (wie Possessivpronomen und

---

14 Hierin ließe sich eventuell eine Vorstufe des informationsstrukturell geprägten erwachsenen Gebrauchs von Topikerhalt und Topikwechsel sehen.

Reflexivpronomen) auch komplexe Demonstrativpronomen (DEM II) hinzu, die den Verwendungsbereich von PERS und DEM I weiter einschränken (Bittner 2010: 353).

Auch Sprachverstehensdaten dokumentieren eine bereits im Vorschulalter vorhandene Sensibilisierung für die Formunterschiede der Pronomen und für deren Gebrauch in Abhängigkeit bestimmter Merkmale der potentiellen Antezedenten. So fanden Bittner & Kühnast (2012) heraus, dass fünfjährige deutschsprachige Kinder in der Testbedingung mit belebtem Subjekt und unbelebtem Objekt, s. (14), das Personalpronomen mit dem Subjekt verknüpfen und das Demonstrativpronomen mit dem Objekt. In der Bedingung mit zwei belebten Entitäten, s. (15), zeigte sich jedoch noch eine pronomenunabhängige Präferenz zur Subjektanbindung.

(14) Der Elefant fährt den Traktor. Er / Der ....
(15) Der Affe umarmt den Hund. Er / Der ....

Damit wären insgesamt drei Kriterien genannt, nach denen Kinder bereits vor Schuleintritt PERS und DEM I funktional unterscheiden:

PERS	DEM I
– sprachgebunden	– situationsgebunden (und sprachgebunden)
– Bezug auf vorangehende Referenten	– Bezug auf zurückliegende Referenten
– Bezug auf Subjekt (belebt)	– Bezug auf Objekt (unbelebt)

Wie jedoch die Entwicklung von hier aus weiterverläuft und wann die komplementäre Verteilung von DEM I/II und PERS erwachsenengleich realisiert wird, ist bislang noch weitgehend unerforscht. Das Antwortverhalten der von uns untersuchten zehnjährigen Kinder, die sich schulbedingt bereits einige Zeit mit textuellen Bezügen auseinandersetzen und deren Erzählfähigkeit auf einem Niveau angekommen ist, wo sie zunehmend sensibel für die Vermeidung referentieller Mehrdeutigkeiten werden (vgl. Musan & Noack 2014: 115), lässt ein weiteres Zwischenstadium auf dem Weg ins zielsprachliche Anbindungsmuster erwarten.

Festzuhalten bleibt an dieser Stelle, dass zunächst *eine* Form den gesamten Funktionsbereich des Verweisens abdeckt, und zwar DEM I. Der Erwerb weiterer Formen (erst PERS und später DEM II) bewirkt eine Funktionsaufteilung innerhalb des Phänomenbereichs. Folglich kommt es zur Funktionsverengung bzw. -spezifikation der ursprünglich den ganzen Bereich abdeckenden Form DEM I. Da Lerner nach Form-Funktionszusammenhängen Ausschau halten, kommt es mit neu entdeckten Formen zwangsläufig zu funktional motivierten Umstrukturierungen im Phänomenbereich.

Die Frage, die sich vor diesem Hintergrund stellt, ist, wie Kinder mit DaZ sich im Vergleich zu Kindern mit DaM die zielsprachliche Anapherndistribution erarbeiten. Durch den späteren Zugang zur deutschen Sprache (bei bereits fortgeschrittener kognitiver Reife, muttersprachlicher Prägung und andersgeartetem Deutsch-Input, als ihn die jüngeren monolingualen Kinder erhalten) durchlaufen sie vermutlich nicht die oppositionsbildenden Zwischenstadien und zeigen möglicherweise in Folge dessen ein anderes Anbindungsmuster.

6.2.2 Hypothesen zum Anbindungsverhalten bei PERS und DEM I

Ausgehend von den Ergebnissen unserer explorativen Studie mit Viertklässlern zum Sprachverstehen von PERS und DEM II und unter Berücksichtigung des im letzten Abschnitt skizzierten Erwerbsverlaufs ergaben sich für die Folgestudie zum Anbindungsverhalten bei PERS und DEM I verschiedene Hypothesen, von denen hier nur eine Auswahl präsentiert werden soll:

Hypothese 1
DaM- und DaZ-Kinder unterscheiden sich in ihrem Anbindungsverhalten.

Hypothese 2
Da DaM-Kinder über einen längeren Zeitraum DEM I als Default-Pronomen in sämtlichen Verweiskontexten verwenden, hingegen PERS von Anfang an mit bestimmten Funktionen belegen, ist anzunehmen, dass sie PERS in stärkerem Maße funktional zielsprachlich interpretieren als DEM I.

Hypothese 3
Da DaM-Kinder bereits im Vorschulalter funktional zwischen PERS und DEM I unterscheiden, ist anzunehmen, dass sie in dieser Studie insgesamt besser abschneiden als in der vorherigen Studie mit DEM II.

Aufgrund des fehlenden Inputs von DEM I im frühen Spracherwerb und der zusätzlichen Schwierigkeit, dass DEM I formidentisch mit dem definiten Artikel ist, vermuten wir, dass DaZ-Kinder eher referentiellen Möglichkeiten zusprechen, die im späten Erwerbsinput enthalten sind und die eine etwas transparentere Form-Funktions-Zuweisung erkennen lassen. Dementsprechend wäre DEM II ein besserer Oppositionskandidat zu PERS als DEM I.

Hypothese 4
DaZ-Kindern fällt es leichter, DEM II eine anaphorische Funktion (in Opposition zu PERS) zuzuweisen als DEM I.

6.2.3 Untersuchungsmethode

Das Untersuchungsdesign und die Vorgehensweise wurden aus den vorhergehenden Experimenten übernommen. Lediglich die komplexen Demonstrativpronomen wurden durch einfache Demonstrativpronomen ersetzt. Außerdem wurden die bestimmten Artikel aus der Beschriftung der Bilder entfernt, um etwaige formbasierte Trigger-Effekte (der^{Artikel}/der$^{\text{DEM I}}$) zu vermeiden.

An dem Experiment nahmen insgesamt 73 Personen teil: 25 Erwachsene mit DaM, 27 Kinder mit DaM und 21 Kinder mit DaZ. Die erwachsenen Teilnehmer waren im Schnitt 22 Jahre alt. Die Kinder stammen aus zwei vierten Klassen und waren im Schnitt 10;6 Jahre alt. Die Muttersprachen der DaZ-Kinder waren folgende: Albanisch (2), Arabisch (1), Kroatisch (1), Kroatisch/Italienisch (1), Polnisch (1), Rumänisch (2), Russisch (1), Russisch/Italienisch (1), Russisch/Griechisch/Türkisch (1), Tamilisch (1), Türkisch (9).

6.2.4 Ergebnisse und Interpretation

Wie Diagramm 3 zeigt, unterscheiden sich die drei Testgruppen in ihrem Anbindungsverhalten. Während Kinder mit DaM und Erwachsene mit DaM zwischen PERS und DEM I unterscheiden,[15] binden Kinder mit DaZ PERS und DEM I per chance an das Subjekt bzw. das Nicht-Subjekt an.[16] Dies spricht für die Richtigkeit der Hypothese 1.

Auch Hypothese 2 wird statistisch bestätigt: PERS wird von den Kindern mit DaM erwachsenengleich interpretiert.[17] Es besteht kein signifikanter Unterschied zu den Erwachsenen-Werten. DEM I wird hingegen noch nicht zielsprachlich angebunden.[18]

---

[15] Es besteht ein signifikanter Unterschied zwischen der Subjektanbindung von PERS und DEM I bei Kindern mit DaM: $t(25) = 6{,}24$, $p < .001$ und Erwachsenen mit DaM: $t(24) = 16{,}76$, $p < .001$.

[16] Es besteht kein signifikanter Unterschied zwischen der Subjektanbindung von PERS und DEM I bei Kindern mit DaZ: $t(20) = 1{,}70$, $p > .05$.

[17] Problematisch ist jedoch, dass die statistische Berechnung bei PERS auch dann die Subjektanbindung als korrekt erfasst, wenn die Kinder diese pronomenunabhängig zeigen. Ein solches Anbindungsverhalten kann auf zweierlei Weise interpretiert werden: (i) Die betreffenden Kinder sind sich in der Interpretation von PERS sicher, haben nur bei DEM I Schwierigkeiten und übergeneralisieren in dieser Bedingung die Subjektanbindung, oder (ii) die Kinder realisieren generell keinen Unterschied zwischen den Pronomen und verfolgen konsequent die Subjektanbindung. Im Fall (i) träfe Hypothese 2 zu, im Fall (ii) muss die statistische Interpretation relativiert werden.

[18] Es besteht ein signifikanter Unterschied zur Erwachsenen-Anbindung: $t(49) = 6{,}68$, $p < .001$.

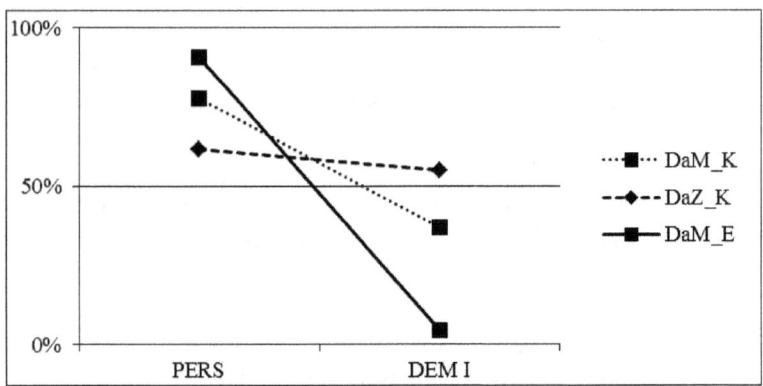

Diagramm 3: Prozentuale Verteilung der Anbindung von PERS und DEM I an das Subjekt durch Kinder mit DaM (DaM_K), Kinder mit DaZ (DaZ_K) und Erwachsene mit DaM (DaM_E)

Zur Überprüfung der Hypothesen 3 und 4 werden nun die Daten der Studie PERS vs. DEM I mit den Daten der Studie PERS vs. DEM II verglichen. Zwar ergeben sich aus statistischer Sicht für keine der Untersuchungsgruppen Unterschiede zwischen den beiden Experimenten, eine detaillierte Betrachtung der individuellen Anbindungsmuster innerhalb der DaZ- und DaM-Gruppen in den beiden Studien lässt jedoch tendenzielle Unterschiede erkennen (s. die Tabellen 7 und 8). Insgesamt konnten sechs verschiedene Anbindungsmuster bei den Kindern identifiziert werden.[19] Diese sind zu unterteilen in jeweils drei Anbindungsmuster, die zwischen den Anapaherntypen differenzieren (s. rechte Abtrennung in den Tabellen 7 und 8), und drei Anbindungsmuster, die dies nicht tun (linke Abtrennung). Erstgenannte Anbindungsverhalten sind die fortgeschrittenen, da hier mindestens einem Pronomentyp bereits eine klare Funktion zugewiesen wurde. Die äußere rechte Spalte zeigt (in Prozenten und absoluten Werten) an, wie viele der Kinder sowohl PERS als auch DEM zielsprachlich interpretieren. In den beiden Spalten links daneben lässt sich ablesen, ob die Kinder PERS mit einer eindeutigen Funktion belegen oder aber DEM. Hervorzuheben ist, dass DaZ-Kinder mit DEM II (im Einklang mit Hypothese 4) weniger Schwierigkeiten haben als mit DEM I. So binden 32 % (8 Kinder) DEM II zielsprachlich an, aber lediglich 9,5 % (2 Kinder) DEM I.

Die Hypothese 3 hingegen, der zufolge DaM-Kinder in der Studie PERS vs. DEM I besser abschneiden würden, konnte auch mit der qualitativen Datenaus-

---

19 Lediglich ein Kind der DaM-Gruppe in der Studie PERS vs. DEM II zeigt ein von diesen sechs Mustern abweichendes Verhalten. Dieses Kind bindet DEM II konsequent ans Subjekt an und PERS auf Chance-Level. Dieses Kind wird in der tabellarischen Auswertung nicht berücksichtigt.

wertung nicht bestätigt werden. Im Gegenteil: Die Fähigkeit zur Anaphernunterscheidung liegt (unter Berücksichtigung der drei Anbindungsmuster) in der DEM II-Studie mit 75 % deutlich über den 55 % der Studie mit DEM I. Also auch die deutsch-muttersprachlichen Kinder profitieren von der maximalen Komplexitätsdistinktion zwischen PERS und DEM II (vgl. Kapitel 2).

Insgesamt betrachtet sind die Schwierigkeiten im Erwerb der funktionalen Anapherndistribution deutlich ausgeprägter bei den DaZ-Kindern. So zeigen in der Studie mit DEM I 81 % der Kinder in ihrem Anbindungsverhalten keine Unterscheidung zwischen den Pronomentypen, in der Studie mit DEM II trifft dies auf 60 % der Kinder zu. Die entsprechenden Werte der DaM-Gruppen liegen bei 44,5 % und 25 %. Dieser Vergleich lässt sichtbar werden, dass in etwa doppelt so viele DaZ-Kinder noch weit entfernt vom Erwerb der funktionalen Anapherndistribution des Deutschen sind, und dies, obwohl sie mehrheitlich bereits in der Kita mit Deutsch in Kontakt kamen und es sich hier um ein relativ spätes Erwerbsphänomen handelt.

Tab. 7: Einteilung der DaM- und DaZ-Kinder nach ihrem Anbindungsmuster in der Studie PERS vs. DEM I

PERS DEM I	keine Anaphernunterscheidung			Anaphernunterscheidung		
	Chance	Subjekt-präferenz	Nicht-Subjekt-präferenz	PERS korrekt	DEM korrekt	PERS/DEM korrekt
DaM (27)	18,5 % (5)	18,5 % (5)	7,5 % (2)	11 % (3)	3,5 % (1)	41 % (11)
DaZ (21)	43 % (9)	28,5 % (6)	9,5 % (2)	9,5 % (2)	9,5 (2)	0

Tab. 8: Einteilung der DaM- und DaZ-Kinder nach ihrem Anbindungsmuster in der Studie PERS vs. DEM II

PERS DEM II	keine Anaphernunterscheidung			Anaphernunterscheidung		
	Chance	Subjekt-präferenz	Nicht-Subjekt-präferenz	PERS korrekt	DEM korrekt	PERS/DEM korrekt
DaM (20)	10 % (2)	15 % (3)	0	15 % (3)	15 % (3)	45 % (9)
DaZ (25)	20 % (5)	28 % (7)	12 % (3)	8 % (2)	16 % (4)	16 % (4)

6.3 Fazit und didaktische Implikationen

Die Ergebnisse der Kinder mit Deutsch als Muttersprache zeigen, dass die funktionale Anapherndistribution auch im Erstspracherwerb erst relativ spät erwachsenengleich realisiert wird. Dies ist nicht überraschend, handelt es sich doch um ein schriftnahes Sprachphänomen. In der untersuchten Altersgruppe der Zehnjährigen ergibt sich ein sehr heterogenes Bild. Knapp die Hälfte der DaM-Kinder interpretiert die Anapherntypen bereits zielsprachlich, knapp ein Viertel unterscheidet bereits zwischen den Anaphern, hat aber erst für *einen* Typ dessen Funktion in Gänze verinnerlicht. Die verbleibenden Kinder präferieren pronomenunabhängig eine der Anbindungsvarianten oder sie binden die Pronomen auf Chance-Level an. Da es sich bei dem untersuchten Phänomen nicht um einen Unterrichtsgegenstand handelt, ist davon auszugehen, dass unterschiedlich intensive Erfahrungen mit konzeptioneller Schriftlichkeit diesen Erwerbsprozess mehr oder weniger stark vorantreiben und in Folge auch für den beobachteten heterogenen Entwicklungsstand verantwortlich sind. Der Deutschunterricht könnte und sollte hier durch entsprechende Angebote ausgleichend wirken. In einer kleinen Wirksamkeitsstudie haben wir die Erfahrung gemacht, dass es überraschend leicht ist, Kinder mit nachhaltigem Erfolg an die funktionale Anapherndistribution heranzuführen. Durch die Gegenüberstellung von referentiell mehrdeutigen Texten und referentiell eindeutigen Texten, eigenständiges Aufspüren von Unterschieden und gemeinsames Reflektieren gelang eine erste Annäherung an den Phänomenbereich, gefolgt von ansprechenden Übungsformaten, die sowohl auf die Verwendung als auch auf das Verstehen von PERS und DEM abzielten.

Bei der Anbahnung der funktionalen Anapherndistribution kann man auf das komplexe Demonstrativpronomen vertrauen, denn wie die Erwerbsdaten dokumentieren, erweist sich DEM II als besserer Kandidat, um die funktionale Opposition von PERS und DEM zu detektieren. Hingegen scheinen der Default-Status von DEM I in der frühen kindlichen Interimsgrammatik und der partiell synonyme Gebrauch von PERS und DEM I in der Zielsprache, s. (1), das Erkennen des Form-Funktionszusammenhangs zu erschweren.

Von einer systematischen Heranführung an die funktionalen Potentiale der verschiedenen Anapherntypen würden vor allem auch die Kinder mit DaZ profitieren. Denn trotz frühen Sprachkontakts gelingt es ihnen offenbar nicht, in dieser sprachlichen Domäne aufzuholen. Insgesamt ist eine große Unsicherheit bei der anaphorischen Interpretation erkennbar. So bindet fast ein Drittel der DaZ-Kinder die Pronomen vollkommen unsystematisch an. Diese vergleichsweise hohe Instabilität wirft zwangsläufig die Frage auf, ob der sprachliche Input in Quantität und Qualität hinreichend war, um bereits im Vorschulalter funktionale

Oppositionen im pronominalen Gebrauch entdecken zu können und um entsprechend sensibilisiert zu sein, im weiteren Erwerbsverlauf auf hinzukommende Verwendungskontexte und Funktionen bei bekannten sowie neuen anaphorischen Formen zu achten. Die meisten DaZ-Kinder kommen im Alter von 2 bis 4 Jahren in die Kita. Bei DaM-Kindern diesen Alters bewirken Personalpronomen in Abgrenzung zum Defaultpronomen DEM I erste funktionale Ausdifferenzierungen. Um den natürlichen Zugang ins deutsch-typische Verweissystem annähernd zu simulieren, erscheint es uns wichtig, diese beiden Pronomentypen mit ihren deiktischen und anaphorischen Möglichkeiten alltagsintegriert und in hoher Frequenz anzubieten. Hierdurch würde man gleichzeitig auch den Genuserwerb unterstützen, denn zum einen wird nur über den pronominalen Gebrauch die eigentliche Funktion von Genus (nämlich das Herstellen referentieller Bezüge) erfahrbar und zum anderen eignen sich betonte Demonstrativpronomen viel eher als unbetonte Artikel, um auf Genus- und Kasusdistinktionen aufmerksam zu werden.

7 Literatur

Ahrenholz, Bernt (2007): *Verweise mit Demonstrativa im gesprochenen Deutsch. Grammatik, Zweitspracherwerb und Deutsch als Fremdsprache.* Berlin: de Gruyter.

Bittner, Dagmar (2010): Pronomen. Fallstudie zum Erwerb von Textstrukturierungsfähigkeiten im ungestörten Spracherwerb und bei SSES. *L.O.G.O.S. INTERDISZIPLINÄR* 5: 346–357.

Bittner, Dagmar & Milena Kühnast (2012): Comprehension of intersentential pronouns in child German and child Bulgarian. *First Language* 32/1–2: 176–204.

Bosch, Peter; Rozario, Tom & Zhao, Yufan (2003): Demonstrative Pronouns and Personal Pronouns. German *der* vs. *er*. *Proceedings of the EACL 2003.* Budapest. Workshop on the Computational Treatment of Anaphora.

Bosch, Peter & Umbach, Carla (2007): Reference Determination for Demonstrative Pronouns. In Bittner, Dagmar & Gagarina, Natalia (eds.): *Intersentential Pronominal Reference in Child and Adult Language.* (ZAS Papers in Linguistics No. 48). Berlin: Zentrum für Allgemeine Sprachwissenschaft, 39–51.

Comrie, Bernard (1997): Pragmatic Binding: Demonstratives as anaphors in Dutch. *Proceedings of the Twenty-Third Annual Meeting of the Berkeley Linguistics Society: General Session and Parasession on Pragmatics and Grammatical Structure.* Online Ausg. Dwinelle Hall: Berkeley Linguistics Society 23: 50–61.

Consten, Manfred & Schwarz-Friesel, Monika (2007): Anapher. In Hoffmann, Ludger (Hrsg.): *Deutsche Wortarten.* Berlin: de Gruyter, 265–292.

Diessel, Holger (1999): *Demonstratives. Form, Function, and Grammaticalization.* Amsterdam: Benjamins.

Kornfilt, Jaklin (1997): *Turkish.* London: Routledge.

Krifka, Manfred (2008): Basic Notions of Information Structure. *Acta Linguistica Hungarica* 55/3–4: 243–276 (Budapest: Akadémiai Kiadó).

Musan, Renate & Noack, Christina (2014): Pronominale Referenzmarkierungen in der Grundschule. In Averintseva-Klisch, Maria & Peschel, Corinna (Hrsg.): *Informationsstruktur in der Schule*. Baltmannsweiler: Schneider Hohengehren.

Peschel, Corinna (2006): Verweismittel – Anaphorik – thematische Fortführung: Ein Thema für den Grammatikunterricht? In Spiegel, Carmen & Vogt, Rüdiger (Hrsg.): *Vom Nutzen der Textlinguistik für den Unterricht*. Baltmannsweiler: Schneider Hohengehren, 171–186.

Roberts, Leah; Gullberg, Marianne & Indefrey, Peter (2008): Online Pronoun Resolution in L2 Discourse. L1 Influence and General Learner Effects. *SSLA* 30: 333–357.

Schnotz, Wolfgang (2000): Das Verstehen schriftlicher Texte als Prozess. In Brinker, Klaus et al. (Hrsg.): *Text- und Gesprächslinguistik. Ein internationales Handbuch zeitgenössischer Forschung*. Berlin, New York: de Gruyter, 497–506.

Soheili Esfehani, Abolghasem (2005): A Communicative Way of Teaching Structure: The Case of the Pro-drop Feature in Persian/Farsi. In Woytak, Lidia (ed.): *Dialog on Language Instruction* 17/1&2: 16–34 (Defense Language Institute, Foreign Language Center and Presidio of Monterey).

Turan, Ümit Deniz (1998): Ranking Forward-Looking Centers in Turkish: Universal and Language-Specific Properties. In Walker, Marilyn A.; Joshi, Aravind K. & Price, Ellen F. (eds.): *Centering Theory in Discourse*. Oxford: Clarendon Press, 139–160.

Stefanie Haberzettl
Schreibkompetenz bei Kindern mit DaZ und DaM

Abstract: Seit den verschiedenen Schulleistungsstudien der letzten Jahre, in denen Schülern und Schülerinnen mit Migrationshintergrund im Vergleich zu ihren Altersgenossen ohne Migrationshintergrund weniger erfolgreiche Bildungskarrieren nachgewiesen wurden, reißen die Debatten um die Rolle der Sprachkompetenz als Grundbedingung für Bildungserfolg nicht ab. Selbstverständlich ist die Beherrschung der sog. Bildungssprache unabdingbar. Fraglich ist, ob die Bildungssprache gerade für Kinder und Jugendliche, deren Familiensprache (Begriff aus PISA, s.u.) nicht Deutsch ist, eine besondere Herausforderung darstellt. Die Ergebnisse der in diesem Beitrag vorgestellten Studie, in der mit dem Instrument *Schuldeutsch* erhobene Texte von insgesamt 328 einsprachig und mehrsprachig aufwachsenden Schülern und Schülerinnen an saarländischen Gemeinschaftsschulen miteinander verglichen werden, lassen daran zweifeln, denn die Leistungsniveaus der beiden Gruppen unterscheiden sich nicht.

Keywords: Schreibkompetenz, bildungssprachliche Kompetenz, Diagnose, Diagnoseinstrument *Schuldeutsch*, Sekundarstufe I

1 Einführung

Im Fokus des folgenden Beitrags steht die Kompetenz von Schülern der Sekundarstufe I, konzeptionell-schriftlich zu formulieren. In Abschnitt 3 werden die Leistungen von einsprachig und mehrsprachig aufwachsenden Schülerinnen und Schülern miteinander verglichen, indem von ihnen verfasste Texte anhand einer Reihe von Kriterien ausgewertet werden. Diese Analyse erfolgt mithilfe des Diagnoseinstruments *Schuldeutsch*, das in Kapitel 2 vorgestellt und anhand von einigen Bewertungsbeispielen illustriert werden soll.

Die sog. bildungssprachlichen Fähigkeiten stellen dank PISA endlich ein sowohl in der Grundlagenforschung als auch in der Praxis der Sprachförderung systematisch bearbeitetes Feld dar. Beschränken sich viele einschlägige Untersuchungen der Textkompetenzentwicklungsforschung (z. B. Feilke & Schmidlin 2005;

Stefanie Haberzettl: Professorin für Deutsch als Fremd- und Zweitsprache, Universität des Saarlandes, Geb. C5 2, D-66041 Saarbrücken, e-mail: s.haberzettl@germanistik.uni-saarland.de

Augst et al. 2007) noch auf eine Datengrundlage, die nur aus Schreibprodukten von monolingual aufwachsenden Kindern und Jugendlichen bestand, liegen mittlerweile doch eine Reihe von Studien auch zu mehrsprachigen Schülern oder sogar Studenten vor (vgl. z. B. DESI-Konsortium 2008, Neumann 2010, Petersen 2014; Schindler & Siebert-Ott 2011, Scholten-Akoun, Kuhnen & Mashkovskaya 2013, Siekmeyer 2013). Zwar hatte man sich dank Cummins (1979 ff) schon früher mit der Problematik beschäftigt, dass viele mehrsprachige Kinder und Jugendliche mit Migrationshintergrund (MHG) zwar in der Lage sind, genauso gut wie ihre monolingualen Peers in Face-to-Face-Kommunikationssituationen des Alltagslebens zu bestehen (*BICS – Basic Interpersonal Communicative Skills*), aber aufgrund eines Mangels an bildungssprachlichen Kompetenzen (*CALP – Cognitive Academic Language Proficiency*) in der Schule weniger erfolgreich bleiben. Auf Forschungsarbeiten, in denen die Ausbildung von *CALP* in Hinblick auf die Dauer des Erwerbsprozesses bzw. überhaupt erst einmal die Operationalisierung dieses Begriffs in den Blick genommen wurde, musste man noch einige Zeit warten. So stellten z. B. Hakuta et al. (2000) in ihrer umfangreichen Querschnittstudie fest: „[Language minority] Students need time and support to become linguistically proficient in academic areas (approximately from four to seven years)", und boten damit eine Orientierung in Hinblick auf den Zeitrahmen für Förderangebote. Und Gogolin & Roth (2007) zeigten, dass Kinder, die bei Schuleintritt in die Hamburger bilinguale Grundschule noch kein Deutsch sprachen, am Ende der vierten Klasse die anderen Kinder noch nicht eingeholt hatten, was die Beherrschung des von Gogolin & Roth mithilfe bestimmter Indikatoren gemessenen „akademischen Modus" betrifft. Durch die Kontrastierung der bildungssprachlichen Leistungen von Muttersprachlern vs. Nicht-Muttersprachlern (vgl. dazu auch Heppt et al. 2012) entspricht die Ausrichtung dieser Forschungsprojekte einer bestimmten Perspektivierung, die durch die Rezeption der Schriften von Cummins in den Erziehungswissenschaften eingenommen und durch die PISA-Studie zementiert wurde: dass nämlich die Bildungssprache insbesondere für mehrsprachige Kinder und Jugendliche mit MHG eine bedeutende Hürde auf dem Weg zum Bildungserfolg darstellt. Selbstverständlich müssen in der Schule Register erarbeitet werden, die für viele Kinder Neuland sind und gezielt angebahnt werden müssen – was Schülern auch bewusst zu sein scheint: „[...] [sie] lernen [nur] die Umgangssprache und sie ist sehr schlecht.", schreibt ein Teilnehmer der *Schuldeutsch*-Studie (s. u.) in Bezug auf eine exzessive Nutzung elektronischer Medien mit ihren besonderen Genres, insbesondere der Chat-Kommunikation. Die Ergebnisse der diversen PISA-Untersuchungen scheinen darauf hinzuweisen, dass eine Erweiterung des Varietätenspektrums über die „Umgangssprache" hinaus und damit eine Grundbedingung für eine erfolgreiche Schulkarriere tendenziell nicht ausreichend gegeben ist, wenn ein Kind bzw. ein Jugendlicher in einem mehrsprachigen Umfeld aufwächst. Schließlich konnte auch bei Kontrolle des sozioökonomischen Hintergrundes das Merkmal „Familiensprache ≠ Deutsch" als „Risikofaktor" extrapoliert werden, auch wenn sich „im Vergleich zu PISA 2000 der Einfluss der zu Hause gesprochenen Sprache auf die Lesekompetenz [in PISA 2009] deutlich reduziert hat" (Klieme et al. 2010: 226). Inwieweit aus der in PISA erfassten Textrezeption auch auf produktive Fähigkeiten geschlossen werden darf, ist natürlich keine triviale Frage. Im Kontext dieses Beitrags geht es jedoch darum, dass auch, vielleicht sogar vor allem aufgrund von PISA Mehrsprachigkeit wieder verstärkt als Problem wahrgenommen und der Ruf nach Fördermaßnahmen für die Gruppe der Schüler mit MHG laut wurde (vgl. z. B. den Beschluss der KMK vom 04.03.2010), wobei es keineswegs nur um Leseförderung, sondern um eine umfassende Sprachförderung geht, also auch um die Textproduktion. Dabei liegen noch kaum belastbare Daten vor, ob die bildungssprachlichen Fertigkeiten von ein- und mehrsprachigen Kindern und Jugendlichen tatsächlich so weit auseinanderklaffen, wie es z. B. der genannte KMK-Beschluss suggeriert. „[Es] wird die Beherrschung der so genannten „Bildungssprache" betont, deren Erwerb in einer Zweitsprache eine besondere Hürde zu sein scheint [...]. Inwieweit dies tatsächlich der Fall ist [...] ist bislang jedoch weitgehend ungeklärt", so Heppt et al. (2012).

Vor allem ist es aus psycholinguistischer Sicht zunächst nicht plausibel, warum Schüler mit DaZ von einem ausdifferenzierten Wortschatz und komplexen grammatischen Ausdrucksmitteln sowie deren register- und textsortenspezifischem Einsatz in anderer Weise herausgefordert sein sollten als nicht-mehrsprachige Kinder ohne MHG. Diese Merkmale konzeptionell-schriftlicher Texte und Diskurse stehen schließlich nicht im Verdacht, in einem Zusammenhang mit einer (wie auch immer zu erklärenden) „kritischen Phase" zu stehen, im Gegensatz etwa zum Erwerb einer akzentfreien Aussprache oder einer perfekten Hörverstehensleistung bei *white noise* (vgl. z. B. Abrahamsson & Hyltenstam 2009; Jedynak 2009), um willkürlich zwei Gegenstände der Altersfaktorforschung herauszugreifen. Davon ganz abgesehen, sind die meisten Kinder mit MHG in Deutschland geboren und besuchen schon im Kleinkindalter einen deutschsprachigen Kindergarten. Damit soll nicht lapidar darüber hinweggegangen werden, dass ein Kindergartenbesuch keineswegs eine gelungene *literacy education* garantiert – doch leiden nur mit Deutsch aufwachsende Kinder unter etwaigen Qualitätsmängeln ihrer elementarpädagogischen Bildungseinrichtung nicht weniger als mehrsprachige, solange in der Familie kein kompensatorischer, anregungsreicher Input geboten ist. Vor diesem Hintergrund gilt, was schon in Gruhn & Haberzettl (2013: 129) festgestellt werden konnte, dass nämlich „die Vorannahme eines gesonderten Förderbedarfs für SchülerInnen nicht-deutscher Herkunft und die damit verbundene Fixierung auf Migrantenkinder als Problemgruppe hinterfragt werden muss". Die im Folgenden präsentierten Ergebnisse zu Schreibprodukten von Siebtklässlern bestätigen, was in der genannten Pilotstudie (Gruhn & Haberzettl 2013) anhand einer noch schmalen Datenbasis vermutet wurde: Ein- oder mehrsprachige Schüler mit oder ohne MHG der Sekundarstufe I unterscheiden sich nicht, wenn es darum geht, gute Texte zu schreiben.

2 Das Diagnoseverfahren *Schuldeutsch*

Die erste Fassung des Diagnoseverfahrens *Schuldeutsch* (vgl. Gruhn & Haberzettl 2011) entstand im Kontext des von der Stiftung Mercator unterstützten Förderunterrichts an der Universität Bremen, in dem Schüler mit MHG der Sekundarstufe I in verschiedenen Fächern in Kleingruppen von Studierenden betreut wurden. Mithilfe von *Schuldeutsch* (SD), dessen Konzeption und Pilotierung vom BMBF gefördert wurde, sollte eine Fördereingangsdiagnose ermöglicht sowie der Fördererfolg des Projekts evaluiert werden. Mit der Neufassung (vgl. Gruhn & Haberzettl 2013) wurde das zweite Ziel als nicht in einer Testgütekriterien adäquaten Weise realisierbar aufgegeben. Außerdem enthält SD nun keine klassische Fehleranalyse der satzbezogenen Morphosyntax mehr, da es sich in den Pre-Tests erwiesen hatte, dass eine solche noch dazu sehr aufwändige Auswertung nicht zu trennscharfen Ergebnissen führt (vgl. Haberzettl 2009): Grammatikfehler auf der Ebene von für sich betrachteten Einzelsätzen traten – entgegen der Erwartung auch bei Schülern und Schülerinnen mit L2 Deutsch – insgesamt selten auf. Nur im Bereich der Nominalflexion konnte eine gewisse Häufung beobachtet werden, so dass dieser Bereich als einziger der ursprünglichen klassischen Fehleranalyse in der Neufassung von SD erhalten geblieben ist.

SD erfasst nun einerseits, ob eine von der jeweiligen Aufgabenstellung initiierte Sprachhandlung unabhängig von der Qualität der Realisierung umgesetzt wird („inhaltliche Aufgabenbewältigung"), andererseits aber auch textsortenübergreifende und textsortenspezifische Merkmale konzeptioneller Schriftlichkeit, die sich in den Pre-Tests als geeignet, d. h. als aussagekräftig in Bezug auf eine Einordnung der Schüler in unterschiedlichen Niveaustufen und als gut einschätzbar erwiesen haben.

Die bisherigen Beobachtungen weisen darauf hin, dass SD für Schüler, die eine höhere als die siebte Klassenstufe besuchen, nicht mehr geeignet ist. Dies stellt jedoch keinen gravierenden Nachteil dar. Positiv formuliert: Wenn mithilfe von SD das Leistungsniveau von Siebtklässlern – der „durchschnittlichen Siebtklässler" oder einer konkreten Klasse – gut gemessen werden kann, besteht darin ein wichtiger zusätzlicher praktischer Nutzen, was nämlich die Beschulung sog. Seiteneinsteiger betrifft, wie z. B. der derzeit wieder in großer Zahl ankommenden Flüchtlinge. Diese sollen aufgrund ihres oft fortgeschrittenen Alters aus Gründen der sozialen Integration einerseits in eine möglichst hohe Klassenstufe integriert werden, andererseits muss ihnen genug Zeit bleiben, sich auf einen Abschluss nach Klasse 9 vorzubereiten. Damit ist Klassenstufe 7 oft der Kompromiss der Wahl, und vor diesem Hintergrund sollten wir uns gut darüber im Klaren sein, was 13- bis 14-Jährige üblicherweise können – auf welches Niveau also die Seiteneinsteiger möglichst schnell gebracht werden müssen. Die im Folgenden vorgestellten Studienergebnisse machen klar, dass ein solches Unterfangen gar nicht so illusorisch ist.

2.1 Die Schreibaufgaben von Schuldeutsch

SD setzt sich aus folgenden drei Schreibaufgaben zusammen, in denen ein umfassendes Spektrum an Teilfertigkeiten angesprochen wird:

> **Brief**
>
> Du bist seit 2 Jahren in einem Sportverein (z.B. Volleyball, Fußball, Tanzen). Jetzt musst Du damit aufhören und Dich abmelden. Du kannst Deinen Trainer nicht mehr persönlich sprechen, aber weil es Dir im Verein gut gefallen hat, möchtest Du ihm einen Brief schreiben, um ihm das mitzuteilen. Dein Trainer ist sehr nett, aber Du hast auch großen Respekt vor ihm. Du siezt ihn.
> In Deinem Brief soll folgendes stehen:
> - Bedauern
> - Begründung: z.B. viele Hausaufgaben, andere Hobbys
> - Dank

Abb. 1: Aufgabenstellung „Brief"

> **Handyaufgabe**
>
> An vielen Schulen in Deutschland ist es verboten, Handys in der Schule zu benutzen. Findest Du diese Regelung gut? Schreibe Deine Meinung dazu und begründe sie. Nenne mindestens drei Argumente.
>
> Schreibe in ganzen Sätzen.

Abb. 2: Aufgabenstellung „Handy" (argumentativer Text)

Abb. 3: Bildimpuls „Bericht"

Bericht

Stelle Dir vor, Du beobachtest diesen Unfall aus dem Fenster. Ein Polizist bittet Dich, Deine Beobachtungen aufzuschreiben. Verfasse einen Bericht, in dem Du genau beschreibst, was passiert ist.

Abb. 4: Aufgabenstellung „Bericht"

Am Donnerstag, den 12. Mai beobachtete ich…

Abb. 5: Aufgabe „Bericht"

2.2 Die Auswertungsraster

Zur Auswertung steht ein Kriterienraster zur Verfügung, in dem bzgl. der inhaltlichen Aufgabenbewältigung abgefragt wird, ob die diversen Teilaspekte vollständig, teilweise oder gar nicht umgesetzt werden:

2.2.1 Inhaltliche Aufgabenbewältigung

Aufgabe *Brief*

Kriterium / Bewertung	vollständig umgesetzt (2 Punkte)	teilweise umgesetzt (1 Punkt)	nicht umgesetzt (0 Punkte)
Abmeldung aus dem Verein (inkl. Nennung des Vereins/der Sportart)	○	○	○
Begründung für die Abmeldung	○	○	○
Ausdruck des Bedauerns über den Ausstieg aus der Mannschaft	○	○	○
Ausdruck des Danks	○	○	○
	Summe *Brief*	_____	von 8 Punkten

Abb. 6: Inhaltliche Aufgabenbewältigung „Brief"

Aufgabe *Handy*

Kriterium / Bewertung	vollständig umgesetzt (2 Punkte)	teilweise umgesetzt (1 Punkt)	nicht umgesetzt (0 Punkte)
Formulierung einer eigenen Position	○	○	○
nachvollziehbar formulierter erster Grund	○	○	○
nachvollziehbar formulierter zweiter Grund	○	○	○
Logik der Argumentation	○	○	○
	Summe *Handy*	_____	von 8 Punkten

Abb. 7: Inhaltliche Aufgabenbewältigung „Handy" (argumentativer Text)

Aufgabe *Bericht*

Kriterium / Bewertung	vollständig umgesetzt (2 Punkte)	teilweise umgesetzt (1 Punkt)	nicht umgesetzt (0 Punkte)
Beschreibung der Ausgangssituation: zwei Kinder spielten mit einem Ball in der Nähe einer Straße – ersatzweise eine andere Ortsangabe	O	O	O
Beschreibung des weiteren Verlaufs: der Ball rollte auf die Straße vor ein herannahendes Auto, eines der Kinder lief hinter dem Ball her	O	O	O
Beschreibung des weiteren Verlaufs: das Auto musste stark bremsen, weil der Junge vor das Auto lief, ein Fahrradfahrer fuhr dicht hinter dem Auto	O	O	O
Beschreibung des Unfalls: der Fahrradfahrer konnte nicht mehr bremsen und fuhr gegen das Auto, die Kinder waren weggelaufen	O	O	O

Summe *Bericht* _____ von 8 Punkten

Gesamtsumme *Inhaltliche Aufgabenbewältigung* _____ von 24 Punkten

Abb. 8: Inhaltliche Aufgabenbewältigung „Bericht" und Gesamtsumme aus den drei Aufgaben

Erreicht ein Proband bei der inhaltlichen Aufgabenbewältigung weniger als die Hälfte der erreichbaren Punkte (dreimal 8, also insgesamt 24 Punkte), werden seine Schreibprodukte mangels Masse an versprachlichten Informationseinheiten nicht weiter ausgewertet. Andernfalls erfolgt die Auswertung der Textkompetenz, indem bzgl. einzelner Kriterien (s. u.) ein starker, ein eingeschränkter oder kein Förderbedarf festgestellt wird. In der vorliegenden Studie erfolgte die Bewertung dabei hauptsächlich durch studentische Hilfskräfte, die anhand von Beispielmaterial geschult worden waren und die Zweifelsfälle miteinander und bei Bedarf auch mit der Projektleitung diskutierten.[1] Sie entschieden, ob ein Proband Kriterium X in vollem Umfang erfüllt und keine nennenswerten Fehler bei der Umsetzung begangen hat (2 Punkte), oder das Kriterium weitestgehend erfüllt hat und das zugrundeliegende Konzept versteht, aber Schwächen bei der korrekten Umsetzung zeigt (1 Punkt), oder aber Kriterium X nicht erfüllt hat und das zugrundeliegende Konzept explizit erklärt und eingeübt werden müsste (0 Punkte). Ob es sich bei den jeweiligen Probanden um einen ein- oder mehrsprachigen Schüler handelte, war den Ratern natürlich nicht bekannt.

---

[1] Ich danke Maike Schug, Hannah Kimelmann und vor allem Sandra Steinmetz für die Mitarbeit.

2.2.2 Auswertung Textkompetenz

Im Folgenden werden jeweils die Teilraster zusammen mit einigen Bewertungsbeispielen aus dem Schulungsmaterial vorgestellt, um das Verfahren besser nachvollziehbar zu machen.

 Aufgabe *Brief*

Kriterium / Bewertung	kein Förderbedarf	eingeschränkter Förderbedarf	starker Förderbedarf
Briefformat (Anrede-, Abschlussformel)	O	O	O
Anredeform (Sie) wird durchgehalten	O	O	O
Adressatenorientierung	O	O	O
Tempusfolge	O	O	O
eigenständige Formulierung	O	O	O

Summe *Brief* _____ von 10 Punkten

Abb. 9: Auswertung der Textkompetenz „Brief"

Kriterium *Tempusfolge* – starker Förderbedarf:
Die zeitliche Abfolge der einzelnen Ereignis-/Handlungselemente ist innerhalb des Textes nicht korrekt oder nur schwer erkennbar.

Bsp. (1): „Ich *finde* es sehr traurig dass man nach so langen Jahren *aufhören muss*. Er *kennt* seinen Trainer und Mannschaft schon 2 Jahre. Ich *kann* am Training nicht *teilnehmen*, weil ich am Förderunterricht *teil genommen habe* [unklar, ob der Text sich auf die Vergangenheit oder auf die Zukunft bezieht]" T234

Kriterium *eigenständige Formulierung* – eingeschränkter Förderbedarf:
Der Schüler/Die Schülerin formuliert überwiegend in eigenen Worten, benutzt jedoch auch Textbausteine aus der Aufgabenstellung.

Bsp. (2): „weil ich zu viele Hausaufgaben aufbekomme und zusätzlich noch zu Mathe-Fördern gehe. Es ist eine *Zeitmangel*." T265[2]

---

2 Dieses Beispiel stammt aus einer Pilotstudie mit einer früheren Fassung von SD, das in der Aufgabenstellung zum Brief das Wort *Zeitmangel* enthielt. Da mehrere Schüler dieses Wort in ihrer Bearbeitung aufgriffen, wurde die Aufgabe umformuliert.

Aufgabe *Handy*

Kriterium / Bewertung	kein Förderbedarf	eingeschränkter Förderbedarf	starker Förderbedarf
Einleitung in die Argumentation	O	O	O
Formulieren einer persönlichen Schlussfolgerung	O	O	O
Durchhalten der Referenten (ich, du, man)	O	O	O

Summe *Handy* _____ von 6 Punkten

Abb. 10: Auswertung der Textkompetenz „Handy" (argumentativer Text)

Kriterium *Formulieren einer persönlichen Schlussfolgerung* – kein Förderbedarf: Der Schüler/Die Schülerin formuliert explizit ein persönliches Fazit, das mit der Argumentation verknüpft wird.

Bsp. (3): „Alles in allen finde ich Handy's sollte man in Notfällen benutzen dürfen. Im Unterricht sollten die Handies leiser gestellt werden, weil sonst der Unterricht ständig gestört wird." T191

Kriterium *Einleitung in die Argumentation* – starker Förderbedarf:
Es findet keine Hinführung zum Thema statt oder sie ist nur im Zusammenhang mit der Aufgabenstellung erkennbar.

Bsp. (4): „Ich bin dagegen [unklar, worauf Bezug genommen wird]" T265

Aufgabe *Bericht*

Kriterium / Bewertung	kein Förderbedarf	eingeschränkter Förderbedarf	starker Förderbedarf
Einführung der Aktanten	O	O	O
Sachlichkeit	O	O	O
Präteritum als Grundtempus	O	O	O
Einhalten der Tempusfolge	O	O	O
Hinzufügen von erfundenen Handlungsschritten und freien Interpretationen	O	O	O

Summe *Bericht* _____ von 10 Punkten

Abb. 11: Auswertung der Textkompetenz „Bericht"

Kriterium *Sachlichkeit* – starker Förderbedarf:
Der Text ist unsachlich geschrieben. Es finden sich ein Spannungsaufbau und/oder gehäufter Ausdruck von Gefühlen/Gedanken/Wertungen und/oder wörtliche Rede wird verwendet.

> Bsp. (5): „wie zwei Kinder auf einen Platz Fußball spielten. *Plötzlich* [Spannungsaufbau] rollte der Ball auf die Straße, gleichzeitig bemst ein Auto und verfehlt *zum Glück* [Wertung] das Kind. Aber *leider* [Wertung] fährt ihm mit voller wucht ein Fahrrad hinten rein. Die Frau steigt sofort aus dem Auto und guckt sich ihr Auto an. *Ja* [Interjektion] und dann kam schon die Polizei." T258

Kriterium *Präteritum als Grundtempus* – eingeschränkter Förderbedarf:
Das Präteritum wird mit geringen Abweichungen als Grundtempus verwendet.

> Bsp. (6): „Das zwei Jungs in eine Garten fusball *spielten* plötzlich *schiesst* einer von denn jungs den ball rüber auf die Straße. Aber underwarte *kam* ein Auto und ein fahrad hinter das Auto. Der Junge *wollte* den ball nehmen, der fahra *Pfiffte* um die weg zu gehen, der jung *bleib* da weil er den ball immer noch nicht genommen hate [...]" T209

In diesem Unfallbericht sind zwar Fehler bei der Verbformenbildung zu finden (*pfiffte* statt *pfiff*, *bleib* statt *blieb*), entscheidend ist aber, dass der Schreiber in beiden Fällen korrekterweise die Formulierung im Präteritum intendiert hat. Somit bleibt nur ein Beleg für eine unpassende Präsensform (*schiesst*) und der Förderbedarf wird damit als eingeschränkt qualifiziert.

Im Folgenden geht es um die Auswertung von Kriterien für Textkompetenz, die entweder nicht auf eine bestimmte Textsorte bezogen besonders relevant, sondern eben textsortenübergreifend wichtig sind, oder die auf der Basis der gesamten vom jeweiligen Schreiber produzierten Textmenge kalkuliert werden müssen. Hier wird auch die weiter oben schon erwähnte Korrektheit der Nominalflexion erfasst. Die Orthographie wird nicht berücksichtigt, wobei sich selbstverständlich darüber diskutieren ließe, ob eine sichere Rechtschreibung nicht auch eine wesentliche Teilfertigkeit bei der Beherrschung konzeptioneller Schriftlichkeit darstellt.

Allgemeine Textkompetenz

Kriterium / Bewertung	kein Förderbedarf	eingeschränkter Förderbedarf	starker Förderbedarf	nicht bewertbar
passende Konnektoren	O	O	O	O
Satzverknüpfungen mit passenden Konjunktionen	O	O	O	O
Verwendung pronominaler Referenzen	O	O	O	O
Verwendung passender Präpositionen	O	O	O	O
Darstellung ohne Umgangssprache	O	O	O	O
korrekte Bildung von Nominalphrasen bzgl.				
• Kasus	O	O	O	O
• Numerus	O	O	O	O
• Genus	O	O	O	O
Bildung komplexer Nominalphrasen	O	O	O	O

Summe *Allgemeine Textkompetenz* _____ von 18 Punkten

Abb. 12: Auswertung der allgemeinen Textkompetenz

Kriterium *Darstellung ohne Umgangssprache* – starker Förderbedarf:
Die Texte wurden unter gehäufter Verwendung umgangssprachlicher Ausdrücke verfasst, vgl. die folgenden Beispiele für Registerverschiebungen nach unten. Da Registerverschiebungen nach oben (z. B. „Hochachtungsvoll" als Grußformel in der Briefaufgabe) in den Pilotstudien nur sehr selten vorkamen, werden sie in der Neufassung von SD nicht erhoben.

Bsp. (7): „Das ist sehr *blöd*, dass ich den Verein verlassen muss."
Bsp. (8): „Man kann jemanden filmen o. fotografieren und *vllt* will das der jenige nicht und 2. Das Handy kann *geklaut* werden" jeweils T234

Kriterium *Verwendung pronominaler Referenzen* – eingeschränkter Förderbedarf:
Es gibt geringe Schwächen im korrekten/angemessenen Gebrauch pronominaler Referenzen.

Bsp. (9): „das zwei Kinder mit einem Ball spielen, beim spielen schießt ihn *einer* [Referenz zu *Kinder* ist nicht korrekt] auf die straße, dan geht *er* hin um den Ball zu holen grade als *er* den Ball aufhäben will" T255

3 Empirische Untersuchung der Textkompetenz bei saarländischen Gemeinschaftsschülern und -schülerinnen mit DaM und DaZ der 7. Klassenstufe

3.1 Studiendesign

Die Erhebung der der vorliegenden Studie zugrundliegenden Daten erfolgte während der regulären Unterrichtszeit im Klassenverband, also in einer den Probanden vertrauten Umgebung. Es handelt sich um alle kompletten Klassensätze der siebten Jahrgänge an sechs saarländischen Gemeinschaftsschulen in Saarbrücken, kleineren Städten und auch ländlichen Gemeinden. Bevor die Schüler die SD-Aufgaben bearbeiteten, waren sie angehalten, sich zu Zwecken der Anonymisierung einen Code zu geben und einen Fragebogen auszufüllen, der die wesentlichen Hinweise zu den Sprachbiographien der Schüler geben sollte (vgl. Anhang). Im Anschluss wurde noch ein C-Test bearbeitet, von dem in diesem Beitrag nicht weiter die Rede sein wird. Um als „mehrsprachig" identifiziert zu werden, musste ein Schüler mit mindestens einem Familienangehörigen überwiegend eine andere Sprache als Deutsch sprechen oder mit zwei Familienmitgliedern meistens Deutsch sprechen, aber auch eine andere Sprache. Die Nationalität und der Geburtsort des Schülers und auch seiner Eltern waren unerheblich. Wie in Anbetracht der demographischen Verhältnisse und der Tatsache, dass mehrsprachige Kinder an Gymnasien unterrepräsentiert (und folglich an Gemeinschaftsschulen überrepräsentiert) sind, nicht überrascht, sind ein- und mehrsprachige Kinder nahezu gleich verteilt:

Tab. 1: Verteilung der ein- und mehrsprachigen Schüler und Schülerinnen

	Anzahl der Teilnehmer	Prozent
einsprachig	181	51,6
mehrsprachig	170	48,4
Gesamt	351	100,0

Die meisten der mehrsprachigen Schüler und Schülerinnen sind in Deutschland geboren oder im Kleinkindalter eingewandert. Diejenigen, die erst in der Grundschule oder noch später Kontakt zur deutschen Sprache hatten, wurden aus der Auswertung ausgeschlossen.

Tab. 2: Schulbesuch

		Häufigkeit	Prozent	Gültige Prozente
Gültig	nur in Deutschland	328	93,4	94,8
	während Grundschule Migration in die BRD	8	2,3	2,3
	während Sek I Migration in die BRD	10	2,8	2,9
	Gesamt	346	98,6	100,0
Fehlend		5	1,4	
Gesamt		351	100,0	

3.2 Ergebnisse[3]

Aufgabenbewältigung

Tab. 3: Aufgabenbewältigung – Vergleich der Mittelwerte

		Mittelwert	N	SD
Brief	einsprachig	6,10	177	1,77
	mehrsprachig	5,82	158	1,87
	Insgesamt	*5,97*	*335*	*1,82*
Handy	einsprachig	4,30	179	2,02
	mehrsprachig	4,73	165	2,22
	Insgesamt	*4,50*	*344*	*2,13*
Bericht	einsprachig	3,90	179	1,91
	mehrsprachig	4,30	160	2,13
	Insgesamt	*4,09*	*339*	*2,03*

Die in den Boxplots der Abb. 13 erkennbaren kleineren Unterschiede zwischen den beiden Gruppen sind nicht signifikant, d. h. die ein- und mehrsprachigen Schüler bewältigen die Schreibaufgaben bzgl. der zu liefernden Informationen/Sprechakte gleichermaßen gut (oder schlecht) bzw. sie erreichen nicht signifikant mehr oder weniger von jeweils insgesamt 8 Punkten (vgl. y-Achse). Der Einwand liegt nahe, dass hier, wo es auf die Form nicht ankommt, auch keine großen Unterschiede zu erwarten sind. Allerdings zeigen sich solche ebensowenig bei der Auswertung der textsortenspezifischen wie textsortenübergreifenden Textkompetenz in Hinblick auf die eingesetzten sprachlichen Mittel.

---

[3] Ich danke Mirja Gruhn für die statistische Auswertung.

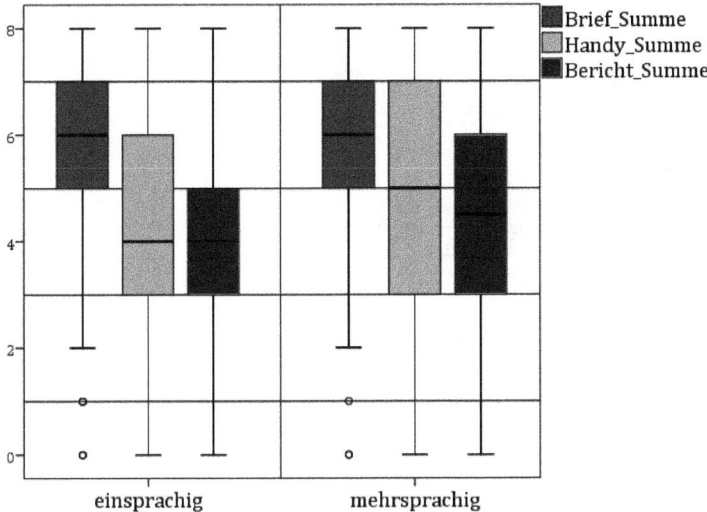

Abb. 13: Vergleich Aufgabenbewältigung einsprachige – mehrsprachige Teilnehmer

Textkompetenz

Tab. 4: Textkompetenz – Vergleich der Mittelwerte

		Mittelwert	**N**	**SD**
Brief	einsprachig	6,86	176	2,46
	mehrsprachig	7,17	156	2,13
	Insgesamt	*7,01*	*332*	*2,31*
Handy	einsprachig	2,66	179	1,63
	mehrsprachig	2,72	166	1,61
	Insgesamt	*2,69*	*345*	*1,62*
Bericht	einsprachig	7,08	179	2,01
	mehrsprachig	6,78	161	2,11
	Insgesamt	*6,94*	*340*	*2,06*
Allgemeine Textkompetenz	einsprachig	14,31	149	1,99
	mehrsprachig	13,17	121	2,95
	Insgesamt	*13,8*	*270*	*2,53*

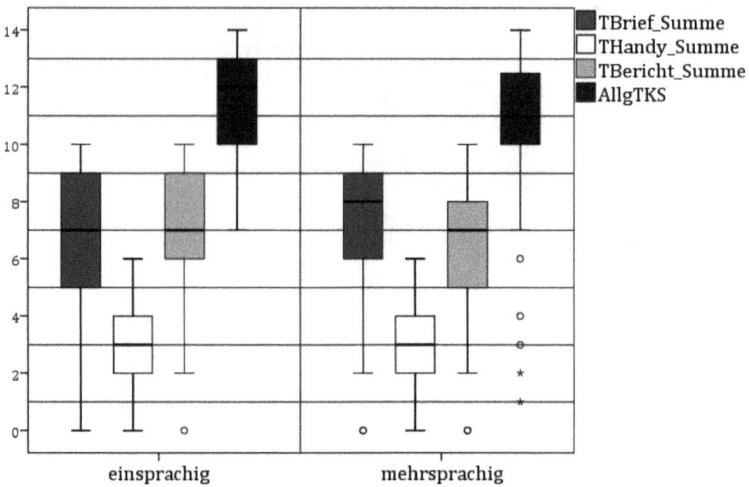

Abb. 14: Vergleich der Textkompetenz einsprachige – mehrsprachige Teilnehmer

Bei der Lektüre der Graphik ist zu beachten, dass bei den vier Analysebereichen jeweils unterschiedlich viele Punkte erreicht werden konnten und dementsprechend nur die jeweils gleich gefärbten Boxplots miteinander verglichen werden können. Dieser Vergleich – und auch jedweder Vergleich von Teilkriterien (z. B. Sachlichkeit beim Bericht oder registeradäquate Wortwahl textsortenübergreifend), wie hier nur kurz en passant erwähnt werden kann – ergibt keine Hinweise darauf, dass mehrsprachig aufwachsende Siebtklässler qualitativ andere Texte verfassen als einsprachig aufwachsende, gemessen an den in SD herangezogenen Kriterien.

4 Diskussion und Fazit

Eine Reihe von größeren und kleineren empirischen Studien weisen bereits darauf hin, dass bzgl. der Beherrschung der sog. Bildungssprache keine wesentlichen Differenzen zwischen ein- und mehrsprachigen Schülern/Studenten bzw. Schülern mit und ohne MHG festgestellt werden können (vgl. Neumann 2010, Petersen 2014; Schindler & Siebert-Ott 2011, Siekmeyer 2013, im Gegensatz etwa zu Knapp 1997 oder Heppt et al. 2012, die jedoch jüngere Kinder untersucht haben). Es leuchtet auch unmittelbar ein, dass Bildungssprache per se für viele Kinder eine „Fremdsprache" ist, wenn im familiären Umfeld und/oder in vorschulischen Betreuungseinrichtungen zu wenig Erfahrungen mit Literalität erlebbar gemacht worden sind bzw. werden. Dennoch mag das Ergebnis der vorliegenden Studie überraschen und selbstverständlich muss an dieser Stelle die Frage gestellt werden, ob SD als Messinstrument überhaupt akzeptabel ist. Ist das Konstrukt von bildungssprachlicher Kompetenz (in Hinblick auf die Textproduktion), wie es in SD operationalisiert wird, valide? Sind die einzelnen Auswertungskriterien womöglich so gewählt, dass sie mehrsprachigkeitstypische (und gleichzeitig bildungssprachenrelevante) Phänomene nicht berücksichtigen? Sind die mit SD elizitierten Texte tendenziell zu kurz, um verlässlich ausgewertet werden zu können (vgl. dazu die Beispiele im Anhang)? Können die Schüler – und konnten die konkreten Probanden aus den saarländischen Gemeinschaftsschulen – dazu motiviert werden, „ihr Bestes zu geben", oder hat sich durch Lustlosigkeit (schließlich konnten weder große Belohnungen noch Strafen in Aussicht gestellt werden) eine Art Bodeneffekt ergeben, der potentielle Differenzen maskiert? Nun ist dieser Problematik unter den Bedingungen solcher vom Bildungsministerium nur unter der Auflage absoluter Sanktionslosigkeit gestatteten Untersuchungen kaum beizukommen. Es bleibt trotz allem interessant, dass ein- und mehrsprachige Schüler sich mehr oder weniger „alle gleichermaßen wenig bemüht" an die Formulierungsarbeit gemacht haben und tendenziell recht kurze und wenig liebevoll gestaltete Texte vorgelegt haben. Schwerer wiegt der Einwand, dass nur mit großen Einschränkungen von Auswertungsobjektivität gesprochen werden kann. Zwar finden sich in der Handreichung vereinzelte Hinweise mit eindeutigen Frequenzangaben (z. B. müssen außer *und* und *weil* mindestens zwei weitere Konnektoren korrekt verwendet werden, um die volle Punktzahl beim Kriterium „Satzverknüpfung mit passenden Konjunktionen" zu erreichen), doch sind solche harten Kriterien meist unmöglich. Die Gefahr zu großer Subjektivität kann nur eingeschränkt werden, indem sich mehrere Rater einig werden müssen – ein aufwändiges Unterfangen, das die Praktikabilität von SD, wenn es im Alltag eines Sprachförderprojekts z. B. zur Eingangsdiagnose eingesetzt werden soll, natürlich zu sehr reduzieren würde und das auch im Rahmen dieser Studie mit ihren nur begrenzt zur Verfügung stehenden Mitteln nicht realisiert werden konnte. Hier heißt es, sich darauf zu verlassen, dass die Rater durch die Bewertung der großen Zahl an Texten ein „stabiles" Bewertungsverhalten entwickelt haben und bei einem erneuten Bewertungsdurchlauf zu weitgehend denselben Ergebnissen gekommen wären und dass sich die Rater durch die gemeinsame Schulung und die Besprechung von Zweifelsfällen zumindest meistens für die gleiche Punktzahl entschieden haben.

Als Reaktion auf das in Kapitel 3.2 präsentierte Ergebnis wurden bisher noch unsystematisch Texte aus dem Korpus Lehramtsstudierenden des Fachs Deutsch bzw. Masterstudenten des Fachs DaF, aber auch Fachkollegen zu einer holistischen Einschätzung vorgelegt mit der Frage, ob sie jeweils einen ein- oder mehrsprachigen Autor vermuten. Das „Abstimmverhalten" scheint die mangelnde Unterscheidbarkeit zu stützen: Fehleinschätzungen sind fast die Regel und gehen in beide Richtungen. Dies gilt auch für Adam (2014), die in ihrer Staatsexamensarbeit qualitative Untersuchungen zu einem Teil des SD-Korpus durchführte (106 Probanden) und zunächst nicht über Informationen zu den Sprachbiographien ihrer Probanden verfügte. Adam (2014) wertete Frequenz und Art der komplexen Nominalphrasen in den 106 Textsamples aus; dabei konnten nur 13 % der insgesamt 2608 Nominalphrasen als komplex gelten. Davon abgesehen, dass in ihrer Analyse keine deutlichen Unterschiede zwischen ein- und mehrsprachigen Schreibern erkennbar wurden (vgl. Adam 2014: 58, 68), gelang es ihr nicht, vor Erhalt der entsprechenden Information die Texte in einer Gesamteinschätzung richtig zuzuordnen.

Aufgrund dieser Beobachtungen ist bis auf Weiteres von Folgendem auszugehen: Personen, die mit den Ergebnissen der Textentwicklungsforschung vertraut sind, die Erfahrung mit der Analyse bzw. Korrektur von Schülertexten haben und denen also eine Art *informed judgement* zugeschrieben werden kann, kommen bei einer holistischen Einschätzung der Texte nicht zu einer korrekten Identifizierung von Schreibern als ein- oder mehrsprachig, und es ist nicht der Fall, dass SD etwaige sichere Indikatoren übersieht und einen existierenden Gruppenunterschied maskiert.

Wenn es nun einen solchen Gruppenunterschied tatsächlich nicht gibt, sollten wir zumindest mit Bezug auf die saarländischen Siebtklässler davon ausgehen, dass ein- und mehrsprachige Schüler die gleiche Art von Sprachförderung zur Etablierung bildungssprachlicher Kompetenz bei der Textproduktion benötigen – und *dass* sie sie benötigen, denn viele erreichen keine zufriedenstellenden Ergebnisse und scheinen weit entfernt von den Kompetenzbeschreibungen, die man im Rahmenlehrplan lesen kann. So konstatiert SD bei 31 % der Probanden einen starken Förderbedarf bei den Kriterien, im Brief die Anredeform des Siezens kontinuierlich durchzuhalten und überhaupt eine Adressatenorientierung erkennen zu lassen. 48 % der Schüler gelingt es überhaupt nicht, bei der Handy-Aufgabe in ihre Argumentation explizit einzuführen, und 59 % liefern keine explizite, identifizierbare persönliche Schlussfolgerung. Auch wenn die Ergebnisse bei Weitem nicht bei allen Teilkriterien so schlecht ausfallen – gezielte Förderung tut not. Für alle.

5 Literatur

Abrahamsson, Niclas & Hyltenstam, Kenneth (2009): Age of acquisition and nativelikeness in a second language – listener perception vs. linguistic scrutiny. *Language Learning* 59: 249–306.

Adam, Isabel Madeleine (2014): *Komplexe Nominalphrasen als Indikator für Textkompetenz? Eine empirische Studie zu Texten von Schülerinnen und Schülern der Sekundarstufe I mit und ohne Migrationshintergrund.* Unveröffentlichte Staatsexamensarbeit, Universität des Saarlandes.

Augst, Gerhard; Disselhoff, Katrin; Henrich, Alexandra; Pohl, Thorsten & Völzing, Paul-Ludwig (2007): *Text-Sorten-Kompetenz. Eine echte Longitudinalstudie zur Entwicklung der Textkompetenz im Grundschulalter.* Frankfurt am Main u. a.: Peter Lang.

Cummins, James (1979): Linguistic interdependence and the educational development of bilingual children. *Review of Educational Research* 49/79: 222–251.

DESI-Konsortium (Hrsg.) (2008): *Unterricht und Kompetenzerwerb in Deutsch und Englisch: Ergebnisse der DESI-Studie.* Beltz: Weinheim.

Feilke, Helmuth & Schmidlin, Regula (Hrsg.) (2005): *Literale Textentwicklung. Untersuchungen zum Erwerb von Textkompetenz.* Frankfurt am Main u. a.: Peter Lang.

Gogolin, Ingrid & Roth, Hans-Joachim (2007): Bilinguale Grundschule: Ein Beitrag zur Förderung der Mehrsprachigkeit. In Anstatt, Tanja (Hrsg.): *Mehrsprachigkeit bei Kindern und Erwachsenen. Erwerb, Formen, Förderung.* Tübingen: Narr Francke Attempto, 31–45.

Gruhn, Mirja & Haberzettl, Stefanie (2011): „Schuldeutsch" – Entwicklung eines Diagnoseinstruments zur Messung von Textkompetenz. In Haberzettl, Stefanie & Karakaşoğlu, Yasemin (Hrsg.): *Interkulturelle Schülerförderung auf dem Campus. Erziehungs- und sprachwissenschaftliche Zugänge zu den Effekten eines Förderprojekts für Schüler und Schülerinnen mit Migrationshintergrund an der Universität Bremen.* Hannover: ibidem, 179–221.

Gruhn, Mirja & Haberzettl, Stefanie (2013): Schreiben in der Sekundarstufe I: Brauchen Mehrsprachige einen gesonderten Förderunterricht? In Oomen-Welke, Ingelore & Dirim, Inci (Hrsg.): *Mehrsprachigkeit in der Klasse wahrnehmen – aufgreifen – fördern.* Stuttgart: Fillibach bei Klett, 121–131.

Haberzettl, Stefanie (2009): Förderziel: komplexe Grammatik. In *Zeitschrift für Literaturwissenschaft & Linguistik* 153, Sonderheft „Worauf kann sich der Sprachunterricht stützen?", hrsg. von Wolfgang Klein und Christine Dimroth, 80–95.

Hakuta, Kenji; Goto Butler, Yuko & Witt, Daria (2000): *How Long Does It Take English Learners to Attain Proficiency?* University of California Linguistic Minority Research Institute Policy Report 2000–1.

Heppt, Birgit; Dragon, Nina; Berendes, Karin & Stanat, Petra (2012): Beherrschung von Bildungssprache bei Kindern im Grundschulalter. *Diskurs Kindheits- und Jugendforschung* 3: 349–356.

Jedynak, Małgorzata (2009): *Critical Period Hypothesis Revisited: The Impact of Age on Ultimate Attainment in the Pronunciation of a Foreign Language.* Frankfurt am Main: Peter Lang.

Klieme, Eckhard; Artelt, Cordula; Hartig, Johannes; Jude, Nina; Köller, Olaf; Prenzel, Manfred; Schneider, Wolfgang & Stanat, Petra (Hrsg.) (2010): *Pisa 2009. Bilanz nach einem Jahrzehnt.* Münster u. a.: Waxmann.

Knapp, Werner (1997): *Schriftliches Erzählen in der Zweitsprache.* Tübingen: Niemeyer.

Neumann, Astrid (2010): Subgruppenanalysen der Schreibfähigkeiten anhand der Ergebnisse der DESI-Studie. In Neumann, Astrid & Domenech, Madeleine (Hrsg.): *Paradoxien des Schreibens in der Bildungssprache Deutsch*. Hamburg: Kovač, 9–37.

Petersen, Inger (2014): *Schreibfähigkeit und Mehrsprachigkeit*. Berlin: de Gruyter.

Siekmeyer, Anne (2013): *Sprachlicher Ausbau in gesprochenen und geschriebenen Texten*. Zum Gebrauch komplexer Nominalphrasen als Merkmale literater Strukturen bei Jugendlichen mit Deutsch als Erst- und Zweitsprache in verschiedenen Schulformen. Dissertation Universität des Saarlandes, scidok.sulb.unisaarland.de/volltexte/2013/5586/pdf/Diss_Siekmeyer_Phil.pdf (15.09.2014).

Schindler, Kirsten & Siebert-Ott, Gesa (2011): Entwicklung der Textkompetenz von Studierenden (in der Zweitsprache Deutsch) – Propädeutik, akademisches und berufsbezogenes Schreiben. In Krafft, Andreas & Spiegel, Carmen (Hrsg.): *Sprachliche Förderung und Weiterbildung – transdisziplinär*. Frankfurt am Main: Peter Lang, 91–110.

Scholten-Akoun, Dirk; Kuhnen, Angela & Mashkovskaya, Anna (2013): Sprachkompetenzen Studierender. Design und erste Ergebnisse einer empirischen Studie. In Feilke, Helmuth; Köster, Juliane & Steinmetz Michael (Hrsg.) (2012): *Textkompetenzen in der Sekundarstufe II*. Freiburg i. Br.: Fillibach, 207–228.

Ständige Konferenz der Kultusminister der Länder in der Bundesrepublik Deutschland (Hrsg.) (2010): *Förderstrategie für leistungsschwächere Schülerinnen und Schüler*. (Beschluss der KMK vom 04.03.2010). http://www.kmk.org/fileadmin/veroeffentlichungen_beschluesse/2010/2010_03_04-Foerderstrategie-Leistungsschwaechere.pdf (15.09.2014).

Anhang 1

Fragebogen zur Sprachbiographie

Das ist Tom.

SCHÜLERSTECKBRIEF

Bitte erstelle genauso wie Tom einen Steckbrief von Dir

Meine Nationalität: *Ich habe einen deutschen und einen italienischen Pass*	Meine Nationalität: _____
Geburtsorte meiner Familie	Geburtsorte meiner Familie
Ich: *Rom (Italien)*	Ich: _____
Mama: *Saarbrücken*	Mama: _____
Papa: *Italien*	Papa: _____
Sprachen, die wir zuhause sprechen:	Sprachen, die wir zuhause sprechen:
Mama & Papa sprechen miteinander: *fast immer Italienisch*	Mama & Papa sprechen miteinander: _____
Mama & ich: *immer Deutsch*	Mama & ich: _____
Papa & ich: *Italienisch und Deutsch*	Papa & ich: _____
Meine Geschwister und ich: *wenn wir allein sind immer Deutsch*	Meine Geschwister und ich: _____
Meine Freunde und ich: *immer Deutsch*	Meine Freunde und ich: _____
Ich war im Kindergarten Ja ☑ Nein ☐	Ich war im Kindergarten Ja ☐ Nein ☐
da war ich *3 Jahre alt*	da war ich _____
das war in *Italien*	das war in _____
Besonderheit: *In meinem Kindergarten in Italien hatten wir eine Erzieherin, die mit uns Englisch geredet hat. Da habe ich ein paar Wörter Englisch gelernt.*	Besonderheit: _____
In die Schule bin ich mit *6 Jahren* gekommen.	In die Schule bin ich mit _____ gekommen.
In der Grundschule (1. Bis 4. Klasse) war ich *in Italien und Saarbrücken.*	In der Grundschule war ich _____
In der 5. und 6. Klasse war ich in *Saarbrücken* in der Schule.	In der 5. und 6. Klasse war ich in _____ in der Schule.

Anhang 2

Beispiele für *Schuldeutsch*-Textsamples

7DMF51999M: L1, SD-Ergebnis unteres Quartil

Brief

Hallo lieber Trainer /
Ich muss ihr Team im tennis verein leider verlassen, / da ich zu viele Hausaufgaben habe. Ich hoffe sie / nehmen das zur kenntnis. Vielen Dank.

Handy

Ich finde es richtig, weil die Kinder sonst nicht aufpassen / würden, auf für Jugendliche ungeeignete seite gehen und / weil sie den Unterricht stören würden.

Bericht

Mark und ich haben Ball gespielt. Dann verpasste / er es den ball zufangen und ist auf die Straße gerollt. / Als Mark ihn aufhob kam ein Auto mit viel zu hoher / geschwindigkeit angefahren. Hinter ihr fuhr ein / Fahrradfahrer. Die Frau in dem Auto erkannte Mark / zu spät und erfuhr Mark, der Fahrradfahrer / bemerkte das gerade so und konnte Bremsen.

7DZF31999M: L2, SD-Ergebnis unteres Quartil

Brief

Lieber Herr... /
es tut mir sehr leid ihnen mitzuteilen, / dass ich den ...-Kurs verlassen muss. / Es liegt daran, dass ich im Moment / viel zu viel für meinen Abschluss üben / muss. Ich hoffe sie haben verständnis. /
Liebe Grüße / ...

Handy

Das es keine Handys in Schulen gibt ist / gut, denn diese würden durch das Klingeln / den unterricht nur aufhalten. Aber andererseits / wären sie nützlich, denn die Mutter könnte / wegen einem wichtigen Grund anrufen, / viele Schüler würden sich aber stark ablenken / lassen.

Bericht

Am Donnerstag, den 12. Mai beobachtete ich...
aus dem Fenster meines Zimmer einen / Unfall. Die Nachbarskinder Sandra und / Tom-Hendrik spielten Fußball im Park. / Auf einmal schoss Tom-Hendrik den /

Ball auf die Straße und Sandra lief / hinterher. Als sie den Ball aufheben wollte / wurde sie von einem Auto platt gefahren. Doch / hinter diesem Auto fuhr Herr Gans. / Er krachte mit dem Fahrrad gegen die / Heckscheibe. Das Fahrrad war verbogen doch / Herr Gans ging es gut. Dann rufte der Mann / im Auto die Polizei und den Krankenwagen. / Die Personen diskutierten scheinbar (weil ich es / nicht hören konnte), bis die Polizei eintraf.

Hana Klages und Johannes Gerwien
Verstehen anaphorischer Personalpronomina im DaZ- und DaM-Erwerb

Abstract: In diesem Artikel präsentieren wir Ergebnisse aus einer Eyetracking-Studie (*Visual World Paradigma*), mit der das Verstehen anaphorischer Personalpronomina durch 5-, 7- und 9-jährige Kinder mit Deutsch als Muttersprache (DaM) und Deutsch als Zweitsprache (DaZ) untersucht wurde. Bei der Analyse unserer Daten trugen wir der Tatsache Rechnung, dass bei der Pronomenauflösung zwischen zwei Phasen unterschieden werden kann: einer prä-pronominalen und einer post-pronominalen Phase (vgl. Arnold, Brown-Schmidt & Trueswell 2007; Tanenhaus & Trueswell 1995). Unsere Ergebnisse zeigen, dass sich DaZ- und DaM-Kinder hinsichtlich beider Verarbeitungsphasen voneinander unterscheiden. Während bereits für die jüngsten DaM-Kinder Evidenz dafür gefunden wurde, dass die Suche nach dem koreferenten Antezedenten beginnt, bevor die Verarbeitung des Pronomens abgeschlossen ist (prä-pronominale Verarbeitung), finden wir bei DaZ-Kindern erst in der Altersgruppe der 9-Jährigen Hinweise für die Anwendung einer vergleichbaren Strategie. Hinsichtlich der post-pronominalen Verarbeitung zeigen unsere Befunde, dass DaM-Kinder früher als DaZ-Kinder damit beginnen, mehrere verschiedene Hinweise (*Cues*) für die Pronomenauflösung (*Genus, Antezedenttyp*[1]) zu berücksichtigen und zu koordinieren. Der Artikel schließt mit aus unseren Befunden abgeleiteten Empfehlungen für die Sprachförderung.

Keywords: Pronomenauflösung, Personalpronomen, Erstspracherwerb, Zweitspracherwerb, Genus, Sprachförderung, Vor- und Grundschule, eye-tracking

---

[1] Die Kursivierung signalisiert, dass die Begriffe *Genus* und *Antezedenttyp*, im späteren Text auch *Numerus* und *Referenztyp*, in der Bedeutung „Auflösungshinweis" (*cue*) verwendet werden.

Hana Klages: Wissenschaftliche Mitarbeiterin am Institut für Deutsch als Fremdsprachenphilologie, Universität Heidelberg, Plöck 55, D-69117 Heidelberg, e-mail: klages@idf.uni-heidelberg.de

Johannes Gerwien: Wissenschaftlicher Mitarbeiter am Institut für Deutsch als Fremdsprachenphilologie (Heidelberg University Language and Cognition Lab), Plöck 55, Universität Heidelberg, D-69117 Heidelberg, e-mail: gerwien@idf.uni-heidelberg.de

1 Einleitung

Die Frage nach der Gestaltung von didaktischen Maßnahmen, die Kinder beim Erwerb des Deutschen als früher Zweitsprache unterstützen sollen, beschäftigt neben Verantwortlichen aus der Bildungspraxis im letzten Jahrzehnt zunehmend auch die Spracherwerbsforschung. Letztere erhebt den Anspruch, aus wissenschaftlichen Erkenntnissen zum Spracherwerb Konsequenzen abzuleiten, die für die Bildungspraxis von Relevanz sind (Kaltenbacher 2009). Auch der vorliegende Beitrag verfolgt dieses Ziel. Ausgehend von empirischen Befunden zur Auflösung pronominaler Anaphern im Deutschen durch Kinder mit Deutsch als Erst- (DaM) und Deutsch als frühe Zweitsprache (DaZ), werden hier Vorschläge abgeleitet, die sich unterstützend auf den Erwerb des Deutschen im Kontext der Mehrsprachigkeit auswirken sollen. DaZ-Lerner erwerben die Zweitsprache oft unter ungünstigen Bedingungen, die sich insbesondere durch einen qualitativ und quantitativ eingeschränkten deutschsprachigen Input auszeichnen. Deshalb ist nicht auszuschließen, dass sie durch den Grad ihrer unter diesen Umständen erreichten Kompetenz im Deutschen bei der Teilhabe an einer mündlichen oder schriftlichen Kommunikation, die sich an der muttersprachlichen Norm orientiert, benachteiligt sind. Bezugnehmend auf die Auflösung anaphorischer Personalpronomina kann sich ein solcher Nachteil in vielfältiger Weise manifestieren:

- Die Kinder können den Referenten eines anaphorischen Personalpronomens nicht identifizieren und somit keine kohärente Diskursrepräsentation herstellen.
- Die Kinder erkennen zwar einen Referenten, dieser entspricht jedoch nicht dem im aktuellen Diskurs intendierten Referenten.
- Die Kinder identifizieren den intendierten Referenten, die Erkennung erfolgt aber langsam oder unter einem vergleichsweise hohen kognitiven Aufwand, so dass sie im Vergleich zu Individuen mit einer schnelleren oder weniger aufwendigen Verarbeitung benachteiligt sind, wenn ihnen z. B. nicht ausreichend Zeit für die Verarbeitung zur Verfügung gestellt wird.

Solche Schwierigkeiten können entstehen, wenn Kinder nicht alle zur Verfügung stehenden Auflösungshinweise wie z. B. *Genus, Numerus* oder die *syntaktische Rolle der Referenzausdrücke* (Subjekt/Objekt) in dem dem Pronomen vorausgehenden Diskurs berücksichtigen, sie nicht koordinieren können oder für ihre Koordinierung zu hohe kognitive Ressourcen benötigen.

Die Rolle verschiedener Auflösungshinweise für das Verstehen anaphorischer Personalpronomina, wie auch deren Verarbeitung, diskutieren wir in Kapitel 2. Ausgehend von dieser Darstellung stellen wir in den letzten Abschnitten von

Kapitel 2 konkrete Fragen zur Auflösung anaphorischer Personalpronomina im DaZ-Erwerb, denen wir mit der in Kapitel 3 vorgestellten Studie nachgehen. Die Ergebnisse der Studie werden in Kapitel 4 präsentiert. Der Beitrag schließt mit Kapitel 5, in dem wir einige förderdidaktische Vorschläge zur Unterstützung der Fähigkeit zur Pronomenauflösung bei Kindern mit DaZ skizzieren.

2 Verarbeitung anaphorischer Personalpronomina

An der Auflösung anaphorischer Personalpronomina in Texten sind bei kompetenten Sprechern zwei Typen von Verarbeitungsprozessen beteiligt. Diese beiden Typen unterscheiden sich voneinander hinsichtlich des Zeitpunkts ihrer Initiierung in Abhängigkeit von der Rezeption des Pronomens. Zum einen handelt es sich um Verarbeitungsprozesse, die bereits vor der Pronomenrezeption stattfinden. Wir nennen sie hier *prä-pronominale* Verarbeitungsprozesse. Zu den Faktoren, die die Pronomenauflösung während dieser Phase beeinflussen, gehören u. a. Eigenschaften der Referenzausdrücke aus dem aktuell rezipierten, dem anaphorischen Pronomen vorausgehenden Diskurs, wie die syntaktische Rolle der Referenzausdrücke (Subjekt vs. Objekt; vgl. Järvikivi, van Gompel, Hyönä & Bertram 2005; Frederiksen 1981) oder ihre Nennungsabfolge im Satz (Erstnennung vs. Zweitnennung; vgl. Gernsbacher & Hargreaves 1988, Arnold, Brown-Schmidt & Trueswell 2007). Diese Eigenschaften werden während der *prä-pronominalen* Verarbeitung als Hinweise auf die Wahrscheinlichkeit interpretiert, mit der die Referenzausdrücke im folgenden Diskurs durch ein Personalpronomen wieder aufgenommen werden. Sie bilden also eine Basis für antizipatorische Annahmen über den weiteren Diskursverlauf. Für das Deutsche gilt, vereinfacht gesagt, dass diejenigen Referenten, auf die mit Subjekten bzw. erstgenannten Referenzausdrücken Bezug genommen wird, eine höhere Wahrscheinlichkeit haben, im folgenden Diskurs als Topik aufzutreten und mithilfe von Personalpronomina wiederholt sprachlich realisiert zu werden (vgl. z. B. Ellert 2010). Der Grad der Wahrscheinlichkeit zur Wiederaufnahme eines Referenten in Topikfunktion kann in Anlehnung an Arnold, Brown-Schmidt & Trueswell (2007: 531) auch als *Grad seiner Erwartbarkeit* bezeichnet werden. Entitäten, auf die mit Subjekten bzw. Erstnennungen referiert wird, haben im Deutschen also einen höheren Grad der Erwartbarkeit als Objekte bzw. Zweitnennungen.

Nach der Rezeption der ersten Sätze in den Beispielen (1) bis (3) würde demnach ein kompetenter Hörer annehmen, dass *Paul* eine höhere Wahrscheinlichkeit als *Peter* bzw. *Jana* besitzt, im folgenden Satz als Topik zu erscheinen und infolgedessen durch ein Personalpronomen wiederaufgenommen zu werden.

(1) **Paul** hat Peter besucht. Er hat Kuchen gebacken.
(2) **Paul** hat Jana besucht. Er hat Kuchen gebacken.
(3) **Paul** hat Jana besucht. Sie hat Kuchen gebacken.

Der Rezipient nutzt also linguistische Informationen der aktuell rezipierten Referenzausdrücke als Quelle für die Generierung vorwärts gerichteter, antizipatorischer Annahmen oder Erwartungen im Hinblick auf den Verlauf des weiteren Diskurses (*Expectancy Hypothese*; Arnold, Brown-Schmidt & Trueswell 2007). Diese Annahmen führen zur Bildung einer mentalen Diskursrepräsentation, die als Basis für die Auflösung der später im zeitlichen Verlauf auftretenden Referenzausdrücke, wie z. B. Pronomina, dient und den für ihre Verarbeitung benötigten kognitiven Aufwand beeinflusst: Entspricht die spätere Diskursgestaltung den antizipatorischen Annahmen des Rezipienten (Beispiel 1 und 2), so erfolgt seine Verarbeitung in der Regel mit einem geringeren kognitiven Aufwand – die eingehende sprachliche Information (hier das Pronomen) fügt sich in die bestehende Diskursrepräsentation ein, diese muss nicht revidiert werden. Bei Unterschieden zwischen den Erwartungen und dem tatsächlich eingehenden Diskurs (Beispiel 3) muss die bereits gebildete Diskursrepräsentation dagegen revidiert werden, was zusätzliche kognitive Ressourcen benötigt. Ein solcher Fall tritt z. B. dann ein, wenn die *Genusinformation* des Pronomens signalisiert, dass ein anderer als der erwartete Referent intendiert ist.

Wenn auch in manchen Sprachen, wie z. B. dem Deutschen, syntaktische Subjekte oder erstgenannte Ausdrücke weitaus häufiger im nachfolgenden Diskurs wiederaufgenommen werden als syntaktische Objekte bzw. zweitgenannte Ausdrücke, kann dieses Phänomen keinesfalls als Regel begriffen, sondern muss eher als der unmarkierte Fall betrachtet werden: Subjekte/erstgenannte Ausdrücke weisen einen hohen Grad an Erwartbarkeit auf. Die Durchlässigkeit dieser Gebrauchsregel sei nach Vertretern der *Expectancy Hypothese* (Arnold, Brown-Schmidt & Trueswell 2007) ursächlich dafür, dass die Nutzung distributiver Eigenschaften des Referenzausdrucks wie z. B. die syntaktische Rolle oder die Position im Satz (im Weiteren als *Referenztyp* bezeichnet) für die Pronomenauflösung im Spracherwerb relativ spät und erst nach dem Erwerb der Fähigkeit auftritt, lexikalische kategoriale Hinweise wie z. B. das *Genus* des Pronomens zu berücksichtigen. Arnold, Brown-Schmidt & Trueswell (2007) gehen für den L1-Erwerb des Englischen davon aus, dass der *Referenztyp* (mit den Werten Subjekt/Objekt) erst im Alter von ca. 5 Jahren erworben wird.² Ergebnisse weiterer Studien legen allerdings nahe, dass die Berücksichtigung des *Referenztyps* bereits bei jüngeren Lernern erfolgt. So zeigen z. B. Song & Fisher (2005, 2007), dass bereits im Alter zwischen 2 und 3 Jahren das Subjekt bzw. der erstgenannte Referenzausdruck als bevorzugter Antezedent eines Personalpronomens identifiziert wird. Järvikivi et al. (2013) stellen eine vergleichbare Präferenz bei 4-Jährigen fest.

Außer der *prä-pronominalen* Verarbeitung sind bei der Pronomenauflösung auch Prozesse involviert, die erst durch die Pronomenrezeption initiiert werden. Wir nennen sie hier *post-pronominale* Verarbeitungsprozesse. Während dieser Phase wird u. a. der lexikalische Gehalt des Pronomen (*Genus, Numerus*) verarbeitet und mit dem lexikalischen Gehalt der Referenzausdrücke aus dem vorausgegangenen Diskurs „verglichen" und auf Übereinstimmung (Kongruenz) hin geprüft. Als Antezedent wird dabei der Ausdruck aus dem vorausgegangenen Diskurs identifiziert, der hinsichtlich Genus und Numerus eine Übereinstimmung mit dem Pronomen aufweist. Außer *Genus* und *Numerus* werden in dieser Auflösungsphase auch Informationen verarbeitet, die wir hier als *Antezedenttyp* bezeichnen. Es handelt sich um Informationen einer Anapher, wie z. B. die phonologische Größe (Länge und Betonung), Informativität (semantischer Gehalt) und Rigidität (Eindeutigkeit, mit der auf eine bestimmte Entität sprachlich referiert wird³) (Ariel 1994: 30ff), die Hinweise darauf liefern, welcher der Referenzausdrücke der präferierte, wenn auch nicht der einzig mögliche Antezedent ist. Demnach zählen wir den Hinweis *Antezedenttyp* ähnlich wie den *Referenztyp* zu den probabilistischen Hinweisen. Für Personalpronomina im Deutschen gilt, dass der bevorzugte Antezedent das Subjekt oder der erstgenannte Referenzausdruck des vorausgegangenen Satzes ist (Ahrenholz 2007, Ellert 2010, Musan 2010). In genusambigen Kontexten ist das, was wir mit *Antezedenttyp* bezeichnen, neben den situationssemantischen Diskurseigenschaften, eine der wesentlichen Grundlagen, auf der Personalpronomina aufgelöst werden. Abhängig vom aktuellen Diskurs können die durch ein Pronomen aktivierten Informationen auf

---

2 Auch wenn wir hier die Befunde von Arnold, Brown-Schmidt & Trueswell (2007) im Zusammenhang mit der Darstellung der prä-pronominalen Verarbeitung referieren, sei an dieser Stelle angemerkt, dass sie nicht ohne Weiteres als Evidenz für die Verarbeitung des dem Personalpronomen vorausgehenden Diskurses, d. h. für die *prä-pronominale* Verarbeitung des *Referenztyps*, gewertet werden können. Die in den Studien vorgenommene Analyse erlaubt lediglich die Aussage, dass der *Referenz-* bzw. *Antezedenttyp* verarbeitet wurde. Ob seine Verarbeitung innerhalb der *prä-pronominalen* oder innerhalb der *post-pronominalen* Phase erfolgt ist, kann auf der Grundlage der dort angewendeten Methode jedoch nicht beantwortet werden.
3 Pro-Formen weisen eine niedrigere Rigidität auf als z. B. volle Nominalphrasen (NPs). Aber auch innerhalb der NPs kann zwischen Ausdrücken mit hoher Rigidität (*die Sonne*) und niedriger Rigidität (*ein Lehrer*) unterschieden werden.

ein und denselben Antezedenten hinweisen, sie können aber auch mehrdeutige oder konträre Anhaltspunkte zur Antezedentenbestimmung liefern. Wie durch Beispiel (4) illustriert, kongruieren alle durch das Pronomen *er* aktivierten Hinweise (Maskulin, Singular, Subjekt) mit dem Referenzausdruck *Paul*. In den Beispielen (5) und (6) werden hingegen durch das homonyme Pronomen *sie* zunächst zwei potentiell mögliche Informationen aktiviert – Feminin, Singular (Beispiel 5) oder Plural (Beispiel 6) –, die beide vorausgegangenen Ausdrücke, sowohl *Petra* als auch *ihre Eltern*, als mögliche Antezedenten zulassen. Erst auf der Grundlage des auf das Pronomen folgenden Verbs (*hat* bzw. *haben*) kann einer der beiden Referenzausdrücke ausgeschlossen werden. Beispiele (6) und (7) illustrieren Diskurse, in denen *Genus* und *Numerus* einerseits und der *Antezedenttyp* andererseits jeweils auf einen anderen Referenzausdruck hindeuten: Während der *Antezedenttyp* die Ausdrücke in Subjektposition (*Petra* in 6; *Paul* in 7) als präferierte Antezedenten vorsieht, verweisen *Genus* bzw. *Numerus* auf die Objekte (*ihre Eltern* in (6); *Jana* in (7)).

(4) **Paul** hat Jana besucht. **Er** hat Kuchen gebacken.
(5) **Petra** hat ihre Eltern besucht. **Sie** hat Kuchen gebacken.
(6) Petra hat **ihre Eltern** besucht. **Sie** haben Kuchen gebacken.
(7) Paul hat **Jana** besucht. **Sie** hat Kuchen gebacken.

Wie aus den Beispielen (6) und (7) deutlich wird, erfolgt bei konträren Verweisen von *Genus/Numerus* und von *Antezedenttyp* die Referentenbestimmung auf der Grundlage von *Genus* und *Numerus*. Wie läuft nun die Verarbeitung und Koordination dieser unterschiedlichen Verweise während der Pronomenauflösung ab? Nach Annahmen von Tanenhaus & Trueswell (1995) ist für die Pronomenauflösung ein Mechanismus zuständig, der die multiplen Hinweise (z. B. *Genus* und *Antezedenttyp*) koordiniert. Dabei werden diejenigen Hinweise höher gewichtet, die eine höhere ‚Reliabilität' aufweisen. Unter *Reliabilität* verstehen die Autoren die Verlässlichkeit, mit der ein Hinweis zur Bestimmung des passenden Antezedenten bzw. Referenten beiträgt. Da die Genuskongruenz zwischen Pronomen und antezedentialer Nominalphrase in Sprachen, die über die Kategorie Genus verfügen, als „notwendig" gilt und Verstöße dagegen so gut wie nicht im Input vorkommen,[4] gilt das *Genus* in der internen Grammatik kompetenter Sprecher als hochgradig reliabler und für die Referentenbestimmung maßgeblicher Hinweis.

---

[4] Ausnahmen stellen Diskurse wie *Das Mädchen ging in den Wald. Sie fand dort einen großen Pilz.* dar, in denen trotz fehlender Genuskongruenz eine koreferentielle Beziehung zwischen dem Pronomen *sie* und der Nominalphrase *das Mädchen* besteht.

Probabilistische Hinweise wie z. B. *Antezedenttyp* sind den reliablen Hinweisen untergeordnet.

Kompetenten Sprechern gelingt die Koordination mehrerer Hinweise schnell und mit einem relativ niedrigen kognitiven Aufwand (Arnold, Brown-Schmidt & Trueswell 2007; Arnold, Eisenband, Brown-Schmidt & Trueswell 2000). Wie sich die Fähigkeit zur Koordination im Spracherwerb entwickelt, ist allerdings noch weitgehend unerforscht. Zu den wenigen Studien, die dieser Frage nachgehen, gehört z. B. die Untersuchung von Arnold, Brown-Schmidt & Trueswell (2007). Die dort gewonnenen Ergebnisse legen nahe, dass die Koordinierung mehrerer Hinweise erst Kindern im Alter von 5 Jahren gelingt. Diesem Erwerbsstadium geht die alleinige Verarbeitung des reliablen Hinweises *Genus* voraus.

Zur Auflösung anaphorischer Personalpronomina im Kontext der Mehrsprachigkeit liegen unseres Wissens vergleichsweise wenige Erkenntnisse vor. Dabei scheint die Verarbeitung der Informationen, die wir hier als *Referenztyp* (*prä-pronominale* Verarbeitung) bzw. *Antezedenttyp* (*post-pronominale* Verarbeitung) bezeichnen, von einem größeren Forschungsinteresse zu sein als die Verarbeitung von *Genus*. Im Hinblick auf die Rolle des *Antezedenttyps* innerhalb der *post-pronominalen* Verarbeitung wurden dabei Unterschiede zwischen L2-Lernern und Muttersprachlern sowohl für den frühen als auch für den späten L2-Erwerb festgestellt. So hat Ellert (2010) bei erwachsenen L2-Lernern des Deutschen eine geringere Sensibilität gegenüber dem pronomeninhärenten *Antezedenttyp* im Vergleich zu Muttersprachlern festgestellt. Zu ähnlichen Befunden kam auch Wilson (2009) für erwachsene L2-Lerner des Deutschen: In ihrer Studie wurde eine zielsprachliche Interpretation des *Antezedenttyps* erst bei einer fortgeschrittenen L2-Kompetenz festgestellt. Auch im frühen Zweitspracherwerb wurde eine geringere Berücksichtigung des *Antezedenttyps* bei Grundschülern mit DaZ im Vergleich zu gleichaltrigen DaM-Kindern beobachtet (vgl. Bryant & Noschka in diesem Band). Im Hinblick auf die *prä-pronominale* Verarbeitung hat Schimke (in diesem Band) für den frühen DaZ-Erwerb dagegen keine Unterschiede zwischen DaM- und DaZ-Lernern bei der Generierung antizipatorischer Annahmen über die Wiederaufnahme eines bereits erwähnten Referenten festgestellt.

Studien zur Untersuchung der Rolle von *Genus* im Kontext der Pronomenresolution bei L2-Lernern fehlen unseres Wissens. Da sich allerdings einige Schlüsse über die Genusverarbeitung durch L2-Lerner aus anderen Kontexten ziehen lassen, referieren wir hier einige Befunde und betrachten sie als Grundlage für die Ableitung unserer Erwartungen bezüglich der Genusverarbeitung im Kontext der Pronomenresolution. Insgesamt deuten die Forschungsergebnisse darauf hin, dass die produktive und rezeptive Beherrschung und Berücksichtigung von Genus im L2-Erwerb eine Erwerbshürde darstellt. So fanden Irmen & Knoll (1999) in einer Produktionsstudie heraus, dass erwachsene Lerner des Deutschen mit einer L1 ohne die Kategorie Genus (Finnisch) erhebliche Schwierigkeiten mit der Genuszuweisung in der L2 haben. Aber auch Lerner, die bereits aus ihrer L1 über die Genuskategorie verfügen, verarbeiten die Genusinformation in der L2 erst dann, wenn sie über eine hohe L2-Kompetenz verfügen (Hopp 2013). Dass die Verarbeitung der Genusinformation in der L2 auch fortgeschrittenen Lernern Schwierigkeiten bereitet und lange von Interferenzen aus der L1 beeinflusst wird, zeigt eine Studie von Weber & Paris (2004). Auch bei der Genusverarbeitung spielt das Alter zu Beginn des L2-Erwerbs eine Rolle. So konnten Guillemon & Grosjean (2001) nachweisen, dass muttersprachliche und frühe Lerner des Französischen sensibel auf die Manipulation des Faktors Genus reagierten, während Vergleichbares bei späten L2-Lernern nicht festgestellt werden konnte. Dass Genus (im Deutschen) aber auch für frühe L2-Lerner mit Erwerbsschwierigkeiten verbunden ist, legen Befunde mehrerer Studien aus dem DaZ-Kontext nahe (Kaltenbacher & Klages 2012, Jeuk 2008).

Zusammengefasst illustrieren die exemplarisch referierten Ergebnisse aus dem L1 und L2-Erwerb die insbesondere für den frühen Zweitspracherwerb immer noch lückenhaften Erkenntnisse über die an der Pronomenauflösung beteiligten Prozesse: Es ist z. B. weiterhin unklar, ob z. B. *Genusinformation* als Auflösungshinweis genutzt wird oder ob bzw. wie diese Information mit den anderen Hinweisen (*Antezedenttyp*) während der Auflösung koordiniert wird. In unserer explorativen Studie untersuchen wir deshalb, in welcher Weise Lerner des Deutschen als Zweit- und Erstsprache die verschiedenen Hinweise während der Pronomenauflösung berücksichtigen. Dabei ist vorstellbar, dass die Verarbeitungsprozesse bei beiden Erwerbstypen durch die Reliabilität der Hinweise in gleicher Weise determiniert sind, d. h. dass sowohl im DaM- als auch im DaZ-Erwerb die Fähigkeit der Verarbeitung des reliablen Hinweises *Genus* vor der Fähigkeit der Verarbeitung der probabilistischen Hinweise *Referenz-* und *Antezedenttyp* erworben wird. Gleichzeitig erscheint es uns nicht unplausibel, dass die im DaZ-Kontext dokumentierten Schwierigkeiten beim Genuserwerb zur Vermeidung seiner Verarbeitung im Kontext der Pronomenresolution bei gleichzeitig stärkerer Berücksichtigung der probabilistischen Hinweise führen (zur Nicht-Berücksichtigung der Genusinformation im Kontext der Worterkennung bei insgesamt vorliegender Unsicherheit bei der Genuszuweisung vgl. Hopp 2013). Außerdem interessiert uns, wie es Kindern im DaM- und DaZ-Erwerb gelingt, multiple Hinweise innerhalb der *post-pronominalen* Verarbeitung zu koordinieren. Es ist vorstellbar, dass der höhere kognitive Aufwand, der mit einer noch nicht automatisierten Fähigkeit zur Koordinierung zusammenhängt, zu ihrer Vermeidung und demzufolge zur Verarbeitung von nur einzelnen Hinweisen (entweder *Genus* oder *Antezedenttyp*) führt.

Um diesen Arbeitshypothesen nachzugehen, untersuchten wir sowohl die Verarbeitung des probabilistischen Hinweises *Referenztyp* innerhalb der *prä-pronominalen* Verarbeitung wie auch die Fähigkeit zur Berücksichtigung und Koordination der reliablen und probabilistischen Hinweise *Genus* und *Antezedenttyp* innerhalb der *post-pronominalen* Auflösungsphase.

3 Methode und Versuchsaufbau

In dieser Studie haben wir das *Visual-World*-Untersuchungsparadigma verwendet (Cooper 1974; Tanenhaus, Spivey-Knowlton, Eberhardt & Sedivy 1995; Tanenhaus & Trueswell 2005). Bei dieser Methode wird die visuelle Aufmerksamkeit (operationalisiert durch Blickbewegungen) auf visuell dargebotene Stimuli (potentielle Referenten) gemessen und in einen Zusammenhang mit parallel dargebotenen akustischen Stimuli (Personalpronomen) gesetzt und ausgewertet. Blickbewegungen gelten in diesem experimentellen Paradigma als Indikator dafür, worauf ein Experimentteilnehmer seine Aufmerksamkeit während der Verarbeitung des sprachlichen Materials richtet. Hohe Blickanteile signalisieren dabei eine hohe Aufmerksamkeit und umgekehrt.

Ausgewertet wurden Daten von 117 monolingual deutschen und zweisprachig russisch-deutschen Kindern. Alle Kinder besuchten zum Zeitpunkt der Datenerhebung regelmäßig eine Bildungseinrichtung (KiTa oder Schule), die überwiegende Mehrheit (n=54/94,73%) der mehrsprachigen Kinder hatte zum Zeitpunkt der Erhebung einen regelmäßigen Kontakt sowohl zum Deutschen als auch zum Russischen. Eingeteilt nach Alter (5-, 7- und 9-Jährige) und Erwerbstyp (DaM und DaZ) ergaben sich sechs Untersuchungsgruppen. Tabelle 1 gibt einen Überblick über die Anzahl und das Alter der Kinder in der jeweiligen Untersuchungsgruppe.

Tab. 1: Überblick über die Experimentteilnehmer

	DaM	DaZ
5-Jährige	n=18 Ø Alter: 5;05 (5;00–6;06)*	n=19 Ø Alter: 6;00 (4;10–6;07)*
7-Jährige	n=23 Ø Alter: 7;01(6;10–8;09)*	n=20 Ø Alter: 8;08 (7;00–8;09)*
9-Jährige	n=18 Ø Alter: 9;03 (8;11–10;00)*	n=18 Ø Alter: 9;04 (8;11–10;10)*

Legende:
Ø Alter – Durchschnittsalter zum Zeitpunkt der Erhebung (in Jahren und Monaten)
*Die Angaben in Klammern geben den Altersbereich an. Die Kinder kamen durchschnittlich im Alter von ca. 3 Jahren in einen intensiven Kontakt mit dem Deutschen.

Für das Experiment wurden 30 Texte konstruiert, 20 Test- und 10 Distraktoren-Texte. Jeder Text bestand aus drei miteinander unverbundenen Hauptsätzen: einem Einführungssatz, einem Antezedentsatz und einem Testsatz. Um den Einfluss von *Genus* sowie von *Antezedenttyp* untersuchen zu können, wurden für die Testitems vier Typen von Texten kreiert.[5] Jeder Typ kam im Experiment fünf Mal vor:

Typ 1+2: sie / er + Subjekt-Antezedent
Einführungssatz: Die Freunde haben im Sandkasten gespielt.
Antezedentsatz: **Die Fee** hat den König im Sand eingebuddelt. /
                 Der König hat die Fee im Sand eingebuddelt.
Testsatz: **Sie/er** war zum ersten Mal in diesem Sandkasten.

Typ 3+4: sie/er + Objekt-Antezedent
Einführungssatz: Die Freunde haben im Sandkasten gespielt.
Antezedentsatz: Der König hat **die Fee** im Sand eingebuddelt. /
                 Die Fee hat **den König** im Sand eingebuddelt.
Testsatz: **Sie/er** war zum ersten Mal in diesem Sandkasten.

Für zehn Texte (8 Test-Texte und 2 Distraktoren-Texte) wurden zusätzlich Fragen formuliert, mit denen auf verschiedene Inhalte aus den Texten mit Ausnahme der Figuren referiert wurde[6] (z. B. Wo haben die Freunde gespielt?). Die Fragen dienten der Sicherung der Aufmerksamkeit auf die Texte und bildeten den Aufgabenrahmen der Datenerhebung. Außerdem war die Menge und Korrektheit der abgegebenen Antworten ausschlaggebend für die Einbeziehung der erhobenen Daten: Daten von Kindern, die mehr als 4 Fragen falsch beantwortet haben, wurden aus der Analyse ausgeschlossen.

Die visuellen Stimuli bestanden aus farbigen Abbildungen, auf denen die beiden in den Texten auftauchenden Figuren zu sehen waren. Alle Texte wurden von einem männlichen deutschen Muttersprachler aufgesprochen. Die so ent-

---

[5] Der Vergleich der Ergebnisse der Pronomenauflösung in den Texten 1+2 vs. 3+4 liefert uns Aufschlüsse über die Verarbeitung des *Antezedenttyps*; der Vergleich zwischen den Leistungen in den Texten 1 vs. 2 und 3 vs. 4 über die Verarbeitung von maskulinen vs. femininen Formen und somit Aufschlüsse über die Genusverarbeitung. Letztere werden hier aus Platzgründen in Kapitel 4 für den Hinweis *Genus* generell und nicht getrennt für die einzelnen Genusklassen dargestellt.
[6] Da Fragen zu den Figuren bewusste Aufmerksamkeit auf den Untersuchungsgegenstand (Personalpronomen) lenken und somit die Auflösungsprozesse indirekt beeinflussen können (zur Bewusstmachung des Untersuchungsgegenstands durch explizite Fragen vgl. Constens 2004; Dussias, Valdés Kroff, Guzzardo Tamargo & Gerfen 2013), wurde auf Fragen zu den Figuren verzichtet.

standenen Audiodateien wurden dann mit den Abbildungen zu einer Videodatei zusammengefügt. Auf diese Weise konnten die visuellen und auditiven Stimuli synchron präsentiert werden (s. Abb. 1).

Jeder Stimulus bestand aus 5 Komponenten: 2 neutralen Komponenten (NK), einer Antezedentkomponente (AK), einer Testkomponente (TK) und einer Endkomponente (EK). Der visuelle und akustische Teil startete in jeder Komponente, sofern sie beide Teile enthielt, simultan. Die neutrale Komponente bestand lediglich aus einem visuellen Teil – einem Fixationskreuz – und sollte die Überschwappung der vorausgegangenen Fixationen, insb. für die Testkomponente, verhindern (vgl. Ellert 2010). Die Position des Kreuzes auf dem Monitor war randomisiert und die Dauer seiner Präsentation „gaze-driven", d. h. das Kreuz musste mindestens 60ms lang fixiert werden, bis die folgende Komponente des Stimulus dargeboten wurde. Der visuelle Teil der Antezedentkomponente und der Testkomponenten desselben Stimulus waren identisch (s. Abb. 1).

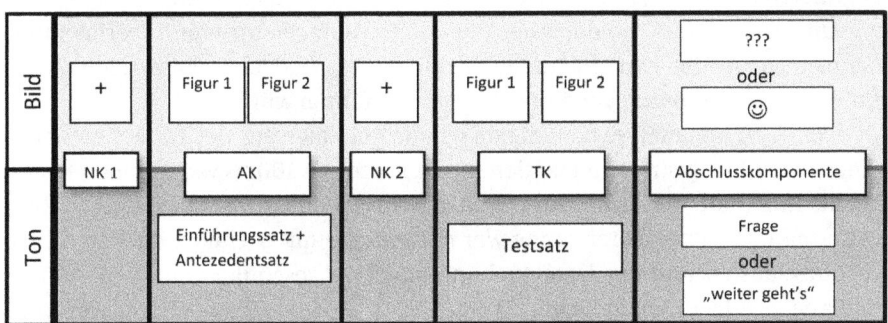

Abb. 1: Struktur der Stimuli

Die Datenerhebung erfolgte in einer Sitzung von maximal 30 Minuten. Während der Sitzung saßen die Kinder in einer Entfernung von ca. 70 cm vor dem Monitor, auf dem die visuellen Stimuli präsentiert wurden. Für die Blickbewegungsmessung wurde ein *Eye Follower* (LC Technologies, Inc., 120 Hz Sample Rate, 0,45° gaze accuracy) benutzt.

Die Kinder wurden aufgefordert, sich kurze Geschichten anzuhören und Fragen zu den Geschichten zu beantworten. Die zu den Geschichten auf dem Bildschirm präsentierten Bilder sollten sich die Kinder während des Hörens anschauen.

Um Aussagen über sowohl *prä-* als auch *post-pronominale* Verarbeitungsprozesse machen zu können, konzentrierten wir uns bei der Analyse der Eyetrackingdaten auf zwei Messgrößen. (1.) Die Analyse von antizipatorischen

Fixationen (ANTIZIP-FIX),[7] d. h. Fixationen, die geplant und ausgeführt wurden, bevor das Pronomen vollständig verarbeitet wurde, sollten Aufschlüsse über die *prä-pronominale* Verarbeitung des *Referenztyps* erlauben. (2.) Die Analyse der Fixationsanteile auf den korrekten Referenten (TARGET-FIX) innerhalb der ersten 1000ms nach Pronomen-Onset sollte es ermöglichen, Rückschlüsse auf die *post-pronominalen* Prozesse zu ziehen, die durch die im Pronomen enkodierten Hinweise *Genus* und *Antezedenttyp* (alle Teststimuli stellten genuseindeutige Auflösungskontexte dar) ausgelöst werden (zur Wahl des Analysefensters s. u.). Da für die Berücksichtigung und Koordination mehrerer Hinweise mehr kognitive Ressourcen benötigt werden als für die Verarbeitung eines einzigen Hinweises (Henderson & Ferreira 2004), können hohe Fixationsanteile als Indiz für die Berücksichtigung beider Hinweise (*Genus* und *Antezedenttyp*) gewertet werden. Niedrigere Werte signalisieren dagegen, dass entweder nur einer der beiden Hinweise verarbeitet wird oder die Koordination beider Hinweise automatisiert und deshalb mit einem geringeren kognitiven Aufwand (und mit weniger Aufmerksamkeit) erfolgt.

Uns interessierte, ob das Alter und die Erstsprache unserer Experimentteilnehmer sowie die experimentelle Manipulation (Subjekt-/Objektreferenz) zu Unterschieden in Bezug auf diese Messgrößen führen würden.

Vor der Datenanalyse bereinigten wir die Rohdaten aus der Testkomponente, indem wir alle registrierten Fixationen, die kürzer als 100ms waren, und alle, die bereits innerhalb der ersten 200ms nach dem Stimulus-Onset begonnen haben, entfernten. Die Datenbereinigung war notwendig, um Artefakte, die dem Untersuchungsdesign und der Untersuchungssituation geschuldet sind, zu reduzieren. Analysiert wurden dann die für jede Versuchsperson über Items aggregierten Fixationsanteile auf das Target (der „richtige" Referent) im Zeitfenster zwischen 350ms und 1000ms nach Stimulus-Onset. Fixationsanteile wurden jeweils für 50ms große Zeitintervalle für jeden Experimentteilnehmer über Items aggregiert und die so entstandenen proportionalen Werte wurden in elogits transformiert.[8] Die Wahl des Analysefensters ist wie folgt begründet: Für die Planung und Ausführung einer Fixation werden durchschnittlich 200ms benötigt (Matin, Shao & Boff 1993). Die phonetische Dauer eines Pronomens in unserer Studie lag bei durchschnittlich 175ms. Folglich erwarteten wir, dass der Beginn einer Fixation,

---

[7] Wir beziehen uns hier auf diejenigen ANTIZIP-FIX, die auf dem korrekten Referenten gemessen wurden. Die Analyse der ANTIZIP-FIX auf dem komplementären Referenten reflektiert dasselbe Muster.

[8] In Anlehnung an Barr (2008) wurden elogits wie folgt berechnet:
$$\text{elogit} = \log\left(\frac{\text{(target fixations} + 0.5)}{\text{(total of fixations} - \text{target fixations} + 0.5)}\right)$$

die auf die vollständige Verarbeitung der im Pronomen enkodierten Information zurückzuführen ist, niemals vor, sondern eher 350ms nach Stimulus-Onset liegen sollte. Im Umkehrschluss gehen wir davon aus, dass Fixationen, die das Eyetrakking-System am linken Rand unseres Analysefensters registriert hat, geplant und platziert wurden, bevor das Pronomen vollständig verarbeitet wurde (In unserem Datenset gab es keine Fixation, deren Beginn bei genau 350ms nach Stimulus-Onset lag). Solche Fixationen haben wir oben ‚antizipatorische Fixationen' (ANTIZIP-FIX) genannt. Was die Wahl der rechten Grenze unseres Analysefenster anbelangt, so gehen wir davon aus, dass Fixationen, die auf die Pronomenverarbeitung in genuseindeutigen Kontexten zurückzuführen sind, nicht später als 1000ms nach Pronomen-Onset zu erwarten sind. Spätere Fixationen reflektieren aus unserer Sicht die Verarbeitung des dem Pronomen folgenden sprachlichen Materials.

Die Datenanalyse erfolgte mithilfe mehrerer *Mixed Logit*-Modelle, in denen wir die Varianz aus der Zufallsvariable „Experimentteilnehmer" durch einen entsprechenden Term spezifizierten (*random intercept*). Wo gerechtfertigt, erweiterten wir diesen Term durch die Spezifikation eines *random slopes* (vgl. Klages & Gerwien eingereicht). Für die statistische Auswertung wurde die Software R (Version 2.15.2) und das lme4 package (Version 0.999999–2) verwendet.

4 Ergebnisse und Diskussion

Die Ergebnisse der Studie zeigen, dass beide Erwerbsgruppen (DaZ vs. DaM) sowohl Unterschiede als auch Gemeinsamkeiten bei der Auflösung pronominaler Anaphern aufweisen. Die größten Gemeinsamkeiten konnten bei Kindern im Alter von 7 Jahren festgestellt werden. Unsere Befunde deuten darauf hin, dass in dieser Altersgruppe die Kinder beider Erwerbstypen alle drei Auflösungshinweise (*Genus, Antezedent*- und *Referenztyp)* in vergleichbarer Weise nutzen. In den beiden anderen Altersgruppen haben wir dagegen Unterschiede ermittelt. Sie schlagen sich im Hinblick auf die *post-pronominale* Phase darin nieder, dass Kinder mit DaM in beiden Altersgruppen für die Pronomenverarbeitung mehr Aufmerksamkeit bzw. mehr kognitive Ressourcen aufbringen als gleichaltrige DaZ-Kinder: Die TARGET-FIX sind in beiden Altersgruppen bei den Kindern mit DaM signifikant höher als bei gleichaltrigen Kindern mit DaZ. Im Hinblick auf die *prä-pronominale* Phase konnte ein vergleichbares Muster bei den 5-Jährigen dokumentiert werden: Auch hier investieren die DaM-Kinder mehr Verarbeitungsressourcen als gleichaltrige DaZ-Kinder. Diese Ergebnisse legen nahe, dass Kinder mit DaM für die Pronomenauflösung tendenziell mehr

Aufmerksamkeit und mehr Verarbeitungsressourcen aufbringen. Wie in Kapitel 2 dargelegt, könnte dies während der *post-pronominalen* Phase in der (mehr oder weniger) gleichzeitigen Verarbeitung mehrerer Hinweise begründet sein. In der *prä-pronominalen* Phase, in der wir die Berücksichtigung nur eines Auflösungshinweises systematisch untersucht haben (*Referenztyp*), könnte eine erhöhte Aufmerksamkeit (höhere ANTIZIP-FIX) einer wenig automatisierten Verarbeitung geschuldet sein. Dies könnte z. B. dann auftreten, wenn der *Referenztyp* in einer bestimmten Erwerbsphase erst entdeckt wird. Wir betrachten im Folgenden das Verhalten der beiden Erwerbstypen in den beiden Verarbeitungsphasen in Abhängigkeit vom Alter und der Bedingung (Subjekt- vs. Objektbezugnahme) getrennt voneinander. Dabei beginnen wir mit der komplexeren *post-pronominalen* Verarbeitung.

4.1 Post-pronominale Verarbeitung

4.1.1 DaZ-Erwerb

Wie bereits dargelegt, betrachten wir die in unserem Experiment registrierten Fixationen als Indikator dafür, auf welches Element sich die Aufmerksamkeit eines Hörers während der Verarbeitung sprachlichen Materials richtet. Unsere Analyse zeigt, dass die Anteile der Fixationen auf den korrekten Referenten (Target) bereits innerhalb der ersten Sekunde nach Pronomen-Onset in allen DaZ-Gruppen signifikant höher ausfallen als die Fixationsanteile auf dem inkorrekten Referenten. Die höhere Aufmerksamkeit auf das Target ist demzufolge als Indiz dafür zu werten, dass die Verarbeitung des Pronomens und aller mit ihm enkodierten Informationen zur Identifizierung des Antezedenten führt. Da in unserer Aufgabe eine überzufällige Identifizierung des korrekten Referenten ohne die Herstellung der Genuskongruenz zwischen Pronomen und einem der beiden potentiellen Antezedenten nicht möglich wäre (alle unsere Testitems stellten genuseindeutige Auflösungskontexte dar), betrachten wir diesen Befund als Hinweis darauf, dass Kinder in allen Altersgruppen zumindest die Relevanz des Auflösungshinweises *Genus* erkennen und nutzen.

Interessanterweise zeigen unsere Analysen, dass es zwischen den Altersgruppen Unterschiede in Hinblick auf die TARGET-FIX gibt. Im Alter von 7 Jahren steigt die Aufmerksamkeit auf den korrekten Referenten, mit 9 Jahren fällt sie wieder auf ein Niveau, das sich statistisch nicht von dem der 5-Jährigen unterscheidet (s. Abb. 2).

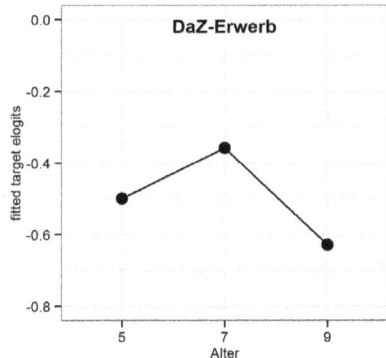
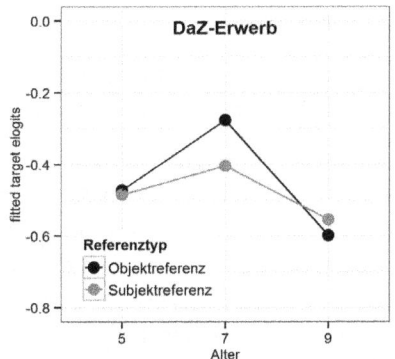

Abb. 2: TARGET-FIX im DaZ-Erwerb (Dargestellt sind Mittelwerte der durch das statistische Modell gefitteten elogit-Werte)

Abb. 3: TARGET-FIX auf den Referenzausdruck in Subjekt bzw. Objekt im DaZ-Erwerb (Dargestellt sind Mittelwerte der durch das statistische Modell gefitteten elogit-Werte)

Da die Aufmerksamkeit, die für die Durchführung eines kognitiven Prozesses benötigt wird, mit dem Maß an kognitivem Aufwand in Verbindung gesetzt werden kann, wäre die von uns gemessene vergleichsweise höhere Aufmerksamkeit bei den 7-jährigen DaZ-Kindern als Folge eines erhöhten kognitiven Aufwandes zu werten, der durch die Verarbeitung beider hier zur Debatte stehenden Hinweise (*Genus* und *Antezedenttyp*) verursacht wurde. Empirische Evidenz für diese Interpretation liefert die Analyse der Anteile der Fixationen in Abhängigkeit vom *Antezedenttyp*: Die hohen Werte bei den 7-Jährigen gehen mit unterschiedlich stark ausgeprägter Aufmerksamkeit auf den Subjekt- und Objektantezedenten einher. Die Aufmerksamkeit auf den Objektantezedenten fällt dabei höher aus (s. Abb. 3). Da solche Unterschiede auf die Verarbeitung des *Antezedenttyps* hinweisen, führen wir die gemessenen erhöhten Gesamtwerte der TARGET-FIX bei den 7-Jährigen auf den mit der Koordination beider Hinweise verbundenen kognitiven Aufwand zurück. Folglich gehen wir bei den 5- und 9-Jährigen davon aus, dass der *Antezedenttyp* innerhalb der *post-pronominalen* Verarbeitung gar nicht oder nur in geringem Maße berücksichtigt und der Referent (überwiegend) auf Grundlage des *Genus*hinweises identifiziert wird: Die gesamten kognitiven Ressourcen für die Pronomenauflösung sind in diesen beiden Altersgruppen relativ niedrig (im Vergleich zu den 7-Jährigen) und ein Unterschied zwischen der Aufmerksamkeit auf den Subjekt- vs. Objektantezedenten, den wir als Indiz für die Verarbeitung des Antezedenttyps werten, war nicht festzustellen. Ob die fehlende Berücksichtigung des Antezedenttyps während der online Sprachverarbeitung damit zusammenhängt, dass

(a) die Kinder diesen Hinweis in der L2 (noch) nicht erworben haben,

oder damit, dass

(b) sie Schwierigkeiten haben, beide Hinweise – *Genus* und *Antezedenttyp* – zu koordinieren, kann an dieser Stelle nicht beantwortet werden.

Erst weitere Studien, die z. B. ausschließlich die Rolle des *Antezedenttyps* während der Pronomenauflösung mit vergleichbarem Untersuchungsdesign erforschen, würden zur Klärung dieser Frage beitragen.

Folgt man den Annahmen der Spracherwerbsforschung, die von einem sukzessiven Erwerb der verschiedenen Bedeutungen bzw. Funktionen einer Form ausgehen (vgl. für den frühen Zweitspracherwerb z. B. Kaltenbacher & Klages 2012 zur Aneignung der Funktionen von Artikeln; Vasylyeva & Kurtz im vorliegenden Band zum Wortschatzerwerb; für den Erstspracherwerb z. B. Arnold, Brown-Schmidt & Trueswell 2007 zur Entwicklung der Fähigkeit, verschiedene Hinweise zur Auflösung anaphorischer Pronomina zu nutzen), so erscheint uns Erklärung (a) zumindest für die 5-Jährigen plausibel. Demnach würden sich die 5-jährigen DaZ-Kinder auf der ersten Stufe des Erwerbs multipler Auflösungshinweise befinden, an der zunächst nur einer der (objektiv) vorliegenden Hinweise, in der Regel der reliable, verarbeitet wird. Diese Annahme würde gleichzeitig die Erwerbsabfolge „*Genus* vor *Antezedenttyp*" implizieren. Denkbar wäre allerdings auch, dass der insbesondere im DaZ-Erwerb geringe sprachliche Input für Schwierigkeiten bei der Koordination beider Hinweise verantwortlich sein kann (b). Wenn Kinder nur wenig Gelegenheit haben, den *Antezedenttyp* und das *Genus* bei der Verarbeitung der Umgebungssprache zu koordinieren und die Koordination somit zu üben und zu automatisieren, so bleibt der dafür benötigte kognitive Aufwand über längere Zeit hoch. Der hohe kognitive Aufwand kann dann sowohl bei den jüngsten Kindern, die noch generell über niedrige kognitive Verarbeitungskapazitäten verfügen, wie auch bei den ältesten Kindern zur Vermeidung der Koordination und schließlich zu Vermeidung der Berücksichtigung von mehr als einem Hinweis führen. Bezugnehmend auf Annahmen der Reliabilitätstheorie (Tanenhaus & Trueswell 1995) kann die Nicht-Beachtung des *Antezedenttyps* insbesondere in der ältesten DaZ-Gruppe jedoch auch auf die Erkennung seiner Irrelevanz in unseren Texten zurückgeführt werden: Im Alter von ca. 9 Jahren erkennen die Kinder, dass in den vorliegenden Aufgaben der *Antezedenttyp* eine untergeordnete Rolle spielt, und unterdrücken seine Verarbeitung. Da die 7-jährigen DaZ-Kinder den *Antezedenttyp* in unserer Aufgabe mitberücksichtigen, ihn also gerade erwerben oder bereits erworben haben, gehen wir nicht davon aus, dass die 9-jährigen DaZ-Kinder diese Kompetenz wieder verlieren, sondern dass seine Vernachlässigung eher die Fähigkeit widerspiegelt, Hinweise zur Pronomenauflösung flexibel, d. h. der aktuellen Aufgabe entsprechend zu nutzen. Zuletzt ist nicht auszuschließen, dass die Nicht-Beachtung des *Antezedenttyps* durch Interferenzen aus der L1 Russisch bedingt sein könnte. Das Russische unterscheidet sich hinsichtlich der Anaphern mit reduzierter Bedeutung[9] vom Deutschen in zweierlei Hinsicht. Zum einen werden die einzelnen reduzierten anaphorischen Formen im Russischen als einer schwachen Pro-Drop-Sprache mit einer anderen Frequenz verwendet als im Deutschen. Zum anderen unterscheiden sich diese Ausdrücke funktional von formal ähnlichen Ausdrücken im Deutschen. Für das Personalpronomen bedeutet dies, dass während es im Deutschen in genusambigen Kontexten tendenziell stärker mit dem Subjekt des vorausgegangenen Satzes koreferiert (Ahrenholz 2007), gilt es im Russischen als die neutralste anaphorische Pro-Form, die sowohl mit dem Subjekt als auch mit dem Objekt koreferieren kann (zur Auflösung anaphorischer Personalpronomen im Russischen vgl. Gagarina 2007). Eine strikte Koreferenz zwischen Anapher und Subjektantezedent ist im Russischen dagegen der Null-Anapher vorbehalten. Der neutralere Charakter des Personalpronomens sowie das häufigere Vorkommen der restriktiveren Null-Anapher im Russischen können bei einem Lerner mit Russisch als L1 zu transferbedingten Unsicherheiten über diejenige Information eines anaphorischen Personalpronomens in der L2 führen, die wir hier *Antezedenttyp* nennen, und infolgedessen die Vermeidung ihrer Verarbeitung bedingen.

Nun wenden wir uns der Gruppe der 7-jährigen DaZ-Kinder zu. Unsere Befunde sprechen dafür, dass hier beide Auflösungshinweise berücksichtigt werden. Wie bereits erwähnt, schenken die Kinder dem Objektantezedenten mehr Aufmerksamkeit als dem Subjektantezdenten (s. Abb. 3). Dieses Verhalten kann mit den Lernerhypothesen der Kinder zusammenhängen, die sie in der Erwerbsphase entwickelt haben, in der sie sich befinden. Zur Erinnerung: Personalpronomen signalisieren dem Hörer im Deutschen, dass genau der Referenzausdruck typischerweise den Antezedenten darstellt, der im vorausgegangenen Satz die Subjektposition eingenommen hat. In genusambigen Kontexten ist diese Information neben dem Kontext eine entscheidende Grundlage für die Pronomenauflösung. Kinder, die auf Grundlage der Relation zwischen Personalpronomen und Subjektantezedenten im Input bereits eine dem zielsprachlichen Sprachsystem entsprechende Lernerhypothese ausgebildet haben, bringen in genuseindeutigen Kontexten den dieser Hypothese widersprechenden Objektantezedenten mehr Aufmerksamkeit entgegen. Dieser Argumentation folgend würde dies also bedeuten, dass der Beginn des Erwerbs des *Antezedenttyps* als

---

9 Dazu zählen die sog. Null-Anaphern wie auch Anaphern, die durch Pro-Formen realisiert werden wie z. B. Personalpronomina, D-Pronomina und Demonstrativpronomina.

Auflösungshinweis im DaZ-Erwerb bereits vor dem 7. Lebensjahr – jedoch nicht vor dem 5. Lebensjahr, in dem wir keine erhöhte Aufmerksamkeit auf das Objekt festgestellt haben – beginnt.

4.1.2 DaM-Erwerb

Auch im DaM-Erwerb haben wir signifikant höhere TARGET-FIX innerhalb der ersten Sekunde nach Pronomen-Onset in allen Altersgruppen festgestellt. Analog zu obigen Ausführungen nehmen wir also auch für den DaM-Erwerb an, dass die Nutzung von *Genus* im Kontext der Pronomenauflösung spätestens im Alter von 5 Jahren erworben ist. Diese Befunde sind insofern nicht überraschend, als dass das Genus im Deutschen etwa im Alter von 3 Jahren als weitgehend erworben gilt (Mills 1985). Dass 5-jährige DaM-Kinder das *Genus* zur Bestimmung des Referenten eines anaphorischen Personalpronomens während den Initialphasen der Pronomenauflösung nutzen, wurde u. W. allerdings bisher noch nicht empirisch nachgewiesen.

Mit Blick auf das Maß der Aufmerksamkeit, mit der das Target während der Pronomenverarbeitung belegt wird, ergibt sich für den DaM-Erwerb folgendes Bild: Die 5- und die 7-jährigen Kinder richten gleich viel Aufmerksamkeit auf den korrekten Referenten. Das Maß an Aufmerksamkeit ist im Vergleich zu den 9-Jährigen relativ hoch (s. Abb. 4).

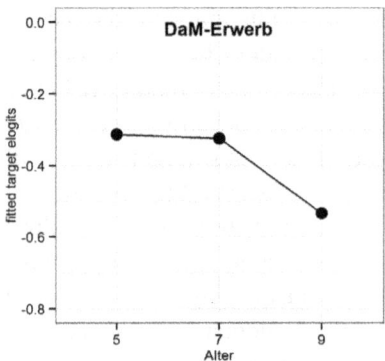

Abb. 4: TARGET-FIX im DaM-Erwerb (Dargestellt sind Mittelwerte der durch das statistische Modell gefitteten elogit-Werte)

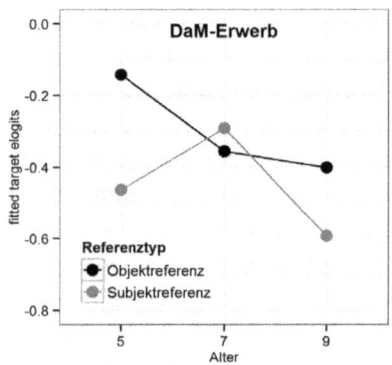

Abb. 5: TARGET-FIX auf den Referenzausdruck in Subjekt bzw. Objekt im DaM-Erwerb (Dargestellt sind Mittelwerte der durch das statistische Modell gefitteten elogit-Werte)

Das Maß an Aufmerksamkeit geht bei den 5-Jährigen mit signifikanten Unterschieden zwischen der Aufmerksamkeit auf den Subjekt- und den Objektantezedenten einher. Bei den 7-Jährigen konnten wir keine entsprechenden Unterschiede feststellen. Ein erneutes Auftreten der durch den *Antezedenttyp* bedingten Aufmerksamkeitsdifferenzen auf den Subjekt- bzw. Objektantezedenten haben wir bei den 9-Jährigen gefunden (s. Abb. 5).

Die erhöhte Aufmerksamkeit auf den Objektantezedenten bei den 5-Jährigen interpretieren wir analog zu obiger Argumentation (s. 7-jährige DaZ-Kinder) als Ergebnis des erhöhten kognitiven Aufwandes, der mit der Verarbeitung des von der Lernerhypothese abweichenden Antezedenten verbunden ist. Die Lernerhypothese lässt sich in dieser Altersgruppe also als „Personalpronomen nimmt Bezug auf das vorausgegangene Subjekt" paraphrasieren. Aber was bedeutet es nun, dass dieser Unterschied bei den 7-Jährigen nicht zu beobachten war? Da wir bei den 5-Jährigen die Verarbeitung beider Auflösungshinweise als nachgewiesen betrachten und auch bei den 9-Jährigen von Ähnlichem ausgehen (s. u.), halten wir ein ‚Verschwinden' der Fähigkeit zur Berücksichtigung multipler Hinweise im Alter von 7 Jahren für unwahrscheinlich. Gleichzeitig halten wir es für unwahrscheinlich, dass die relativ hohe Aufmerksamkeit auf den korrekten Referenten im Alter von 7 Jahren allein auf die *Genus*verarbeitung zurückzuführen ist. Der durch das Absinken der Aufmerksamkeit auf den Objekt- und den Anstieg der Aufmerksamkeit auf den Subjektantezedenten nivellierte Einfluss der experimentellen Bedingung *Antezedenttyp* erscheint uns vielmehr als Hinweis darauf, dass beide Antezedenten weiterhin, jedoch mit vergleichbar hohem kognitiven Aufwand, verarbeitet werden. Dies ist unseres Erachtens erwerbsbedingt und als Produkt der Ausdifferenzierung der früheren Lernerhypothese der 5-Jährigen zu verstehen. Die nun bestehende Lernerhypothese auf dieser Entwicklungsstufe lässt sich umschreiben als „sowohl das Subjekt als auch das Objekt des vorausgegangenen Satzes kann der Antezedent sein".

Im Alter von 9 Jahren, nachdem der Standard-Wert (Subjekt) und der komplementäre Wert (Objekt) des Hinweises *Antezedenttyp* mit 7 Jahren gleichermaßen intensiv bearbeitet wurden (wie unsere Befunde nahelegen) und nachdem die Kinder weitere Evidenzen für die Präferenz – aber nicht Exklusivität – des Subjektantezedenten (auch in genuseindeutigen Kontexten) sammeln konnten, wird die Lernerhypothese nun entsprechend dem Sprachsystem neu aufgestellt und kann folgendermaßen paraphrasiert werden: „Der präferierte Antezedent des Personalpronomens ist das Subjekt (niedrige TARGET-FIX) des vorausgegangenen Satzes, Objektantezedenten sind zwar untypisch (höhere TARGET-FIX), jedoch nicht ausgeschlossen". Als Evidenz für diese Annahme betrachten wir das Absinken der gemessenen Aufmerksamkeit auf Subjektantezedenten bei gleichbleibender Aufmerksamkeit auf Objektantezedenten zwischen den 9- und 7-Jährigen (s. Abb. 5).

4.1.3 Abschließende Diskussion

Wie deutlich wurde, unterscheiden sich die beiden Erwerbstypen bezüglich der Berücksichtigung des reliablen Auflösungshinweises *Genus* insofern nicht voneinander, als bereits 5-Jährige in beiden Erwerbstypen das *Genus* (bzw. das semantische *Genus*) zur Auflösung der Personalpronomina nutzen. Wie bereits gesagt wurde, sind diese Befunde für den DaM-Erwerb insofern nicht überraschend, als Genus etwa im Alter von 3 Jahren als erworben gilt. Für die DaZ-Forschung bedeuten unsere Ergebnisse, dass die häufig berichteten Schwierigkeiten mit der Genuszuweisung (Kaltenbacher & Klages 2012, Jeuk 2008) scheinbar nicht mit der Berücksichtigung von *Genus* im Kontext der Pronomenauflösung korrelieren. Für die DaZ-Kinder scheint dagegen das semantische *Genus* im Alter von 5 und 9 Jahren die Hauptgrundlage zu sein, auf der anaphorische Personalpronomina aufgelöst werden. Für die künftige DaZ-Forschung, die sich mit dem Genuserwerb befasst, bedeutet dies, dass erst Analysen der rezeptiven (Genusenkodierung) und produktiven (Genuszuweisung) Sprachperformanz gemeinsam eine Basis für Aussagen zum Grad der generellen sprachlichen Genuskompetenz darstellen.

Im Hinblick auf die Verarbeitung des probabilistischen Auflösungshinweises *Antezedenttyp* haben wir sowohl Gemeinsamkeiten als auch Unterschiede festgestellt: Die Sensibilität für diesen Hinweis beginnt im DaM-Erwerb bereits vor dem 5. Lebensjahr. Im DaZ-Erwerb scheint sich eine solche Sensibilität zwischen dem 5. und 7. Lebensjahr auszubilden, also nach ca. 3 Jahren ab Beginn des Deutscherwerbs. Diese Zeitangabe scheint zumindest für DaZ-Kinder mit einem sprachlichen und sozialen Hintergrund zu gelten, der vergleichbar mit dem unserer Experimentteilnehmer ist. Dies bedeutet, dass beide Erwerbstypen vergleichbare Kontaktdauern zum Deutschen brauchen, um eine Sensibilität für den *Antezedenttyp* (in genuseindeutigen Auflösungskontexten) zu entwickeln. Betrachtet man die Zeitspanne, innerhalb derer sich die Fähigkeit zur Verarbeitung des *Antezedenttyps* entwickelt, so gehen wir für den DaM-Erwerb von mindestens 4 Jahren aus (die Zeitspanne zwischen dem 5. und 9. Lebensjahr).[10] Für den DaZ-Erwerb können wir für den von uns untersuchten Altersbereich nur eine Zeitspanne von 2 Jahren annehmen, eine Zeitspanne, die sich maximal zwischen ca. dem 6. und 8. Lebensjahr erstreckt.

---

[10] In Anbetracht dessen, dass sich die 5-Jährigen bereits mit dem markierten Wert (Objekt) des Hinweises *Referenztyp* beschäftigen und dieser erst nach dem Erwerb des unmarkierten Werts (Subjekt) im Erwerbsverlauf vorkommt, ist eigentlich von einer Zeitspanne auszugehen, die länger als 4 Jahre ist.

4.2 Prä-pronominale Verarbeitung

4.2.1 DaZ-Erwerb

Die DaZ-Kinder weisen in allen Altersgruppen insgesamt sehr geringe ANTIZIP-FIX auf. Zudem konnten wir keinen signifikanten Unterschied zwischen den drei Altersgruppen in Bezug auf diese Messgröße feststellen (s. Abb. 6). Betrachtet man die ANTIZIP-FIX in Abhängigkeit vom *Referenztyp* (Subjekt/Objekt), so stellt man erst im Alter von 9 Jahren eine höhere Aufmerksamkeit auf dem Subjekt fest (s. Abb. 7).

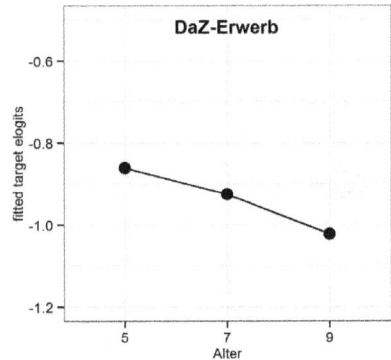

Abb. 6: ANTIZIP-FIX im DaZ-Erwerb (Dargestellt sind Mittelwerte der durch das statistische Modell gefitteten elogit-Werte)

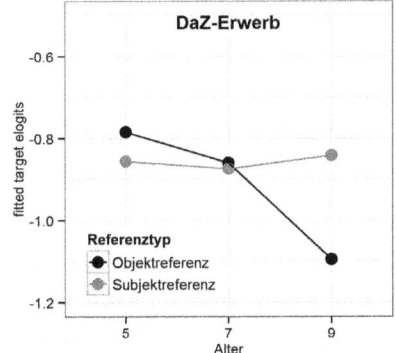

Abb. 7: ANTIZIP-FIX auf den Referenzausdruck in Subjekt bzw. Objekt im DaZ-Erwerb (Dargestellt sind Mittelwerte der durch das statistische Modell gefitteten elogit-Werte)

Die insgesamt niedrigen ANTIZIP-FIX wie auch der fehlende Unterschied hinsichtlich der Aufmerksamkeit auf einen der beiden Werte des Hinweises *Referenztyp* (Subjekt/Objekt) deuten auf eine grundsätzlich geringe Nutzung des früheren Diskurses für die Pronomenresolution hin. Erst die erhöhte Aufmerksamkeit auf das Subjekt bei den 9-Jährigen (s. Abb. 7) lässt auf die Verarbeitung der *prä-pronominalen* Hinweise schließen und impliziert gleichzeitig ihren Erwerbsbeginn.

4.2.2 DaM-Erwerb

Die ANTIZIP-FIX der DaM-Kinder liegen insgesamt etwas über den Werten der DaZ-Kinder. Im Hinblick auf den Verlauf der Entwicklung konnte bei den DaM-

Kindern ein Abfall der ANTIZIP-FIX festgestellt werden. Der Vergleich zwischen 5- und 9-jährigen Kindern ist statistisch signifikant (s. Abb. 8).

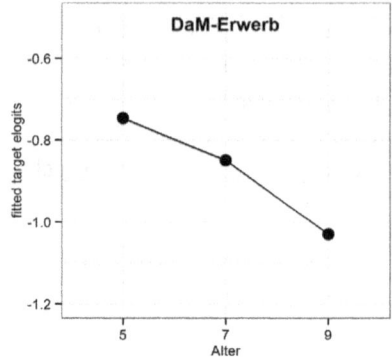
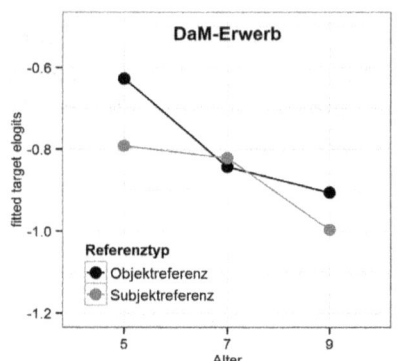

Abb. 8: ANTIZIP-FIX im DaZ-Erwerb (Dargestellt sind Mittelwerte der durch das statistische Modell gefitteten elogit-Werte)

Abb. 9: ANTIZIP-FIX auf den Referenzausdruck in Subjekt bzw. Objekt im DaM-Erwerb (Dargestellt sind Mittelwerte der durch das statistische Modell gefitteten elogit-Werte)

Die abfallende Aufmerksamkeit auf den *prä-pronominalen* Diskurs kann mit der Automatisierung der Verarbeitung des Auflösungshinweises *Referenztyp* in Verbindung stehen. Die Betrachtung der Werte des Hinweises *Referenztyp* macht deutlich, dass der Abfall der Gesamtaufmerksamkeit mit dem Abfall der Aufmerksamkeit auf das Subjekt korreliert. Der Abfall der Aufmerksamkeit auf das Objekt ist in dieser Zeitspanne nicht signifikant (s. Abb. 9). Wir interpretieren diese Ergebnisse als Indiz für die zunehmende Automatisierung der Verarbeitung des *prä-pronominalen* Subjekts, der im System des Deutschen der wahrscheinlichere Kandidat ist, im folgenden Diskurs wiederaufgenommen zu werden (Standard-Wert). Hinzu kommt, dass die Aufmerksamkeit auf das Subjekt bereits bei den jüngsten Kindern niedriger ist als die Aufmerksamkeit auf das Objekt. Wir interpretieren dies als Evidenz für eine generell leichtere Verarbeitung des Subjekt-Referenten, die mit 9 Jahren nun automatisierter abläuft. Wertet man die bei den 5-Jährigen festgestellte relativ hohe Aufmerksamkeit auf das Objekt entsprechend unserer Darlegung oben als die zweite Stufe des Erwerbs der sog. *Expectancy*-Strategie (Ausdifferenzierung der Lernerhypothese, die lediglich den Standard-Wert berücksichtigt), dann bedeuten unsere Befunde, dass der Erwerb des Standard-Werts im DaM-Kontext bereits vor dem 5. Lebensjahr begonnen hat.

4.2.3 Abschließende Diskussion

Vor dem Hintergrund der bisherigen Ausführungen kommen wir in Hinblick auf die *prä-pronominalen* Verarbeitungsprozesse zu folgendem Fazit: Kinder mit DaZ berücksichtigen und nutzen im Prozess der Pronomenauflösung die Eigenschaften der Referenzausdrücke ab ca. dem 9. Lebensjahr. Das entspricht bei den hier untersuchten Kindern einer Kontaktdauer mit dem Deutschen von etwa 7 Jahren, während die DaM-Kinder dies bereits vor dem 5. Lebensjahr tun. Dabei scheinen sowohl DaM- als auch DaZ-Kinder über die Erkennung der Relevanz des Subjekts im Deutschen in den Erwerb der *prä-pronominalen* Verarbeitung einzusteigen. Die zweite Phase des DaM-Erwerbs (zwischen dem 5. und 6. Lebensjahr) ist unserer Argumentation nach durch eine Aufmerksamkeitsverschiebung vom Subjekt zum Objekt gekennzeichnet. In der dritten Phase des L1-Erwerbs (zwischen ca. dem 7. und 8. Lebensjahr) verschwindet das Objekt erneut aus dem Aufmerksamkeitsfokus, was wir als Hinweis auf die Konsolidierung der Fähigkeit zur Interpretation der Wahrscheinlichkeitshinweise aus dem vorausgegangenen Diskurs interpretieren. Ab ca. dem 9. Lebensjahr wird die Fähigkeit zur Nutzung des *prä-pronominalen* Diskurses weiter automatisiert. Für den DaZ-Erwerb können keine Aussagen über den Erwerbsverlauf gemacht werden, der über die erste Erwerbsphase hinausgeht. Dafür wäre die Untersuchung von älteren Kindern notwendig.

5 Didaktische Implikationen

Erkenntnisse aus der Grundlagenforschung, wie die im letzten Kapitel dargestellten, werden häufig für die Gestaltung einer entwicklungsproximalen Sprachförderung genutzt, in der, z. B. durch eine gezielte Manipulation des sprachlichen Angebots (Kontextoptimierung oder Inputstrukturierung), Kinder bei der Bewältigung einer bestimmten Erwerbsphase und beim Erreichen der nächsten unterstützt werden sollen (vgl. Müller im vorliegenden Band). Darüber hinaus können aus wissenschaftlichen Studien Empfehlungen abgeleitet werden, die auf die Behebung der Unterschiede von DaZ-Kindern im Vergleich zu DaM-Kindern ausgerichtet sind.

Im Folgenden werden wir nun einige didaktische Vorschläge skizzieren, die sich direkt auf die diskutierten Erkenntnisse zur Erwerbsreihenfolge der Auflösungshinweise bei der Pronomenresolution im DaZ- und DaM-Kontext beziehen. Im Fokus unserer Vorschläge steht die Behebung der Unterschiede zwischen DaZ- und DaM-Kindern. Sinnvoll erscheint uns dies vornehmlich aus zwei Gründen:

a) Wie aktuell verwendete Unterrichtsmaterialien nahelegen (z. B. Siller 1994), orientiert sich insbesondere der schulische Fachunterricht trotz zunehmender Bemühungen um Integration und Inklusion oft noch an den sprachlichen Voraussetzungen der Muttersprachler. Eine Annäherung an diese Kompetenz ermöglicht es DaZ-Schülern also, auch unter diesen Bedingungen einen möglichst optimalen Wissenszuwachs zu erreichen.

b) Es ist nicht auszuschließen, dass eine Förderung, die früh ansetzt und die auf die Optimierung der Verarbeitung einer Zweitsprache ausgerichtet ist, vorbeugend wirkt und spätere Verarbeitungsschwierigkeiten verhindert oder minimiert.

Bevor wir jedoch zu den didaktischen Empfehlungen übergehen, fassen wir zunächst die wichtigsten Ergebnisse aus dem Vergleich der beiden Erwerbstypen noch einmal stichwortartig zusammen. Wir gehen davon aus, dass

1. DaZ- und DaM-Kinder sich ab dem 5. Lebensjahr hinsichtlich der Nutzung des reliablen Auflösungshinweises *Genus* bzw. seiner semantisch motivierten Unterkategorie nicht voneinander unterscheiden;
2. DaZ-Kinder bis zum 5. Lebensjahr nur den reliablen Hinweis eines anaphorischen Personalpronomens für seine Verarbeitung nutzen, während DaM-Kinder im gleichen Alter bereits multiple Hinweise (*Genus* und *Antezedenttyp*) erkennen und während der Verarbeitung koordinieren;
3. im DaZ-Kontext die Phase, in der die Koordinierung multipler Hinweise in genuseindeutigen Auflösungskontexten praktiziert wird, verhältnismäßig kurz ist, d. h. etwa 2 Jahre, während im DaM-Erwerb von mindestens 4 Jahren auszugehen ist. Dies kann sich bei DaZ-Lernern unter Umständen negativ auf die Automatisierung der Koordinierung auswirken;
4. DaZ-Kinder erst mit 9 Jahren beginnen, den vorausgegangenen Diskurs für die Pronomenauflösung zu nutzen – ein Alter, in dem der Erwerb der *präpronominalen* Verarbeitung im DaM-Erwerb weitgehend zum Abschluss gekommen zu sein scheint. Die dieser Fähigkeit vorausgegangene Kontaktdauer zum Deutschen ist im DaZ-Kontext mit 7 Jahren fast doppelt so lang wie im DaM-Kontext (Kontaktdauer von ca. 4 Jahren).

Es wird also deutlich, dass 5- bis 9-jährige DaZ-Kinder sich von gleichaltrigen DaM-Kindern insbesondere im Erwerb und in der Verarbeitung der probabilistischen Auflösungshinweise unterscheiden, wenn gleichzeitig auch reliable Auflösungshinweise zur Verfügung stehen. Ein besonderer Fokus bei der Förderung der Fähigkeit zur Pronomenauflösung bei DaZ-Kindern sollte daher auf den weniger reliablen Hinweisen liegen (vgl. auch Bryant & Noschka im vorliegenden Band), ihre Förderung sollte jedoch gleichzeitig auch in genusvariierenden Auflösungskontexten erfolgen. Das Ziel einer solchen Förderung sollte sein, dass die Kinder auf diese Hinweise sowohl *prä-* als auch *post-pronominal* auch dann sensibel reagieren, wenn andere ‚zuverlässigere' Auflösungshinweise vorliegen. Des Weiteren empfehlen wir, dass Kinder im Rahmen der Förderung ausreichend Gelegenheit erhalten, verschiedene Hinweise zur Pronomenauflösung zu koordinieren.

Die konkrete Umsetzung dieser Zielsetzung könnte wie folgt aussehen:

A. Übung zur Förderung des probabilistischen Hinweises *Referenztyp* (*prä-pronominale* Phase)
Das Kind wird aufgefordert, einen kurzen Diskurs, in dem gleich zu Beginn zwei Protagonisten eingeführt werden, selbst fortzusetzen. Beispiel 8 illustriert einen solchen Diskurs.

(8) Es waren einmal zwei Freunde, Peter und Paula. Peter hat Paula oft besucht.

Aufforderung zur Fortsetzung: *Wie geht es weiter?*

Mit diesem Vorgehen wird das Kind sensibilisiert, den aktuell rezipierten Teil des Diskurses für dessen Weiterführung zu nutzen. Nachdem das Kind den Diskurs fortgesetzt hat, wird seine Fortführung nun mit einem ‚Original' verglichen, in dem einer der beiden bereits eingeführten Referenten mithilfe eines Personalpronomens wieder aufgegriffen wird. Dies könnte sich so gestalten, dass man dem Kind nach der eigenen Fortführung das ‚Original' als Fortführung eines fiktiven Autors präsentiert, also als eine Art ‚Norm'. Der so ermöglichte Vergleich zwischen den selbstproduzierten Fortführungen und dem ‚Original' dient als positive bzw. negative Rückmeldung, vor deren Hintergrund die Kinder ihre ursprünglichen Äußerungen beurteilen können. Abhängig vom Sprachstand des Kindes (I. keine Sensibilität für den *Referenztyp*; II. ausschließliche Weiterführung des Subjekts; III. tendenziell häufigere Weiterführung des Objekts) sollte in den präsentierten ‚Originalen' die pronominale Wiederaufnahme eines der beiden Referenten variiert werden. Bei Kindern mit dem Sprachstand (I.) sollten die ‚Originale' vermehrt die Wiederaufnahme von Subjekten enthalten, bei Kindern mit dem Sprachstand (II.) zunehmend auch die Wiederaufnahme von Objekten. Erst ein solches Vorgehen unterstützt die Kinder beim Erreichen der jeweils nächsten Entwicklungsstufe.

B. Übung zur Förderung der Sensibilität für den probabilistischen Hinweis *Antezedenttyp* (*post-pronominale* Phase) und zur Förderung der Fähigkeit zu Koordinierung multipler Hinweise
Das Kind wird mit kurzen Diskursen konfrontiert, in denen zwei Referenten eingeführt werden und einer durch Personalpronomen anaphorisch weiter-

geführt wird. Die einzelnen Diskurse sollten so gestaltet sein, dass die Pronomenauflösung *nicht* auf der Grundlage der Genuskongruenz erfolgen kann. Das Genus der Referenzausdrücke *zwischen* den Geschichten soll jedoch variieren. Beispiele 9–11 illustrieren dies:

(9) Es waren einmal zwei Freunde, Peter und Paul. Peter hat Paul oft besucht. Er hat jedes Mal Kuchen mitgebracht.
(10) Es waren einmal zwei Tiere, eine Katze und eine Maus. Die Katze hat die Maus oft gejagt. Sie hat sie aber nie gekriegt.
(11) Ich finde beides schön, das Sofa und auch das Bett. Das Sofa gefällt mir aber doch etwas besser als das Bett. Es ist so schön weich.

Das Variieren des Genus der Referenzausdrücke zwischen den Diskursen soll sicherstellen, dass die Aufmerksamkeit auf das *Genus* bestehen bleibt, d. h. dass das *Genus* also in jedem Diskurs mitverarbeitet wird. Erst durch eine Varianz in den Formen *er/sie/es* (und somit im *Genus*) zwischen den Diskursen wird unseres Erachtens die Aufmerksamkeit auf die Form selbst – und somit auch auf *Genus* – gelenkt. Durch den genusambigen Auflösungskontext in jedem Diskurs ist gleichzeitig die Notwendigkeit gegeben, auf alternative Hinweise, wie z. B. den *Antezedenttyp*, zurückzugreifen. Erst dieser Übungskontext unterstützt die Aufmerksamkeit auf *beide* Hinweise und fördert somit ihre Koordination.

6 Literatur

Ahrenholz, Bernt (2007): *Verweise mit Demonstrativa im gesprochenen Deutsch*. Grammatik, Zweitspracherwerb und Deutsch als Fremdsprache. Berlin, New York: de Gruyter.
Ariel, Mira (1994): Interpreting anaphoric expressions: a kognitive versus a pragmatic approach. *Linguistics* 30: 3–42.
Arnold, Jennifer; Brown-Schmidt, Sarah & Trueswell, John (2007): Children's use of gender and order-of-mention during pronoun comprehension. *Language and Cognitive Processes* 22/4: 527–565.
Arnold, Jennifer; Eisenband, Janet; Brown-Schmidt, Sarah & Trueswell, John (2000): The immediate use of gender information: eyetracking evidence of the time-course of pronoun resolution. *Cognition* 76: B13–B26.
Constens, Manfred (2004): *Anaphorisch oder deiktisch? Zu einem integrativen Modell domänengebundener Referenz*. Tübingen: Niemeyer.
Cooper, Roger (1974): The control of eye fixation by the meaning of spoken language. A New methodology for the real-time investigation of speech perception, memory and language processing. *Cognitive psychology* 6: 84–107.
Dussias, Paola; Valdés Kroff, Jorge; Guzzardo Tamargo, Rosa & Gerfen, Chip (2013): When gender and looking go hand in hand. Grammatical Gender Processing In L2 Spanish. *Studies in Second Language Acquisition* 35: 353–387.

Ellert, Miriam (2010): *Ambiguous Pronoun Resolution in L1 and L2 German and Dutch*. MPI Series in Psycholinguistics (Vol. 58). Wageningen: Ponsen & Looijen.

Frederiksen, John (1981): Understanding anaphora: Rules used by readers in assigning pronominal referents. *Discource processes* 4: 323–347.

Gagarina, Natalia (2007): The hare hugs the rabbit. He is white ... Who is white? Pronominal anaphora in Russian. *ZAS Papers in Linguistics* 48: 133–149.

Gernsbacher, Morton, Ann & Hargreaves, David (1988): Accessing sentence participants: The advantage of first mention. *Journal of Memory and Language* 27: 699–717.

Guillemon, Delphine & Grosjean, François (2001): The gender marking effect in spoken word recognition: the case of bilinguals. *Memory and Cognition* 29: 503–511.

Henderson, John & Ferreira, Fernanda (eds.) (2004): *The interface of language, vision and action: Eye movements and the visual world*. New Yourk: Psychology Press.

Hopp, Holger (2013): *Mehrsprachig sehen – Was die Augen uns über bilinguale Sprecher verraten*. Vortrag am 12.12.2013, „Mehrsprachigkeit", FiSS-Herbstschule Mannheim.

Irmen, Lisa & Knoll, Jochen (1999): On the use of the grammatical gender of anaphoric pronouns in German. A comparison between Finns and Germans. *Sprache & Kognition* 18: 123–135.

Järvikivi, Juhani; Pyykkönen-Klauck, Pirita; Schimke, Sarah; Colonna, Severina & Hemforth, Barbara (2013): Information structure cues for 4-year-olds and adults: tracking eye movements to visually presented anaphoric referents. *Language, Cognition and Neuroscience*: 1–16. DOI: 10.1080/01690965.2013.804941.

Järvikivi, Juhani; Gompel, van Roger; Hyönä, Jukka & Bertram, Raymond (2005): Ambiguous pronoun resolution: Contrasting the first-mention and subject preference accounts. *Psychological Science* 16: 260–264.

Jeuk, Stefan (2008): „Der Katze jagt den Vogel". Aspekte des Genuserwerbs im Grundschulalter. In Ahrenholz, Bernt (Hrsg.): *Zweitspracherwerb. Diagnosen, Verläufe, Voraussetzungen*. Freiburg i. Br.: Fillibach, 135–150.

Kaltenbacher, Erika & Klages, Hana (2012): Sprachprofil und Sprachförderung bei Vorschulkindern mit Migrationshintergrund. In Ahrenholz, Bernt (Hrsg.): *Kinder mit Migrationshintergrund. Spracherwerb und Fördermöglichkeiten*. 3. Aufl. Freiburg i. Br.: Fillibach, 80–97.

Kaltenbacher, Erika (2009): Vom Nutzen der Spracherwerbsforschung für die Sprachvermittlung. *Zeitschrift für Literaturwissenschaft und Linguistik* 153: 39–59.

Klages, Hana & Gerwien, Johannes (eingereicht): Referencial coherence – Children's understanding of pronoun anapher. Insights from first and second language acquisition.

Matin, Ethel; Shao, K. C. & Boff, Kenneth (1993): Saccadic overhead: Information-processing time with and without saccades. *Perception & Psychophysics* 53: 372–380.

Mills, Anne (1985): The aquisition of German. In: Slobin, Dan Isaac (ed.): *The crosslinguistic Study of Language Acquisition*. Volume 1: *The Data*. Hillsdale: Lawrence Erlbaum, 141–254.

Musan, Renate (2010): *Informationsstruktur*. Heidelberg: Winter.

Siller, Rolf (1994): *Der Tausendfüßler. Heimat- und Sachunterricht*. Hauptband 2. Schuljahr 8. Donauwörth: Auer.

Song, Hyun-joo & Fisher, Cynthia (2005): Who's „she"? Discourse structure influences preschooler's pronoun interpretation. *Journal of Memory and language* 52/1: 29–57.

Song, Hyun-joo & Fisher, Cynthia (2007): Discourse prominence effects on 2,5-year-old childrens's interpretation of pronoun. *Lingua* 117: 1959–1987.

Tanenhaus, Michael & Trueswell, John (1995): Sentence Comprehension. In Miller, Joanne & Eimas, Peter (eds.): *Speech, language, and communication. Handbook of perception and cognition* 11, San Diego: Academic Press, 217–262.

Tanenhaus, Michael & Trueswell, John (2005): Eye-movement as a tool for bridging the language as a product and language as a action traditions. In Trueswell, John & Tanenhaus, Michael (eds.): *Approaches to studying world-situated-language-use. Bridging the language-as-action and language-as-product traditions*. Cambridge, MA: MIT Press, 3–38.

Tanenhaus, Michael; Spivey-Knowlton, Michael; Eberhardt, Kathleen & Sedivy, Julie (1995): Integration of visual and linguistic information in spoken language comprehension. *Science* 268: 1632–1634.

Weber, Andrea & Paris, Garance (2004): The origin of the linguistic gender effect in spoken-word recognition: Evidence from non-native listening. In Forbus, Ken; Gentner, Dedre & Regier, Terry (eds.): *Proceedings of the 26th Annual Meeting of the Cognitive Science Society*. Mahwah, NJ: Erlbaum.

Wilson, Frances (2009): *Processing at the syntax-discourse interface in second language aquisition*. University of Edinburg. Dissertation.

Beate Lütke
„From meta-processes to conscious access"[1]

Metasprachliche Fähigkeiten im frühen Zweitspracherwerb aus theoretischer, empirischer und sprachdidaktischer Perspektive

Abstract: Der Beitrag führt auf theoretischer Ebene Konzepte und empirische Erkenntnisse zum Erwerb metasprachlicher Fähigkeiten jüngerer Zweitsprachlernender zusammen. Im Fokus stehen Deutsch-als-Zweitsprache-Lerner/innen im Kindergarten-, Vorschul- und Grundschulalter. Zunächst erfolgt eine terminologische Klärung. Im Anschluss werden analytische Modelle zum Erwerb metasprachlicher Fähigkeiten und zum Sprachwissenserwerb beschrieben. In Ergänzung zu den bisher nur ausschnitthaft vorliegenden Untersuchungen über metasprachliche Fähigkeiten von Deutsch-als-Zweitsprache-Lernenden werden außerdem Untersuchungen zum Erwerb jüngerer Kinder mit der Erstsprache Deutsch und internationale Forschungsergebnisse hinzugezogen. Ausgehend von einzelnen Datenbeispielen zu Grundschulkindern im Alter von 9–12 Jahren werden abschließend explizite metasprachliche Bezugnahmen veranschaulicht, um dann unter Rückbezug auf den theoretischen Rahmen sprachdidaktische Hinweise abzuleiten.

Keywords: metasprachliche Fähigkeiten, Sprachbewusstheit, Spracherwerb, Deutsch als Zweitsprache, Selbstkorrekturen, Sprachdidaktik, Grundschulkinder

1 Metasprachliche Fähigkeiten und Zweitspracherwerb

Es wird davon ausgegangen, dass Kinder, die in ihrem häuslichen Umfeld mit mehreren Sprachen aufwachsen, bereits früh eine besondere Aufmerksamkeit für sprachliche Phänomene entwickeln (vgl. u. a. Oomen-Welke 2003; Tracy 2008).

---
[1] Karmiloff-Smith (1986: 95).

Beate Lütke: Juniorprofessorin für Fachdidaktik Deutsch: Sprachdidaktik unter Berücksichtigung multilingualer Lerngruppen, Humboldt-Universität zu Berlin, Unter den Linden 6, D-10099 Berlin, e-mail: beate.luetke@cms.hu-berlin.de

Als erster Indikator für den beginnenden Erwerb metasprachlicher Fähigkeiten wird der interaktionsbedingte Wechsel zwischen zwei Sprachen angesehen. Die Sprachwahl orientiert sich am Kommunikationspartner und wird online, d. h. im Verlauf der Sprachproduktion, unbewusst getroffen. Trotzdem scheint die Sprachwahl, so wird aus gestischen und mimischen Signalen geschlossen, funktional am jeweiligen Kommunikationspartner ausgerichtet zu sein, sodass Oomen-Welke bereits von Intentionalität ausgeht (Oomen-Welke 2003: 455). In der Regel werden solche partnerbezogenen Reaktionen im doppelten Erstspracherwerb[2] im Alter von zwei bis drei Jahren verortet (Tracy 2008: 118). Untersuchungen von Einzelfällen belegen metasprachliche Aktivitäten bereits bei Zweijährigen (vgl. Garlin 2008: 123f).[3]

Die ersten Annahmen, dass es einen Zusammenhang zwischen zweisprachigem Aufwachsen und einer besonderen Aufmerksamkeit für Sprache geben könnte, wurden schon früh aus Beobachtungen einzelner, simultan zweisprachig aufwachsender Kinder abgeleitet (vgl. Ronjat 1913, Pavlovitch 1920, Leopold 1939). Die Arbeiten belegen, dass neben Sprachwechseln das Verstehen der Arbitrarität des Zusammenhangs von Lautbild und dem durch die Lautfolge Bezeichneten eine erste metasprachliche Fähigkeit darstellt.[4] Weiterhin beschreibt die frühe Forschung Interferenzen als Merkmal von Zweisprachigkeit (vgl. Weinreich 1953; Ben Zeev 1977 unter Verweis auf Stern 1919). Ben Zeev (1977) stellt diesbezüglich die These auf, dass das Ziel, Interferenzen zu vermeiden, zur Ausbildung metasprachlicher Fähigkeiten führe (Ben Zeev 1977: 1009). Eine Klärung dieser strittigen These Ben Zeevs ist an dieser Stelle nicht möglich. Vor dem Hintergrund der bisher vorliegenden, lückenhaften Forschungsergebnisse, die Hinweise auf ein Zusammenspiel von interaktiven, kognitiven und sprachbezogenen Faktoren

---

[2] Die Erwerbssituation, dass ein Kind von Geburt an mit zwei Sprachen aufwächst, wird in der Fachliteratur teilweise als doppelter Erstspracherwerb (Tracy 2008: 106), als „simultane Zweisprachigkeit" (Oomen-Welke 2003: 454) oder auch als bilingualer Erstspracherwerb bezeichnet (Ahrenholz 2008: 5). Die verschiedenen Bezeichnungen betonen unterschiedliche Perspektiven auf das Phänomen. Die Bezeichnung „doppelter Erstspracherwerb" betont, dass simultaner Zweitspracherwerb „tatsächlich" als „normaler Erstspracherwerb" angesehen werden könne, der keine qualitativen Nachteile mit sich bringe und lediglich in quantitativer Hinsicht „kleinere Unterschiede" zeige (Tracy 2008: 124).
[3] Dehn, Osburg & Oomen-Welke (2012) beschreiben sogar ein Datenbeispiel, in dem ein Junge mit einem japanisch- und einem deutschsprachigen Elternteil eine funktionale Sprachentrennung bereits im Alter von 1;4 Jahren bei der Anrede seines deutschsprachigen Großvaters vornimmt.
[4] Das Erkennen von Arbitrarität wird daran deutlich, dass dasselbe Objekt in verschiedenen Sprachen unterschiedlich benannt wird. Der konventionelle Zusammenhang von Zeichen und Objekt wird über die gewohnheitsmäßige Verwendung erfahren (Bußmann 2008: 54f).

bei der Ausbildung metasprachlicher Fähigkeiten geben, scheint Ben Zeevs defizitorientierte Annahme jedoch wenig überzeugend.

Die vorab angeführten Beobachtungen haben sich seit den frühen Forschungsarbeiten in einer Vielzahl von Untersuchungen bestätigt, die sich zumeist auf die bilinguale[5] Kleinkindphase beziehen (d. h. bis zum Übergang von der Vorschule in die Schule).[6]

Der vorliegende Beitrag verfolgt das Ziel, hauptsächlich aus theoretischer Perspektive in das Untersuchungsfeld einzuführen. Dafür werden Termini geklärt, Erwerbsmodelle und -konzepte beschrieben und Forschungsergebnisse primär zu metasprachlichen Fähigkeiten jüngerer zweisprachiger Kinder referiert. Den Abschluss bildet die Analyse veranschaulichender Datenbeispiele zu formbezogenen Selbstkorrekturen von Grundschulkindern mit der Erst- und Zweitsprache Deutsch.

2 Terminologie- und Konzeptklärung

Die Feststellung Neulands im Jahr 2002, dass in der Fachliteratur für eine deutschsprachige Theoriebildung und Forschung zu den Phänomenen ‚Sprachbewusstsein' und ‚Sprachbewusstheit' bisher keine einheitliche Terminologie zur Verfügung stehe (vgl. Neuland 2002), trifft immer noch zu (vgl. Andresen & Funke 2003; Oomen-Welke 2003; Bremerich-Vos & Grotjahn 2007; Schmidt 2010). Die im Zusammenhang mit metasprachlichen Prozessen verwendeten Begriffe ‚Sprachbewusstheit' und ‚Sprachbewusstsein' werden im linguistischen, fremdsprachdidaktischen und sprachdidaktischen Diskurs (letzterer bezogen auf das Fach Deutsch in der Regelschule) uneinheitlich verwendet und in ihren Zuschreibungen kontrovers diskutiert (vgl. Kocianová 2005: 82).

Die Vielzahl konkurrierender Begriffe, die im Zusammenhang mit metasprachlichen Fähigkeiten Verwendung finden (vgl. Stude 2013: 35ff), erschwert die theoretische und empirische Auseinandersetzung mit dem Bereich. Als gemeinsames „Bestimmungsstück" aller damit verknüpften Konzepte formuliert Stude (2013) die *„Bezugnahme auf Sprache mithilfe sprachlicher Mittel"*; aller-

---

5 In der englischsprachigen Literatur wird der Ausdruck ‚bilingual' häufig im Sinne von doppeltem Erstspracherwerb verwendet, teilweise auch bezogen auf Kinder in Immersionsprogrammen. Sukzessiver Zweitspracherwerb wird allerdings auch darunter gefasst.
6 Im Vergleich zur internationalen Forschungslage gibt es zum Erwerb metasprachlicher Fähigkeiten im Deutsch als Zweitsprache-Aneignungsprozess erst wenige, zumeist auf kleineren Stichproben basierende Untersuchungen (vgl. Oomen-Welke 2003: 454).

dings sei die Frage, „welchen Explizitheitsgrad diese sprachlichen Mittel aufweisen" müssten, „um als metasprachlich eingestuft werden zu können", umstritten (ebd.: 37). Unter „Metasprache" wird im sprachdidaktischen Kontext die Sprache verstanden, die bei der Sprachbetrachtung Anwendung findet (Bredel 2007: 25). Dazu zählen u. a. auch fachsprachliche Mittel, die das Vorhandensein deklarativen expliziten Wissens anzeigen. Metasprachliche Prozesse sind aber nicht notwendigerweise mit dem Gebrauch von Metasprache verknüpft. Neben „explizite[n] Bezugnahmen" im Sinne eines Sprechens über Sprache wird außerdem von „impliziten Bezugnahmen" (Einsatz nichtsprachlicher Zeichen wie Heben der Augenbraue, Selbst- und Fremdkorrekturen) ausgegangen (Stude 2013: 100ff).

,Sprachbewusstheit' (vgl. erstmalig Januschek, Paprotté & Rohde 1981; Andresen 1985) und ‚Sprachbewusstsein' (vgl. Wilgermein 1991; Neuland 1993) bezeichnen in unterschiedlicher Ausprägung das metasprachliche Vermögen, Sprache zum Gegenstand der eigenen Aufmerksamkeit und Analyse zu machen. Die Aufmerksamkeit kann lokale Teilgebiete der Sprache betreffen und laut Gombert (1986) als „metaphonologische", „metasyntaktische", „metasemantische" und „metapragmatische" Bewusstheit in Erscheinung treten (Gombert 1986: 5; zu metapragmatischer Bewusstheit vgl. Gombert 1993). Metaphonologische Bewusstheit besteht z. B. in der Fähigkeit, Laute zu identifizieren und zu manipulieren;[7] metamorphologische Bewusstheit kann sich darin zeigen, dass Wörter in Morpheme zerlegt oder über ihre Bildung reflektiert wird, metasyntaktische Bewusstheit in der Reflexion und Veränderung der Wortstellung (Reder, Marec-Breton, Gombert & Demont 2013: 687).

Ein charakteristisches Merkmal metasprachlicher Aktivitäten besteht darin, dass Sprechende, Lesende oder Schreibende im Verlauf einer sprachlichen Handlung die inhaltsbezogene Perspektive verlassen und ihre Aufmerksamkeit auf die strukturelle Ebene bzw. formale Elemente richten (Reder et al. 2013: 687). Formbezogene Korrekturen können, wie im Forschungsüberblick in Abschnitt 4.2 veranschaulicht, u. a. morphologische Aspekte (z. B. die Korrektur von Verbflexiven, Kompositabildung) oder syntaktische Korrekturen (z. B. Umstellung der Wortfolge, Ergänzung des Artikels) betreffen. ‚Sprachbewusstheit' bezeichnet in diesem Zusammenhang die Aufmerksamkeit und das Vermögen, lexikalisch-semantische, grammatische oder pragmatische Erscheinungsformen von Sprache zumindest zeitweise losgelöst von der inhaltlichen Ebene zu betrachten. Im

---

7 Was genau unter *phonologischer* im Unterschied zu *metaphonologischer* Bewusstheit verstanden wird, wird in der Literatur nicht trennscharf definiert. Vielmehr fungiere „phonologische Bewusstheit" als Sammelbegriff, der verschiedene Komponenten und Konstruktebenen umfasse und uneinheitlich bzw. teils synonym mit Bezeichnungen wie u. a. „metaphonologischer Bewusstheit" Verwendung findet (Goldbrunner 2006: 38).

Unterschied dazu bildet ‚Sprachbewusstsein' die laut Neuland „zentrale Kategorie", die als „kognitive Einheit" nicht direkt beobachtbar, aber in „Erscheinungsweisen, Qualitäten und Wirkungen" beschreibbar sei (Neuland 2002: 6). ‚Sprachbewusstsein' in diesem Sinne lässt sich am ehesten als implizites Sprachwissen verstehen, das die Basis metasprachlicher Fähigkeiten und Voraussetzung für explizites Sprachwissen bildet. Eine Möglichkeit, implizites und explizites Sprachwissen voneinander abzugrenzen, liegt in der auf Krashen (1982) zurückgehenden Dichotomie von ‚implizit = erworben' und ‚explizit = erlernt'. Diese Annahme prägt die Schulpraxis, in der explizites Wissen im Unterricht gelernt und gelehrt werden soll. Ob explizites Sprachwissen letztendlich zu implizitem oder prozeduralem Wissen werden kann und in welcher Relation beide Wissensformen zueinander stehen, ist in der Fachliteratur durchaus umstritten (vgl. zur Debatte Lütke 2011: 80ff; Edmondson & House 2006: 281ff; Ellis 2009: 7, s. auch Pagonis in diesem Band). Für den vorliegenden Beitrag wird davon ausgegangen, dass sich implizites Wissen in der primärsprachlichen Verwendung zeigt, auf der Basis von explizitem Wissen im weiteren Bildungsverlauf beim Lesen und Schreiben; explizites Wissen tritt deutlich in der Verwendung von Metasprache und Fachsprache zur Beschreibung sprachlicher Phänomene in Erscheinung. Es wird aber auch in sprachkritischen Erwägungen oder in der begründeten Entscheidung darüber, ob eine Struktur angemessener als eine andere ist (vgl. Kilian 2013), sichtbar. Metasprachliche Fähigkeiten basieren zunächst auf implizitem und – ab Schuleintritt mit fortschreitendem Alter – zunehmend auf explizitem Wissen.

3 Erwerb metasprachlicher Fähigkeiten

Um eine Vorstellung zu bekommen, wie sich metasprachliche Fähigkeiten entwickeln könnten, werden nachfolgend drei diesbezügliche hypothetische Modelle (zwei davon zum Erstspracherwerb) vorgestellt (vgl. Gombert 1992, Karmiloff-Smith 1986, Bialystok 2001), auf die sich verschiedene Untersuchungen (u. a. zu L2-Lernenden im Schulalter) beziehen (vgl. Eichler 2007; Bremerich-Vos & Grotjahn 2007; Lütke 2009, 2011; Reder et al. 2013: 688). Weiterhin wird ein auf zwei Einzelfallbeobachtungen basierendes Modell zum Erwerb metasprachlicher Fähigkeiten von Kindergartenkindern mit der Erstsprache Türkisch skizziert (Kuyumcu 2007).

3.1 Gomberts Erwerbsmodell

Nach Gomberts Modell (1992) verläuft der Erwerb metasprachlicher Fähigkeiten in der Erstsprache über vier Phasen: 1. Erstes sprachliches Handeln, 2. Epilinguistische Fähigkeiten, 3. Metalinguistische Fähigkeiten und 4. Automatisierung (Kocianová 2005: 81). In der frühen Kindheit wird durch Nachahmung modellhaften Inputs zunächst implizites Sprachwissen erworben. Diese erste Phase ist durch den Erwerb von Wortschatz und pragmatischen Fähigkeiten charakterisiert. Spracherwerb verläuft auf dieser Stufe rein inputgesteuert, d. h. sprachliche Formen werden unanalysiert im Kontext früher Interaktion erworben und nach semantischen Kriterien gespeichert (Reder et al. 2013: 687). In der zweiten Phase erfolgt eine „implizite Systematisierung"; die Zunahme des Wortschatzes bedingt vermehrte grammatische Strukturierung, das Herausbilden multifunktionaler Relationen und die Ausbildung von Prototypen (*epilinguistic knowledge*) (Kocianová 2005: 81). Mit dem 5./6. Lebensjahr und dem Eintritt in den Schriftspracherwerb werden Formmerkmale bewusster wahrgenommen und gewinnen an Bedeutung. Auf der Basis des vorher erworbenen epilinguistischen Wissens entsteht nun im schulischen Kontext zunehmend metalinguistisches Wissen (*metalinguistic level*) (Reder et al. 2013: 688). Auf der Basis metalinguistischen Wissens ist z. B. der Wechsel von der inhaltsbezogenen in die formbezogene Perspektive möglich, weiterhin implizite und explizite Bezugnahmen. Die metalinguistische Ebene bildet nach Gombert das Fundament expliziten Sprachwissens (*explicit linguistic knowledge*). Ob dieses letztendlich erworben wird, hängt jedoch von verschiedenen externen Faktoren ab, u. a. vom sozialen und sprachlichen Umfeld oder von Grammatikunterricht (Kocianova 2005: 83f).

3.2 Karmiloff-Smiths Reanalyse-Modell

Das Erwerbsmodell von Karmiloff-Smith (1986) betont die graduelle Zunahme metasprachlicher Fähigkeiten (ebd.: 95). Es geht davon aus, dass sich in jedem sprachlichen Teilbereich zunächst implizite und dann zunehmend explizite Wissensrepräsentationen ausbilden. Im Verlauf des Erstspracherwerbs erfährt das Kind, dass sich der eigene Output mit dem Modell des erwachsenen Interaktionspartners (*adult model*) zunehmend deckt (vgl. ebd.: 105f). Die damit einhergehende Stabilisierung im kindlichen Output bewirkt ein regelmäßiges positives Feedback, das den Spracherwerb voranbringt. In dieser ersten impliziten Phase (*Implicit (I)*) spielen exogene Faktoren eine entscheidende Rolle. Kindliche Performanz wird auf dieser Ebene als Ergebnis behavioristischer Lernprozesse gesehen. Strukturen werden als unverbundene Form-Funktions-

Paare gespeichert, d. h. eine sprachliche Form ist jeweils mit nur einer Funktion verknüpft. Die Möglichkeit, dass eine Form mehrere Funktionen realisiert oder dass eine sprachliche Funktion durch verschiedene Formen umgesetzt wird, ist nicht verfügbar. Dass sich dieses System bereits diskursbezogen konstituiert, wird nicht angenommen. Für die zweite Phase, für die bereits eine niedrige Explizitheitsstufe (*E-i Level*) angenommen wird, sind interne Prozesse (*endogenous processes*) Motor der Restrukturierung des Sprachwissens und damit des Spracherwerbs. In dieser Phase werden die vorher gebildeten Einzelpaare neu vernetzt (vgl. ebd.: 107ff). Der Fokus liegt auf Reorganisation und Reanalyse interner Repräsentationen. 1:1-Relationen werden aufgelöst und mehrere Funktionen werden einer Form bzw. mehrere Formen einer Funktion zugewiesen (z. B. das Lexem *ein* in der Funktion des unbestimmten Artikels wird um die weitere Funktion als Zahlwort ergänzt) (ebd.: 113f). Diese Restrukturierungsprozeduren führen auf performativer Ebene zu Einbrüchen, die in Form von normwidrigen Strukturen sichtbar werden (die bekannte U-Kurve). In Phase 3 (*Secondary explicitation (E-ii)*) gewinnen externe Stimuli wieder an Bedeutung. Inputelemente und interne Repräsentationen werden miteinander verknüpft (vgl. ebd.: 109f). Wird der kindliche Output in dieser Phase normentsprechend realisiert, basiert dies nach Karmiloff-Smith nun nicht mehr auf behavioristischer Imitation, sondern auf einem komplexeren Sub-System, das z. B. diskursbezogen organisiert sein kann: d. h. Formen mit diskursorganisierender Funktion sind nun miteinander verknüpft, z. B. Artikel, Pronomen und Verbflexive, die zur Referenzherstellung in narrativen Diskursen beitragen (ebd.: 115). In der Online-Verarbeitung werden diese Relationen auf ihre Angemessenheit überprüft. In Phase 4 (*Tertiary explicitation (E-iii)*) ist explizites Wissen dann außerdem verbalisierbar.

Werden in Phase 1 zu wenige Form-Funktions-Paare gebildet, weil z. B. zielsprachlicher Input zu gering oder zu wenig differenziert ausfällt, entstehen in Phase 2 möglicherweise zu wenige multifunktionale Verknüpfungen. Damit wäre die Möglichkeit, Subsysteme zu bilden, deutlich eingeschränkter. Eingeschränkter Input in Phase 3 würde wiederum eine Stabilisierung der etablierten Systeme verzögern. Diese Möglichkeiten könnten in Bezug auf sukzessiv-zweisprachige Kinder möglicherweise eine Rolle spielen. Unabhängig von der Frage nach seinem Nutzen als Referenzmodell für zweitsprachliche Erwerbsprozesse wirft das Modell weitere Fragen auf, etwa zur nachgeordneten Relevanz interaktiver Einflussfaktoren oder zum Stellenwert früher impliziter Bezugnahmen von Kleinkindern.

3.3 Bialystoks Zwei-Komponentenmodell

Nach Bialystok (2001) entwickeln sich metasprachliche Fähigkeiten auf der Basis impliziter und expliziter sprachlicher Wissensbestände, d. h. auf der Grundlage konzeptueller und formal-struktureller Repräsentationen. Diese Wissensbestände werden zunächst durch Übernahmen aus dem erwachsenen Input gebildet (*conceptual representations*) und dann zunehmend reorganisiert (*formal representations*) (vgl. Kocianová 2005: 79). In einer dritten Phase wird Sprache als symbolische Repräsentation (*symbolic representations*) erkannt, womit die Voraussetzung für metasprachliche Aktivitäten gegeben ist. Erst wenn diese Phase erreicht ist, kann z. B. die Symbolfunktion von Schriftzeichen erkannt werden (Kocianová 2005: 80). Das Modell geht von der Annahme aus, dass sprachliche Wissensrepräsentationen über Analyseprozesse im Verlauf des Spracherwerbs immer expliziter, strukturierter und vernetzter werden (vgl. Bialystok 2001: 117). Der Erwerb metasprachlicher Fähigkeiten fußt in diesem Erwerbsmodell auf zwei Komponenten, von denen eine für die Analyse (*analysis of linguistic knowledge*) und eine für die Kontrolle (*attentional control*) sprachlichen Wissens zuständig ist. Die Analyse-Komponente ist für eine zunehmende Bewusstwerdung von Repräsentation zuständig: „by becoming more structured, more explicit, and more interconnected" (ebd.: 116); die Kontrollkomponente, „by which this selective attention is guided", lenkt die Aufmerksamkeit (ebd.). Sie ermöglicht Zugriff und Steuerung (*selective attention*) auf die sprachliche Form (Kocianová 2005: 80). Diese selektive Aufmerksamkeit bildet die Voraussetzung für flüssigere und angemessenere Realisierungen (*control of linguistic processing*) (Bialystok 2001: 120f) und richtet sich auf Repräsentationen, die im Online-Modus während der Sprachverarbeitung wahrgenommen werden (ebd.: 119). Die beiden prozesssteuernden Komponenten (Analyse und Prozesskontrolle) bilden die zentralen Triebfedern metasprachlicher Entwicklung und bewirken die fortschreitende Verbesserung der Sprachkompetenz.

3.4 Kuyumcus DaZ-bezogenes Erwerbsmodell

Kuyumcu (2007) leitet aus den Daten des Kieler Projekts (vgl. Apeltauer 2004) ein hypothetisches Modell ab, das für die von ihr beobachteten Kinder mit der Erstsprache Türkisch, in den beschriebenen Fallbeispielen im Alter von 5;6 und 6;5 Jahren, folgende Stufen umfasst:

1. eine[] Vorläuferstufe, in der keine metasprachlichen Phänomene zu beobachten sind,
2. eine[] Sensibilitätsstufe, in der das Kind auf sprachliche Phänomene aufmerksam wird und sprachliche Differenzen, kommunikative und grammatikalische Fehler und Abweichungen von sprachlichen Normen wahrzunehmen beginnt (prozedural orientiert),
3. eine[] Bewusstheitsstufe, in der Einschätzungen und Beurteilungen bewusst vorgenommen werden, Ambivalenzen korrigiert und mit der Sprache gezielt gespielt, sprachliche Erwartungshaltungen unterlaufen und Sprechgewohnheiten manipuliert und kommentiert werden (deklarativ orientiert). (Kuyumcu 2007: 83)

Auf Stufe 2 bemerken die Kinder Abweichungen im Sprachmaterial und korrigieren diese. Sie können aber noch nicht kommentieren, was sie verändern (ebd.: 88). Im Unterschied zur zweiten Stufe korrigieren sie auf Stufe 3 die Abweichung nicht nur, sondern kommentieren auf Nachfrage, was sie verändern (ebd.: 84). Unter Kommentierung von Veränderungen versteht Kuyumcu, dass die Kinder zeigen, wo sie korrigiert haben, nicht was sie verändern: die Probandin Emel „expliziert ihre Korrekturen, indem sie auf den Fehler hinweist" (ebd.: 88). Auf Stufe 2 besteht also die Möglichkeit, formorientierte Bezugnahmen in Form von Korrekturen zu realisieren. Stufe 3 erfordert eine stärker Distanzierung und metasprachliche Kommentierungen in der Art, dass die Formel falsch sei oder auf den Fehler gezeigt wird (ebd.: 87). Darüber hinausgehende metasprachliche Ausführungen umfasst das Modell nicht bzw. lassen sich aus den Daten nicht ableiten.

4 Forschungsergebnisse zu metasprachlichen Fähigkeiten von Kindern

4.1 Einsprachige Kinder

In der Fachliteratur besteht kein Konsens darüber, welche sprachlichen Aktivitäten metasprachlicher Natur sind und ab welchem Alter Kinder metasprachliche Fähigkeiten entwickeln (vgl. Bialystok 2001: 114; Stude 2013: 87). Strittig sei zum Beispiel, ob unbewusst realisierte Selbstkorrekturen, die schon bei Zweijährigen beobachtet werden, bereits als Anzeichen für metasprachliche Fähigkeiten oder nur als gewöhnlicher Bestandteil mündlicher Rede zu werten seien (Bialystok 2001: 114; Stude 2013: 72). In der von Clark (1978) erstellten Übersicht zu metasprachlichen Handlungen einsprachig aufwachsender Kinder werden solche umstrittenen Indikatoren aufgeführt; neben spontanen Selbstkorrekturen werden auch Anpassung der Redeweise an den Gesprächspartner oder rollenbezogenes Sprechen im Spiel genannt (ebd.: 34). Andresen (2002) beschreibt Beobachtungen zu Kindergarten-Spielszenen, in denen Zwei- bis Dreijährige aus dem inhaltlichen Spielzusammenhang heraustreten und damit Anzeichen metakommunikativer Bewusstheit zeigen (ebd.: 115). Nach Andresen bildet metakommunikatives Handeln in natürlichen Gesprächssituationen die Grundlage für die Ausbildung metasprachlicher Analysefähigkeit, die sich auf die sprachliche Form richtet. Metasprachliche Phänomene im Kontext spontaner Interaktionen zwischen Kindergartenkindern und Erzieherinnen bzw. Kindern untereinander beschreibt Stude (2013). Sie sieht im sozial-interaktiven Kontext eine wesentliche Triebfeder für die Aneignung metasprachlicher Fähigkeiten und leitet aus den Daten Hinweise zu erwerbsrelevanten Interaktionskontexten und metasprachlichen Referenzbereichen pragmatischer, semantischer und grammatischer Art ab (ebd.: 115). Sie leitet aus der vorliegenden Literatur drei, für den Erwerb metasprachlicher Fähigkeiten maßgebliche Zeitpunkte ab:

- ab ca. 24 Monaten: erste implizite Bezugnahmen (z. B. Veränderung der Redeweise im Spielzusammenhang, Bezugnahme auf Sprachlaute in Reimen) (ebd.: 75);
- das Alter von vier Jahren: Auftreten expliziter Bezugnahmen (Kommentare zu Sprechweisen, Hinweise zur Redevariation außerhalb des Spielzusammenhangs) (ebd.: 77ff);
- Übergang in die Grundschule: häufig semantische und wenige phonologische Bezugnahmen (Fragen nach Wortbedeutungen oder Bezeichnungen von Dingen, Hinweise auf Aussprachevarianten (ebd.: 47f, 81ff)).[8]

Karmiloff-Smith et al. (1996) zeigen in ihrer Untersuchung zu französisch-deutschsprachigen Kindern, dass diese mit 4,5–5 Jahren über das Wortkonzept verfügen (vgl. Karmiloff-Smith et al. 1996, vgl. bestätigende Ergebnisse zu Vorschul- und Schulkindern mit der L1 Deutsch von Januschek, Paprotté & Rohde 1971). Karmiloff-Smith (1986) beschreibt formbezogene Selbstkorrekturen, die sich auf referierende Ausdrücke (Artikel, Possessivpronomen) beziehen. Nach ihren Ergebnissen zeigten Vierjährige noch hauptsächlich Korrekturen von einzelnen Ausdrücken, die für das inhaltliche Verstehen einer Äußerung im Gesprächskontext relevant sind (ebd.: 128). Ältere Kinder reparierten dagegen Äußerungsteile, die für das inhaltliche Verstehen nicht relevant seien (sogenannte „optionale" Reparaturen), aber Hinweise gäben, dass auf ein dahinter liegendes sprachliches Sub-System diskursiv-narrativer Art zurückgegriffen werde (vgl. ebd.: 129).

---

8 Obwohl der Schuleintritt als maßgebliche Schwelle für den Erwerb metasprachlicher Fähigkeiten gesehen wird, liegen dazu, wie Stude kritisch anmerkt (2013: 81), kaum empirische Arbeiten vor. Die beiden von ihr zitierten Arbeiten von Augst (1978) und Kutsch (1988) weisen phonologische und semantische Bezugnahmen, jedoch keine morphologischen oder syntaktischen nach (vgl. Stude 2013: 81ff).

4.2 Zweisprachige Kinder

Der folgende Forschungsüberblick zu Untersuchungen metasprachlicher Fähigkeiten zweisprachiger Kinder greift die Übersicht von Reder et al. (2013: 688ff) und Kuyumcu (2007: 82f) auf und ergänzt diese um weitere Studien. Ältere Untersuchungen zu metasprachlichen Fähigkeiten bilingualer Kinder beschreiben, dass diese früher als monolinguale die Arbitrarität von Ausdrücken erkennen und Laut und Bedeutung unterscheiden könnten (z. B. Ianco-Worrall 1972; Ben Zeev 1977; Weinreich 1953). Nach Ben Zeev zeigen Interferenzen das Vorhandensein zweier Sprachsysteme an.

Viele der in der deutschsprachigen Fachliteratur zitierten Untersuchungen setzten Testverfahren ein (u. a. Wiederholung von Wortfolgen oder Wortersetzungen), um metasprachliche Fähigkeiten in ihren Teilkomponenten sichtbar zu machen. Häufig wird grundlegend auf das Zwei-Komponentenmodell von Bialystok & Ryan (1985) Bezug genommen, um dies an Daten monolingualer Kinder (zu englischsprachigen Erst- und Zweiklässler/innen vgl. z. B. Ricciardelli 1993) und bilingualer Kinder zu untermauern (vgl. insbesondere Bialystok 1988, 1999, Bialystok & Majumder 1998; Cromdal 1999). Einzelne Untersuchungen richten sich auf das Erkennen von Arbitrarität (vgl. Cummins 1978, der Vorteile bilingualer Dritt- und Sechstklässler/n/innen beschreibt; weniger eindeutig Cummins & Mulcahy 1978 zu bilingualen Sechstklässler/n/innen; für das Deutsche vgl. Bense 1981 zu 4- und 7-Jährigen; weniger eindeutig Karolije-Walz 1981) oder metasprachliche Bewusstheit in literalen Kontexten (vgl. z. B. zur Unterscheidung von Mündlichkeit-Schriftlichkeit, Reflexion von Biliteralität bei bilingualen Zweit-, Viert- und Sechstklässler/innen Francis 1999; Eviatar & Ibrahim 2000 zu Vorschulkindern und Erstklässler/innen, die u. a. Arabisch mündlich und schriflich lernen und im Vergleich zu bilingualen und monolingualen Gruppen untersucht werden). Einzelbeobachtungen zu Kindergartenkindern mit der L2 Deutsch bestätigen Sprachlernbewusstheit im Wortschatzerwerb (vgl. Jeuk 2003, 2007) und Prozesse der Selbststeuerung beim Lexikerwerb (vgl. Apeltauer 2013).

Zu dem am stärksten untersuchten linguistischen Teilbereich, der phonologischen Bewusstheit, liegen disparate Ergebnisse vor. Verschiedene Untersuchungen (z. B. Bruck & Genesee 1995 zu Vorschulkindern und Erstklässler/innen in einem englisch-französischen Immersionsprogramm) zeigen, dass früh einsetzender Zweitspracherwerb (im vorliteralen Alter) Vorteile in der phonologischen Bewusstheit gegenüber einsprachigen Kindern bewirken kann (vgl. den ausführlicheren Überblick in Reder et al. 2013: 688). Es wird deutlich, dass das Alter, in dem der Zweitspracherwerb einsetzt, eine entscheidende Rolle spielt. Besonders günstig wirkt sich offenbar doppelter Erstspracherwerb auf die phonologische Bewusstheit aus. Weiterhin gibt es empirische Hinweise, dass sich die phonologische Struktur der zu erwerbenden Sprachen auf die phonologische Bewusstheit auswirken kann. Sprachen mit einer ähnlichen Lautstruktur führen offenbar nicht zu verstärkter phonologischer Bewusstheit, unterscheiden sich beide Sprachen jedoch in ihren Lautstrukturen, zeigt sich phonologische Bewusstheit an Phänomenen, die in der anderen Sprache anders bzw. komplexer sind (Reder et al. 2013: 689). Reder et al. (2013) vermuten, dass bei ähnlicher Lautstruktur keine Notwendigkeit zur Lautanalyse entstehe, wohingegen Abweichungen analytische Prozesse stärker anregten. Zur Förderung phonologischer Bewusstheit von Vorschulkindern mit der Erst- und Zweitsprache Deutsch beschreiben Jäger et al. (2012) Ergebnisse, wonach Kinder mit einer schwach ausgeprägten phonologischen Bewusstheit unabhängig davon, ob sie Deutsch als Erst- oder Zweitsprache erwerben, gleichermaßen von dem untersuchten Förderprogramm (Küspert & Schneider 2008) profitierten, ohne dass sich Zweisprachigkeit als ausschlaggebender Faktor erweist.

In Bezug auf metasyntaktische Bewusstheit liegen laut Reder et al. (2013) uneinheitliche Ergebnisse vor. Zweisprachige Kinder können auch nicht besser grammatische Fehler auf Satzebene erklären als einsprachige, sie zeigten aber teilweise Vorteile beim Entdecken und Korrigieren von Fehlern; in den Erwerbsverläufen wurden keine Unterschiede festgestellt (vgl. Galambos & Goldin-Meadow 1990). Jüngere Kinder (3–4 Jahre) zeigen Vorteile im Bereich metasyntaktischer Bewusstheit beim Entdecken grammatischer Fehler in einer der beiden Sprachen (Urdu), die sie erwerben, wohingegen ältere Kinder (5–6 Jahre) in beiden Sprachen Vorteile gegenüber englisch-einsprachigen Kindern aufweisen (vgl. Davidson, Raschke & Pervez 2010: 171ff). Reder et al. (2013) zeigen in ihrer Untersuchung zu französisch-deutschsprachigen Erstklässler/n/innen, die an einem Immersionsprogramm teilnehmen, dass morphologische und syntaktische Bewusstheit sich bezogen auf solche Strukturen entwickelt, in denen sich die beiden Sprachen deutlich unterscheiden. So zeigen die Kinder signifikant erhöhte Bewusstheit bei der Erklärung und Bildung von Komposita, die für das Deutsche im Vergleich zum Französischen typisch sind, und bei der Korrektur agrammatischer und asemantischer Sätze (Reder et al.: 699). Reder et al. (2013) kommen zu dem Schluss, dass die Ausbildung metasprachlicher Bewusstheit durch die jeweiligen Sprachspezifika beeinflusst wird; außerdem leiten sie das Ergebnis ab, dass Immersion die Ausbildung morphologischer und syntaktischer Bewusstheit fördern kann. Lütke (2011) zeigt an Einzelfällen von Viertklässler/n/innen mit unterschiedlichen nichtdeutschen Erstsprachen, dass diese formbezogene Selbstkorrekturen im Flexionsbereich und syntaktischer Art realisieren (Lütke 2011: 162). Oomen-Welke (2008) untersucht im Freiburger Projekt „Sprachaufmerksamkeit und Sprachbewusstheit bei Kindern und Jugendlichen in der mehrsprachigen Gesellschaft" Sprachaufmerksamkeit, Sprachvorstellungen bzw. „Präkonzepte des schulischen Sprachenlernens" und sprachbezogenes Wissen von Kindern im schulpflichtigen Alter (Oomen-Welke 2008: 375, 381). Datengrundlage bilden spontane Äußerungen aus 80 Deutsch- und Sachunterrichtsstunden sowie Kleingruppeninterviews.[9] Die Beobachtungen der Unterrichtssequenzen zeigen, dass spontane Sprachthematisierungen mit zunehmendem Alter abnehmen; vorrangig werden Fragen zu Semantik und Aussprache gestellt. Kuyumcu (2007) entwickelt ausgehend von 2 Einzelfällen aus der Probandengruppe des Kieler Projekts, die Türkisch als L1 sprechen und 5;6 bzw. 6;5 Jahre alt sind, unterschiedliche Stufen metasprachlicher Kompetenz beim Aufgreifen formelhafter Wendungen. Sie stellt die Annahme auf, dass die Entwicklung über eine Vorläuferstufe, auf der sich keine Anzeichen metasprachlicher Fähigkeiten zeigen, eine Sensibilitätsstufe, auf der das Kind erste Anzeichen für beginnende Aufmerksamkeit zeigt, und eine Bewusstheitsstufe, in der Einschätzungen, Beurteilungen und Kommentierungen sprachlicher Aspekte bewusst vorgenommen werden, verläuft, wobei eher syntaktische als morphologische Aspekte korrigiert werden.

Der Forschungsüberblick zeigt vielfältige Forschungsdesiderate zum Erwerb metasprachlicher Fähigkeiten bei Kindern mit Deutsch als Zweitsprache auf. Diese betreffen die Unterschiede zwischen mono- und bilingualem Erwerb und Differenzierungen zwischen simultanem und sukzessivem Zweitspracherwerb; weiterhin sind Forschungslücken im frühkindlichen Bereich, aber auch im Grund- und Sekundarschulbereich festzustellen. Sowohl Erwerb als auch Förderung stellen empirische Handlungsfelder dar.

5 Datendiskussion im Spiegel theoretischer und empirischer Hinweise

Um einen Eindruck zu geben, welche formbezogenen Selbstkorrekturen Grundschulkinder mit der Erst- und Zweitsprache Deutsch im diskursiv-narrativen Kontext realisieren, werden im Folgenden Daten beschrieben, die bei der Erhebung mündlicher Erzählungen zu dem Bilderbuch *Frog Story* (vgl. Mayer 1969) gewonnen wurden.[10]

---

9 In Kleingruppeninterviews (mit 200 Kindern) griff Oomen-Welke 138 Befragungen der Kinder heraus. Dabei handelt es sich um 92 monolinguale deutsche Kinder und 46 zwei- bzw. mehrsprachige Kinder (vgl. Oomen-Welke 2008: 377).
10 Die Erhebung erfolgte im Rahmen des DFG-Projekts „Förderunterricht und Deutsch-als-Zweitsprache-Erwerb – eine longitudinale Untersuchung zur mündlichen Sprachkompetenz bei Schülerinnen und Schülern nicht-deutscher Herkunftssprache (ndH) in Berlin", das von 2003–2006 unter der Leitung von Bernt Ahrenholz und Ulrich Steinmüller an der Technischen Universität Berlin durchgeführt wurde (vgl. Ahrenholz 2006).

5.1 Theoretischer Rahmen und Fragestellungen

In Orientierung an Karmiloff-Smith (1986) werden die Daten auf formbezogene bzw. „optionale" Selbstkorrekturen untersucht, um dadurch Hinweise für metasprachliche Aktivitäten auf E-ii-Ebene zu erhalten. Zudem wird auf die Forschungsergebnisse Bialystoks zurückgegriffen: Auf Basis von Tests zur Analyse- und Kontrollfähigkeit monolingualer und bilingualer Kinder (vgl. u. a. Bialystok 1988, 1999; Bialystok & Majumder 1998) formuliert Bialystok die Annahme, dass bilinguale Kinder ihre Sprachverarbeitungsprozesse stärker kontrollierten als einsprachige. Verfügten bilinguale Kinder über beide Sprachen zudem gleichermaßen gut (auch schriftlich), zeigten sie auch eine erhöhte sprachbezogene Analysefähigkeit (Bialystok 2001: 134f). Bialystok (2001) benennt ausgehend von ihren Testergebnissen domänenspezifische Kontexte (Mündlichkeit und Schriftlichkeit) und Formen metasprachlicher Fähigkeiten, die unterschiedliche Grade an Analyse- und Kontrollfähigkeit erfordern (Bialystok 2001: 125, 128, 131). Vor dem Hintergrund dieser theoretischen Hinweise wird das Erzählen einer Bildergeschichte mit wechselnden Handlungsorten hinsichtlich ihrer Anforderungen an Kontrolle und Analyse als relativ hoch eingestuft. Da die Geschichte einer Person erzählt wird, die die Bilder nicht sehen kann, müssen die Kinder ihren Output aufmerksam kontrollieren. Durch die Episodenfolge und die damit verbundenen wechselnden tierischen Protagonisten sind diskursspezifische Mittel, u. a. lexikalischer und grammatischer Art, erforderlich, wodurch erhöhte Anforderungen an die Analysefähigkeit gestellt werden. Vor diesem Hintergrund sind folgende Fragestellungen für diese erste Annäherung leitend:

- Auf welche formalen Elemente beziehen sich die Selbstkorrekturen?
- Welche interindividuellen Unterschiede sind erkennbar?
- Welches sprachdidaktische Fazit lässt sich ableiten?

5.2 Probanden und Datengrundlage

Für den vorliegenden Beitrag wurden Erzählungen von 24 Kindern ausgewertet, von denen 18 Deutsch als Zweitsprache und 6 Deutsch als Erstsprache erwerben (13 Mädchen, 11 Jungen). Das Alter lag zum Zeitpunkt der Erhebung zwischen 8;5 und 11;6 Jahren. Ausgewertet werden 24 Transkripte der mündlichen Erzählungen, in denen die Kinder den Ausbruch des Frosches und die Suche des Jungen und seines Hundes nach dem entflohenen Frosch wiedergeben. Dabei suchen sie an verschiedenen Orten und treffen unterschiedliche Tiere (Maulwurf, Bienen,

Hirsch). Am Ende wird der Forsch mit seiner Familie gefunden und Junge und Hund nehmen einen kleinen Frosch mit nach Hause. Selbstkorrekturen werden im Verlauf der Erzählungen natürlicherweise realisiert.

5.3 Daten

Alle Kinder realisieren formbezogene Selbstkorrekturen in folgenden grammatischen Bereichen:

- die morphosyntaktische Ebene: Artikelgebrauch (Genus, Kasus, Numerus), selten Verbflexive (zur Tempusmarkierung),
- die syntaktische Ebene: Einfügung von Pronomen, Inversion

5.3.1 Morphosyntaktische Korrekturen

14 von 24 Kindern (davon alle Kinder mit türkischer Erstsprache) korrigieren den Artikel bezüglich Genus, Kasus oder Numerus. Die folgenden Beispiele dienen der Veranschaulichung.[11]

Beispiele Genus- und/oder Kasuskorrektur

Proband	Äußerung	L1
i. TM1:	und # **der** [///] **das** hund schaut durch das glas #2	Türkisch
ii. TM2:	und **der**[/] # **der** # d() <**das** glas iss vom> #2 [/] <**das** glas iss vom> #2 [/] vom hund # glas ge+//. #2	Türkisch
iii. TM3:	### **die** [///] **der** [///] # **das** glas is runtergefallen-.	Türkisch
iv. DJ2:	<und **der**> [///] <und **die**> [///] und **das** glas, wo der frosch drin war, zerbricht	Deutsch

Proband	Äußerung	L1
v. AM2:	und dann rufn sie **die**# **den** [/] **den** frosch #	Arabisch
vi. BJ3:	und der frosch is(t) im [*] **ein** # [///] **eine** dose	Bosnisch
vii. BJ3:	+, mit **den** hund [/] <mit **den**>, ja [///] **dem** hund	Bosnisch
viii. TJ3:	auf einmal-'### fielen die in **ein** [///] ## **einen** #3# wasser-.	Türkisch
ix. TM2:	und das hunt leckt an **seinem** # **sein** #2 **seine** backe #2	Türkisch

---

[11] Auch Abbildung 1 und 2 dienen der Veranschaulichung. Aus Platzgründen können weitere Bilder, auf die sich die Äußerungen beziehen, nicht gezeigt werden.

Abb. 1: *Frog Story*, 6. Bild (Mayer 1969)

Abb.2: *Frog Story*, 24. Bild (Mayer 1969)

Beispiele Numeruskorrektur:

Proband	Äußerung	L1
x. BJ2:	# <da war der> [///] da warn die im wasser-'.	Bosnisch
xi. TJ4:	der junge ist <vor dem> [///] vor die [*] schuhe	Türkisch

Beispiel Korrektur diskursspezifischer Verbflexive:

Proband	Äußerung	L1
xii. TJ1:	und dann # klettern [///] kletterten die über ein baum [///] baumstamm und sahen da ein [///] eine froschfamilie.	Türkisch

Die Datenbeispiele veranschaulichen, dass die Kinder ihren Output verstärkt kontrollieren und ihre Aufmerksamkeit auf strukturelle Komponenten richten. Insbesondere die türkischsprachigen Kinder korrigieren verstärkt den Artikel. TJ1 (xii) korrigiert die Verbendung und erreicht damit diskursspezifische Tempuskongruenz.

5.3.2 Syntaktische Korrekturen

Im syntaktischen Bereich wird seltener korrigiert. Zumeist werden Sätze umgestellt, damit die Inhalte richtig wiedergegeben werden, z. B.:

Proband	Äußerung	L1
xiv. AM3:	und <**der hund # sagt # zu de ()**> +//.# [///] < der junge sagt zu den > hund # sei leise #	Arabisch

Syntaktische Korrekturen, die nur die Formebene betreffen, sind jedoch selten, z. B.:

Proband	Äußerung	L1
xv. AJ1:	### **dann hat ###** [/-] <er hat sich dann erschreckt> [?] –. weil der maulwurf dann aufgetaucht ist –.	Arabisch
xvi. TJ2:	ehm #2# **da hat er** [/-] ## ehm ## **der junge hat** [/-] **da hat er** ### einn grossen # stein **gefundn**-.	Türkisch
xvii. PM1:	dann <**hat er in ein**> [///] ## **hat IHN in ein glas** gesteckt –.	Polnisch

In Beispiel xvi versucht TJ2, eine Inversion zu realisieren. Das Einfügen des satzeinleitenden Adverbs *da* trägt zur lokalen Kohärenzbildung bei. Im Vergleich zur unverknüpften Aneinanderreihung von Äußerungen zeigt sich darin eine fortgeschrittene Diskurskompetenz. In temporaler Funktion klärt *da* als Adverb die Handlungsfolge, in deiktischer Funktion die Referenz. Zudem könnte die syntaktische Korrektur syntaktischen Regelerwerb anzeigen (Satzklammer + Inversion). PM1 (xvii) ergänzt das Pronomen *IHN*, das sie im korrigierten Äußerungsteil betont artikuliert. Auch diese Beispiele zeigen, dass die Kinder ihren Output auf syntaktischer Ebene kontrollieren und Aufmerksamkeit auf unterschiedliche syntaktische Merkmale richten.

6 Sprachdidaktisches Fazit

Die ausschnitthaften Datenbeispiele zeigen, dass die Kinder beim Erzählen die inhaltsbezogene Perspektive verlassen und im (morpho-)syntaktischen Bereich korrigieren. Die Aufmerksamkeit der hier analysierten zweisprachigen Kinder richtet sich verstärkt auf den Artikel. Die individuell unterschiedlichen Korrekturen lassen vermuten, dass formbezogene Korrekturen und Spracherwerbsstand in einem Zusammenhang stehen. Dies zeigt sich meines Erachtens besonders deutlich am Beispiel der syntaktischen Korrekturen. Die bisher vorliegenden Untersuchungen (Jeuk 2007; Oomen-Welke 2008) beschreiben für jüngere zweisprachige Kinder hauptsächlich lexikalisch-semantische Korrekturen. Der für diesen Beitrag gesichtete Datenausschnitt gibt Hinweise, dass Kinder zwischen 8 und 11 Jahren eine hohe Aufmerksamkeit für Formmerkmale entwickeln. Es gibt Hinweise, dass Genuswahl, Kasusmarkierung und Inversion Bereiche bilden, auf die sich metasprachliche Aufmerksamkeit richten kann. Der diskursive Rahmen ermöglicht einen guten Einblick in die Vielfalt möglicher Selbstkorrekturen. Aus sprachdidaktischer Perspektive sind meines Erachtens folgende Aspekte relevant: Ein Diskurstyp, der ein angemessen hohes Maß an Kontrolle und Analyse impliziert, unterstützt die Realisierung formbezogener Aufmerksamkeit. Er bietet einen diagnostischen Rahmen, innerhalb dessen unterschiedliche Referenzbereiche betrachtet werden können. Erste Orientierung für Settings, die unterschiedliche Grade an Kontrolle und Analyse erfordern, liefert das Modell von Bialystok (2001) zu den verschiedenen Sprachmodalitäten (mündlich, schriftlich, metasprachlich), das didaktisch adaptiert werden könnte. Werden Sprachverwendungssituationen oder Lernaufgaben hinsichtlich ihrer sprachanalytischen und kontrollbezogenen Anforderungen reflektiert, könnten insbesondere (L2-) Kinder mit gering ausgebildeten metasprachlichen Fähigkeiten im sprachanalytischen Bereich gezielt gefördert werden. Die Beobachtungen sprechen für ein diagnosebasiertes, individuell ausgerichtetes Feedback sowie die Anregung zu formbezogener Selbst- und Partnerkorrektur. Die vorab ausgewählten Probanden könnten z. B. durch Satzmuster (integrierte Verbklammer- und Inversionsstruktur, Pronomen im Mittelfeld) unterstützt werden, auf die sie bei der Satzbildung zurückgreifen können (z. B. bei einer anschließenden Verschriftlichung der Bildergeschichte). Ausgehend von Bialystoks Vorschlägen könnten auch andere Diskurstypen, Schreib- und Leseaufgaben hinsichtlich ihrer Kontroll- und Analyseanforderungen erprobt werden, um neben Selbst- und Partnerkorrekturen auch explizite Bezugnahmen im Sinne metasprachlicher Kommentierungen gezielt zu unterstützen.

7 Literatur

Ahrenholz, Bernt (2008): Erstsprache – Zweitsprache – Fremdsprache. In Ahrenholz, Bernt & Oomen-Welke, Ingelore (Hrsg.): *Deutsch als Zweitsprache*. Baltmannsweiler: Schneider Hohengehren, 3–16.
Ahrenholz, Bernt (2006): Zur Entwicklung mündlicher Sprachkompetenzen bei Schülerinnen und Schülern mit Migrationshintergrund. In Ahrenholz, Bernt & Apeltauer, Ernst (Hrsg.): *Zweitspracherwerb und curriculare Dimensionen. Empirische Untersuchungen zum Deutschlernen in Kindergarten und Grundschule*. Tübingen: Stauffenburg, 91–110.
Andresen, Helga (2002): *Interaktion, Sprache und Spiel: zur Funktion des Rollenspiels für die Sprachentwicklung im Vorschulalter*. Tübingen: Narr.
Andresen, Helga (1985): *Schriftspracherwerb und die Entstehung von Sprachbewusstheit*. Opladen: Westdeutscher Verlag.
Andresen, Helga & Funke, Reinold (2003): Entwicklung sprachlichen Wissens und sprachlicher Bewusstheit. In Bredel, Ursula; Günther, Hartmut; Klotz, Peter; Ossner, Jakob & Siebert-Ott, Gesa (Hrsg.): *Didaktik der deutschen Sprache. Ein Handbuch*. 1. Teilband. Paderborn u. a.: Ferdinand Schöningh, 438–451.
Apeltauer, Ernst (2013): *Neue Perspektiven sprachlicher Frühförderung*. Flensburger Papiere zur Mehrsprachigkeit und Kulturenvielfalt im Unterricht. Flensburg: Universität Flensburg, 5–45.
Apeltauer, Ernst (2004): *Sprachliche Frühförderung von zweisprachig aufwachsenden türkischen Kindern im Vorschulbereich. Bericht über die Kieler Modellgruppe (März 2003 bis April 2004)*. Flensburger Papiere zur Mehrsprachigkeit und Kulturenvielfalt im Unterricht. Sonderheft 1.
Augst, Gerhard (1978): metakommunikation als element des spracherwerbs. *Wirkendes Wort* 28: 328–339.
Ben Zeev, Sandra (1977): The Influence of Bilingualism on Cognitive Strategy and Cognitive Development. *Child Development* 48: 1009–1018.
Bense, Elisabeth (1981): Der Einfluß von Zweisprachigkeit auf die Entwicklung der metasprachlichen Fähigkeiten von Kindern. In Januschek, Franz; Paprotté, Wolf & Rohde, Wolfgang (Hrsg.): Entwicklung von Sprachbewußtheit. *Osnabrücker Beiträge zur Sprachtheorie* 20: 114–138.

Bialystok, Ellen (2001): Metalinguistic dimensions of bilingual language proficiency. In Bialystok, Ellen (ed.): *Language processing in bilingual children*. Cambridge, New York: Cambridge University Press, 113–140.
Bialystok, Ellen (1999): Cognitive Complexity and Attentional Control in the Bilingual Mind. *Child Development* 70: 636–644.
Bialystok, Ellen (1988): Levels of bilingualism and levels of linguistic awareness. *Developmental Psychology* 24: 560–567.
Bialystok, Ellen & Majumder, Shilpi (1998): The relationship between bilingualism and the development of cognitive processes in problem solving. *Applied Psycholinguistics* 19: 69–85.
Bialystok, Ellen & Ryan, E. Bouchard (1985): Toward a definition of metalinguistic skill. *Merrill-Palmer Quaterly* 31/3: 229–251.
Bredel, Ursula (2007): *Sprachbetrachtung und Grammatikunterricht*. Paderborn: Ferdinand Schöningh.
Bremerich-Vos, Albert & Grotjahn, Rüdiger (2007): Lesekompetenz und Sprachbewusstheit: Anmerkungen zu zwei aktuellen Debatten. In Beck, Bärbel & Klieme, Eckhard (Hrsg.): *Sprachliche Kompetenzen. Konzepte und Messung. DESI-Studie (Deutsch Englisch Schülerleistungen International)*. Weinheim, Basel: Beltz, 158–177.
Bruck, Maggie & Genesee, Fred (1995): Phonological awareness in young second language learners. *Journal of Child Language* 22/2: 307–324.
Bußmann, Hadumod (2008): *Lexikon der Sprachwissenschaft*. Stuttgart: Alfred Kröner.
Clark, Eve V. (1978): Awareness of Language: Some evidence from what children say and do. In: Sinclair, Anne; Jarvella, Robert J. & Levelt, Willem J. M. (eds.): *The child's conception of language*. Berlin u. a.: Springer, 17–44.
Cromdal, Jacob (1999): Child bilingualism and metalinguistic skills: Analysis and control in young Swedish – English bilinguals. *Applied Linguistics* 20: 1–20.
Cummins, James (1978): Metalinguistic development of children in bilingual education programs: Data from Irish and Canadian Ukranian-English programs. In Paradis, Michel (ed.): *The fourth LACUS forum*. Columbia, SC: Hornbeam, 29–40.
Cummins, James & Mulcahy, Robert F. (1978): Orientation to language in Ukrainian-English bilinguals. *Child Development* 49: 479–482.
Davidson, Denise; Raschke, Vanessa R. & Pervez, Jawad (2010): Syntactic awareness in young monolingual and bilingual (Urdu – English) children. *Cognitive Development* 25: 166–182.
Dehn, Mechthild; Osburg, Claudia; Oomen-Welke, Ingelore (2012): *Kinder & Sprache(n): was Erwachsene wissen sollten*. Seelze-Velber: Klett Kallmeyer.
Edmondson, Willis J. & House, Juliane (2006): *Einführung in die Sprachlehrforschung*. Tübingen: A. Francke.
Eichler, Wolfgang (2008): Sprachbewusstheit Deutsch. In DESI-Konsortium (Hrsg.): *Unterricht und Kompetenzerwerb in Deutsch und Englisch*. Weinheim, Basel: Beltz, 112–119.
Ellis, Rod (2009): Implicit and Explicit Learning, Knowledge and Instruction. In Ellis, Rod et al. (eds.): *Implicit and Explicit Knowledge in Second Language Learning, Testing and Teaching*. Bristol: Multilingual Matters, 3–26.
Eviatar, Zohar & Ibrahim, Raphiq (2000): Bilingual is as bilingual does: Metalinguistic abilities of Arabic-speaking children. *Applied Linguistics* 21: 451–471.
Francis, Norbert (1999): Bilingualism, writing, and metalinguistic awareness: Oral-literate interactions between first and second languages. *Applied Linguistics* 20: 533–561.

Galambos, Sylvia J. & Goldin-Meadow, Susan (1990): The effects of learning two languages on levels of metalinguistic awareness. *Cognition* 34: 1–56.

Garlin, Edgardis (2008): *Bilingualer Erstspracherwerb: Sprachlich Handeln – Sprachprobieren – Sprachreflexion. Eine Langzeitstudie eines deutsch-spanisch aufwachsenden Geschwisterpaares*. 2. Auflage. Münster: Waxmann.

Goldbrunner, Elke (2006): *Phonologische Bewusstheit im Rahmen der Sprachentwicklung*. Wien: Praesens.

Gombert, Jean-Emile (1993): Metacognition, Metalanguage and Metapragmatics. *International Journal of Psychology* 28/5: 571–580.

Gombert, Jean-Emile (1992): *Metalinguistic development*. Chicago: University of Chicago Press.

Gombert, Jean-Emile (1986): Le développement des activités métalinguistique chez l'enfant: le point de la recherche. *Etudes linguistique appliqueé* 62, Paris 1986 (april/juin): 5–25.

Ianco-Worrall, Anita D. (1972): Bilingualism and cognitive development. *Child Development* 42: 1390–1400.

Jäckel, Olaf (2008): „Big Brother Is Talking To You" oder Sprachbewusstheit im Dialog: Geschwisterkinder im Spracherwerb. In Zybatow, Tatjana & Hardendarski, Ulf (Hrsg.): *Sprechen, Denken und Empfinden*. Münster: LIT, 173–186.

Jäger, Dana; Faust, Verena; Blatter, Kristine; Schöppe, Doreen; Artelt, Cordula; Schneider, Wolfgang & Stanat, Petra (2012): Kompensatorische Förderung am Beispiel eines vorschulischen Trainings der phonologischen Bewusstheit. *Frühe Bildung* 1/4: 202–209.

Januschek, Franz; Paprotté, Wolf & Rohde, Wolfgang (1981): Entwicklung von Sprachbewußtheit. *Osnabrücker Beiträge zur Sprachtheorie* 20.

Jeuk, Stefan (2003): *Erste Schritte in der Zweitsprache Deutsch: eine empirische Untersuchung zum Zweitspracherwerb türkischer Migrantenkinder in Kindertageseinrichtungen*. Freiburg i. Br.: Fillibach.

Jeuk, Stefan (2007): Sprachbewusstheit bei mehrsprachigen Kindern im Vorschulalter. In Hug, Michael & Siebert-Ott, Gesa (Hrsg.): *Sprachbewusstheit und Mehrsprachigkeit*. Baltmannsweiler: Schneider Hohengehren, 64–78.

Karmiloff-Smith, Annette; Grant, Julia; Sims, Kerry; Jones, Marie-Claude & Cuckle, Pat (1996): Rethinking metalinguistic awareness: representing and accessing knowledge about what counts as a word. *Cognition* 58: 197–219.

Karmiloff-Smith, Annette (1986): From meta-processes to conscious access: Evidence from children's metalinguistic and repair data. *Cognition* 23: 95–147.

Karolije-Waltz, Persida (1981): Metasprachliche Fähigkeiten bilingualer Kinder. *Osnabrücker Beiträge zur Sprachtheorie* 20: 139–157.

Kilian, Jörg (2013): Kritische Grammatik, sprachliches Lernen und sprachliche Bildung. Über Sprachreflexion und Sprachkritik im grammatikdidaktischen Sinne. In Köpcke, Klaus-Michael & Ziegler, Arne (Hrsg.): *Schulgrammatik und Sprachunterricht im Wandel*. Berlin u. a.: de Gruyter, 61–82.

Kocianová, Maria (2005): *Metasprachliche Fähigkeiten zweisprachiger Kinder. Zum Zusammenhang von sprachlicher und metasprachlicher Leistungsfähigkeit und die damit einhergehenden Implikationen für eine adäquate Förderung der Russisch-Deutsch sprechenden Kinder im Grundschulalter*. edoc.ub.uni-muenchen.de/4191/1/Kocianova_Maria.pdf (25.04.2014).

Krashen, Stephen D. (1982): *Principles and Practice in Second Language Acquisition*. Oxford: Pergamon.

Küspert, Petra & Schneider, Wolfgang (2008). *Hören, Lauschen, Lernen: Sprachspiele für Kinder im Vorschulalter – Würzburger Trainingsprogramm zur Vorbereitung auf den Erwerb der Schriftsprache*. 6. Auflage. Göttingen: Vandenhoeck & Ruprecht.

Kutsch, Stefan (1988): *Kinder über Sprache. Reflexion und Metakommunikation im Zweit- und Erstspracherwerb*. Eine vergleichende Untersuchung. Frankfurt am Main: Lang.

Kuyumcu, Reyhan (2007): Metasprachliche Entwicklung zweisprachig aufwachsender türkischer Kinder im Vorschulalter. In Hug, Michael & Siebert-Ott, Gesa (Hrsg.): *Sprachbewusstheit und Mehrsprachigkeit*. Baltmannsweiler: Schneider Hohengehren, 79–94.

Leopold, Werner F. (1939): *Speech Development of a Bilingual Child. A Linguist's Record. I Vocabulary Growth in the First Two Years*. Evanston, Ill.: Northwestern University Press.

Lütke, Beate (2011): *Deutsch als Zweitsprache in der Grundschule. Eine Untersuchung zum Erlernen lokaler Präpositionen*. Berlin, New York: de Gruyter.

Lütke, Beate (2009): Sprachbewusstheit im Kontext von Sprachunterricht – Beobachtungen einer DaZ-Lerngruppe der vierten Klassenstufe. In Ahrenholz, Bernt (Hrsg.): *Empirische Befunde zu DaZ-Erwerb und Sprachförderung*. Freiburg i. Br.: Fillibach, 153–170.

Mayer, Mercer (1969): *Frog, where are you?* New York: Dial books for young readers.

Neuland, Eva (2002): Sprachbewusstsein – eine zentrale Kategorie für den Sprachunterricht. *Der Deutschunterricht* 3: 4–11.

Neuland, Eva (1993): Sprachgefühl, Spracheinstellungen, Sprachbewusstsein. In Mattheier, Klaus-J.; Wigera, Klaus-Peter; Hoffmann, Walter; Macha, Jürgen & Solms, Hans-Joachim (Hrsg.): *Vielfalt des Deutschen: Festschrift für Werner Besch*. Frankfurt am Main: Lang, 723–748.

Oomen-Welke, Ingelore (2008): Präkonzepte: Spracheinstellungen ein- und mehrsprachiger Schüler/innen. In Ahrenholz, Bernt & Oomen-Welke, Ingelore (Hrsg.): *Deutsch als Zweitsprache*. Baltmannsweiler: Schneider Hohengehren, 373–384.

Oomen-Welke, Ingelore (2003): Entwicklung sprachlichen Wissens und Bewusstseins im mehrsprachigen Kontext. In Bredel, Ursula; Günther, Hartmut; Klotz, Peter; Ossner, Jakob & Siebert-Ott, Gesa (Hrsg.): *Didaktik der deutschen Sprache. Ein Handbuch*. 1. Teilband. Paderborn: Ferdinand Schöningh, 452–463.

Pavlovich, Milivoj (1920): *Le langage enfantin: acquisition du serbe et du français par un enfant serbe*. Paris: Champion.

Plume, Ellen & Schneider, Wolfgang (2004): *Hören, Lauschen, Lernen 2 – Sprachspiele mit Buchstaben und Lauten für Kinder im Vorschulalter*. Göttingen: Vandenhoeck & Ruprecht.

Reder, Fanny; Marec-Breton, Nathalie; Gombert, Jean-Emile & Demont, Elisabeth (2013): Second-language learners' advantage in metalinguistic awareness: A question of languages' characteristics. *British Journal of Educational Psychology* 83: 686–702.

Ricciardelli, Lina A. (1993): Two components of metalinguistic awareness: Control of linguistic processing and analysis of linguistic knowledge. *Applied Linguistics* 14: 349–367.

Ronjat, Jules (1913): *Le développement du langage observé chez un enfant bilingue*. Paris: Champion.

Schmidt, Claudia (2010): Sprachbewusstheit und Sprachlernbewusstheit. In Krumm, Hans-Jürgen et al. (Hrsg.): *Deutsch als Fremd- und Zweitsprache. Ein internationales Handbuch*. Handbücher zur Sprach- und Kommunikationswissenschaft. Berlin, New York: de Gruyter, 858–866.

Stern, William (1919): Die Erlernung und Beherrschung fremder Sprachen. Eine Besprechung. *Zeitschrift für pädagogische Psychologie und experimentelle Pädagogik* 20: 104–108.

Stude, Juliane (2013): *Kinder sprechen über Sprache.* Eine Untersuchung zu interaktiven Ressourcen des frühen Erwerbs metasprachlicher Kompetenzen. Stuttgart: Fillibach bei Klett.
Tracy, Rosemarie (2008): *Wie Kinder Sprachen lernen. Und wie wir sie dabei unterstützen können.* Tübingen: Francke.
Weinreich, Uriel (1953): *Languages in contact.* New York: Linguistic Circle of New York.
Wilgermein, Johann (1991): *Metasprachliches Bewußtsein. Entwicklung, Besonderheiten beim sprachbehinderten Kind und pädagogische Implikationen.* Rimpar: edition von freisleben.

Anja Müller
Spracherwerbstheoretische Aspekte der (Zweit-)Sprachdidaktik

Abstract: Im Rahmen von vorschulischer und schulbegleitender Sprachförderung stehen pädagogische Fachkräfte vor der Herausforderung, die sprachlichen Fähigkeiten von Kindern einzuschätzen, ein entsprechendes Förderziel zu bestimmen sowie Fördermethoden auszuwählen. Der Beitrag beschäftigt sich mit der Frage, inwieweit die Erkenntnisse der Erst- und Zweitspracherwerbsforschung pädagogische Fachkräfte bei der Gestaltung von Sprachförderkontexten unterstützen können. Zum einen wird aufgezeigt, inwieweit die Ergebnisse empirischer Studien zum Zweitspracherwerb einen Anhaltspunkt für die Festlegung von Förderzielen bieten können. Zum anderen fokussiert der Beitrag das sprachliche Handeln der Fachkräfte in der Fördersituation. Ausgehend von der Frage, was eine sprachförderliche Sprache kennzeichnet, wird ebenfalls der Einsatz sogenannter Modellierungstechniken diskutiert.

Keywords: Sprachförderung, Zweitspracherwerb, Sprachdidaktik, Deutsch als Zweitsprache, pädagogische Fachkräfte, Förderziele, Fördermethoden, Modellierungstechniken

„Was mache ich wann und wie?" – Diese Frage wurde von einer pädagogischen Fachkraft im Rahmen einer Weiterbildung zum Thema vorschulische Sprachförderung gestellt. Die Fachkraft formulierte damit sehr anschaulich die Herausforderungen, denen die Fachkräfte in der Sprachförderung begegnen. Die Fachkräfte sollen auf Grundlage einer differenzierten Diagnostik die Förderbedarfe der Kinder ableiten (Was?), auswählen, welcher Förderbedarf zuerst in den Mittelpunkt der Förderung gerückt wird und welcher danach (Wann?), und sie sollen geeignete Methoden der Förderung wählen (Wie?). In der Diskussion um die Gestaltung von Sprachförderung sind zwei Aspekte zentral: So sollen sich Förderinhalte an den empirischen Erkenntnissen der (Zweit-)Spracherwerbsforschung orientieren. Außerdem sollen in der Fördersituation die natürlichen (Sprach-)Erwerbsbedingungen berücksichtigt werden (vgl. u. a. Rösch 2011).

Ziel dieses Beitrags ist es zu prüfen, welche Antworten die (Zweit-)Spracherwerbsforschung und die (Zweit-)Sprachdidaktik auf die Fragen des Was, Wann

---

Anja Müller: Wissenschaftliche Assistentin am Institut für Psycholinguistik und Didaktik der deutschen Sprache, Goethe-Universität Frankfurt, Grüneburgplatz 1, D-60629 Frankfurt am Main, e-mail: anjamueller@em.uni-frankfurt.de

und Wie bieten. Daher ist dieser Beitrag als Bestandsaufnahme zu verstehen. Der erste Teil des Beitrags beschäftigt sich mit dem Wann und Was. Dazu werden Studien zum frühen Zweitspracherwerb dargestellt, die zeigen, welche Rolle das Alter bei Erwerbsbeginn, die Kontaktdauer und die Art der sprachlichen Fähigkeit für die Bestimmung des Was und Wann spielen. Im zweiten Teil des Beitrags stehen die didaktischen Ansprüche der Fördersituation im Mittelpunkt. Hierbei werden vor allem die Modellierungstechniken betrachtet, verbunden mit der Frage, was sprachförderliche Sprache ist. Der Beitrag schließt mit Überlegungen zum Handlungsbedarf der empirischen (Zweit-)Spracherwerbsforschung und der empirischen (Zweit-)Sprachdidaktik im Bereich Sprachförderung.

1 Das Was und Wann in der Sprachförderung – der kindliche (Zweit-) Spracherwerb

Im Vergleich zu anderen Bereichen der Psycholinguistik ist die Erforschung des Erwerbs des Deutschen als Zweitsprache eine vergleichsweise junge Disziplin. In den 1980er Jahren fanden erste Untersuchungen statt, zunächst vor allem zum erwachsenen Zweitspracherwerb (für einen Überblick Rothweiler 2007). Zentral für die Untersuchungen zum kindlichen Zweitspracherwerb war bzw. ist die Frage, ob die Erwerbsverläufe der L2-Kinder den Erwerbsmustern ähneln, die für den Erstspracherwerb charakteristisch sind.[1] Anhand der Ergebnisse dieser Studien sowie dem Vergleich mit den Befunden zum erwachsenen Zweitspracherwerb (u. a. Clahsen & Muysken 1986) wird deutlich, dass das Alter bei Erwerbsbeginn sowie die Kontaktdauer zwei entscheidende Faktoren sind, die den Erwerbsverlauf und den Erwerbserfolg beeinflussen (Meisel 2007). Aufgrund bisheriger Forschung wird der kindliche Zweitspracherwerb in den frühen und späten Zweitspracherwerb unterschieden: Beginnt ein Kind mit dem Zweitspracherwerb zwischen dem 2. und 4. Lebensjahr, so wird von einem frühen Zweitspracherwerb (fL2) gesprochen. Ist das Kind bei Erwerbsbeginn deutlich älter als vier Jahre, so wird dies als später Zweitspracherwerb bezeichnet (sL2) (vgl. Schulz & Grimm 2012). Diese Unterscheidung basiert auf der Beobachtung, dass sL2-Kinder andere Erwerbsverläufe zeigen als fL2-Kinder (vgl. Dimroth 2007). Diese Erkenntnisse spielen für die (Zweit-)Sprachdidaktik eine wichtige Rolle, da das

---

[1] In diesem Beitrag wird in Zusammenhang mit der Sprachförderung vor allem der frühe Zweitspracherwerb betrachtet. Für einen Überblick zum doppelten Erstspracherwerb siehe Tracy & Gawlitzek-Maiwald (2000) und Rothweiler (2007).

Alter bei Erwerbsbeginn und die Kontaktdauer zentral für die Beurteilung des Sprachstands von L2-Kindern sowie für die Ableitung von Sprachförderzielen sind. Um diesen Aspekt zu verdeutlichen, werden im Folgenden ausgewählte Studien zum Zweitspracherwerb vorgestellt. Der Fokus liegt dabei auf Studien zum Erwerb morphosyntaktischer Eigenschaften sowie auf Studien zum Wortschatzerwerb, da diese beiden Bereiche für die Sprachförderung von zentraler Bedeutung sind.

Für die Beantwortung der Fragen des Was und Wann ist auch die Art der sprachlichen Fähigkeit relevant, die beurteilt werden bzw. gefördert werden soll. Studien zum Erstspracherwerb belegen, dass zum einen die Erwerbsaufgaben innerhalb einzelner sprachlicher Bereiche nicht mit der gleichen Geschwindigkeit gemeistert werden (für einen Überblick siehe Schulz 2007; Schulz & Grimm 2012). So ist beispielsweise der Erwerb der Verbstellung in Haupt- und Nebensätzen im Erstspracherwerb mit ca. 36 Monaten abgeschlossen (vgl. Fritzenschaft et al. 1994), während die korrekte Markierung von Konstituenten im Dativ und Genitiv die Kinder bis zum 5. Lebensjahr und zum Teil auch darüber hinaus beschäftigt (vgl. Eisenbeiss, Bartke & Clahsen 2005/2006). Zum anderen zeigen die Studien auch Unterschiede im Hinblick auf die Entwicklung von produktiven und rezeptiven Leistungen innerhalb eines Sprachbereichs. So entwickeln sich beispielsweise im Bereich Wortschatz die Fähigkeiten des Verstehens eher als die der Produktion (vgl. Kauschke 2000). Im Bereich der Satzsemantik hingegen scheint die Produktion dem Verstehen vorauszugehen (Grimm et al. 2011). In der Sprachförderung liegt der Fokus meist auf den produktiven Fähigkeiten. Auch in der Zweitspracherwerbsforschung dominieren Studien zur Produktion, Studien zum Verstehen sind vergleichsweise rar. Daher werden am Ende des Abschnitts Ergebnisse zweier Studien zur Entwicklung des Sprachverstehens bei fL2-Kindern vorgestellt, die die Asymmetrie zwischen dem Erwerb produktiver und rezeptiver Fähigkeiten verdeutlichen.

1.1 Der Erwerb der Verbstellung und der Nominalflexion im kindlichen L2-Erwerb

Eine Vielzahl der Studien zum kindlichen Zweitspracherwerb konzentrierte sich auf den Erwerb morphosyntaktischer Eigenschaften (z. B. Haberzettl 2005; Kaltenbacher & Klages 2007; Schulz & Tracy 2011; Rothweiler 2006; Tracy & Thoma 2009).

Den Erwerb der Wortstellung untersuchten Schulz und Tracy (2011) anhand der Daten von 103 fL2-Kindern. Die Kinder waren zum Zeitpunkt der Untersuchung drei Jahre alt: 42 Kinder hatten bis dahin null bis sechs Kontaktmonate, die restlichen 61 Kinder hatten mehr als sieben Kontaktmonate zum Deutschen. Die Mehrheit der Dreijährigen, die weniger als sieben Kontaktmonate hatten, produzierten noch keine Mehrwortäußerungen (42,9 %). Von den Kindern mit größerer Kontaktdauer produzierten nur 19,7 % keine Mehrwortäußerungen. Der Großteil dieser Kinder äußerte bereits Hauptsätze (57,4 %).

Weiterhin ist dokumentiert, dass der Erwerb der Verbstellung im frühen kindlichen Zweitspracherwerb ein sehr robuster Bereich ist, während der Erwerb der Genus- und Kasusmarkierung, ähnlich wie für erwachsene Zweitsprachlerner, eine große Herausforderung darstellt. So zeigen Untersuchungen zum Erwerb der Verbstellung, dass die zugrundeliegenden syntaktischen Eigenschaften deutscher Sätze von fL2-Kindern innerhalb der ersten sechs bis zwölf Kontaktmonate zur deutschen Sprache erworben werden können und dass die Subjekt-Verb-Kongruenz ebenfalls innerhalb dieses Zeitraums gemeistert werden kann (Rothweiler 2006; Schulz & Tracy 2011; Schulz 2013; Tracy & Thoma 2009). Zwischen 12 und 18 Kontaktmonaten wird dann die Nebensatzstruktur des Deutschen erworben. Die Erwerbsphasen, die die fL2-Kinder dabei durchlaufen, sind vergleichbar mit den Phasen im monolingualen Erwerb. Weiterhin zeigen die Ergebnisse, dass fL2-Kinder offenbar die Erwerbsstadien schneller durchschreiten als monolinguale Kinder (vgl. u. a. Kaltenbacher & Klages 2007; Tracy & Thoma 2009). Untersuchungen zum späten kindlichen Zweitspracherwerb (sL2) zeigen ähnliche Ergebnisse (Dimroth 2007; Haberzettl 2005). Dimroth (2007) berichtet über zwei Mädchen, die im Alter von 8;7 Jahren bzw. 14;2 Jahren mit dem Erwerb des Deutschen als Zweitsprache begannen. Die Aufzeichnungen belegen, dass es bezüglich der Wortstellung nach 18 Kontaktmonaten keine Unterschiede zur zielsprachlichen Norm mehr gab. Jedoch zeigte das ältere der beiden Mädchen einen leicht anderen Erwerbsverlauf als ihre jüngere Schwester. Auch Haberzettl (2005) berichtet aus einer Fallstudie mit sL2-Kindern mit der Erstsprache Russisch von Problemen mit der Verwendung des Verbs in finaler Äußerungsposition, d. h. bei der Realisierung der doppelten Verbklammer und bei der Produktion von Nebensätzen. Für sL2-Kinder mit der Erstsprache Türkisch wurden diese Schwierigkeiten nicht beobachtet.

Im Gegensatz zum Erwerb der Verbstellung zeigen Studien zum Erwerb der Nominalflexion, dass dieser Bereich Kinder im Zweitspracherwerb vor Probleme stellt (Dimroth 2007; Haberzettl 2005; Kaltenbacher & Klages 2007; Lemke 2008; Wegener 1995). Die Ergebnisse zeigen, dass fL2-Kinder sich zwar relativ zügig die Grundstrukturen der Nominalphrase aneignen, indem sie innerhalb von 10 bis 18 Kontaktmonaten bereits ein zweigliedriges Kasussystem aufbauen (Kaltenbacher & Klages 2007; Lemke 2008). Die weitere Ausdifferenzierung des Genus- und Kasussystems bereitet ihnen hingegen Probleme, die bis über den Schuleintritt hinaus anhalten (siehe auch Rothweiler 2007).

1.2 Wortschatzerwerb im kindlichen L2-Erwerb

In der Regel verfügen L2-Kinder aufgrund der kürzeren Kontaktzeit und damit geringeren Erwerbsmöglichkeiten zum Zeitpunkt der Einschulung über einen kleineren rezeptiven und produktiven Wortschatz als gleichaltrige monolinguale Kinder. Aufgrund des zu geringen Wortschatzes einerseits und der bildungssprachlichen Anforderungen der Schule andererseits haben Kinder mit einem kleinen Wortschatz weniger Möglichkeiten, am (Fach-)Unterricht zu partizipieren (Ahrenholz 2010). Es ist davon auszugehen, dass der Wortschatzerwerb bei L2-Kindern von einer ähnlichen Heterogenität geprägt ist, wie sie für monolinguale Kinder berichtet wird. Im Gegensatz zum Erwerb der Verbstellung folgt der Wortschatzerwerb keinen klaren strukturellen Regularitäten. Verschiedene Untersuchungen zum monolingualen Erwerb zeigen, dass die Quantität des Inputs ebenso wie die Frequenz der einzelnen Wörter mit dem Wortschatzerwerb korrelieren (u. a. Huttenlocher et al. 1991; Gathercole & Hoff 2007; für einen Überblick siehe Klassert 2011). Der Wortschatzerwerb ist für monolingual deutsche Kinder relativ gut dokumentiert (für einen Überblick siehe Kauschke 2000), während Studien mit L2-Kindern rar sind. Erste Studien mit fL2-Kindern belegen, dass in den ersten Kontaktmonaten der Wortschatz kontinuierlich ansteigt (Jeuk 2003; Kostyuk 2005). Der frühe Wortschatz wird dabei von der Klasse der Nomen dominiert, teilweise wurde ein sprunghafter Anstieg, ähnlich dem im monolingualen Erwerb beobachteten Wortschatzspurt, berichtet. Der Anteil anderer Wortklassen wie Adjektive, relationale Wörter und Funktionswörter stieg ebenfalls stetig an, ohne dass jedoch ein sprunghafter Anstieg dokumentiert werden konnte. Verglichen mit den Daten von Kauschke (2000) zum Wortschatzerwerb von monolingualen Kindern ähneln sich die Erwerbsmuster insofern, als dass auch im monolingualen Erwerb die Klasse der Nomen einen größeren Anteil im Wortschatz ausmacht als die Klasse der Verben.[2]

---

[2] Kauschkes Daten zeigen, dass bis zu einem Alter von 15 Monaten die Klasse der sogenannten personal-sozialen Wörter, wie z. B. *ja, nein, danke, bitte*, am stärksten im Wortschatz vertreten ist. Erst mit 21 Monaten erreichen Nomen einen Anteil von 27 % und Verben von 12 %. Mit 36 Monaten dominieren Verben das Lexikon mit einem Anteil von 36 %, während Nomen einen Anteil von 16 % am Wortschatz ausmachen. Da die Arbeiten von Jeuk (2003) und Kauschke (2000) auf verschiedenen Analysekriterien basieren, kann ein direkter Vergleich der Daten nicht vorgenommen werden.

1.3 Das Verstehen von komplexen Strukturen

Aus Sicht der (Zweit-)Sprachdidaktik ist der Mangel an Untersuchungen zur Entwicklung des Sprachverstehens bei kindlichen Zweitsprachlernern ein Problem. Im pädagogischen Alltag werden die rezeptiven Fähigkeiten der Kinder oftmals mit den produktiven Fähigkeiten gleichgesetzt. Dies kann seitens der Fachkraft zu einer Über- bzw. Unterschätzung der Kinder führen. Gerade der Unterricht in der Grundschule ist durch standardisierte und ritualisierte Handlungen und Äußerungen geprägt (vgl. Knapp 1999). In diesen Handlungskontexten fallen sprachschwache Kinder nicht unbedingt auf, da der Kontext ihnen die Möglichkeit gibt, sich genauso wie die Mitschüler zu verhalten. Ob die Kinder die Anweisungen der Lehrkraft verstanden haben, bleibt daher ungewiss. Zahlreiche Studien zum Erstspracherwerb belegen, dass sich die Fähigkeiten des Sprachverstehens im Bereich des Lexikons schneller entwickeln als die Fähigkeiten der Produktion. Zum Zeitpunkt der Einschulung verfügen Kinder im Schnitt über einen rezeptiven Wortschatz von ca. 9.000 bis 14.000 Wörtern, der produktive Wortschatz umfasst hingegen im Schnitt 3.000 bis 5.000 Wörter (vgl. Übersicht in Rothweiler & Kauschke 2007). Gleichzeitig geht die Entwicklung des Sprachverstehens nicht in allen sprachlichen Bereichen der Entwicklung der Sprachproduktion voraus (Grimm et al. 2011). Dazu zählen beispielsweise einfache W-Fragen und Fokuspartikeln.

1.3.1 Das Verstehen von einfachen W-Fragen

Unter einfachen W-Fragen werden in der Regel Fragen mit einem äußerungsinitial stehenden W-Wort verstanden, wie z. B. *Wer hilft dem Hund aus der Tonne?*. Untersuchungen zum Erwerb belegen, dass monolingual deutsche Kinder bereits im zweiten bzw. dritten Lebensjahr einfache W-Fragen verwenden (Clahsen, Kurasawe & Penke 1995; für einen Überblick Guasti 2000). Untersuchungen zur Erwerbsreihenfolge der W-Wörter legen nahe, dass Kinder zunächst *wo* und *was* verwenden, gefolgt von *wer* und *wie*, *warum* und *wann* (Mills 1985). Für fL2-Kinder ist belegt, dass sie bereits nach einem Jahr Kontaktdauer einfache W-Fragen produzieren können (Chilla & Bonnesen 2011).

Untersuchungen zum Verstehen von einfachen W-Fragen zeigen, dass monolinguale Kinder mit ca. 4 Jahren diese Frageformate zielsprachlich interpretieren (Schulz 2013; Schulz, Tracy & Wenzel 2008). Im Projekt MILA (s. Grimm & Schulz 2012) wurde erstmals in einer kombinierten Längs- und Querschnittstudie mit 17 fL2- und 31 monolingual deutschen Kindern das Verstehen von einfachen W-Fragen untersucht. Dazu wurde der Untertest Verstehen von

W-Fragen aus LiSe-DaZ (Schulz & Tracy 2011) verwendet. Zu Untersuchungsbeginn waren alle Kinder im Durchschnitt 3;8 Jahre alt. Die fL2-Kinder hatten durchschnittlich 10;2 Kontaktmonate zur deutschen Sprache. Der Test berücksichtigte Subjektfragen, Objektfragen und Adjunktfragen. Erwartungsgemäß lagen die Verstehensleistungen der monolingualen Kinder zu allen Testzeitpunkten über denen der fL2-Kinder (Schulz 2013). Monolinguale Kinder zeigten bereits mit 4;8 Jahren ein zielsprachliches Verstehen von einfachen W-Fragen, die fL2-Kinder mit 5;8 Jahren. Auch hier weisen die Daten auf vergleichbare Erwerbsphasen hin: So beherrschen die Kinder Subjektfragen vor Objektfragen. Adjunktfragen stellen für beide Kindergruppen die größte Herausforderung dar, die weder von den fL2- noch von den monolingualen Kindern im Alter von 5;8 Jahren vollständig beherrscht wurden.

1.3.2 Das Verstehen von Sätzen mit Fokuspartikeln

Fokuspartikeln wie *auch* und *nur* sind Wörter, die den Fokus eines Satzes kennzeichnen und somit die Bedeutung des Satzes modifizieren (u.a. König 1991). Dabei spezifiziert die Fokuspartikel nicht den gesamten Satz, sondern nur ihren Bezugsausdruck, der in der Regel Fokus des Satzes ist. Anhand der Beispielsätze (1a-c) soll die Funktionsweise von Fokuspartikeln illustriert werden.[3]

(1)   Wer fährt nach Heidelberg?
       a)   Peter fährt nach Heidelberg.
       b)   Nur [Peter] fährt nach Heidelberg.
       c)   Auch [Peter] fährt nach Heidelberg.

Die zugrundeliegende Bedeutung von (1a) ist, dass es eine Person namens Peter gibt, die nach Heidelberg fährt. Die Fokuspartikel *nur* in (1b) modifiziert die Bedeutung des Satzes dahingehend, dass es genau eine Person gibt, nämlich Peter, die nach Heidelberg fährt. In (1c) hingegen, signalisiert die Fokuspartikel *auch*, dass es neben Peter noch mindestens eine weitere Person gibt, die nach Heidelberg fährt.

Fokuspartikeln stellen Kinder vor eine anspruchsvolle Erwerbsaufgabe (für eine ausführliche Darstellung siehe Müller 2012). Studien zum produktiven Erwerb belegen, dass Kinder Fokuspartikeln wie *auch* bereits in ihrem zweiten Lebensjahr zielsprachlich verwenden (Höhle et al. 2009; Nederstigt 2003).

---

3 Die Klammerung der NP *Peter* in den Sätzen (1b) und (1c) dient zur Markierung der NP als Bezugsausdruck der Fokuspartikel.

Studien zum Verstehen von Sätzen mit Fokuspartikeln zeigen jedoch, dass diese Strukturen von Kindern zum Zeitpunkt der Einschulung noch nicht zwingend zielsprachlich interpretiert werden müssen (für einen Überblick siehe Müller 2012). Bislang gibt es keine analogen Untersuchungen im kindlichen Zweitspracherwerb. Daher wurde basierend auf der Studie von Müller, Schulz und Höhle (2011) mit 4- und 6-jährigen monolingual deutschen Kindern eine Pilotstudie mit elf fL2-Kinder zum Verstehen von Sätzen mit *nur* durchgeführt. Die Kinder wurden bezüglich ihres Alters in zwei Gruppen unterschieden: die Gruppe der 4-Jährigen (Ø 4;9 Jahre) hatte im Schnitt 20 Kontaktmonate zur deutschen Sprache und die Gruppe der 6-Jährigen (Ø 6;0 Jahre) durchschnittlich 36 Kontaktmonate. Die Kinder wurden unter Verwendung des Testmaterials von Müller, Schulz und Höhle (2011) mittels der Methode der *truth-value-judgment task* untersucht. In den verwendeten Testsätzen war entweder die Subjekt-NP des Satzes der Bezugsausdruck der Fokuspartikel (2a) oder die Objekt-NP (2b). Zusätzlich wurden Kontrollitems, d. h. Sätze ohne Fokuspartikel, präsentiert. Insgesamt sollte jedes Kind den Wahrheitsgehalt von 24 Sätzen beurteilen.

(2)   a)   Nur die Maus hat eine Gitarre.
       b)   Die Maus hat nur eine Gitarre.

Müller, Schulz und Höhle (2011) berichten für die monolingualen Kinder, dass die 6-jährigen Kinder beide Satzstrukturen zielsprachlich verstehen, die 4-jährigen Kinder hingegen nicht. Interessanterweise zeigten sowohl die 4- als auch die 6-jährigen sowie auch die untersuchten Erwachsenen bessere Leistungen für Sätze, in denen die Objekt-NP der Bezugsausdruck war (2b), als für Sätze mit der Subjekt-NP als Bezugsausdruck (2a). Die Analyse der individuellen Antworten der Kinder zeigte drei Phasen der Verstehensentwicklung: Zunächst interpretieren die Kinder beide Satzstrukturen nicht zielsprachlich. Es folgt das zielsprachliche Verstehen von Sätzen mit *nur* vor der Objekt-NP wie (2b). Als letzter Schritt kommt das zielsprachliche Verstehen von Sätzen mit *nur* vor der Subjekt-NP (2a) hinzu. Diese Abfolge impliziert, dass Kinder erst dann Sätze wie (2a) beherrschen, wenn sie Sätze wie (2b) verstehen. Ein umgekehrtes Muster ist ausgeschlossen. Tatsächlich konnten Müller, Schulz und Höhle (2011) dieses Muster in den Daten der 47 untersuchten Kinder nicht finden. Zur besseren Darstellung der Ergebnisse der fL2-Kinder werden die Daten den Ergebnissen der monolingualen Kinder in Tabelle 1 gegenübergestellt.

Tab. 1: Ergebnisse (richtige Antworten in Prozent) der fL2-Kinder und der monolingualen Kinder für das Verstehen von Sätzen mit der Fokuspartikel nur

	fL2-Kinder		Monolinguale Kinder (Müller, Schulz & Höhle 2011)	
	4 Jahre (n=6)	6 Jahre (n=5)	4 Jahre (n=17)	6 Jahre (n=30)
nur vor Subjekt-NP	58,3%	70%	51,5%	79,8%
nur vor Objekt-NP	63%	100%	77,9%	98,3%

Die Tabelle zeigt zwei wesentliche Ergebnisse: Zum einen zeigen die 6-jährigen fL2-Kinder nach 36 Kontaktmonaten ein zielsprachliches Verstehen für Sätze mit *nur* vor der Objekt-NP (2b). Zum anderen zeigen die Daten der 4- als auch die der 6-jährigen fL2-Kinder das aus dem monolingualen Erwerb bekannte Muster: Sätze mit *nur* vor der Subjekt-NP (2a) werden schlechter interpretiert als Sätze mit *nur* vor der Objekt-NP (2b). Diese Ergebnisse werden durch die Analyse des individuellen Antwortverhaltens der Kinder unterstützt: Genau wie bei monolingualen Kindern gibt es in der untersuchten Gruppe der fL2-Kinder kein Kind, das zwar Sätze wie (2a) versteht, aber nicht Sätze wie (2b). Entsprechend weisen auch die Daten der fL2-Kinder die drei Phasen der Verstehensentwicklung auf, wie sie für den monolingualen Erwerb gefunden wurden.

Zusammenfassend belegen die skizzierten Studien, dass für die Beantwortung des Was und Wann in der Sprachförderung das Alter bei Erwerbsbeginn, die Kontaktdauer zur Zweitsprache sowie die Art der sprachlichen Fähigkeit (z. B. produktiv vs. rezeptiv) eine wichtige Rolle spielen. Ausgehend von den Überlegungen ‚Wie alt war das Kind, als es mit dem Erwerb der deutschen Sprache begonnen hat?', ‚Wie lange hat es demzufolge Kontakt zur deutschen Sprache gehabt?' und ‚Welche sprachliche Fähigkeit möchte ich einschätzen und gegebenenfalls fördern?' kann sich die Fachkraft bei der Vorgehensweise in der Förderung, d. h. bei der Ableitung und Anordnung von Förderzielen orientieren. Die Erkenntnisse der Zweitspracherwerbsforschung unterstützen die Fachkraft hierbei insofern, als dass im Sinne einer entwicklungsproximalen Förderung die nächsten Erwerbsschritte der Kinder aufgezeigt werden, an denen sich die Planung der einzelnen Förderschritte orientieren sollte.

Obwohl zum Erwerb des Genus- und Kasussystems erste Erkenntnisse vorliegen, wären weitere Untersuchungen wünschenswert. Bisherige Daten belegen die Komplexität des Erwerbsprozesses und lassen eine große Heterogenität innerhalb des Erwerbs vermuten. Um die Fachkräfte bei der Förderung des Genus- und

Kasuserwerbs zu unterstützen, sind daher Förderansätze bzw. -programme wie z. B. *Deutsch für den Schulstart* (s. Kaltenbacher & Klages 2007) notwendig, die einen sprachwissenschaftlich fundierten Zugang zum Genus- und Kasussystem ermöglichen. Die Gegenüberstellung der Befunde zum Erwerb der Verbstellung und des Genus- und Kasussystems zeigt die Relevanz des dritten Faktors, der Art der sprachlichen Fähigkeit. So weisen fL2-Kinder beim Erwerb der Verbstellung einen klaren Erwerbsweg auf, während der Erwerb bzw. die Ausdifferenzierung des Genus- und Kasussystems die Kinder bis über den Schuleintritt hinaus vor Probleme stellt. Der Vergleich der Studien zur Produktion und zum Verstehen bezüglich eines sprachlichen Phänomens, wie am Beispiel der W-Fragen und der Fokuspartikeln illustriert, belegt außerdem, dass die Erwerbsgeschwindigkeiten rezeptiver und produktiver Fähigkeiten variieren. Insgesamt betrachtet darf somit über den Förderzeitraum keine zeitgleiche Bewältigung unterschiedlicher sprachlicher Erwerbsaufgaben bezüglich der Verarbeitungsmodi (Verstehen/Produktion) und der verschiedenen sprachlichen Ebenen erwartet werden.

Der Bedarf an weiteren Studien zum kindlichen Zweitspracherwerb ist groß. So sind beispielsweise Studien zum Erwerb phonologischer oder pragmatischer Fähigkeiten rar. Obwohl es für den Bereich Wortschatz erste Untersuchungen zum Erwerb gibt, kann ein Bezug zwischen der Wortschatzentwicklung monolingualer Kinder und L2-Kinder nur bedingt hergestellt werden. Vertiefende empirische Erkenntnisse über die Wortschatzentwicklung bei L2-Kindern wären daher wünschenswert. Für den Erstspracherwerb ist eine Korrelation zwischen der Wortschatzentwicklung und späteren syntaktischen Fähigkeiten gut dokumentiert (Kauschke 2000; Moyle et al. 2007). Erste Untersuchungen für den frühen kindlichen Zweitspracherwerb zeigen eine Korrelation zwischen Verbwortschatz und Erwerb der Verbstellung (Geist & Müller 2014). Um ein ganzheitliches Bild des kindlichen Zweitspracherwerbs zu erhalten, sollte auch die Entwicklung des Sprachverstehens von L2-Kindern stärker untersucht werden.

2 Das Wie in der Sprachförderung – die lernförderliche Umgebung

Neben der Frage, welche sprachlichen Fähigkeiten im Fokus der Sprachförderung stehen sollen, spielt ebenfalls die Frage nach der Gestaltung bzw. dem Handeln in der Fördersituation eine zentrale Rolle. Fachkräfte sollen eine lernförderliche Umgebung schaffen, die den Erwerb der Zweitsprache auf eine natürliche Weise unterstützt (vgl. Knapp, Kucharz & Gasteiger-Klicpera 2010). Neben der Auswahl geeigneter Fördermaterialien und Sachthemen wird dabei vor allem das sprachliche Handeln der Fachkraft in den Mittelpunkt gerückt. Erwartet wird eine lernförderliche Sprache, die sich durch eine korrekte und an den kindlichen Sprachstand angepasste Sprache auszeichnet (ebd.). Weiterhin soll die Sprache der Fachkraft sprachanregend sein, insofern dass für die Kinder passende Sprechanlässe geschaffen werden. Dies impliziert zwei Dimensionen des sprachlichen Handelns: zum einen den Sprachgebrauch der Fachkraft an sich – die Fachkraft als Sprachvorbild; zum anderen den bewussten Einsatz von Sprachlehrstrategien, den sogenannten Modellierungstechniken (vgl. Ruberg & Rothweiler 2012). Mittlerweile gibt es zahlreiche Handbücher zur Sprachförderung, die die Fachkräfte in Bezug auf Planung, Durchführung und Gestaltung der Sprachförderung unterstützen (u. a. Knapp, Kucharz & Gasteiger-Klicpera 2010; Ruberg & Rothweiler 2012; Siegmüller & Fröhling 2010; Tracy 2008). Dennoch zeigt ein Blick in die Praxis, dass sowohl der Einsatz von Modellierungstechniken als auch die Frage, was eine korrekte Sprache ist, für die Fachkräfte eine große Herausforderung darstellen. Auch für aktuelle Untersuchungen zum sprachlichen Handeln in der Fördersituation stellt die Dokumentation und die Bewertung der Sprache ein großes Problem dar.

2.1 Zur Rolle der Modellierungstechniken

Ziel der Sprachförderung ist es u. a. „[...] die Erwerbssituation von Sprache bei den Kindern zu verbessern und damit den Spracherwerb zu unterstützen" (Siegmüller & Fröhling 2010: 95). Um dieses Ziel zu erreichen, soll die Fachkraft dem einzelnen Kind eine Fördersituation bieten, in der das Kind einen an seinen individuellen Entwicklungsstand adaptierten Input erhält (vgl. Hopp, Thoma & Tracy 2010). In diesem Zusammenhang wird oft von einer sogenannten *inszenierten Sprachlernsituation* oder dem *inszenierten Spracherwerb* gesprochen (vgl. Knapp, Kucharz & Gasteiger-Klicpera 2010). Kerngedanke dabei ist, dass der Input, den das Kind während der Sprachförderung erhält, auf die *Zone der nächsten Entwicklung* abgestimmt ist (vgl. Vygotskij 1934/2002), d. h. die an das Kind gerichtete Sprache enthält die Strukturen, die ausgehend vom Sprachstand des Kindes als entwicklungsproximal gelten (Knapp, Kucharz & Gasteiger-Klicpera 2010; Tracy & Lemke 2009). In diesem Zusammenhang wird oft auf den Einsatz von Modellierungstechniken verwiesen. Gemeint sind damit Methoden bzw. Techniken, die von der Fachkraft eingesetzt werden können, um dem Kind gezielt die Strukturen anzubieten, die es in Bezug auf seinen Sprachstand und das Förderziel benötigt (Dannenbauer 1999; Hansen 1996; Siegmüller & Fröhling 2010). Der entwicklungsproximale Ansatz in der Sprachförderung sowie der damit verbundene Einsatz von Modellierungstechniken stammen ursprünglich aus der entwicklungsproximalen Sprachtherapie. Nach Dannenbauer (1999: 186) ist Sprachtherapie ein zielgerichteter, planvoll strukturierter und wissenschaftlich begründbarer Prozess. Im Mittelpunkt des methodischen Vorgehens steht das Modellieren der Zielstruktur, die aktuell Gegenstand der Therapie ist, so dass das Kind die Regelhaftigkeit der Struktur entdecken kann. Ausgehend von dem etablierten Einsatz der Modellierungstechniken in der Sprachtherapie wurde der entwicklungsproximale Ansatz auf die Sprachförderung übertragen. Jedoch wird in den Empfehlungen für die Sprachförderung der Kerngedanke der Modellierungstechniken oftmals verkürzt dargestellt. Der entscheidende Aspekt, dass es um die gezielte Modellierung und Präsentation einer ausgewählten sprachlichen Struktur geht und nicht um das permanente Einsetzen von Modellierung als Reaktion auf kindliche Äußerungen, wird für die Fachkräfte in der Praxis nicht explizit genug dargestellt. So werden zwar die verschiedenen Techniken des Modellierens anhand von Beispielen illustriert, jedoch ergibt sich daraus für die Fachkraft nicht zwangsläufig, wann und wie oft sie die Modellierungstechniken anwenden soll. Der Einsatz der Modellierungstechniken bedarf eines hohen Maßes an Sprachbewusstsein für die eigene wie auch für die Sprache der Kinder (vgl. Ruberg & Rothweiler 2012). So muss die Fachkraft ihr eigenes Sprachverhalten reflektieren, da sie die Zielstruktur den Kindern systematisch anbieten soll. Gleichzeitig muss sie auf die Sprache der Kinder achten und in ihren nachfolgenden Äußerungen die Zielstruktur erneut berücksichtigen. Daher ist es fraglich, ob von Fachkräften auf Grundlage von Handbüchern oder Fort- und Weiterbildungen erwartet werden kann, Modellierungstechniken zielgerichtet und systematisch einzusetzen. Allein das Wissen um die Techniken bedeutet nicht, dass diese auch adäquat eingesetzt werden können. Dazu bedarf es gezielter Weiterbildungen mit einem hohen Anteil an videobasierter Selbstreflexion und Supervision, ähnlich wie es in der praktischen Ausbildung von Sprachtherapeuten und Logopäden gehandhabt wird. Aber auch wenn diese Methode in der Sprachtherapie etabliert ist und verschiedene Therapiestudien die Wirksamkeit belegen (Baumgartner & Füssenich 1999), so muss die Frage nach ihrer Wirksamkeit in der Sprachförderung dennoch gestellt werden. Im Unterschied zur Sprachtherapie findet Sprachförderung in der Regel nicht in einer 1 : 1-Situation statt, sondern meist in Kleingruppen. Zudem ist Sprachförderung keine therapeutische Intervention, d. h. die Kinder haben keine Spracherwerbsstörung, die ihnen beispielsweise die Wahrnehmung oder die Verarbeitung von Sprache erschwert. L2-Kinder in der Sprachförderung werden im Erwerb der zweiten Sprache unterstützt. Vor dem Hintergrund dieser unterschiedlichen Einsatzkontexte von Modellierungstechniken sind Studien zu ihrer Wirksamkeit in der Sprachförderung notwendig.

2.2 Was ist sprachförderliche Sprache?

Diese Frage ist alles andere als trivial. Abgesehen von der Frage der Modellierungstechniken stellt sich die Frage, welche Sprache von Fachkräften in der Fördersituation erwartet wird bzw. wie der Sprachgebrauch deskriptiv erfasst und beschrieben werden kann. Bislang gibt es nur wenige Studien, die die Sprache der Fachkräfte in der Fördersituation analysieren (Beckerle, Kucharz & Mackowiak 2014; Müller, Geist & Schulz 2013, Ricart Brede 2011). Bei der Analyse des sprachlichen Handelns werden verschiedene Variablen, wie z. B. Anzahl der Äußerungen, Redeanteil, Anzahl unvollständiger Äußerungen oder die Anzahl offener Fragen, erfasst. Auf dieser Grundlage lässt sich die Sprache der Fachkräfte deskriptiv gut erfassen. Jedoch bleibt bei der Ergebnisdarstellung unklar, wie die Ergebnisse in Bezug auf die Qualität der Sprachförderung zu werten sind. Was bedeutet es beispielsweise, wenn der Redeanteil einer Fachkraft bei 70 % liegt? Gleiches gilt u. a. auch für die Verwendung von offenen Frageformaten, denen gemeinhin eine dem Spracherwerb anregende Funktion unterstellt wird. Auch stellt sich die Frage, wie mit Dialekt und Umgangssprache in Fördersituationen umgegangen wird.

Für die Frage des Wie in der Sprachförderung lässt sich zusammenfassen, dass, obwohl es mit den Modellierungstechniken klare Empfehlungen für die Art und Weise des sprachlichen Agierens der Fachkraft gibt, sowohl der Übertrag der Modellierungstechniken in die Praxis als auch ihre Wirksamkeit stärker und systematischer von der (Zweit-)Sprachdidaktik begleitet werden muss. In der Diskussion um die Gestaltung einer effektiven Sprachförderung muss die Sprache der Fachkraft deutlicher in den Vordergrund gestellt werden. Neben Untersuchungen zum Sprachgebrauch in der aktuellen Förderpraxis ist hierbei besonders eine spracherwerbstheoretisch fundierte (Zweit-)Sprachdidaktik gefordert. Basierend auf linguistischen und spracherwerbstheoretischen Grundlagen sollte evaluiert werden, welche Modellierungstechniken für die Sprachförderung unter den gegebenen Rahmenbedingungen besonders geeignet sind. Darüber hinaus sollte grundsätzlich diskutiert werden, welche Sprache von Fachkräften erwartet wird (z. B. Hochsprache oder Dialekt, hoher oder niedriger Anteil von offenen Fragen, hoher oder niedriger Redeanteil der Förderkraft). Die Empfehlungen aus der Literatur dazu erscheinen für die Praxis zu vage. Solang nicht klar ist, was eine sprachförderliche Sprache auszeichnet, sagt eine deskriptive Beschreibung der in der Förderung gebrauchten Sprache wenig über ihre Förderqualität aus. Je konkreter die Antworten auf diese Fragen sind, desto transparenter wird für die Fachkräfte die sprachliche Gestaltung der Fördersituation.

3 Fazit und Ausblick

Ausgehend von der Frage *Was mache ich wann und wie?* wurde in den vorangehenden Abschnitten erläutert, welche Antworten sich aus den Erkenntnissen der (Zweit-)Spracherwerbsforschung ableiten lassen. Meines Erachtens zeigt die vorgenommene Bestandsaufnahme, dass die Ergebnisse der (Zweit-)Spracherwerbsforschung mehr als nur einen Grundstein für die Beantwortung der Einstiegsfrage bilden. Gerade die Erkenntnisse um die Bedeutung der Faktoren Alter bei Erwerbsbeginn, Kontaktdauer und Art der sprachlichen Fähigkeit stellen für die Planung von Sprachförderung wesentliche Ankerpunkte dar. Das Wissen über die Erwerbsverläufe in den untersuchten sprachlichen Bereichen erleichtert die Auswahl und Festlegung von Förderzielen. Auch der Übertrag der Modellierungstechniken aus der Sprachtherapie in die Sprachförderung bietet prinzipiell die Möglichkeit eines flexiblen und zugleich zielgerichteten sprachlichen Handelns. Nichtsdestotrotz weisen die bisherigen Erkenntnisse aber auch auf bestehende Lücken in der Forschung zu (Zweit-)Spracherwerb und (Zweit-)Sprachdidaktik hin, die in den einzelnen Abschnitten bereits skizziert wurden. So sind weitere Untersuchungen zum kindlichen Zweitspracherwerb beispielsweise im Bereich Wortschatz oder zum Sprachverstehen dringend erforderlich, genauso wie die Untersuchung der Wirksamkeit der Modellierungstechniken in der Sprachförderung.

Mit Blick auf die Praxis sollte es das Ziel einer (zweit-)spracherwerbstheoretisch fundierten (Zweit-)Sprachdidaktik sein, die Lehr- und Lernprozesse, die im Rahmen von Sprachförderung stattfinden, detailliert zu erfassen und für die Fachkräfte anschaulich abzubilden. Die daraus resultierenden Konzepte zum Fachwissen und zum Handeln sollten die Fachkräfte dazu befähigen, spracherwerbstheoretisch und didaktisch begründete Entscheidungen in der Praxis zu treffen und diese zu reflektieren.

4 Literatur

Ahrenholz, Bernt (2010): Bildungssprache im Sachunterricht der Grundschule. In Ahrenholz, Bernt (Hrsg.): *Fachunterricht und Deutsch als Zweitsprache*. Tübingen: Narr, 15–35.

Baumgartner, Stephan & Füssenich, Iris (Hrsg.) (1999): *Sprachtherapie mit Kindern*. Stuttgart: UTB.

Beckerle, Christine, Kucharz, Diemut & Mackowiak, Katja (2014): Das Fellbach-Konzept: Alltagsintegrierte durchgängige Sprachförderung in Kindergarten und Grundschule. *Theorie und Praxis der Sozialpädagogik* 01/14: 48–50.

Chilla, Solveig & Bonnesen, Matthias (2011): A crosslinguistic Persperctive on Child SLA: The Acquisition of Questions in German and French. *Linguistische Berichte* 228: 411–440.
Clahsen, Harald & Muysken, Pieter (1986): The availability of universal grammar to adult and child learners – a study of the acquisition of German word order. *Second Language Research* 2: 93–119.
Clahsen, Harald; Kurasawe, Claudia & Penke, Martina (1995): Introducing CP: Wh-questions and subordinate clauses in German child language. *Essex Research Reports in Linguistic* 7: 1–28.
Dannenbauer, Friedrich M. (1999): Grammatik. In Baumgartner, Stephan & Füssenich, Iris (Hrsg.): *Sprachtherapie mit Kindern.* Stuttgart: UTB, 123–203.
Dimroth, Christine (2007): Zweitspracherwerb bei Kindern und Jugendlichen: Gemeinsamkeiten und Unterschiede. In Anstatt, Tanja (Hrsg.): *Mehrsprachigkeit bei Kindern und Erwachsenen. Erwerb, Formen, Förderung.* Tübingen: Attempto, 115–138.
Eisenbeiss, Sonja; Bartke, Susanne & Clahsen, Harald (2005/2006): Structural and lexical case in child German: evidence from language-impaired and typically-developing children. *Language Acquisition* 13: 3–32.
Fritzenschaft, Agnes; Gawlitzek-Meiwald, Ira; Tracy, Rosemarie & Winkler, Susanne (1990): Wege zur komplexen Syntax. *Zeitschrift für Sprachwissenschaft* 9: 52–134.
Gathercole, Virginia C. & Hoff, Erika (2007): Input and the acquisition of language: Three questions. In Hoff, Erika & Shatz, Marilyn (ed.): *The handbook of language development.* New York: Blackwell Publishers, 107–127.
Geist, Barbara & Müller, Anja (2014): *Wortschatz und Grammatik im Elementar- und Primarbereich: Evidenzen aus der Spracherwerbs- und Kompetenzforschung.* Vortrag auf der Jahrestagung der Gesellschaft für Empirische Bildungsforschung, Frankfurt.
Grimm, Angela; Müller, Anja; Hamann, Cornelia & Ruigendijk, Esther (eds.) (2011): *Production-Comprehension Asymmetries in child language.* Proceedings der AG 3 der 30. Jahrestagung der DGFS in Berlin. Berlin, New York: de Gruyter.
Grimm, Angela & Schulz, Petra (2012): Das Sprachverstehen bei frühen Zweitsprachlernern: Erste Ergebnisse der kombinierten Längs- und Querschnittsstudie MILA. In Ahrenholz, Bernt (Hrsg.): *Einblicke in die Zweitspracherwerbsforschung und ihre forschungsmethodischen Verfahren.* Berlin, New York: de Gruyter, 195–218.
Guasti, Maria Theresa (2000): An excursion into interrogatives in early English and Italian. In Friedemann, Marc-Ariel & Rizzi, Luigi (eds.): *The acquisition of syntax.* Longman, 105–128.
Haberzettl, Stefanie (2005): *Der Erwerb der Verbstellungsregeln in der Zweitsprache Deutsch durch Kinder mit russischer und türkischer Muttersprache.* Tübingen: Niemeyer.
Hansen, Detlef (1996): *Spracherwerb und Dysgrammatismus. Grundlagen, Diagnostik und Therapie.* München: Reinhardt.
Höhle, Barbara; Berger, Frauke; Müller, Anja; Schmitz, Michaela & Weissenborn, Jürgen (2009): Focus Particles in Children's Language: Production and Comprehension of Auch ‚Also' in German Learners from 1 Year to 4 Years of Age. *Language Acquisition* 16/1: 36–66.
Hopp, Holger; Thoma, Dieter & Tracy, Rosemarie (2010): Sprachförderkompetenz pädagogischer Fachkräfte. Ein sprachwissenschaftliches Modell. *Zeitschrift für Erziehungswissenschaft* 13: 609–629.
Huttenlocher, Janellen; Haight, Wendy; Bryk, Antony; Seltzer, Michael & Lyons, Thomas (1991): Early vocabulary growth: Relation to language input and gender. *Developmental Psychology* 27: 236–248.
Jeuk, Stefan (2003): *Erste Schritte in der Zweitsprache Deutsch.* Freiburg i. Br.: Fillibach.

Kaltenbacher, Erika & Klages, Hana (2007): Deutsch für den Schulstart: Zielsetzungen und Aufbau eines Förderprogramms. In Ahrenholz, Bernt (Hrsg.): *Deutsch als Zweitsprache – Förderkonzepte und Perspektiven*. Freiburg i. Br.: Fillibach, 80–97.

Kauschke, Christina (2000): *Der Erwerb des frühkindlichen Lexikons – eine empirische Studie zur Entwicklung des Wortschatzes im Deutschen*. Tübingen: Narr.

Klassert, Annegret (2011): *Lexikalische Fähigkeiten bilingualer Kinder mit Migrationshintergrund. Eine Studie zum Benennen von Nomen und Verben im Russischen und Deutschen*. Universität Marburg.

Knapp, Werner (1999): Verdeckte Sprachschwierigkeiten. *Die Grundschule* 5: 30–33.

Knapp, Werner; Kucharz, Diemut & Gasteiger-Klicpera, Barbara (2010): *Sprache fördern im Kindergarten*. Weinheim, Basel: Beltz.

König, Ekkehard (1991): *The Meaning of Focus Particles. A Comparative Perspective*. London: Routledge.

Kostyuk, Natalia (2005): *Der Zweitspracherwerb beim Kind*. Hamburg: Kovač.

Lemke, Vytautas (2008): *Der Erwerb der DP: Variation beim frühen Zweitspracherwerb*. Dissertation. Universität Mannheim.

Meisel, Jürgen M. (2007): Mehrsprachigkeit in der frühen Kindheit: Zur Rolle des Alters bei Erwerbsbeginn. In Anstatt, Tanja (Hrsg.): *Mehrsprachigkeit bei Kindern und Erwachsenen. Erwerb, Formen, Förderung*. Tübingen: Attempto, 93–114.

Mills, Anne E. (1985): The acquisition of German. In Slobin, Dan I. (ed.): *The crosslinguistic study of language acquisition*. Vol I: *The data*. Hillsdale: Erlbaum, 141–254.

Moyle, Maura J.; Weismer Susan E.; Evans, Julia L. & Lindstrom, Mary J. (2007): Longitudinal Relationships Between Lexical and Grammatical Development in Typical and Late-Talking Children. *Journal of Speech, Language, and Hearing Research* 50: 508–528.

Müller, Anja (2012): *Wie interpretieren Kinder nur? Experimentelle Untersuchungen zum Erwerb von Informationsstruktur*. Potsdam: Universitätsverlag.

Müller, Anja; Geist, Barbara & Schulz, Petra (2013): Wissen und Handeln von Sprachförderkräften im Elementar-und Primarbereich. *Diskurs Kindheits- und Jugendforschung* 4: 487–493.

Müller, Anja; Schulz, Petra & Höhle, Barbara (2011): How the understanding of focus particles develops: evidence from child German. In Pirvulescu, Mihaela et al. (eds.): *Selected Proceedings of the 4th Conference on Generative Approaches to Language Acquisition North America*. Somerville, MA: Cascadilla Press, 163–171.

Nederstigt, Ulrike (2003): *Auch and noch in child and adult German*. Studies in Language Acquisition 23. Berlin, New York: Mouton de Gruyter.

Ricart Brede, Julia (2001): *Videobasierte Qualitätsanalyse vorschulischer Sprachfördersituationen*. Freiburg i. Br.: Fillibach.

Rösch, Heidi (2011): *Deutsch als Zweit- und Fremdsprache*. Berlin: Akademie Verlag.

Rothweiler, Monika (2006): The acquisition of V2 and subordinate clauses in early successive acquisition of German. In Lleó, Conxita (ed.): *Interfaces in Multilingualism: Acquisition, Representation and Processing*. Amsterdam: John Benjamins, 91–113.

Rothweiler, Monika (2007): Bilingualer Spracherwerb und Zweitspracherwerb. In Steinbach, Markus et al. (Hrsg.): *Schnittstellen der germanistischen Linguistik*. Stuttgart, Weimar: Metzler, 103–135.

Rothweiler, Monika & Kauschke, Christina (2007): Lexikalischer Erwerb. In Schöler, Hermann & Welling, Alfons (Hrsg.): *Handbuch der Sonderpädagogik*, Band I. Göttingen: Hogrefe, 42–57.

Ruberg, Tobias & Rothweiler, Monika (2012): *Spracherwerb und Sprachförderung in der Kita. Entwicklung und Bildung in der Frühen Kindheit.* Stuttgart: Kohlhammer.

Schulz, Petra (2007): Erstspracherwerb Deutsch: Sprachliche Fähigkeiten von Eins bis Zehn. In Graf, Ulrike & Moser Opitz, Elisabeth (Hrsg.): *Diagnostik am Schulanfang.* Band 3. Baltmannsweiler: Schneider Hohengehren, 67–86.

Schulz, Petra (2013): Wer versteht wann was? Sprachverstehen im frühen Zweitspracherwerb des Deutschen am Beispiel der W-Fragen. In Deppermann, Arnulf (Hrsg.): *Das Deutsch der Migranten.* Berlin, New York: de Gruyter, 313–338.

Schulz, Petra; Tracy, Rosemarie & Wenzel, Ramona (2008): Linguistische Sprachstandserhebung – Deutsch als Zweitsprache (LiSe-DaZ): Theoretische Grundlagen und erste Ergebnisse. In Ahrenholz, Bernt (Hrsg.): *Zweitspracherwerb. Diagnose, Verläufe, Voraussetzungen.* Freiburg i. Br.: Fillibach, 17–41.

Schulz, Petra & Tracy, Rosemarie (2011): *Linguistische Sprachstandserhebung – Deutsch als Zweitsprache (LiSe-DaZ).* Göttingen: Hogrefe.

Schulz, Petra & Grimm, Angela (2012): Spracherwerb. In Drügh, Heinz et al. (Hrsg.): *Germanistik. Sprachwissenschaft – Literaturwissenschaft – Schlüsselkompetenzen.* Stuttgart, Weimar: Metzler, 155–172.

Siegmüller, Julia & Fröhling, Astrid (2010): *Das PräSES-Konzept – Potential der Sprachförderung im Kita-Alltag.* München: Elsevier.

Tracy, Rosemarie (2008): *Wie Kinder Sprachen lernen: Und wie wir sie dabei unterstützen können.* 2. Auflage. Tübingen: Francke.

Tracy, Rosemarie & Thoma, Dieter (2009): Convergence on finite V2 clauses in L1, bilingual L1 and early L2 acquisition. In Jordens, Peter & Dimroth, Christine (eds.): *Functional categories in learner language.* Berlin, New York: Mouton de Gruyter, 1–43.

Tracy, Rosemarie & Gawlitzek-Maiwald, Ira (2000): Bilingualismus in der frühen Kindheit. In Grimm, Hannelore (Hrsg.): *Enzyklopädie der Psychologie.* Band 3: *Sprachentwicklung.* Göttingen: Hogrefe, 495–535.

Tracy, Rosemarie & Lemke, Vytautas (2009): *Sprache macht stark. Offensive Bildung.* Berlin: Cornelsen.

Wegener, Heike (1995): Das Genus im DaZ-Erwerb. Beobachtungen an Kindern aus Polen, Russland und der Türkei. In Handwerker, Brigitte (Hrsg.): *Fremde Sprache Deutsch.* Tübingen: Narr, 1–24.

Vygotskij, Lew (2002): *Denken und Sprechen.* (Original 1934). Weinheim: Beltz.

Giulio Pagonis
Zur Eignung von expliziter Formfokussierung in der schulischen DaZ-Vermittlung

Abstract: Ausgehend von der Unterscheidung zwischen impliziten, unbewussten Strategien der Informationsverarbeitung, die dem Menschen früh verfügbar sind, und expliziten Verfahren des deklarativen Wissensaufbaus, die ab ca. dem 6. Lebensjahr Einfluss auf den Grammatikerwerb nehmen können (Paradis 2009: 131), setzen Konzepte der Förderung des Deutschen als Zweitsprache im Übergangsbereich von Kita zu Grundschule vereinzelt auf den formfokussierenden Einsatz von Farben zur Stärkung der prozeduralen Genuskompetenz (z. B. blaue, rote und grüne Farbpunkte auf Bildkarten zur Markierung der Genuszugehörigkeit der entsprechenden Nomina). Vor dem Hintergrund von Annahmen aus der Fremdsprachendidaktik zum Zusammenspiel von bewusster Formfokussierung und dem Aufbau einer prozeduralen Sprachkompetenz werden in dem Beitrag Argumente gegen die Plausibilität dieser Art der Formfokussierung zusammengetragen.

Keywords: Deutsch als Zweitsprache, Sprachdidaktik, Spracherwerb, Genus, Sprachförderung, focus-on-form, implizite vs. explizite Sprachvermittlung, Formfokussierung, Kita und Grundschule

1 Einleitung

Das Konzept der Sprachdidaktik umfasst im Bereich des Deutschen als früher Zweitsprache die weitreichende Annahme, dass Kinder in ihrem grundsätzlich ungesteuert verlaufenden Zweitspracherwerb gezielt unterstützt werden können, indem zeitweise ein planvoll (vor)gestaltetes Sprachangebot an sie gerichtet wird (z. B. während der Sprachförderung oder des Deutschunterrichts). Sind die Rahmenbedingungen, unter denen der natürliche Zweitspracherwerb verläuft, ungünstig ausgeprägt, etwa weil das Kind wenig Zugang zum Deutschen oder evtl. auch zu einem normabweichenden Sprachangebot hat, so will die didaktische Einflussnahme kompensatorisch wirken und ausbleibende oder verzögerte Entwicklungsschritte in Gang setzen oder beschleunigen.

Giulio Pagonis: Juniorprofessor für Deutsch als Zweitsprache, Universität Heidelberg, Plöck 55, D-69117 Heidelberg, e-mail: pagonis@idf.uni-heidelberg.de

Folgt man dieser grundlegenden Annahme zur kompensatorischen Wirksamkeit eines begrenzten, in gewisser Hinsicht kondensierten Sprachinputs und stimmt man somit der Relevanz sprachdidaktischer Maßnahmen in der Förderung der Zweitsprache Deutsch prinzipiell zu, so stellt sich die Frage nach der Art der didaktischen Gestaltung: Welche Merkmale weist ein didaktisch aufbereitetes Sprachangebot (*instruction*) auf, das an das Kind gerichtet wird und eine unterstützende Wirkung für den Spracherwerbsprozess entfaltet, die über die Effekte eines alltäglichen Sprachkontaktes (*exposure*) hinausgeht?

Mit Blick auf die sprachliche Unterstützung von Grundschulkindern im Bereich der Genuszuweisung und -markierung werden in dem vorliegenden Beitrag Überlegungen zu einer geeigneten Förderdidaktik angestellt und exemplarisch auf einen spezifischen Vermittlungsansatz angewandt, der den Einsatz von Farben zur Stärkung der Genuskompetenz von L2-Kindern für opportun hält und somit auf ein Verfahren der Fokussierung sprachlicher Formen setzt.

Dazu wird in Kapitel 3 eine Übersicht über die (altersabhängig) verfügbaren Modi der sprachlichen Informationsverarbeitung gegeben (implizit vs. explizit) und auf die dabei relevante Frage eingegangen, welche Beziehung zwischen explizitem Formbewusstsein und dem Aufbau einer impliziten Sprachkompetenz besteht. In Kapitel 4 wird der Erwerbsgegenstand und die Erwerbsaufgabe für den Bereich Genus skizziert und Kernbefunde zum Genuserwerb des Deutschen als Zweitsprache aufgeführt. Kapitel 5 unternimmt schließlich den Versuch, die Annahmen zur impliziten vs. expliziten Sprachverarbeitung als Ausgangspunkt für die kritische Diskussion eines konkreten Lehrwerks zu nutzen, das auf den Einsatz von Farben als Mittel der Formfokussierung setzt, mit dem Ziel, die prozedurale Genuskompetenz von DaZ-SchülerInnen der ersten Grundschulklasse zu stärken.

2 Sprachdidaktik Deutsch als Zweitsprache

Bezieht man sich bei der didaktischen Konzeption von Zweitsprachvermittlung auf Erwerbsgegenstände, die zu den Kernbereichen der Zielsprache zählen (*BICS* im Sinne von Cummins 1979), so hängt es stark von der zugrunde gelegten Erwerbstheorie ab, wie eine bestimmte didaktische Vorgehensweise beurteilt wird. Auch wenn in diesem Beitrag nicht im Detail auf die Gegensätzlichkeit zweier konkurrierender Erklärungsansätze, der universalgrammatischen und der gebrauchsbasierten (Sprach- und) Erwerbstheorie, eingegangen werden kann, ist unmittelbar ersichtlich, dass didaktische Vorgehensweisen variieren, je nachdem, welche Auffassung die Autoren von Förderprogrammen oder Lehrwerken bezogen auf Sprachverarbeitung und -erwerb zugrunde legen. Das betrifft z. B. die Bedeutung, die der Quantität des (förder)sprachlichen Inputs für den Spracherwerb des Kindes oder Erwachsenen beigemessen wird (in einer UG-basierten Förderdidaktik eher marginal, in einer gebrauchsbasierten Förderdidaktik dagegen von zentraler Bedeutung). Beiden Erwerbstheorien ist hingegen gemein, dass sie überindividuell wirksame Erwerbsmechanismen bzw. -strategien annehmen und dem individuellen Spracherwerb somit eine generelle Eigendynamik zuweisen. Die Forderung Kleins nach einer erwerbstheoretischen Fundierung von Sprachdidaktik ist also mit beiden konkurrierenden Sprach- und Erwerbsmodellen vereinbar:

> Eine Sprache, sei es eine erste oder eine zweite, können wir von Natur aus lernen. Der Sprachunterricht ist ein Versuch, in einen naturwüchsigen Prozess optimierend einzugreifen. Es ist klar, dass ein solcher Eingriff umso eher gelingen kann, je mehr wir über die Gesetzlichkeiten des zugrundeliegenden Prozesses wissen. (Klein 1992: 9)

Als entscheidend wird hier also betrachtet, inwieweit bei der didaktischen Planung die Gesetzlichkeiten des natürlichen Spracherwerbs berücksichtigt werden. Diese Berücksichtigung kann verschiedene Teilaspekte betreffen: Inwieweit berücksichtigt das didaktische Vorgehen die Frequenzabhängigkeit, die Chunk-Orientiertheit, die Implizitheit etc. des natürlichen Zweitspracherwerbs? Im Folgenden sollen einige zentrale didaktische Teilfragen aufgeführt werden, wobei die dabei exemplarisch angeführten Studien nur eine von mehreren konkurrierenden Perspektiven wiedergeben.

2.1 Frequenz und Varianz

Korpusanalysen zum Erstspracherwerb (Goldberg, Casenhiser & Sethuraman 2004) sowie experimentelle Studien zum Fremdspracherwerb belegen, dass der Aufbau formalsprachlicher Kompetenz besser gelingt, wenn sich die sprachlichen Formen im Input ungleichmäßig verteilen (Zipfsches Gesetz). So zeigt Goldberg (2006), dass das überproportional häufige Auftreten von nur einer oder weniger (Kunst-)Verbformen in einer unbekannten syntaktischen Argument-Struktur-Konstruktion bei Kindern und erwachsenen Probanden eher zum Aufbau eines entsprechenden abstrakten Argument-Struktur-Schemas führt, als wenn im Input mehrere Verbformen ausgeglichen oft in dieser syntaktischen Struktur auftreten.

Didaktische Planung kann also vor dem Hintergrund dieser Häufigkeitseffekte betrachtet werden.

2.2 Authentizität des Sprachgebrauchs

Im Rahmen der gebrauchsbasierten Grammatik (Tomasello 2009) wird davon ausgegangen, dass der kommunikative Gebrauch sprachlicher Formen nicht nur das Resultat des individuellen (Erst-)Spracherwerbs ist, sondern auch dessen Antrieb: Ausgehend von der Annahme, dass die individuelle Sprachkompetenz als strukturiertes Inventar von Form-Funktions-Paaren (Konstruktionen) unterschiedlicher Komplexität, Abstraktion und Transparenz beschrieben werden kann, besteht die Erwerbsaufgabe für den Lerner im Wesentlichen darin, den Zusammenhang zwischen den im Sprachangebot wahrgenommenen Formen und den damit transportierten kommunikativen Funktionen aufzubauen.

In einer theoriekonformen Sprachdidaktik rückt infolgedessen die planvolle Gestaltung von kommunikativen Szenen in den Mittelpunkt, die besonders geeignet sind, dem Lerner bei der (unbewussten) „Fahndung" nach der kommunikativen Bedeutung/Funktion von sprachlichen Formen zu helfen, indem ihm die triadische Symbolfunktion jeder Konstruktion kommunikativ erlebbar gemacht wird (Achard 2004).

2.3 Über konkrete Sprache zur Abstraktion

Wie longitudinale Erwerbsstudien belegen (Wong-Fillmore 1979, Tomasello 2000), verläuft der Weg des Lerners hin zu einer produktiven grammatischen Kompetenz teilweise zunächst über den unanalysierten Gebrauch von komplexen sprachlichen Äußerungen (s. auch Aguado in diesem Band), die vom Lerner zwar kommunikativ angemessen verwendet werden, jedoch erst allmählich in ihre Einzelbestandteile segmentiert und analysiert werden. Selbst wenn hochfrequente Äußerungseinheiten auch nach deren Analyse bestehen bleiben können, stellen sie den Ausgangspunkt für Abstraktionsprozesse dar, indem sie als Steinbruch und Analogiebasis für anschließende Kategorisierungsprozesse dienen (s. Aguado 2008).

Bei der didaktischen Vorgestaltung des sprachlichen Angebots, das an das Kind gerichtet wird, würde vor diesem Hintergrund zu überlegen sein, ob die gezielte Vermittlung von vorgefertigten sprachlichen Einheiten nicht nur zum Zwecke der erhöhten Kommunikationskompetenz und des besseren Redeflusses nützlich ist, sondern auch um systematisch Ausgangspunkte für nachfolgende Abstraktionsprozesse zu etablieren.

2.4 Entwicklungssequenzen

Eine der zentralen Erkenntnisse der Spracherwerbsforschung der vergangenen vier Jahrzehnte betrifft das Verständnis von Spracherwerb als naturwüchsiger und eigendynamischer Prozess. Didaktische Einflussnahmen auf den Ablauf des Prozesses sind demnach nicht beliebig möglich (zur Lehrbarkeit von Sprache s. Pienemann 1989). Mit Blick auf den Verlauf des Spracherwerbs konnten für verschiedene grammatische Bereiche überindividuelle Erwerbssequenzen festgestellt werden, die selbst dann von den Lernern durchlaufen werden, wenn die didaktische Progression „gegen" diese Erwerbsabfolge angelegt war (Diehl et al. 2000).

Eine erwerbstheoretisch fundierte Sprachdidaktik sollte vor diesem Hintergrund die Eigengesetzlichkeit der natürlichen Sprachverarbeitung berücksichtigen, etwa indem das Sprachfördercurriculum an die natürlichen Erwerbssequenzen angelehnt ist.

2.5 Formfokussierung

Dem erwachsenen Lerner werden gemeinhin zwei Modi der Informationsverarbeitung zugesprochen: der implizite, beiläufige Modus und der explizite, vom Bewusstsein getragene. Zu welchen Wissensbeständen die beiden Modi der Informationsverarbeitung im Bereich Sprache führen (implizites Wissen, *knowing how* vs. explizites Wissen, *knowing that*), inwieweit die Wissensbestände miteinander interagieren und für den automatisierten, spontanen Sprachgebrauch verfügbar werden und welche didaktischen Maßnahmen geeignet sind, den einen oder den anderen Verarbeitungsmodus „anzusprechen", wird kontrovers diskutiert (Ellis 2012). Unstrittig ist aber, dass bei der didaktischen Konzeption (auch in Bezug auf das reaktive Verhalten der Förder- bzw. Lehrkraft) sorgfältig darüber zu reflektieren ist, welcher Lernmechanismus im Lerner mit welchem Ziel angestoßen werden soll. Dies gilt im Besonderen für Kinder, deren Vermögen zur expliziten Sprachverarbeitung sich erst allmählich entwickelt.

Auf diese letztgenannte didaktische Teilfrage, die in der Fremdsprachenforschung seit vier Jahrzehnten eines der meistdiskutierten Desiderate betrifft, soll im Weiteren näher eingegangen werden.

3 Formfokussierung

3.1 Implizitheit und Explizitheit der Sprachverarbeitung

Seine grammatische L1-Kompetenz baut ein kindlicher Lerner im ungesteuerten Erwerbskontext allmählich auf, während er Tag für Tag in authentische sprachliche Kommunikation einbezogen wird. Was die externen Lernbedingungen angeht, so scheint dieser alltägliche, intensive Kontakt zu Sprache als Medium sozialer Interaktion für den Erwerbsprozess sowohl notwendig als auch hinreichend zu sein, um eine produktive Sprachkompetenz auszubilden – eine planvolle didaktische Vorgestaltung des Sprachangebots auf Seiten der Bezugspersonen ist für einen erfolgreichen Erwerb der kerngrammatischen Strukturen der Erstsprache unter guten Erwerbsbedingungen nicht notwendig.

Der Lernprozess läuft dabei auf Seiten des Lerners weitgehend beiläufig ab: Während der Sprachrezeption befasst sich das Bewusstsein des Lerners (unter Einbezug der verfügbaren kontextuellen Paralallinformationen) mit der inhaltlichen Interpretation des vernommenen sprachlichen Signals, also mit der Bedeutung von sprachlichen Formen, nicht mit den Formen an sich. Diese nimmt der Lerner (im Falle gesprochener Sprache) zwar akustisch wahr, muss sie zum Zweck der Aufnahme ins Gedächtnis und der anschließenden tieferen Verarbeitung (Kategorisierung, Schemabildung) aber nicht zum Gegenstand bewusster Betrachtung (und schon gar nicht metalinguistischer Reflexion) machen. Die formale Segmentierung und funktionale Analyse des sprachlichen Signals erfolgt in diesem Sinne **implizit**: „Implicit linguistic competence [...] is acquired incidentally, by focusing one's attention on something other than what is internalized" (Paradis 2009: 4). Auf Grundlage großer Mengen konkreten Sprachmaterials, das dem Lerner in sinnvoller Interaktion begegnet und als bedeutungsvolle formale Einheiten ins Gedächtnis abgelegt wird (Induktionsbasis), verläuft der kindliche Spracherwerb und die damit verbundenen Analyse- und Abstraktionsprozesse hin zu einer produktiven Regelkompetenz also systematisch, aber ohne die Beteiligung des Bewusstseins (d. h. beiläufig) und dementsprechend allmählich.

Das Resultat dieses beiläufigen, unbewussten Verarbeitungsmodus ist ein aus dem konkreten Sprachgebrauch abgeleiteter, impliziter, prozedural verfügbarer Wissensbestand, der dem Lerner zwar weder bewusst noch für Introspektion zugänglich ist, auf den jedoch zum Zweck der kommunikativen Sprachverwendung automatisiert (produktiv und rezeptiv) zugegriffen werden kann.

Was für den unauffälligen mono- und bilingualen Erst- und womöglich auch den vorschulischen Zweitspracherwerb weitgehend unstrittig ist, nämlich die Dominanz einer impliziten Informationsverarbeitung im Erwerb sprachlicher Formen und Strukturen, verliert an intuitiver und empirischer Plausibilität, je älter der Lerner zum Zeitpunkt des Spracherwerbs ist: Spätestens ab dem Schulalter scheint dem Lerner ein zweiter Modus der Informationsverarbeitung zur Verfügung zu stehen, der sich durch die Hinwendung des Bewusstseins auf die formale Seite der Konstruktionen auszeichnet (Paradis 2009). Auch wenn Kinder schon deutlich früher sprachliche Abweichungen bemerken und gegenseitig kommentieren („*Das heißt nicht **das** Lampe sondern **die** Lampe!*"), spiegelt dies nicht einen bewussten Zugriff auf sprachliches Wissen (hier die Artikelwahl) wider, sondern ist vielmehr das Ergebnis einer nachträglichen bewussten Vergegenwärtigung von sprachlichem Wissen, über das das Kind prozedural verfügt und das erst nach seinem automatisierten Abruf zum Gegenstand bewusster Betrachtung wird. Mit **expliziter, deklarativer Sprachaneignung** hingegen wird hier der aktive Aufbau von „sprachlichem Wissen" unter Einsatz des Bewusstseins gemeint, das sich auf die Formseite der Konstruktion richtet.

Ein solcher expliziter Wissensaufbau erfolgt somit, wenn sich das Bewusstsein des Lerners unmittelbar mit der Formseite von Sprache (Oberflächenformen oder abstrakte Strukturen) befasst. Der Extremfall eines expliziten Wissensaufbaus im sprachlichen Bereich liegt vor, wenn der Lerner eine grammatische Regel bewusst lernt (z. B. weil er sie als Unterrichtsgegenstand deduktiv vermittelt bekommt oder aber aus dem umgebenden Kommunikationskontext bewusst induziert), z. B.: „*Das Finitum steht im deutschen Hauptsatz an zweiter Stelle.*" Die so vermittelte Information kann durch das Bewusstsein des Lerners nachvollzogen (verstanden) werden, sofern sie ein gewisses Maß an Komplexität und Intransparenz nicht überschreitet, und somit als deklaratives Wissen abgespeichert werden. Nach der Positionierung des finiten Verbs gefragt, würde der Lerner die Verbzweiteigenschaft des Deutschen benennen können, was belegen würde, dass der explizite, bewusstseinsgesteuerte Weg des Wissensaufbaus zu bewusst zugänglichem Wissen geführt hat.

Das so vermittelte Wissen *über* Sprache (deklaratives Wissen) kann sich der Lerner dank der erkennenden Eigenschaft seines Bewusstseins und im Gegensatz zur Funktionsweise seines impliziten Erwerbsvermögens also rasch aneignen. Aufgrund des eingeengten Fokus des Bewusstseins (zu einem Zeitpunkt kann der Fokus des Bewusstseins immer nur auf eine Information gerichtet sein, serielle Verarbeitung) können im deklarativen Modus aber nur leicht durchschaubare Form-Funktions-Zusammenhänge erkannt und gelernt werden (z. B. die *s*-Pluralmarkierung im Englischen). Teilweise wird angenommen, dass komplexe, intransparente Relationen, deren Verständnis die parallele Berücksichtigung mehrerer Hinweisreize erfordern (simultane Verarbeitung), dem Bewusstsein verborgen bleiben – und somit lediglich dem impliziten Modus des Wissensaufbaus zugänglich sind. Ein zentrales Merkmal deklarativer Wissensbestände ist zudem, dass der Lerner auf das im Langzeitgedächtnis abgelegte Sprachwissen nur intentional zugreifen kann. Der Zugriff erfolgt somit nicht automatisiert und beansprucht deshalb, sofern nicht durch

Übungseffekte beschleunigt, relativ viel Zeit, die im spontansprachlichen Gebrauch (rezeptiv wie produktiv) i. d. R. nicht zur Verfügung steht. Ein entscheidender Unterschied zum impliziten Zugriff auf Wissen besteht folglich darin, dass der Sprecher sein explizites Wissen über Sprache nicht für die spontansprachliche, zeitlich extrem schnell ablaufende Sprachproduktion (oder -rezeption) nutzen kann, was bezogen auf das obige Beispiel zur Verbzweitstellung u. U. dazu führt, dass ein Lerner, der in der Schriftsprache (also offline) korrekte Verbzweit-Strukturen produziert, in einem anschließenden Gespräch (online) gegen dieses im deklarativen Code abgelegte Wissen „verstößt" und spontan z. B. V3-Sätze produziert: *dann er hat mich angerufen*. Explizites Wissen über Sprache und implizites Sprachwissen werden also als disparate Informationsbestände betrachtet, die aus prinzipiell unterschiedlichen Modi der Informationsverarbeitung resultieren und deren neurobiologische Korrelate ebenfalls in teilweise unterschiedlichen Hirnregionen lokalisiert sind (Paradis 2009).

Die nachfolgende Darstellung gibt einen Überblick über die wichtigsten Merkmale der beiden Verarbeitungsmodi.

Verarbeitungsmodus	Implizit	Explizit
Aneignung des Wissens	– unbewusste Ableitung grammatischer Regeln – setzt große Mengen an Sprachdaten im Gedächtnis voraus (*usage based*) – erfolgt allmählich – funktional auch bei komplexen grammatischen Zusammenhängen	– bewusstes Lernen von Formen/Strukturen – erfordert kein Sprachmaterial als Induktionsbasis – erfolgt rasch – Erkennung nur von simplen und transparenten Zusammenhängen
Art des aufgebauten Wissens	– implizit, prozedurale Sprachkompetenz (*wissen, wie...*) – dem Bewusstsein nicht zugänglich – robust und schwer zu revidieren – interindividuelle Varianz niedrig	– explizit, deklaratives Wissen über Sprache (*wissen, dass...*) – dem Bewusstsein zugänglich – leicht revidierbar – interindividuelle Varianz hoch
Zugriff auf das Wissen	Automatisiert – schnell – beansprucht wenig kog. Ressourcen	Kontrolliert – langsam (Beschleunigung möglich) – ressourcenaufwändig

Abb. 1: Merkmale des impliziten vs. expliziten Verarbeitungsmodus: Wissensaufbau, -repräsentation und -zugriff

3.2 Implizitheit und Explizitheit der Sprachvermittlung

Die Unterscheidung zweier Modi der Informationsverarbeitung, die dem Lerner zur Verfügung stehen (lernerseitig), soll konzeptionell und terminologisch abgegrenzt werden von der Unterscheidung verschiedener didaktischer Vermittlungsmethoden (lehrerseitig), die in unterschiedlicher Weise den Versuch unternehmen, einen der beiden Verarbeitungsmodi im Lerner „anzusprechen". Ausgehend von der Forschungstradition im Bereich des erwachsenen Fremdsprachenlernens werden demnach Vermittlungsverfahren nach dem Ausmaß unterschieden, im dem sie beabsichtigen, die sprachliche Form (d. h. konkrete Laut- oder Schriftformen oder übergeordnete Regelzusammenhänge) in den Fokus des Bewusstseins des Lerners zu rücken. Die nachfolgende Darstellung gibt einen Überblick.

Legt man ein Kontinuum zugrunde, das entlang des Kriteriums der „angestrebten bewussten Formfokussierung durch den Lerner" gespannt wird (Wie ausgeprägt versucht der Vermittlungsansatz, das Bewusstsein des Lerners auf die sprachliche Form zu lenken?), ist an dem einen Ende des Kontinuums ein Vermittlungsansatz anzusiedeln, der ganz auf diese Art der Formfokussierung verzichtet. Stattdessen steht der Versuch im Vordergrund, ein Lernumfeld zu schaffen, in dem Sprache als Medium der Kommunikation zum Einsatz kommt und das Bewusstsein des Lerners ausschließlich mit der Bedeutungsseite der sprachlichen Handlung befasst ist (**focus on meaning**, FoM). Entscheidend ist, dass der Lerner Sprache dabei situationsangemessen als Mittel der Vermittlung kommunikativer Intentionen erlebt, also als bedeutungsvolles, symbolisches Kommunikationsmedium (etwa in didaktisch inszenierter *task based-instruction*, van den Branden 2006). In Anlehnung an den unauffälligen Erstspracherwerb wird in diesem bedeutungszentrierten Ansatz also jeder Versuch der Bewusstmachung durch Formfokussierung vermieden, weder werden Regeln erklärt (deduktiver Versuch zum Aufbau expliziten Wissens) noch soll der Lerner anhand von Beispieläußerungen über die sprachliche Form reflektieren oder gar bewusste Generalisierungen vollziehen (selbstentdeckendes Lernen als induktiver Weg zum Aufbau expliziten Wissens). Die Befolgung eines ausschließlich kommunikativen Lernsettings und der Verzicht auf den Versuch, explizite Lernprozesse im Lerner anzustoßen, bedeutet jedoch keinesfalls, dass bedeutungsfokussierte Ansätze auf jede Art der formalen Vorgestaltung des Sprachangebots verzichten: Durch die gezielte Modifikation relevanter Input-Parameter, die auf die Unterstützung impliziter Verarbeitungsprozesse abzielt, kann ein (aus Sicht des Lerners ausschließlich bedeutungsfokussierender) FoM-Vermittlungsansatz durchaus planvoll und systematisch versuchen, gezielt Einfluss auf Memorierungs-, Kategorisierungs- und Abstraktionsprozesse zu nehmen und somit den Aufbau grammatischer Kompetenz zu unterstützen. Zu den didaktisch manipulierbaren

Input-Parametern zählen z. B. die Frequenz, Varianz und Prototypikalität von sprachlichen Formen im Sprachangebot. Auch wenn mit dem Akronym „FoM" in der Fremdsprachenforschung häufig ein formalsprachlich nicht vorgestaltender Vermittlungsansatz gemeint ist, der der Inputsituation im „natürlichen" Spracherwerb nahe zu kommen versucht (s. aber zur Adressatenspezifik der Mothereses in Bates et al. 1988, Szagun 2000), wird hier also davon Abstand genommen, dass ein bedeutungsfokussierender Ansatz gleichzusetzen ist mit dem Verzicht auf formale Vorgestaltung und dass sich sprachliche Abstraktionsprozesse erst als Resultat eines expliziten Verarbeitungmodus herausbilden.

Am entgegengesetzten Ende des didaktischen Kontinuums steht ein Ansatz, der nach dem Kriterium der „angestrebten Formfokussierung durch den Lerner" einen Extremfall darstellt und als traditioneller Grammatikvermittlungsansatz betrachtet werden kann. Mit FoFs (*focus on formS*) bezeichnet Long (1997) didaktische Ansätze, deren Schwerpunkt auf der Vermittlung von grammatikalischem Wissen *über* die Fremdsprache liegt. Unter Einsatz von Verfahren, die das Bewusstsein des Lerners auf sprachliche Teilsysteme als explizite Lerngegenstände richtet (z. B. Beschreibung syntaktischer Strukturen, Deklinationstabellen), wird bei FoFs-Ansätzen der Auffassung gefolgt, dass im Sprachunterricht zunächst die grammatikalischen und lexikalischen Bausteine der Zielsprache als deklaratives Wissen zu lehren sind, bevor die Lerner dieses Wissen zum Zweck der bedeutungshaltigen Kommunikation zur Anwendung bringen:

> A good example of a focus-on-forms lesson is one conducted by means of 'PPP' (i. e.: a three stage lesson involving the presentation of a grammatical structure, its practice in controlled exercises and the provision of opportunities to produce it freely). (Ellis et al. 2002: 420)

Kommunikation ist in diesem Verständnis allenfalls das Ziel des Spracherwerbs, nicht dessen Antriebsmotor. Ein zentrales Wesensmerkmal von FoFs-Ansätzen besteht dabei in der curricularen Vorausplanung: Zu welchem Zeitpunkt eine sprachliche Form bzw. Struktur ins Bewusstsein des Lerners gehoben wird, hängt nicht vom Ausdrucksvermögen oder -bedürfnis des Lerners in der konkreten Kommunikationssituation ab, sondern wird vom Sprachsystem her gedacht und vorausgeplant. Dazu wird Sprache in verschiedene Beschreibungseinheiten unterteilt (wie Phoneminventar, Verbkonjugation, Aussage- und Fragesatz, Präpositionen etc.) und versucht, sie der Reihe nach isoliert zu vermitteln.[1] Dabei

---

[1] Isoliert bedeutet hier einerseits, dass die Lernziele (z. B. die Pluralmarkierung) ohne Bezug zu anderen Lerngegenständen vermittelt werden, die im Spracherwerb aber im Verhältnis gegenseitiger Beeinflussung zueinander stehen (z. B. der Erwerb der Kategorien Genus und Plural), und andererseits, dass sprachliche Formen ins Bewusstsein des Lerners gehoben werden, ohne dabei

werden Bereiche, die als grundlegend betrachtet werden, vor vermeintlich komplexeren oder im Input seltener auftretenden vermittelt – in jedem Fall wird die Entscheidung über den curricularen Aufbau und die zu setzenden Formfokussierungen nicht dem Unterrichtsgeschehen überlassen, sondern im Vorfeld getroffen.

Ein vermittelnder Ansatz, der auf dem Kontinuum der durch das didaktische Verfahren „angestrebten Formfokussierung durch den Lerner" zwischen FoM und FoFs steht, wird mit Long (1997) als **focus on form** (FoF) bezeichnet. Die Zwischenstellung von FoF wird damit begründet, dass der Vermittlungsansatz einerseits prinzipiell bedeutungsorientiert ist und somit das Kernmerkmal von FoM-Ansätzen teilt: Sprache wird als Kommunikationsmedium, ihr Erwerb als Prozess der allmählichen Verfügbarkeit von Form-Bedeutungs-Paaren unterschiedlicher Komplexität und Abstraktion begriffen. Aufgabe des Vermittlungsansatzes ist es infolgedessen grundsätzlich, Situationen zu schaffen, die geeignet sind, den Lerner die Verbindung von Form und Bedeutung authentisch erfahren und so zugrundeliegende Schemata (sofern im Sprachsystem angelegt) implizit abstrahieren zu lassen. Allerdings gehen Befürworter des Ansatzes (in Abgrenzung von FoM) davon aus, dass der Zugang zu authentischer Sprache als Kommunikationsmedium für einen erfolgreichen Spracherwerb zwar notwendig, aber nicht hinreichend sei (zu den formabweichenden Produktionsleistungen langjähriger Immersionsschüler in Kanada s. den Überblick in Ellis 2012). Die Notwendigkeit der Abkehr von rein kommunikativ ausgerichteten Vermittlungsverfahren wird dabei u. a. in subtilen Unterschieden zwischen Erst- und Zweitsprache begründet, die ohne den Zugang zu expliziter negativer Evidenz zu Fossilierungen in verschiedenen Bereichen der Lernersprache führen können. Zudem wird angeführt, dass das kognitive Vermögen zur impliziten Sprachverarbeitung mit steigendem Lebensalter an ursprünglicher Effizienz einbüße und der jugendlichen und erwachsenen Lernern (s. aber Meisel 2007 zur Relevanz der Altersstufe um 6 Jahre und unten) verfügbare, explizite Verarbeitungsmodus im Spracherwerb kompensatorisch verstärkt aktiv würde. Als didaktische Konsequenz ist in dem grundsätzlich bedeutungsorientierten Ansatz FoF die Option vorgesehen, das Bewusstsein des Lerners zeitweise auf die sprachliche Form als Träger einer kommunikativen Funktion zu lenken. Der Grad der Bewusstheit, der durch die Formfokussierung im Lerner angestrebt wird, variiert und erstreckt sich von einer moderaten punktuellen Fokussierung der sprachlichen Form (die zur Lenkung der Aufmerksamkeit des Lerners auf die Form führen soll, s. u.) bis zu ausgedehn-

---

gleichzeitig die kommunikative Funktion dieser Formen erfahrbar zu machen (z. B. in Deklinationsparadigmen).

ten metalinguistischen Reflexionen über formale und funktionale Zusammenhänge. In jedem Falle erfolgt die Formfokussierung in FoF-Ansätzen nicht isoliert von der Bedeutungsseite der Formen, die stets den Ausgangspunkt der Formfokussierung darstellt. Dies wird unter anderem erreicht, indem der Versuch der Bewusstseinslenkung auf die sprachliche Form immer dann erfolgt, wenn es aus Sicht des Lerners in der vorausgehenden Kommunikation zu Verständigungsschwierigkeiten (nicht zu formalen Abweichungen!) kommt – das bedeutet auch, dass der Lerner zumindest eine vorläufige Hypothese über die Gebrauchsbedingungen der sprachlichen Form haben muss, sonst würde sie in seinem Lernersystem keinen Platz haben. *Welche Form* fokussiert wird und *wann* die Aufmerksamkeit des Lerners von der Bedeutungsaushandlung weg, hin auf die das Verständigungsproblem verursachende Form gelenkt wird, hängt in FoF (ebenfalls anders als im FoFs-Ansatz) also vom Stand des Lernersystems und den kommunikativen Bedürfnissen des Lerners ab und wird im Vermittlungskontext ad hoc entschieden und nicht im Voraus geplant (vgl. Long 1997).

Doughty & Williams (1998) bringen die hier angerissenen Unterschiede zwischen den didaktischen Vorgehensweisen auf den Punkt:

> We would like to stress that focus on form and focus on formS are not polar opposites in the way that ‚form' and ‚meaning' have often been considered to be. Rather, a focus on form entails a focus on formal elements of language, whereas focus on formS is limited to such a focus, and focus on meaning excludes it. Most important, it should be kept in mind that the fundamental assumption of focus-on-form instruction is that meaning and use must already be evident to the learner at the time that attention is drawn to the linguistic apparatus needed to get the meaning across. (Doughty & Williams 1998: 4)

Die Unterscheidung zwischen den in Kapitel 3.1 skizzierten Verarbeitungsmodi führt mit Blick auf die Zielsetzung von Sprachvermittlung (Wissen *über* Sprache vs. prozedurale Sprachkompetenz) und auf die Konzeption von Sprachförderung und -unterricht (pro/contra Formfokussierung) zur Frage nach der Interaktion oder Schnittstelle (*interface*) zwischen den beiden Verarbeitungsmodi (mit/ohne Beteiligung des Bewusstseins) bzw. zwischen den Resultaten beider Lernmodi, also zwischen deklarativem Wissen und prozeduraler Sprachkompetenz.

Auf diese Frage nach der Schnittstelle/Interaktion soll im Weiteren näher eingegangen werden, da sie eine zentrale Rolle bei der Beurteilung einzelner formfokussierender Verfahren (i. S. von FoF) spielt (s. Kap. 5).

3.3 Schnittstelle und Interaktion

Bei der Beschreibung der gegenübergestellten Verarbeitungsmodi (s. Abb. 1) wurde u. a. die Geschwindigkeit und die Datenabhängigkeit des Wissensaufbaus angesprochen: Während implizite Informationsverarbeitung unter günstigen Inputbedingungen zwar auch relativ komplexe und intransparente Zusammenhänge verarbeiten kann, dabei aber zeitaufwändig ist und auf eine große Menge an im Gedächtnis abgelegten Sprachdaten (im Sinnen einer Induktionsbasis) angewiesen ist, benötigt das Bewusstsein dank seiner erkennenden Eigenschaft lediglich anschauungsweise Sprachdaten, die nicht im Gedächtnis abgelegt sein müssen, um jede beliebige Form (unabhängig von ihrer semantischen und lautlichen Salienz sowie von ihrer Auftretenshäufigkeit) im Sprachangebot registrieren sowie die darin enthaltenen abstrakten Strukturen rasch erkennen zu können – sofern diese so transparent sind, dass das Bewusstsein sie überhaupt identifiziert: „It's trivially true, then, that searching for rules will not work unless you can find them" (Reber 1976: 93). Eine zentrale (und kontrovers diskutierte) Frage bei der Konzeption von Sprachvermittlungsansätzen, die sich aufgrund dieser charakteristischen Merkmale expliziter Sprachverarbeitung aufdrängt, lautet, inwieweit didaktisch der Versuch unternommen werden sollte, das Bewusstsein des Lerners auf sprachliche Formen zu lenken (s. Kap. 3.2), um mit Blick auf die Unterstützung einer prozeduralen Sprachfähigkeit zu erreichen,

- dass komplexe, intransparente Regelsysteme rasch erkannt werden und somit deklaratives Wissen über grammatische Strukturen entsteht, das sich direkt oder indirekt unterstützend auf die Ausprägung einer prozeduralen Sprachkompetenz auswirkt (s. *interface*-Argument unten);
- dass wenig saliente Oberflächenformen (z. B. unbetonte, kurze, nicht an prägnanten Stellen der Äußerungseinheit auftretende, semantisch leere Einheiten) auf der sprachlichen Oberfläche besser registriert und somit für anschließende, tiefere Verarbeitungsprozesse leichter verfügbar gemacht werden (s. *noticing*-Hypothese unten).

In beiden Fällen geht es um den Versuch, den Vorteil bewusstseinsgesteuerter Verarbeitungsprozesse zu nutzen, der in ihrer Datenunabhängigkeit bzw. Gerichtetheit (Registrierung der Form/Funktions-Einheit unabhängig von Salienz und Frequenz) und Effektivität liegt (rasches Erkennen abstrakter Zusammenhänge losgelöst von der Beschaffenheit der abgespeicherten Datenbasis).

Vor allem, wenn von einer Restriktion im Zugang zu qualitativ und quantitativ hochwertigem Sprachangebot zur Zielsprache ausgegangen wird, die den Fremdsprachenunterricht (und teilweise auch den zweisprachlichen Erwerbskontext²) kennzeichnet und implizite, induktive Verarbeitungsprozesse bei komplexen, wenig salienten und niedrigfrequenten Formen und Strukturen erschwert, drängt sich mit Blick auf das Unterrichtsziel „Sprachkompetenz" (nicht: metasprachliches Wissen) die Frage nach der erleichternden bzw. beschleunigenden Funktion von formaler Bewusstmachung auf. Wie angedeutet, wird dabei in zweierlei Hinsicht eine positive Einflussnahme postuliert:

1. *Umwandlung von explizitem Wissen zu impliziter Sprachkompetenz*
   Nimmt man eine Schnittstelle (*interface*) zwischen explizitem Wissen und impliziter Sprachkompetenz an, so würde die didaktische Option eröffnet, für ausgewählte Erwerbsbereiche den raschen Aufbau deklarativen Wissens im Lerner anzustreben, in der Erwartung, dass dieser explizite Wissensbestand, z. B. zur Beschaffenheit grammatischer Regelsysteme, eine Umwandlung³ (*conversion*) in implizite Sprachkompetenz erfährt. Dies ist eine der Kernannahmen der *weak interface*-Hypothese (Ellis 2006).⁴ Sie hebt sich von der radikaleren *strong interface*-Hypothese (z. B. DeKeyser 1995) ab, insofern eine Umwandlung nur für Wissenselemente angenommen wird, die sich zum Zeitpunkt der bewussten Fokussierung in die eigendynamische Entwicklung der Lernersprache einfügen, und greift somit ein Hauptargument der *Teachability*-Hypothese auf: „instruction can only promote language acquisition if the interlanguage is close to the point when the structure to be taught is acquired in the natural setting" (Pienemann 1989: 59).

---

2 Entweder weil die Kinder nur in der Bildungsinstitution regelmäßigen Kontakt zum Deutschen haben, dort aber durch den Betreuungsschlüssel eine ausgiebige sprachliche Interaktion mit dem einzelnen Kind oder mit der Gruppe begrenzt ist, oder weil in der Bildungsinstitution und zuhause eine Variante des Deutschen als Input dient, die sich, auch im kerngrammatischen Bereich, von der zielsprachlichen Norm unterscheidet.

3 Auf die kontrovers geführte Diskussion, ob die Verfechter dieser direkten Umwandlungsoption nicht eher eine indirekte Einflussnahme postulieren, die auf Übungseffekten basiert, d. h. auf den wiederholten Gebrauch von sprachlichen Formen, deren Produktion zunächst ausschließlich auf den Zugriff auf deklaratives Wissen zurückgeht, wird hier nicht weiter eingegangen, s. dazu z. B. Paradis (2009).

4 Auf den positiven Einfluss von deklarativem Wissen auf die Entwicklung einer prozeduralen Sprachkompetenz, der auch von Theoretikern hervorgehoben wird, die jegliche interne Schnittstelle zwischen den beiden Wissensbeständen negieren (z. B. Paradis 2009), wird an dieser Stelle lediglich verwiesen: „Explicit instruction thus influences implicit language acquisition indirectly, by pointing to negative evidence and furnishing adequate material for practice (through numerous pedagogical and mnemonic exercises); explicit knowledge then continues to help by serving as a monitor to correct one's output. But, during practice (i.e., comprehending and producing utterances), nothing explicit enters into contact with (let alone affects) any part of the implicit system at any time." (Paradis 2009: 98).

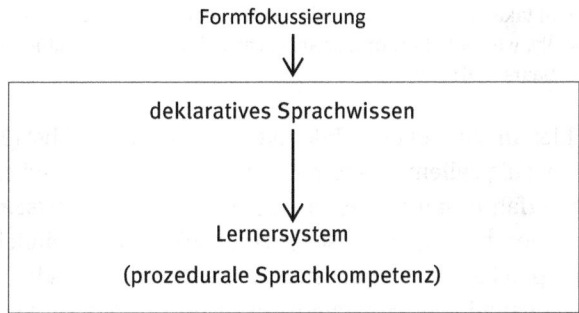

Abb. 2: *Interface* von explizitem Sprachwissen und prozeduraler Sprachkompetenz (nach Ellis 2014: 114)

Die Annahme, dass überhaupt eine direkte Schnittstelle zwischen den beiden Typen der Sprachverarbeitung besteht, unterscheidet diese vermittelnde Hypothese von der *non interface*-Position (Krashen 1994, Paradis 2009).

2. *Interaktion von bewusster Aufmerksamkeitslenkung und impliziter Verarbeitung*

Ebenfalls im Rahmen der späteren Ausprägung der *weak interface*-Hypothese wird der Einfluss bewusster Formfokussierung (mit dem Ziel der Aufmerksamkeitslenkung) auf die implizite Input*verarbeitung* hervorgehoben. Ausgehend von Schmidts *noticing*-Hypothese (Schmidt 2001) wird dabei angenommen, dass in einem prinzipiell bedeutungszentrierten Unterrichtskontext durch die Lenkung der Aufmerksamkeit des Lerners auf Formeigenschaften des Sprachangebots (nicht auf das der Form zugrundeliegende, abstrakte grammatische System) die Extraktion der fokussierten Formen aus dem Lautstrom und ihre kurzzeitige Abspeicherung im Gedächtnis unterstützt wird. Nicht nur auf den Zweitspracherwerb beschränkt, betrachtet Schmidt (2001) die bewusstseinsgesteuerte[5] Aufmerksamkeitslenkung auf die sprachliche Form als notwendig für die Registrierung (*detection*) dieser sprachlichen Form im Input. Erst sie führe zur Generierung von Intake als dem Teil des Inputs, den der Lerner wahrnimmt, kurzzeitig im Gedächtnis ablegt und der so für die implizite, tiefere Verarbeitung (Analyse, Kategorisierung, Abstraktion) verfügbar ist. Es ist dieser Zusammenhang zwischen bewusstseinsgelenkter Formwahrnehmung und unbewusster, impliziter Sprachverarbeitung, die den Interaktionsgedanken begründet:

The idea that consciousness is a gateway [...] has interesting implications for understanding learning. It suggests that learning just requires us to "point" our consciousness at some material we want to learn, like some giant biological camera, and the detailed analysis and

---

5 In welchem Ausmaß die Aufmerksamkeitslenkung bewusst erfolgt, wird kontrovers diskutiert.

storage of the material will take place unconsciously. Given a conscious target, it seems as if learning occurs magically, without effort or guidance, carried out by some skilled squad of unconscious helpers. (Baars 1997: 304)

Ausgehend von der hier angenommenen Interaktion[6] scheint aus Ellis' (2006) Sicht also gerade bei wenig salienten und niedrigfrequenten Oberflächenformen ein Vermittlungsverfahren nahezuliegen, das die Vorzüge bewusstseinsgesteuerter Inputsegmentierung- und -analyse nutzt, um die Wahrscheinlichkeit zu erhöhen, dass im Sprachangebot ansonsten unregistriert bleibende Form/Funktionseinheiten Eingang in den Spracherwerbsprozess finden (s. dazu die Operationsprinzipien von Slobin 1975, die zu erfassen versuchen, nach welchen universellen kognitiven Prinzipien Kinder bei der Aufnahme und Analyse sprachlicher Formen im Input vorgehen): „My theory also posited a role for explicit knowledge as a facilitator of implicit knowledge. That is, it contributed indirectly to the development of implicit knowledge by helping learners to notice linguistic forms in the input." (Ellis 2012: 423).

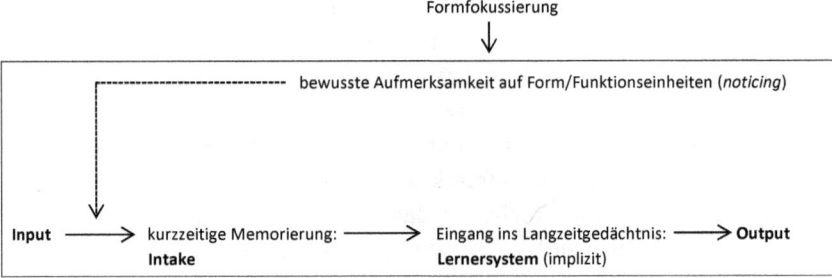

Abb. 3: Zur Rolle bewusster Formfokussierung im Zweitspracherwerb (angelehnt an Ellis 2014: 123)

Eine konzeptuelle Affinität zur Interaktionsannahme weist Weinert (1991) auf. Auch wenn in diesem experimentellen Ansatz mit „Aufmerksamkeitsfokussierung" ein unbewusster Verarbeitungsschritt gemeint ist, stützen die Befunde der dort durchgeführten Studien mit Miniatursprachen die grundlegende Annahme, dass die implizite Verarbeitung von intransparenten und wenig salienten Regelzusammenhängen (in diesem Falle Phrasenstrukturregeln) von der Verfügbarkeit zusätzlicher, „redundanter" Hinweisreize profitiert (hier: rhythmisch-prosodische Hinweisreize):

---

[6] Diese Darstellung, auf die die weiteren Überlegungen Bezug nehmen, ist Gegenstand kontroverser Debatten (s. z. B. Paradis 2009, der jede Art der Interaktion zwischen formaler Bewusstmachung und dem Aufbau einer impliziten Sprachkompetenz genauso negiert wie jede Form der Schnittstelle zwischen implizitem und explizitem Wissen).

> Diejenigen [Probanden], die nicht wussten, dass die zu lernenden Sätze Regeln enthielten, und die auch nicht merkten, dass sie die Regularitäten erwerben, während sie die Sätze mechanisch lernten, waren anschließend weitaus am besten in der Lage, die Regeln bei der Beurteilung und beim Lernen neuer Beispielsätze produktiv zu nutzen – auch dies ohne bewusste Einsicht in das eigene regelgeleitete Verhalten. [...] Diese Erfolge stellten sich allerding nur unter der Bedingung ein, dass die Beispielsätze rhythmisch-prosodische Hinweise auf die formale Phrasenstruktur enthielten. (Weinert 1991: 227)

Der Einsatz (impliziter) formfokussierender Verfahren der Sprachvermittlung (im Sinne von FoF) kann als didaktische Schlussfolgerung aus diesen Befunden abgeleitet werden, insofern die Formfokussierung zu einer zielgerichteten Beschäftigung mit dem Reizangebot führt und so implizite Prozesse der Informationsverarbeitung erleichtert:

> Ursprünglich war angenommen worden, dass die in einer Reizkonstellation enthaltenen Regelmäßigkeiten auch (oder gerade) bei nicht-zielgerichteter Beschäftigung damit, einen spontanen, autonomen und selbstregulativen Prozess impliziten Lernens auslösen, durch den ein zwar nicht explizit verfügbares, aber aufgabenspezifisch nutzbares Wissen generiert wird [...]. Solche Prozesse führen offenbar nur bei vergleichsweise einfachen linearen Regularitäten zum Erfolg. Handelt es sich dagegen – wie bei der formalen Struktur der Sprache – um komplexe, hierarchisch gegliederte, verdeckte und zum Teil irrelevante Distributionsmuster, so kommt es nur dann zur abstrahierenden Induktion der wesentlichen Invarianten, wenn diese durch redundante Hinweise so „markiert" werden, dass unwillkürliche und unbewusste Aufmerksamkeit auf grammatisch relevante Kovariationen gelenkt wird. Alle Ergebnisse der empirischen Studie stehen im Einklang mit dieser theoretischen Annahme. Die vorgelegten Befunde enthalten sowohl positive Evidenzen für die erstaunliche Wirksamkeit rhythmisch-prosodischer Hinweise auf die relevante Phrasenstruktur der Sätze als auch Belege für die weitgehende Ineffektivität des impliziten Lernens beim Fehlen aufmerksamkeitslenkender Reize. (Weinert 1991: 230)

Schätzt man vor diesem Hintergrund (Punkt 1 und 2) den didaktischen Versuch als zielführend ein, das Bewusstsein bzw. die Aufmerksamkeit des Lerners gezielt auf die sprachliche Form zu lenken (entweder auf das dem Formengebrauch zugrunde liegende grammatische System oder auf relevante sprachliche Formen im Sprachangebot), so stellt sich die Frage nach der Methode, mit der die Bewusstmachung von Form und Struktur erreicht werden soll. In der Fremdsprachendidaktik werden eine Reihe bewusstmachender Methoden unterschieden, die sich in der Aufdringlichkeit (*obtrusiveness*) der Formfokussierungen unterscheiden (s. auch Kapitel 3.2):

> consciousness raising, input flooding, input enhancement, focus-on-form, focus-formS, instruction as the provision of comprehensible input or of positive and negative evidence, instruction as providing strategies for input processing, and so forth. (Housen & Pierrard 2005: 4)

Im Übergangsbereich von Kita zu Grundschule (also bei 6-Jährigen) wenden Förderkonzepte im Bereich Deutsch als Zweitspracherwerb aus Rücksicht auf die noch wenig elaborierte Fähigkeit der Schulanfänger zur expliziten Sprachverarbeitung häufig scheinbar altersangemessene, moderate Formen der Formfokussierung an, um den Kindern grammatische Regelsysteme transparent zu machen bzw. um ihre Aufmerksamkeit im Sinne Schmidts (2001) bzw. Weinerts (1991) auf bestimmte kritische sprachliche Formen im Sprachangebot zu lenken.

Dabei wird im grammatischen Bereich (z. B. in der Förderung des Satzbaus oder der Nominalflexion) u. a. auf ein in Sprachtherapie und DaF-Didaktik verbreitetes Verfahren zurückgegriffen, nämlich den Einsatz von Farben zur Hervorhebung sprachlicher Formen bzw. zur Illustration grammatischer Regelsysteme. Am Beispiel des Grundschullehrbuchs *der die das, 1. Schuljahr – Basisbuch Sprache und Lesen* (Jeuk et al. 2011) soll im Weiteren der Frage nach der Eignung dieser Vorgehensweise für die Stärkung der spontansprachlichen Genus-Kompetenz bei DaZ-SchülerInnen der ersten Klassen eingegangen werden. Zunächst soll auf den Erwerbsbereich Genus und Befunde zu dessen Erwerb im DaZ-Kontext eingegangen werden.

4 Genus im frühen Erwerb des Deutschen als Zweitsprache

Im Deutschen trägt das Nomen ein inhärentes Genusmerkmal (Maskulinum, Femininum oder Neutrum), das an Artikeln und anderen Begleitern sowie an Pronomen markiert wird. Die Frage der Regelhaftigkeit der Genuszuweisung, d.h. nach der Motiviertheit der Zugehörigkeit jedes Nomens zu einem Genus, wird unterschiedlich eingeschätzt. Obwohl teilweise davon ausgegangen wird, dass sich die Genuszuweisung „durch Unregelmäßigkeit und viele Ausnahmen" auszeichnet und deshalb der Erwerb „in hohem Maße auf [...] sogenannte[m] item-by-item-Lernen, d.h. dem Speichern von Einzelfällen" beruhe (Schulz & Tracy 2005: 20), können für das Deutsche regelhafte Zusammenhänge sowohl zwischen der Bedeutung von Nomen und Genuszugehörigkeit (hier vor allem das natürliche Geschlechtsprinzip) als auch zwischen phonologischer und morphologischer Form und Genus beschrieben werden. Neben Derivationssuffixen wie *-heit, -keit, -tum* betreffen diese formalen Zuweisungsregeln vor allem jene hochfrequenten zweisilbigen Nomen, die auf ein reduziertes *-e* auslauten, sie sind in aller Regel Feminina (Schwa-Regel, z.B.: *Rose, Hose, Nase*). Der Zusammenhang zwischen der Einsilbigkeit nativer Nomina und deren Genuszugehörigkeit („nicht feminin", zumeist maskulin) ist hingegen lediglich als Tendenz beschreibbar, die jedoch deutlich über der Zufallsverteilung liegt (s. Wegener 1995 zu Skopus und Validität der wichtigsten Genuszuweisungsregelhaftigkeiten). Auch wenn aus Sicht des Lerners also keine ausnahmslos gültigen Genuszuweisungsregeln erkennbar sind und die Extraktion der Genuszuweisungsregelhaftigkeiten durch die Intransparenz der Genusmarkierung erschwert wird (Synkretismus aufgrund der Polyfunktionalität der Artikelformen), sind für Teile des nominalen Wortschatzes also korrelative Tendenzen erkennbar, die gegen die Annahme sprechen, dass der Bereich auf Grundlage von *item-by-item*-Lernen bewältigt wird. Zumindest für den frühen Zweitspracherwerb weisen Studienergebnisse tatsächlich in eine andere Richtung. Demnach beginnen die Lerner schon früh, abstrakte Zuweisungsprinzipien zu entwickeln, die auf die Nutzung der erwähnten Tendenzen in der deutschen Genuszuweisung hinweisen. So belegen Erwerbsstudien zum Deutschen als früher Zweitsprache (Wegener 1995, Kostyuk 2005, Montanari 2010, Kaltenbacher & Klages 2012) übereinstimmend, dass der Erwerb schrittweise über zweigliedrige Genussysteme verläuft, die von der (übergeneralisierten) Anwendung sowohl semantischer als auch phonologischer Regelhaftigkeiten geprägt sind:

Erwerbsstufe	Verlauf des Genuserwerbs im frühen Zweitspracherwerb des Deutschen (Erwerbsbeginn ca. 4 Jahre)
1	Keine Trägerelemente
2	Gebrauch verschiedener Artikelformen in freier Variation (*der, die, das*) oder Reduktion der Formenvielfalt: Übergeneralisierung einer Form (z. B. *die*)
3	zweigliedriges Genussystem für Subjekte: *der* vs. *die* (nach NGP und Schwa-/Einsilber-Regel)
4	dreigliedriges Genussystem: *der* vs. *die* vs. *das*

Abb. 4: Schematische Darstellung der Erwerbssequenz im Bereich Genus bei frühen Lernern des Deutschen als Zweitsprache, zu einer ausführlichen Darstellung s. Kaltenbacher & Klages (2012).

Im Erwerb des Deutschen als Zweitsprache steht der Lerner dabei vor einer Reihe von Teilaufgaben, die den Bereich zu einem ausgesprochen komplexen Lerngegenstand machen, insbesondere wenn die Erstsprache des Kindes die Kategorie Genus nicht kennt (Wegener 1995):

- Extraktion der wenig salienten Genusträgerelemente im Sprachangebot,
- Interpretation der multifunktionalen und uneindeutigen Trägerelemente als Genusmarker, die ein abstraktes Merkmal des Nomens widerspiegeln,
- Ableitung einer dreigliedrigen Kategorie mit nur geringer kommunikativer Funktionalität,

- Besetzung der Zellen eines Paradigmas für jedes Genus,
- Aufbau systematischer (formaler und semantischer) Genuszuweisungsregelhaftigkeiten.

Es stellt sich vor diesem Hintergrund aus didaktischer Sicht die Frage, wie eine Formfokussierung in diesem Bereich angelegt sein müsste, wenn

a. mit dem Ziel der Interaktion von formaler Bewusstmachung und impliziter Sprachverarbeitung die Aufmerksamkeit des Lerners auf die genusmarkierenden Elemente gelenkt werden soll (sodass für den anschließenden, impliziten Regelfindungsprozess mehr verwertbares Sprachmaterial (z. B. „Artikel + Nomen") aus dem Sprachangebot extrahiert wird, aus dem das abstrakte Genusmerkmal jedes Nomens und somit die Genuszuweisungsregelhaftigkeiten des Deutschen leichter abzuleiten sind);
b. mit dem Ziel der Bewusstmachung der (Existenz und Dreigliedrigkeit der) Genuskategorie sowie der validesten Genuszuweisungsregelhaftigkeiten explizites Wissen aufgebaut werden soll, das für den Aufbau impliziter Sprachkompetenz im Sinne der *weak-interface*-Hypothese nutzbar wird.

Am Beispiel des Grundschullehrbuches *der die das, 1. Schuljahr – Basisbuch Sprache und Lesen* (Jeuk et al. 2011) soll dieser Frage exemplarisch nachgegangen werden.

5 Formfokussierung und Genuserwerb

Im dem Grundschul-Lehrbuch *der die das, 1. Schuljahr – Basisbuch Sprache und Lesen* (Jeuk et al. 2011) erfolgt die Formfokussierung im Bereich Genus über das gesamte Lehrwerk hinweg durch den Einsatz von Farbsymbolen (blau, rot, grün). Die Herausgeber des Lehrwerkes geben an, dass mit dem Einsatz der Farben „die Aufmerksamkeit der Kinder auf das grammatische Geschlecht der Nomen gelenkt [wird], ohne dass dies immer thematisiert wird" (Jeuk et al. 2011a: 27). Relativ unspezifisch wird zudem erklärt, dass es das Ziel dieser didaktischen Maßnahme der Formfokussierung sei, „durch die Artikelpunkte die Genuszuordnung hervorzuheben" (Jeuk et al. 2011b: 212), d. h. dass über die Etablierung von Farbpunkten auf Bildern (a.), die farbliche Markierung von schriftlich dargebotenen Artikelwörtern (b.) bzw. durch die Verbindung von Farbpunkt und realem Gegenstand (c.) dem Kind dabei geholfen werden soll, die Genuszugehörigkeit der entsprechenden Nomen zu lernen:

Eine der größten Schwierigkeiten ist der Erwerb des grammatischen Geschlechtes (Genus). Für ein Kind ist es kaum entscheidbar, welches Nomen welches Genus hat. [...] Deshalb wurde in **der die das** besonderer Wert darauf gelegt, dass die Kinder wann immer möglich die Genusmarkierung eines Nomens erkennen können. (Jeuk et al. 2011a: 26)

a.  b. *der* Tisch, *die* Tafel, *das* Mädchen

c.

Abb. 5: Formfokussierung durch Farben in *der die das, 1. Schuljahr – Basisbuch Sprache und Lesen* (Jeuk et al. 2011: 116 bzw. 4)

Darüber hinaus kann angenommen werden, dass die optische Versinnbildlichung durch drei Farben zum bewussten Erkennen der Genuskategorie und ihrer Dreigliedrigkeit führen soll. Allerdings liegen hierzu keine detaillierten Angaben der Autoren vor.

Ausgehend von der Beobachtung, dass Kinder im Erwerb des Deutschen als Zweitsprache trotz frühem Erwerbsbeginn (3–4 Jahre) persistente Erwerbsschwierigkeiten im Bereich Genus (anders als z. B. bei der Grundwortstellung) auch noch zum Zeitpunkt der Einschulung aufweisen (s. Kaltenbacher & Klages 2012), drängt sich die Frage nach formfokussierenden Vermittlungsverfahren spätestens zum Zeitpunkt der Einschulung tatsächlich auf. Denn während generell davon ausgegangen wird, dass die Fähigkeit zur prozeduralen Informationsverarbeitung schon ab der Geburt ausgeprägt ist, wird die Ausbildung deklarativer Verfahren des Wissensaufbaus auf das Alter von etwa 6 Jahren verortet. Dabei wird teilweise angenommen, dass die allmähliche Ausbildung des deklarativen Lernweges mit der gleichzeitigen Degeneration des prozeduralen Lernvermögens einhergehe (s. aber die gegenteilige Auffassung in Weinert 1991):

At a certain age declarative memory becomes available and individuals tend to rely increasingly on conscious learning. At the same time, incidental learning ceases to be efficient. To that extent, one can say that there is a period (from age 2 to about age 5) during which acquisition relies on one cerebral entity (procedural memory); after that, acquisition[7] becomes less efficient, at successive periods. (Paradis 2009: 131)[8]

Abb. 6: Zur Altersabhängigkeit der Verarbeitungsmodi nach Paradis (2009)

Allerdings soll im Folgenden argumentiert werden, dass der Rückgriff auf Farbsymbole als Mittel der Formfokussierung (s. auch andere DaZ-Förderkonzepte wie z. B. Sieber et al. 2005, Klatt 2003) ein nur wenig geeignetes Mittel zur Genusförderung bei DaZ-Kindern darstellt – sei es zum Zwecke der Aufmerksamkeitslenkung auf Genusträgerelemente (Kap. 5.1) oder auch zur Bewusstmachung der zugrunde liegenden Genuskategorie (Kap. 5.2).

5.1 Warum der Einsatz von Farben als Hinweisreiz zur Aufmerksamkeitslenkung ungeeignet ist

In Kapitel 3.3 wurde die Annahme zitiert, dass Verfahren der Formfokussierung den Erwerbsprozess im Sinne der Interaktion von (bewusster) Aufmerksamkeit und impliziter Sprachverarbeitung unterstützen können, wenn redundante Hinweisreize relevante Zusammenhänge salienter machen bzw. wenn die Aufnahme von relevanten Oberflächenformen dadurch erleichtert wird und sich somit die Induktionsbasis für anschließende Analyseprozesse vergrößert, d. h. wenn es durch den Einsatz von Verfahren der Formfokussierung gelingt,

> dem Sprachverarbeiter und den impliziten Lernprozessen zuzuarbeiten, Strukturerkenntnis [zu] ermöglichen und Anstöße zu weiterem Erwerb [zu] geben, wo immer Inputmerkmale nicht wahrgenommen und damit nicht in die Lernersprache integriert werden. Dies trifft vor allem auf solche Strukturen zu, die unauffällig sind, nur geringes kommunikatives Gewicht haben oder deren kommunikative Leistung sich dem Lerner nicht erschließen wie etwa die des Genus im Deutschen. „FFI [Form-Focused Instruction] is based on the assump-

---

[7] In Paradis (2009) ist mit *acquisition* der prozedurale Wissensaufbau gemeint, im Unterschied zu *learning*, das die deklarative Aneignung von sprachlichem Wissen meint.

[8] Die Auffassung, dass das Alter des Lerners einen Einfluss auf die im Spracherwerb zum Einsatz kommenden Verarbeitungsmechanismen hat und dem Zeitraum vom 6.–8. Lebensjahr dabei eine entscheidende Bedeutung bei der Unterscheidung zwischen Erst- und Zweitspracherwerb zukommt, ist verbreitet vertreten, s. Hyltenstam & Abrahamsson (2003), Meisel (2007).

tion that certain features of language ... can go unnoticed in the input unless the learner's attention is somehow drawn to them so that he reaches the critical level of awareness (noticing) for the features to be internalized (Housen/Pierrard 2005: 9)." (Koeppel 2013: 37)

Vor dem Hintergrund dieser Annahme sprechen folgende Überlegungen gegen die Plausibilität des Einsatzes von Farben (im Sinne von Abb. 5) als Mittel der Formfokussierung:

1. Das zum Einsatz kommende Hinweisreizsystem erleichtert die Extraktion relevanter Formen aus dem Input nur dann, wenn es die Aufmerksamkeit des Lerners auf die relevante Form lenkt, nicht auf das Hinweissystem an sich. Auf die Farben übertragen stellt sich infolgedessen die Frage, ob die rezeptive Interpretation (Für welches Artikelwort steht der blaue/rote/grüne Punkt neben dem Bild?) und Speicherung der Farbinformation für jedes Nomen (Welche Farbe hat das Wort *Krokodil*?) ein so hohes Maß an Aufmerksamkeit und kognitiven Ressourcen beansprucht, dass die Verarbeitung der eigentlichen sprachlichen Oberflächenform (Artikel+Nomen) erschwert werden könnte. Die Tatsache, dass allein in der ersten von insgesamt 11 Lektionen des Lehrwerks 89 unterschiedliche Nomina mit Farbpunkten vermittelt werden (für jedes Nomen müsste sich das Kind eine Farbe merken), lässt die enorme Gedächtnisleistung erahnen, die die Nutzung des farblichen Hinweissystems beansprucht. Dass das Auswendiglernen der Farben ein Grundprinzip des didaktischen Vorgehens in dem Lehrwerk widerspiegelt, legt indes folgendes Übungsbeispiel nahe (Abb. 7). Dabei ist zu bedenken, dass die Formfokussierung in dem Lehrwerk prinzipiell darauf abzielt, dass der Zusammenhang zwischen Nomen und Farbe über die Artikelform hergestellt wird (*Radiergummi* → *der* → blau). Merkt sich das Kind das Farbsymbol jedoch ohne Rekurrenz auf das Trägerelement (hier die Artikelwörter), findet keine Aufmerksamkeitslenkung auf die sprachlichen Formen statt.

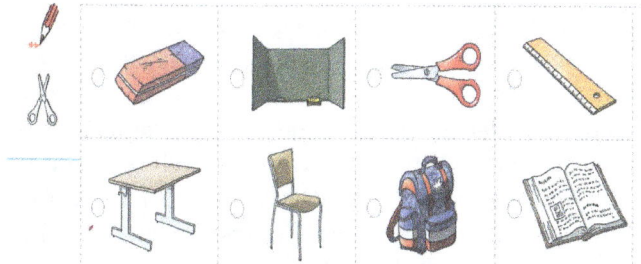

Abb. 7: Genusübung aus *der die das, 1. Schuljahr – Basisbuch Sprache und Lesen* (Jeuk et al. 2011: 190)

Noch deutlicher wird das Problem, wenn das Kind Sprache produziert und die gelernte Farbinformation bewusst als „Eselsbrücke" nutzt: Hier wird der zusätzliche kognitive Aufwand offenkundig, da beim Abruf der geforderten Artikelform über den Umweg der (im besten Falle) richtig abgespeicherten Farbe vorgegangen wird: *Ball* → blau → *der*.

2. Wenn der Einsatz der Farben mit dem Ziel erfolgt, zusätzliche Hinweise auf die Genuszugehörigkeit der Nomen zu liefern („Deshalb wurde in **der die das** besonderer Wert darauf gelegt, dass die Kinder wann immer möglich die Genusmarkierung eines Nomens erkennen können", Jeuk et al. 2011a: 26), so stößt das Verfahren auf mindestens zwei Probleme: Zum einen ist die Auswahl der in dem Lehrwerk aufgeführten Nomen nicht geeignet, die den Genuserwerb prägenden lautlichen und semantischen Genuszuweisungsregelhaftigkeiten zu vermitteln. Eine gezielte Auswahl an Nomina, die dem natürlichen Geschlechtsprinzip oder den phonologischen Regelhaftigkeiten (Schwa- und Einsilberregel in Kap. 4) folgen und als Induktionsbasis für die Ableitung abstrakter Zusammenhänge dienen könnten, erfolgt nicht. Stattdessen scheint der Ansatz auf der Annahme zu beruhen, dass die Genuszuweisung im DaZ-Erwerb auf Einzelwortbasis erfolgt – eine Annahme, die in der Spracherwerbsforschung seit zwei Jahrzehnten kritisch betrachtet wird:

> Wenn DaF-Didaktiker vorschlagen, den Artikel als eine Art Genusmorphem anzusehen und zusammen mit dem Lexem zu speichern [...], so soll nach dieser Vorstellung die Genuszuweisung durch Auswendiglernen gemeistert werden. Abgesehen davon, dass diese Technik eine extreme Belastung des Gedächtnisses darstellt, beruht der Vorschlag auch auf falschen Vorstellungen über den Verlauf des Genuserwerbs im natürlichen Spracherwerb. (Wegener 1995: 4)

Zum anderen suggeriert die Vorgehensweise in Abb. 7 (b. und c.), wie bereits angesprochen, dass in dem Lehrwerk ein Zusammenhang zwischen Farbe und Trägerelement hergestellt wird und nicht zwischen Farbe und Nomen, denn nicht das Nomen wird farblich markiert, sondern das Artikelwort. Dieser Zusammenhang hindert den Lerner jedoch u. U. dabei, Genus als abstraktes und inhärentes Merkmal des Nomens implizit zu detektieren, dessen formalsprachliche Realisierung aufgrund des vorherrschenden Synkretismus nicht einheitlich ist. Vor allem mit Blick auf den Umgang des Lehrwerks mit der Pluralform der Artikel (s. Abb. 8) ist schwer vorstellbar, dass das suchende Bewusstsein oder die unbewusste Regelinduktion nicht auf die „falsche Fährte" gerät, wenn einerseits Artikelformen im Singular farbig markiert sind (blau steht für *der* – nicht für Maskulinum, rot für *die* etc.), gleichzeitig aber der einzigen Pluralform im Deutschen (*die*) unterschiedliche Farben zugewiesen werden:

	der	die	das
Einzahl	●	●	●
Mehrzahl	O	O	O

Abb. 8: Genus/Numerus aus *der die das, 1. Schuljahr – Basisbuch Sprache und Lesen* (Jeuk et al. 2011: 1)

3. Soll die Aufmerksamkeitslenkung auf die relevante sprachliche Form oder Struktur nachhaltig erfolgen, insofern das Kind für Hinweise sensibilisiert wird, die auch im Kontext des alltäglichen Sprachgebrauchs vorkommen und genutzt werden könnten (wie z. B. die Schrift), so ist im Falle der Farbmarkierungen eine vollständige Konventionslosigkeit zu konstatieren: Außerhalb des Lehrwerkes findet das Kind keinerlei Hinweise darauf, *dass* (noch weniger: *warum*) die Farbe blau für den Artikel *der* steht. Das System fügt sich somit nicht in den Lebensalltag der Kinder ein und erhält als künstliches Markierungssystem nur innerhalb des Unterrichtsgeschehens Relevanz.
4. Soll der formfokussierende Hinweisreiz im Sinne Weinerts (1991) zur Aufmerksamkeitslenkung unterhalb der Schwelle des Bewusstseins führen und so den Erwerb formaler Invarianten im regelgeleiteten Sprachmaterial unterstützen, so geschieht dies auf Grundlage von im Gedächtnis abgelegtem Sprachmaterial: „Die Untersuchungen zum Erlernen von Miniatursprachen liefern in diesem Zusammenhang theoretisch bedeutsame empirische Evidenzen dafür, dass das Speichern regelgeleiteten Materials eine grundlegende Bedingung für den Erwerb formaler Invarianten ist." (Weinert 1991: 224) Vor diesem Hintergrund erscheint die Annahme relevant, dass die unbewusste Abstraktion formalsprachlicher Schemata nur dann von zusätzlichen Hinweisreizen profitiert, wenn die Formfokussierung in der gleichen Modalität erfolgt (und abgespeichert wird) wie das Reizmaterial selbst. So weisen Studien zum Erwerb von akustisch dargebotenen Kunstsprachen darauf hin, dass nur akustische Hinweisreize die beiläufige, implizite Abstraktion der zugrunde liegenden Regelsysteme erleichtern (Weinert 1991). Vor diesem Hintergrund stellt sich die Frage, ob ein optisch dargebotenes System der Formfokussierung (Farben) bei der impliziten Regelsuche genutzt werden kann, wenn diese auf Grundlage von abgespeichertem Sprachmaterial erfolgt, das akustisch wahrgenommen worden ist.
5. Aus Sicht der Befürworter einer moderaten Formfokussierung zum Zwecke der (bewussten oder unbewussten) Aufmerksamkeitslenkung auf die relevanten Oberflächenformen (im Sinne Ellis 2006 bzw. Weinerts 1991) läuft die hier diskutierte Vorgehensweise Gefahr, das Kind dazu anzuregen, bewusst über die Ursache der drei optisch wahrnehmbaren Farbreize nachzudenken. Abgesehen

davon, dass die bewusste Suche nach Regularitäten der Genuszuweisung aufgrund der Auswahl der Nomina zu keinem Ergebnis (im Sinne des zielsprachlichen Systems) führen würde, kann die bewusste Suche nach Regelzusammenhängen zu einer Hemmung impliziter Regelinduktionsprozesse führen: „Darüber hinaus vermutet Reber, dass die Probanden der expliziten Lerngruppe nicht nur deshalb schlechte Leistungen in den Transferaufgaben erzielten, weil sie die relevanten Regeln nicht gefunden haben, sondern dass die expliziten Regelsuchprozesse zugleich die Mechanismen des impliziten Lernens beeinträchtigt oder „maskiert" haben." (Weinert 1991: 45)

5.2 Warum der Einsatz von Farben zur Bewusstmachung des Genussystems ungeeignet ist

Wird die didaktische Intervention vor dem Hintergrund der Annahme konzipiert, dass explizites Wissen über das Genussystem (u. a. die Existenz dieser Kategorie, ihre Dreigliedrigkeit) den Aufbau einer prozeduralen Kompetenz im Bereich „Genus" unterstützt (im Sinne der *weak-interface*-Hypothese), so sprechen zumindest zwei Argumente gegen das im Lehrwerk umgesetzte Vorgehen:

1. Die Zuweisung der Farben zu den Artikelformen *der, die, das* (s. Abb. 7, b. und c.) führt immer dann zu Uneindeutigkeiten, wenn es aufgrund der Polyfunktionalität der Genus-Trägerelemente zu systembedingten Abweichungen in der Zuordnung kommt. Es liegt bei dem bewusstmachenden Markierungssystem (d. h. den Farbzuweisungen) also ein Validitätsproblem vor: Die Farbmarkierungen müssen aus Sicht der Lerner widersprüchlich erscheinen, wenn z. B. maskuline Nomen in Objektposition auftreten: *Ball* → blau → *der*, aber: *den Ball*. Die Ursache für die Uneindeutigkeit in der Zuordnung von Farbe zu bestimmter Artikelform liegt zwar im Markierungssystem des Deutschen selbst begründet, in dem lediglich 6 Flexionsformen (*der, die, das, dem, des, den*) für 16 Funktionen (zur fusionierenden Markierung von Genus, Kasus und Numerus) vorliegen. Der Versuch, die zugrundeliegenden Relationen durch die Identifikation von Farben und Artikelformen dem Bewusstsein zugänglich zu machen (etwa durch den Einsatz von Farben) ignoriert jedoch
   a. die Tatsache, dass Genus eine inhärente Eigenschaft des Nomens ist und eine bewusste Kopplung von Farbe und Nominativ-Artikelformen mit den faktischen Spracherfahrungen kollidiert:

b. Hinweise darauf, dass komplexe und intransparente Lerngegenstände, wie es das von Synkretismus geprägte Artikelsystem darstellt, eher der Natur impliziter Informationsverarbeitung entsprechen: „Implizite Verarbeitungsprozesse erweisen sich immer dann als funktional, wenn das Reizangebot komplex und die Invarianten wenig offensichtlich sind" (Weinert 1991: 40). Es stellt sich also grundlegend die Frage, ob sich das Genussystem überhaupt als Gegenstand expliziter Formfokussierung eignet.

2. Eine Grundannahme der weak-interface-Hypothese nach Ellis (2006) lautet in Anlehnung an die Teachability-Hypothese, dass in Erwerbsbereichen, die überindividuellen Entwicklungsabfolgen unterliegen, explizites Wissen nur dann in die implizite Sprachkompetenz integriert werden kann, wenn sich die Lernervarietät in ihrer natürlichen Entwicklung kurz vor der entsprechenden Erweiterung in diesem Bereich befindet:

Explicit knowledge can be converted into implicit knowledge in the case of VARIATIONAL FEATURES (for example, copula 'be') but not DEVELOPMENTAL FEATURES (for example, negation or third person -s) unless the learner has reached the stage of development that allows for the integration of the feature into the interlanguage system. (Ellis 2012: 423)

In Kapitel 4 wurde argumentiert, dass der DaZ-Erwerb des deutschen Genussystems in diesem Sinne einer natürlichen Entwicklungssequenz unterliegt, bei der die Lernersprache erst allmählich von einem zweigliedrigen zu einem dreigliedrigen Genussystem erweitert wird. Vor diesem Hintergrund ist die Vorgehensweise im vorliegenden Lehrwerk kritisch zu betrachten, da sie von Beginn an den Einsatz von drei Farben vorsieht, um die Aufmerksamkeit bzw. das Bewusstsein der Lerner auf die vollständige zielsprachliche Struktur zu lenken. Eine Umwandlung dieses expliziten Wissens würde, selbst wenn es von Erstklässlern explizit aufgebaut würde, nach der *weak-interface-* Hypothese nicht in eine Lernervarität integriert werden können, wenn die Kinder nicht bereits ein zweigliedriges Genussystem aufgebaut hätten. Da das Lehrwerk ohne Einstiegsdiagnostik auskommt, mit der der Lernstand jedes Erstklässlers differenziert erhoben wird, ist davon auszugehen, dass sich auch Kinder unterhalb dieses Lernstandes in Klassen befinden, die mit *der die das, 1. Schuljahr – Basisbuch Sprache und Lesen* unterrichtet werden.

6 Schlussbetrachtung

In dem vorliegenden Beitrag wurden Überlegungen zur impliziten und expliziten Sprachverarbeitung sowie zu Möglichkeiten der Interaktion bzw. Schnittstelle zwischen bewusstgemachten Informationen und der Entwicklung einer prozeduralen Sprachkompetenz skizziert, um im Anschluss daran ein konkretes Verfahren der Formfokussierung auf seine „Verträglichkeit" mit den vorangestellten Annahmen hin zu besprechen. Es wurde argumentiert, dass der Einsatz von Farben zur Fokussierung genustragender Elemente mit dem Ziel der Stärkung einer prozeduralen Genuskompetenz an unterschiedlichen Stellen gegen grundlegende Erkenntnisse der zitierten Spracherwerbsforschung verstößt:

- **Ökonomie**
  Die Nutzung des beschriebenen Verfahrens der Formfokussierung erfordert vom Lerner eine erhebliche Memorierungsleistung und lenkt die kognitive Verarbeitungsleistung vom Lerngegenstand weg, hin zur Verarbeitung eines künstlich angelegten, metasprachlichen Hinweissystems.
- **Linguistische Fundierung**
  Die Auswahl der Nomen im Lehrwerk ist nicht darauf angelegt, Regelhaftigkeiten in der deutschen Genuszuweisung transparent zu machen bzw. induktiv ableitbar zu machen. Die im natürlichen DaZ-Erwerb belegte Strategie der Kinder, Genuszuweisungsregeln aufzubauen (und zu übergeneralisieren), bleibt in dem Vorgehen also unberücksichtigt. Zudem widerspricht das Vorgehen dem grundlegendsten Verständnis von Genus als inhärenter Kategorie des Nomens, wenn die Aufmerksamkeit der Kinder durch die Formfokussierung auf die Assoziation von drei Farben und drei Trägerelemente (*der*, *die*, *das*) gelenkt wird.
- **Nachhaltigkeit**
  Der Einsatz von Farben zur Illustration der Genuszugehörigkeit jedes Nomens ist nicht nur arbiträr, sondern auch unkonventionalisiert und findet im alltäglichen Sprachgebrauch der Kinder keinen Widerhall. Die Entfaltung etwaiger Erwerbsvorteile würde sich also lediglich auf das Geschehen im Deutschunterricht beschränken, die vielgeforderte Alltagsintegriertheit ist hier nicht gegeben.
- **Modalitätskonformität**
  Implizite Regelbildungsprozesse profitieren von zusätzlichen Hinweisreizen (anders als explizite) nur dann, wenn die Hinweisreize von gleicher Modalität sind (z. B. akustisch vs. visuell, Weinert 1991). Wenn eine Interaktion von impliziter Aufmerksamkeitslenkung und impliziter Sprachverarbeitung angestrebt wird, ist die Verbindung von akustischen und visuellen Reizen als problematisch zu betrachten.

- **Focus on Form**
  Der Einsatz von drei Farben veranlasst das Kind gegebenenfalls, bewusst über die Ursache der Farbmarkierung nachzudenken: Wenn das Verfahren der Formfokussierung durch Farben auf eine unbewusste Aufmerksamkeitslenkung auf die Genus*zugehörigkeit* abzielt, würde dieses Ziel verfehlt, wenn bewusste Reflexionen zur Logik der Farbmarkierung (also über das Genus*system*) ausgelöst würden (im Sinne von FoFs).
- **Transparenz**
  Das Farbmarkierungssystem ist nicht transparent. Da Artikelform und Farbwahl assoziiert werden, muss das System immer dann zu Uneindeutigkeiten führen, wenn im Deutschen aufgrund der Fusion von Kasus-, Genus- und Numerusmarkierung unterschiedliche Artikelformen mit dem gleichen Nomen auftreten. Eine bewusste Durchdringung der Genussystematik des Deutschen wird so ebenfalls erschwert.
- **Entwicklungssensibilität**
  Das Verfahren ignoriert die Heterogenität der Sprachstände innerhalb einer Schulklasse: Wenn die Lehrbarkeit von Sprache durch die natürliche Entwicklungsdynamik des Erwerbsprozesses beschränkt ist, lässt das hier diskutierte Verfahren der Formfokussierung die notwendige Differenziertheit vermissen: Die Kinder werden nicht abgeholt, wo sie im Genuserwerb stehen, sondern mit einem (vermeintlich) zielsprachlichen Markierungsideal konfrontiert, das sie zumindest bei der impliziten Revision ihrer Lernersprache vielfach überfordern wird.

Da zum Zeitpunkt der Verfassung dieses Beitrags keine theoretischen Erläuterungen von Seiten der Lehrwerkautoren zum gewählten didaktischen Vorgehen vorliegen, aus denen im Detail hervorgeht, welche (impliziten oder expliziten) Lernprozesse mit der Farbmarkierung angestoßen werden sollen, bleibt die Relevanz der hier zusammengetragenen Kritikpunkte offen. Die vorstehenden Überlegungen haben zudem theoretischen Charakter, ihre Triftigkeit lässt sich erst auf Grundlage umfangreicherer empirischer (Evaluations-)Studien überprüfen. Die Überlegungen betreffen den Einsatz von Farben zur Genusförderung im Allgemeinen und sind nicht auf das hier exemplarisch diskutierte Lehrwerk beschränkt.

7 Literatur

Achard, Michel (2004): Grammatical instruction in the natural approach: a cognitive grammar view. In Achard, Michel & Niemeier, Susanne (eds.): *Cognitive Linguistics, Second Language Acquisition, and Foreign Language Teaching*. Berlin: de Gruyter, 165–194.

Aguado, Karin (2008): Wie beeinflussbar ist die lernersprachliche Entwicklung? *Fremdsprache Deutsch* 38: 53–58.

Baars, Bernard J. (1997): In the theatre of consciousness: Global workspace theory, a rigorous scientific theory of consciousness. *Journal of Consciousness Studies* 4: 292–309. Bates, Elizabeth; Bretherton, Inge & Snyder, Lynn Sebestyen (1988): *From First Words to Grammar: Individual differences and dissociable mechanisms*. New York: Cambridge University Press.

Cummins, James (1979): Linguistic interdependence and the educational development of bilingual children. *Review of Educational Research* 49/2: 222–251.

DeKeyser, Robert M. (1995): Learning second language grammar rules: an experiment with a miniature linguistic system. *Studies in Second language Acquisition* 17: 379–410.

Diehl, Erika; Christen, Helen; Leuenberger, Sandra; Pelvat, Isabelle & Studer, Thérèse (2000): *Grammatikunterricht: Alles für der Katz? Untersuchungen zum Zweitsprachenerwerb Deutsch*. Tübingen: Niemeyer.

Doughty, Catherine & Williams, Jessica (1998) (eds.): *Focus-on-form in Classroom Second Language Acquisition*. Cambridge: University Press.

Ellis, Rod (2006): Modelling learning difficulty and second language proficiency: the differential contributions of implicit and explicit knowledge. *Applied linguistics* 27: 431–463.

Ellis, Rod (2012): *The study of second language acquisition*. 2nd edition. Oxford: University Press.

Ellis, Rod (2014): *SLA Research and Language Teaching*. Oxford applied Linguistics. Oxford: University Press.

Ellis, Rod; Basturkmen, Helen & Loewen, Shawn (2002): *Doing focus on form*. System 30/2: 419–432.

Gass, Susan M. (1997): *Input, Interaction and the Second Language Learner*. Mahwah, NJ: Lawrence Erlbaum.

Goldberg, Adele E. (2006): *Constructions at work. The nature of generalization in language*. Oxford: University Press.

Goldberg, Adele E.; Casenhiser, Devin M. & Sethuraman, Nitya (2004): Learning argument structure generalizations. *Cognitive Linguistics* 14: 289–316.

Hyltenstam, Kenneth & Abrahamsson, Niclas (2003): Maturational constraints in SLA. In Doughty, Catherine J. & Long, Michael H. (eds.): *The handbook of second language acquisition*. Oxford: Blackwell, 539–588.

Housen, Alex & Pierrard, Michel (2005): *Investigations in instructed second language acquisition*. Berlin: Mouton de Gruyter.

Jeuk, Stefan; Sinemus, Antje & Strozyk, Krystyna (Hrsg.) (2011): *der-die-das. Deutsch-Lehrwerk für Grundschulkinder mit erhöhtem Sprachförderbedarf. Erstlesen 1. Schuljahr. Basisbuch Sprache und Lesen*. Berlin: Cornelsen.

Jeuk, Stefan; Sinemus, Antje & Strozyk, Krystyna (Hrsg.) (2011a): *der-die-das. Deutsch-Lehrwerk für Grundschulkinder mit erhöhtem Sprachförderbedarf. Erstlesen 1. Schuljahr. Handreichungen für den Unterricht*. Berlin: Cornelsen.

Jeuk, Stefan; Sinemus, Antje & Strozyk, Krystyna (Hrsg.) (2011b): *der-die-das. Deutsch-Lehrwerk für Grundschulkinder mit erhöhtem Sprachförderbedarf. Erstlesen 1. Schuljahr. Handreichungen-Kartei.* Berlin: Cornelsen.
Kaltenbacher, Erika & Klages, Hana (2012): Sprachprofil und Sprachförderung bei Vorschulkindern mit Migrationshintergrund. In Ahrenholz, Bernt (Hrsg.): *Kinder mit Migrationshintergrund. Spracherwerb und Fördermöglichkeiten.* 3. Auflage. Freiburg i. Br.: Fillibach, 80–97.
Klatt, Gisela (2003): *Elleressemenne. Deutsch reden: Ein Sprachprogramm für eine systematische Vermittlung der deutschen Sprache in Kindergarten und Vorschule.* Berlin: Klatt.
Klein, Wolfgang (1992): *Zweitspracherwerb.* Frankfurt am Main: Hain.
Koeppel, Rolf (2013): *Deutsch als Fremdsprache – Spracherwerblich reflektierte Unterrichtspraxis.* Baltmannsweiler: Schneider Hohengehren.
Konstyuk, Natalia (2005): *Der Zweitspracherwerb beim Kind. Eine Studie am Beispiel des Erwerbs des Deutschen durch drei russischsprachige Kinder.* Hamburg: Kovač.
Krashen, Stephen (1994): The input hypothesis and its rivals. In Ellis, Nick (ed.): *Implicit and Explicit Learning of Languages.* London: Academic Press, 45–75.
Long, Michael (1997): *Focus on Form in Task-Based Language Teaching.* http://www.mhhe.com/socscience/foreignlang/top.htm (11.09.2014).
Meisel, Jürgen (2007): Mehrsprachigkeit in der frühen Kindheit: Zur Rolle des Alters bei Erwerbsbeginn. In: Anstatt, Tanja (Hrsg.): *Mehrsprachigkeit bei Kindern und Erwachsenen. Erwerb, Formen, Förderung.* Tübingen: Narr, 93–114.
Montanari, Elke (2010): *Kindliche Mehrsprachigkeit. Determination und Genus.* Münster: Waxmann.
Paradis, Michel (2009): *Declarative and Procedural Determinants of Second Languages.* Amsterdam: John Benjamins.
Pienemann, Manfred (2005): *cross-linguistic aspects of processability theory.* Amsterdam: John Benjamins.
Pienemann, Manfred (1989): Is language teachable? Psycholinguistic experiments and hypotheses. *Applied Linguistics* 10: 52–79.
Reber, Arthur S. (1976): Implicit learning of synthetic languages: The role of instructional set. *Journal of Experimental Psychology: Human Learning and Memory* 2: 88–94.
Schmidt, Richard (2001): Attention. In Robinson, Peter (ed.): *Cognition and Second language Instruction.* Cambridge: University Press.
Schulz, Petra & Tracy, Rosemary (2012): *LiSe-DaZ. Linguistische Sprachstandserhebung – Deutsch als Zweitsprache.* Manual. Göttingen: Hogrefe.
Sieber, Traudel; Benati, Rosella; Kniffka, Gabriele & Siebert-Ott, Gesa (2005): *Meine Freunde und ich – Deutsch als Zeitsprache für Kinder.* Berlin: Langenscheidt.
Slobin, Dan I. (1975): Kognitive Voraussetzungen der Sprachentwicklung. In Leuninger, Helen (Hrsg.): *Linguistik und Psychologie. Ein Reader. Band II. Zur Psychologie der Sprachentwicklung.* Frankfurt am Main: Fischer.
Szagun, Gisela (2000): *Sprachentwicklung beim Kind.* Weinheim: Beltz.
Tomasello, Michael (2000): Do young children have adult syntactic competence? *Cognition* 74: 209–253.
Tomasello, Michael (2009): *Die Ursprünge der menschlichen Kommunikation.* Frankfurt am Main: Suhrkamp.

van den Branden, Kris (2006): *Task-based language teaching: from theory to practice*. Cambridge: University Press.
Wegener, Heide (1995): Das Genus im DaZ-Erwerb. Beobachtungen an Kindern aus Polen, Russland und der Türkei. In: Handwerker, Brigitte (Hrsg.): *Fremde Sprache Deutsch*. Tübingen: Narr, 1–24.
Weinert, Sabine (1991): *Spracherwerb und implizites Lernen*. Bern: Huber.
Wong-Fillmore, Lily (1979): Individual differences in second language acquisition. In Fillmore, Charles; Kempler, Daniel & Wang, William S.-Y. (eds.): *Individual Differences in Language Ability and Language Behavior*. New York: Academic Press, 203–229.

Julia Ricart Brede
Zur Didaktik des Versuchsprotokolls als Aufgabe eines sprachsensiblen Fachunterrichts und eines fachsensiblen Sprach(förder)unterrichts

Abstract: Auf der Grundlage einer Analyse von 166 schülerseitigen Versuchsprotokollen der Jahrgangsstufe 8 werden im vorliegenden Beitrag Überlegungen für eine „Didaktik des Versuchsprotokolls" skizziert, die gleichermaßen in einem sprachsensiblen Fachunterricht wie in einem fachsensiblen Sprachunterricht verortet ist. So gilt es bspw., die konstituierenden Textbausteine eines Versuchsprotokolls funktional zu vermitteln, aber auch, an den nur wenig vertrauten unpersönlichen Schreibstil heranzuführen. Musterprotokolle und Leitfragen stellen hierfür mögliche Hilfestellungen dar. Eine sprachtypologische Analyse des Passivgebrauchs sowie eine Analyse des Konnektorengebrauchs der Versuchsprotokolle macht darüber hinaus deutlich, dass SchülerInnen mit Deutsch als Zweitsprache in Ergänzung zu dieser allgemeinen Thematisierung von Versuchsprotokollen im Unterricht einer besonderen sprachlichen Förderung bedürfen, die – zumindest in Teilen – ebenfalls fachsensibel angelegt sein sollte.

Keywords: sprachsensibler Fachunterricht, Versuchsprotokoll, fachsensibler Sprachunterricht, Textsorten, Textkompetenz, Textmuster, Sprachförderung, Sekundarstufe I

1 Einleitung

Obgleich Versuchsprotokolle im naturwissenschaftlichen Unterricht ohne Frage zu den am häufigsten von SchülerInnen produzierten Textsorten zählen, stellt eine „Didaktik des Versuchsprotokolls" nach wie vor ein Desiderat dar (vgl. Kraus & Stehlik 2008: 17). Dies gilt insbesondere dann, wenn – dem Diktum „jeder Fachunterricht ist zugleich Sprachunterricht" (vgl. Ahrenholz 2010: 1, weiterführend auch Leisen o. J.: 1, Tajmel 2011, Tajmel 2009) folgend – Sprache und Inhalt als

---

Julia Ricart Brede: Professorin für Deutsch als Zweit- und Fremdsprache, Europa-Universität Flensburg, Auf dem Campus 1, D-24943 Flensburg, e-mail: julia.ricart.brede@uni-flensburg.de

Einheit betrachtet werden und somit der Anspruch gestellt wird, beiden Bereichen gleichermaßen gerecht zu werden.

Erst in den letzten Jahren erwachsen auf der einen Seite Ansätze aus den naturwissenschaftlichen Fachdidaktiken, die vor allem die Bestandteile und Textbausteine von Versuchsprotokollen zum Gegenstand haben (vgl. Kraus & Stehlik 2008, Witteck & Eilks 2004), auf der anderen Seite entstehen aber auch in den sprachaffinen Fachdidaktiken zunehmend Anregungen und Übungsvorschläge zur Thematisierung von Versuchsprotokollen als einer fachspezifischen Textsorte, wobei der Fokus hier vor allem auf den in Versuchsprotokollen frequenten sprachlichen Mitteln liegt (vgl. Leisen 2003, Beese & Roll 2013, Tilman-Riemenschneider-Gymnasium Osterode am Harz o. A., Hoppe, Krämer & Reh 2013, Krämer 2011, Kernen & Riss 2012: 26ff); mit einer Publikation von Lengyel et al. findet auch die Bewertung der Textkompetenz im Hinblick auf die Erstellung von Versuchsprotokollen erstmals Berücksichtigung (vgl. Lengyel et al. 2009).

Wünschenswert wäre jedoch nach wie vor eine „Didaktik des Versuchsprotokolls", die auf der Grundlage empirischer (linguistischer) Erkenntnisse beruht. Der vorliegende Beitrag versucht diese Lücke zu schließen: Bezugnehmend auf die Ergebnisse einer Korpusanalyse von 166 Versuchsprotokollen von SchülerInnen der Jahrgangsstufe 8[1] werden nachfolgend Inhalt wie Sprache betreffend Überlegungen für eine Didaktik des Versuchsprotokolls und damit für die Einführung und Thematisierung von Versuchsprotokollen als Lerngegenstand in einem genuin naturwissenschaftlichen, doch zugleich sprachsensiblen resp. sprachbewussten Fachunterricht (vgl. Kruczinna 2010) entwickelt.

Dem originär inhaltlich-fachlichen Interesse des naturwissenschaftlichen Unterrichts gerecht werdend, wird der Ausgangspunkt der folgenden Darstellungen zunächst im Inhaltlichen gesucht, um davon ausgehend auch sprachliche Aspekte der Textgestaltung in den Blick zu nehmen. Insbesondere in diesem Zusammenhang gilt es zu unterscheiden, ob Deutsch für die SchülerInnen eine Erst- oder eine Zweitsprache darstellt. Herausforderungen für das Erstellen von Versuchsprotokollen ergeben sich durch die Nutzung fachspezifischer, den SchülerInnen noch wenig vertrauter Sprachregister für beide Schülergruppen, doch haben SchülerInnen mit Deutsch als Zweitsprache bei dieser Schreibaufgabe darüber hinaus zusätzliche Herausforderungen zu bewältigen.

---

[1] Weitere Informationen zum Untersuchungsdesign sowie Detailanalysen sind in Ricart Brede (2012a), (2012b), (2014a) sowie (2014b) nachzulesen.

2 Inhaltliche Überlegungen für eine Didaktik des Versuchsprotokolls

Das Versuchsprotokoll wird im naturwissenschaftlichen Unterricht in der Regel eingeführt, indem den SchülerInnen die konstituierenden Textbausteine dieser Textsorte vor Augen geführt werden. In Bezug auf diese besteht in der Fachwelt (bis auf Detailfragen) allgemein Konsens, als da wären: die Versuchsdurchführung, die Versuchsbeobachtung und die Versuchsauswertung (vgl. Kraus & Stehlik 2008: 23, Tilman-Riemenschneider-Gymnasium Osterode am Harz o. A., Henke & Höttecke 2011: insbes. 24, Krämer 2011 sowie Witteck & Eilks 2004).[2] Darüber hinaus sind die Fragestellung sowie ggf. die Hypothesengenerierung als weitere Bestandteile eines Protokolls zu nennen (vgl. Zürcher & Spörhase 2010: 163, auch Beese & Roll 2013: 220, Hoppe et al. 2013: 22ff).

Im Rahmen der o. g. Untersuchung wurden Versuchsprotokolle zum Donderschen Modellversuch erhoben, der im Wesentlichen darin besteht, dass an einem Gummiabschluss gezogen wird, der am Boden einer Glasglocke angebracht ist und diese verschließt. In der Glasglocke befinden sich zwei Luftballons, die mittels Glasrohren in einem Gasaustausch zur Umgebungsluft außerhalb der Glocke stehen. Das Ziehen am Gummiabschluss führt zu einem Unterdruck in der Glasglocke, sodass sich die beiden Luftballone in einer Ausgleichsreaktion ausdehnen und Luft in sie einströmt. Dies stellt eine Simulation der Zwerchfellatmung dar (vgl. hierzu auch Baer & Grönke 1977: 312, Schäffler & Menche 2000, Campbell 1997: 922f). Charakteristisch für den hier skizzierten Versuch zur Zwerchfellatmung ist demzufolge, dass es sich um einen Modellversuch handelt (vgl. Köhler 2004: 126ff), wobei das sog. Glasglockenmodell stellvertretend für den menschlichen Thorso steht. Ergo besteht für die SchülerInnen im Zuge des Protokollierens eine Aufgabe darin, die jeweiligen Entsprechungen zwischen Modellbaustein und menschlichem Körperteil explizit zu machen. D. h. im Versuchsprotokoll ist (da die Fragestellung und der Versuchsaufbau auf dem Arbeitsblatt vorgegeben waren) im Rahmen der Versuchsbeobachtung erstens der Versuchsablauf festzuhalten, zweitens sind innerhalb der Versuchsauswertung die Entsprechungen (Flasche = menschlicher Brustraum, Gummiabschluss = Zwerchfell, innere Ballons = Lungenflügel) anzugeben und drittens hat die Erklärung des beobachteten Phänomens zu erfolgen, wozu auf das Konzept „Druck" bzw. auf Druckunterschiede und den erforderlichen Druckausgleich zu rekurrieren ist.

---

2 Andere untergliedern die Versuchsauswertung nochmals in eine Versuchsdeutung und ein Versuchsergebnis (vgl. Kraus & Stehlik 2008: 23).

Gemäß des Hempel-Oppenheim-Schemas (kurz: H-O-Schema), das die formale Struktur einer Erklärung erfasst (vgl. hierzu auch Poser 2001: 45), sind dabei sowohl die Angaben der Entsprechungen (oder auch die Gleichsetzungen) als auch die eigentliche Erklärung (über das Konzept Druck) Bestandteil der Erklärung und damit textuell Gegenstand der Auswertung. Beispielhaft für diese sich aus dem Inhalt ergebende Struktur des Versuchsprotokolls ist nachstehend ein von einem Lehrer zu diesem Versuch verfasstes Versuchsprotokoll abgebildet, das aus seiner Sicht ein optimales SchülerInnenprotokoll darstellt:

Beobachtung:
1) Der Gummiabschluss wird unten gezogen. Je weiter er nach unten gezogen wird, desto größer werden die Luftballons im Inneren der Flasche.
2) Der Gummiabschluss wird nach oben geschoben. Je weiter der Abschluss nach oben geschoben wird, desto kleiner werden die Ballons. Wenn der Gummiabschluss in der Ausgangsposition ist, so sind auch die Ballons in ihrer Ausgangsposition.
3) Der Gummiabschluss wird mehrmals auf und ab bewegt.

Auswertung:
Da die Luftröhre = Verbindungsstück, die Bronchien = Verbindungsstück, die Lungenflügel = den Ballons sind und das Zwerchfell = dem Gummiabschluss ist, schreibe ich aus der Position des Menschen.
Einatmung:
1) Das Zwerchfell wird durch Muskeln nach unten bewegt.
2) Dadurch entsteht zw. den Lungenflügeln und dem Zwerchfell ein größerer Raum.
3) Da in diesen Raum keine Luft strömen kann, entsteht dort ein Unterdruck.
4) Somit ist der Druck außen nun größer als innen. Anders. Außen ist die Energie größer als innen. Dadurch entsteht eine Bewegung von hohem zu tiefem Druck.
    → Man atmet ein.

Ausatmung:
1) Zwerchfell geht nach oben.
2) Druck im beschriebenen Raum nimmt zu.
3) Luftbewegung vom hohen Druck zum tiefen Druck
    → Ausatmung.

Das Atmen ist somit ein passiver Prozess. Die Luft strömt durch Druckunterschiede.

Abb. 1: Optimales Versuchsprotokoll verfasst von einem Lehrer

Doch scheint den SchülerInnen der Aufbau des Versuchsprotokolls weitaus weniger klar zu sein als von den LehrerInnen angenommen. Nach einer inhaltsanalytischen Kodierung der schülerseitigen Versuchsprotokolle ist zunächst festzuhalten, dass 40 der 166 SchülerInnen lediglich eine Beobachtung und keine Auswertung verfasst haben (obwohl das ausgeteilte Arbeitsblatt[3] durch Teilüberschriften explizit beide Textteile einforderte). Darüber hinaus kommen die zentralen Textbausteine (wie auch Abb. 2 zeigt) in den Versuchsprotokollen der SchülerInnen zwar vor, doch kann lediglich für die Darstellung des Versuchsablaufs (s. auch die *Beobachtung* im Lehrerprotokoll in Abb. 1), die von 90 % aller SchülerInnen innerhalb der Beobachtung erfolgt, konstatiert werden, dass sowohl der Textbaustein an sich als auch dessen Verortung klar ist. Die erforderlichen Entsprechungen werden grundsätzlich nur von sehr wenigen SchülerInnen angeführt: Von den 126 SchülerInnen, die sowohl eine Beobachtung als auch eine Auswertung verfasst haben, sind es lediglich knapp 30 %, wobei nur 12 % der SchülerInnen diesen Textteil tatsächlich auch in der Versuchsauswertung (und nicht in der Beobachtung) platzieren. Noch weniger SchülerInnen (lediglich 24 und damit unter 30 %) erklären den Versuch im Rückgriff auf das Konzept „Druck" (wenn, dann jedoch korrekterweise überwiegend im Teil der Auswertung). Hier ist nun zu vermuten, dass insofern ein fachliches Problem vorliegt, als die SchülerInnen den Versuch möglicherweise inhaltlich nicht verstanden haben und daher nicht in der Lage sind, ihn zu erklären. Stattdessen sehen 66 % der SchülerInnen es als zielführend an, im Zuge der Auswertung den Versuchsablauf noch einmal (übertragen auf den Menschen) darzustellen (was im Sinne eines Transfers in gewisser Weise auch als Entsprechung gewertet werden kann, die jedoch nicht explizit gemacht wird). So findet dadurch zwar immerhin ein Übertrag vom Modell auf den Menschen statt, der Versuch ist damit jedoch keineswegs inhaltlich erklärt. Des Weiteren stellen 33 % aller SchülerInnen ihren Beobachtungen eine Beschreibung des Versuchsaufbaus voran, was zwar per se richtig, jedoch eigentlich nicht Bestandteil der Beobachtung, sondern des Versuchsaufbaus ist (und in der vorliegenden Untersuchung zudem bereits vorgegeben war).

---

[3] Das an die SchülerInnen verteilte Arbeitsblatt mit Fragestellung, Versuchsskizze und Überschriften für die Textbausteine findet sich im Anhang.

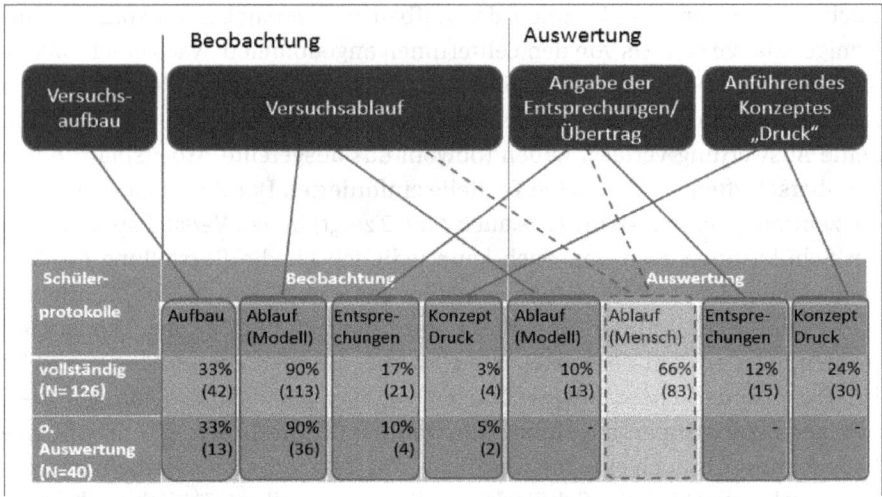

Abb. 2: Vorkommen und Verortung der einzelnen Textbausteine in den Versuchsprotokollen der SchülerInnen

Insgesamt legen die Daten den Schluss nahe, dass die SchülerInnen mit Versuchsprotokollen als Textsorte zwar insofern vertraut sind, als ihnen die grundlegenden Textbausteine (Fragestellung, Versuchsaufbau, Beobachtung und Auswertung) bekannt sind, die einzelnen Bestandteile dieser Textbausteine jedoch weder in ihrer Funktion transparent noch gefestigt sind. Die Ergebnisse decken sich mit einer von Kraus & Stehlik durchgeführten schriftlichen Befragung von SchülerInnen der Jahrgangsstufen 7, 9, 11 und 12: „Die Befragung ergab, dass die Schülerinnen und Schüler über alle Jahrgänge hinweg primär mit dem Begriff ‚Protokoll' dessen strukturellen Aufbau verbinden sowie seine Funktion, Beobachtungen zu beschreiben bzw. das Geschehene zu dokumentieren." (Kraus & Stehlik 2008: 17) Weitere Funktionen des Versuchsprotokolls (bspw. Abbild einer gewissenhaften Forschung für eine mögliche Iteration zu sein sowie die für eine Wiederholbarkeit des Versuchs notwendige und klare Trennung zwischen Beobachtung und Deutung) scheinen hingegen unklar (vgl. Kraus & Stehlik 2008: 17f, auch Zürcher & Spörhase 2010: 162).

Als erste didaktische Folgerung aus dieser inhaltlichen Analyse ergibt sich die Forderung nach einer nicht allein auf die Textbausteine reduzierten Einführung der Textsorte Versuchsprotokoll, sondern eine Form und Funktion als Einheit denkende, Textbausteine funktional vermittelnde Heranführung an Versuchsprotokolle. Zur Förderung der Text(muster)kompetenz sollten den SchülerInnen die einzelnen Textbestandteile und deren Funktionen (wie bspw. auch Peschel 2013, Schleppegrell 1998: insbes. 194, Stephany, Linnemann & Becker-

Mrotzek 2013, Thürmann 2012 fordern) transparent gemacht werden. Hierzu eignete sich u. a. der Einsatz von Musterprotokollen, die zu Übungszwecken vereinzelt auch falsch aufgebaut sein können, sodass SchülerInnen, die aufgefordert werden, den Versuch zu wiederholen, scheitern. Ein zweiter Schritt könnte darin bestehen, die Musterprotokolle in ihrem Aufbau zu korrigieren.

Unabhängig davon stellen Leitfragen ein zentrales Unterstützungsmoment für die Erstellung von Versuchsprotokollen dar. Diese verdeutlichen die Funktion der einzelnen Textbausteine wesentlich eindrücklicher als bspw. Überschriften wie „Beobachtung" oder „Auswertung", die den SchülerInnen als Strukturierungshilfen an die Hand gegeben werden. Einen Vorschlag für die Arbeit mit sog. Leitfragen legen Kraus & Stehlik vor[4]: „Den Schülerinnen und Schülern muss formelhaft verständlich sein, dass das Protokoll drei wesentliche Elemente aufweist. Diese Elemente lassen sich mit den drei Grundfragen: Was tut man? Was sieht man? Wie kann man es deuten? bereits in unteren Jahrgangsstufen üben." (Kraus & Stehlik 2008: 20)

3 Sprachliche Überlegungen für eine Didaktik des Versuchsprotokolls

Gleichermaßen wie die Forderung, SchülerInnen transparent zu machen, wie Versuchsprotokolle *inhaltlich-fachlich* aufgebaut sein sollen und welche Inhalte in welcher Reihenfolge (vgl. hierzu auch Krämer 2013: 78) darin vorzukommen haben, gilt es, SchülerInnen *sprachlich* an das Schreiben von Versuchsprotokollen heranzuführen. Potenziert wird diese Forderung nach einem sprachbewussten Agieren im naturwissenschaftlichen Fachunterricht durch Untersuchungen zum lehrerseitigen Urteilsverhalten, die zeigen, dass auch in nicht-sprachaffinen Unterrichtsfächern nicht nur der Inhalt, sondern (i. d. R. unbewusst) auch die sprachliche Gestaltung schülerseitiger Textproduktionen einen erheblichen Einfluss auf die Leistungsbeurteilung durch die Lehrperson nimmt (vgl. Tajmel 2009, Hachfeld 2012). Zugleich stellt der Sprachgebrauch im Fachunterricht insofern eine besondere Herausforderung für alle SchülerInnen dar, als sie hier auf ihnen noch wenig vertraute sprachliche Register stoßen, die sich durch sprachliche Mittel und Strukturen auszeichnen, die in der Alltagssprache nur wenig präsent sind. Fatalerweise neigen Lehrpersonen, wie Hachfeld im Rahmen einer Untersuchung zeigen konnte, jedoch gerade im Kontext sprachlich komplexer Anforde-

---

4 Alternative Vorschläge finden sich in Hoppe et al. (2013: 26, 35).

rungssituationen zur Überschätzung schülerseitiger Kompetenzen – für SchülerInnen mit Deutsch als Zweitsprache gilt dies im Besonderen (vgl. Hachfeld 2012: 52f).

Anknüpfend hieran stellt sich die Frage, welche sprachlichen Anforderungen an Versuchsprotokolle im Allgemeinen bestehen und was somit die zentralen sprachlichen Mittel sind, an deren Gebrauch SchülerInnen in Bezug auf diese Textsorte heranzuführen sind. Kraus & Stehlik führen in diesem Zusammenhang ebenso wie Krämer die Verwendung der Zeitform „Präsens" an (vgl. Kraus & Stehlik 2008: 17, Krämer 2013: 78), worauf die SchülerInnen zwar explizit hinzuweisen sind, was jedoch insofern keiner gesonderten Thematisierung bedarf, als SchülerInnen mit der Verwendung des Präsens auch aus dem Alltag vertraut sind. Hingegen stellen Passivkonstruktionen, die neben Passiversatzkonstruktionen wie *man*-Konstruktionen allgemein als charakteristisch für Versuchsprotokolle angeführt werden, um einen unpersönlichen Schreibstil zu erwirken (vgl. Kraus & Stehlik 2008: 17, Krämer 2013: 78, auch Ricart Brede 2012a), weitaus höhere Anforderungen an die schülerseitige Sprachkompetenz (vgl. hierzu auch Schneitz in diesem Band). Selbiges gilt für die für Versuchsprotokolle postulierte hohe Frequenz von „Konnektoren zur Bezeichnung zeitlicher oder logischer Beziehungen" (Thürmann 2012: 7, auch Beese & Roll 2013: 220, Lengyel et al. 2009: 131, 133f sowie Ricart Brede 2014a, zur Rezeption von Konnektoren s. auch Schimke in diesem Band), allen voran konditionale *wenn(-dann)*-Konstruktionen (vgl. Ricart Brede 2014a: i. Dr., auch Beese & Roll 2013: 220, Leisen 2003: 19).

Im Wissen und Bewusstsein um diese sprachlichen Charakteristika von Versuchsprotokollen soll der Blick an dieser Stelle erneut auf die im vorigen Kapitel angeführten Leitfragen gerichtet werden:

> [So] ist die Bereitstellung derartiger Textquaestiones [...] allein nicht unbedingt zielführend: Die Fragen „Was hast du gesehen?", „Was sieht man?", „Was konnte beobachtet werden?" und „Was wurde beobachtet?" zielen auf die Elizitierung desselben Inhaltes ab, jedoch sprachlich auf höchst unterschiedliche Weise. Es ist zu vermuten, dass die derartigen Leitfragen inhärenten [sprachlichen] Perspektivierungen beim Beantworten von den Schülern fortgeführt werden. (Ricart Brede 2014b: i. Dr.)

Folglich sind Leitfragen, die SchülerInnen – gleich in welchem Fachunterricht – an die Hand gegeben werden, nicht nur inhaltlich, sondern auch sprachlich zu reflektieren und wohlüberlegt zu formulieren. Sollen SchülerInnen ein Versuchsprotokoll bspw., wie i. A. unisono gefordert, in einem unpersönlichen Schreibstil – möglichst unter Nutzung von Passivkonstruktionen – halten, ist dieser Stil bereits durch die initiierenden Fragestellungen, die als Perspektivierungsrahmen (und damit gewissermaßen als Elizitierungsstrategie) fungieren, zu evozieren. Anstelle von Leitfragen wie „Was sieht man?", die bereits die Nutzung von Indefinitpronomen vorgeben und damit auf Passiversatzkonstruktionen zurückgreifen (vgl. hierzu auch Helbig 1997, Mihailova 1997, Wegener 1998: 146), scheinen Leitfragen der Form „Was wird beobachtet?" insofern ratsamer.

Dass SchülerInnen allgemein eine starke Persistenz und Kohärenz in ihrem Schreibstil zeigen und einmal gewählte Perspektiven i. d. R. beibehalten, verdeutlicht eine weitere Analyse der o. g. Versuchsprotokolle, die hierzu zunächst dahingehend klassifiziert wurden, welche grammatische Form das initial gebrauchte Subjekt aufweist: 56 SchülerInnen beginnen ihre Versuchsprotokolle im Rückgriff auf das Indefinitpronomen *man* als Subjekt (z. B.: „Wenn man an den [sic] Gummiabschluss zieht [sic] dringt Luft in die Luftballons", 11O_0108bS03[5]), 47 SchülerInnen finden den Weg in das Versuchsprotokoll mittels Personalpronomen als initialem Subjekt (z. B. „sie hat den Gummiabschlusss runtergezogen und die Luftballons wurden größer", 11O_03084S05) und 44 SchülerInnen gebrauchen als initiales Subjekt eine ggf. erweiterte Nominalphrase mit unbelebtem Nomen (bzw. in diesem Fall substantiviertem Verb: „Durch das Zusammenziehen des Gummiabschluss [sic] blasen sich die Luftballone auf.", 11O_0108bS01).[6] Die Kreuztabellierung in Tab. 1 macht augenfällig, dass das von den SchülerInnen initial gebrauchte Subjekt in gewisser Hinsicht prägend für den gesamten Schreibstil ist: So gebrauchen SchülerInnen, die ihren Text mit einem Indefinitpronomen beginnen, auch im Folgetext signifikant häufiger Konstruktionen der Form „aktivische Verbkonstruktion + *man* als Subjekt", während SchülerInnen, die inital mit einem Personalpronomen als Subjekt in den Text einsteigen, auch im Folgetext deutlich häufiger auf Konstruktionen der Form „aktivische Verbkonstruktion + Personalpronomen als Subjekt" zurückgreifen. Lediglich SchülerInnen, die mit einem Nomen beginnen, verwenden im restlichen Versuchsprotokoll in auffallender Häufigkeit die allgemein erwünschten Passivkonstruktionen.[7]

---

5 Bei dieser Angabe handelt es sich um einen projektinternen Code, der die eindeutige Zuordnung zu einem Schüler/einer Schülerin erlaubt. Der Code dient hier und im Folgenden der Nachvollziehbarkeit bspw. bei Rückfragen.
6 19 der 166 Versuchsprotokolle wurden aus dieser Klassifikation ausgeschlossen, da der erste (Teil-)Satz entweder unvollständig oder fehlerhaft war (und das erste Subjekt somit nicht eindeutig ermittelt werden konnte) oder da sich das initial gebrauchte Subjekt dieser Texte keiner der drei o. g. Gruppen (Indefinitpronomen, Personalpronomen und Nomen) zuordnen lässt.
7 Für einen Teil der Versuchsprotokolle (N=74) ist die statistische Signifikanzprüfung dieser Zusammenhänge und eine detaillierte Diskussion dieser Zusammenhänge nachzulesen in Ricart Brede (2014b).

Initial gebrauchtes Subjekt	Prozentuale Häufigkeit (bezogen auf alle Verbalphrasen) an		
	AKTman	AKTpers	Vorgangspassiv
Indefinitpronomen (N=56)	42,14 %	5,21 %	9,93 %
Personalpronomen (N=47)	12,44 %	37,6 %	9,44 %
unbelebte Nominalphrase (N=44)	19,59 %	4,03 %	22,98 %

Tab. 1: Zusammenhang zwischen der grammatischen Form des initial gebrauchten Subjektes und den Verbalprasen und Subjekten im Folgetext

Die sprachliche Persistenz (oder auch Kohärenz) im schülerseitigen Schreibstil ist didaktisch jedoch nicht allein mit Blick auf mögliche Leitfragen (als sprachlichem Perspektivierungsrahmen) von Bedeutung. So eröffnet sich vor diesem Hintergrund mit der Vorgabe von Textanfängen eine weitere Möglichkeit, um den SchülerInnen einen sprachlichen Perspektivierungsrahmen für die Textgestaltung anzubieten. Vergleichbares folgert Schleppegrell als Ergebnis einer ähnlich angelegten Untersuchung schülerseitiger Beschreibungen aus dem naturwissenschaftlichen Unterricht:

> The first words of these texts evoke the particular perspective from which the description proceeds [. ... It] may or may not be intended or conscious on the part of the writers, but the grammatical form of the subject noun phrase of the first sentence of the description, because of the conventional meanings it conveys, establishes the context from which the text proceeds. (Schleppegrell 1998: 197f)

Für die Vorgabe von Textanfängen spricht zudem folgendes Datum: 79 und damit 48 % der 166 analysierten Versuchsprotokolle beginnen nicht unvermittelt, sondern über rahmende Einleitungen der Form „Ich habe beobachtet, dass ..." (11O_03085S14) oder „Man konnte sehen [sic] das [sic]" (11O_03082S05). Ihnen gemein ist, dass der Schreiber/die Schreiberin sich selbst (als BeobachtendeN) expliziert und zum Versuchsgeschehen in Bezug setzt (vgl. auch Ricart Brede 2014b: i. Dr.). Dies steht der Idee von Versuchsprotokollen geradezu diametral gegenüber, deren Funktion u. a. darin besteht, eine Iteration des Versuchs zu ermöglichen, wozu von irrelevanten Situationsvariablen (und damit auch vom/ von der Beobachtenden als Person) zu abstrahieren ist; der „Leser vermutet infolgedessen weniger eine fachwissenschaftliche Beschreibung, als vielmehr einen persönlichen Bericht" (Ricart Brede 2014b: i. Dr.). In Ergänzung zu einer expliziten Thematisierung des gewünschten unpersönlichen Schreibstils könnten vorgegebene Textanfänge im Sinne eines Scaffoldings (vgl. Gibbons 2002, 2006) zumindest für die ersten von den SchülerInnen selbst zu erstellenden Versuchsprotokolle eine Hilfe darstellen, bevor diese auf die bloße Bereitstellung von Leitfragen reduziert wird.

Überraschenderweise korrelieren weder der Gebrauch rahmender Einleitungen noch die Verwendung der Aktiv-Passiv-Diathese (oder der Anteil an *man*-Konstruktionen als Passiversatzkonstruktionen) mit dem sprachbiografischen Merkmal „Deutsch als Erstsprache" oder „Deutsch als Zweitsprache", doch zeigen sich in beiden Fällen starke Klasseneffekte (vgl. hierzu auch die Ergebnisse in Ricart Brede 2012a: 275, 277 sowie Ricart Brede 2014b: i. Dr.). Dies führt zu der Annahme, dass der Einfluss instruktiver Merkmale auf bestimmte Aspekte der Textproduktion weitaus weitreichender ist als bislang angenommen. Umso drängender scheint die Forderung, Versuchsprotokolle explizit zum Unterrichtsgegenstand werden zu lassen und SchülerInnen transparent zu machen, wie diese zu gestalten sind, und zwar inhaltlich gleichermaßen wie sprachlich.

Doch zeigen sich in der Verwendung der Passiva dann sprachbiografisch bedingte Gruppenunterschiede, wenn zudem sprachtypologische Aspekte berücksichtigt werden: SchülerInnen, in deren Erstsprachen das Vorgangspassiv synthetisch (und damit nicht wie im Deutschen im Rückgriff auf ein Hilfsverb) gebildet wird, gebrauchen in ihren Versuchsprotokollen signifikant seltener Passivkonstruktionen als alle anderen SchülerInnen (vgl. Ricart Brede 2012a: 275ff). Die Ergebnisse sprechen dafür, dass eine Einteilung in „SchülerInnen mit Deutsch als Erstsprache" auf der einen Seite und „SchülerInnen mit Deutsch als Zweitsprache" auf der anderen Seite bei Weitem zu kurz greift. Neben der jeweiligen Erstsprache sind das Alter zu Erwerbsbeginn bzw. die Kontaktdauer mit der Zielsprache weitere entscheidende Einflussfaktoren auf den Spracherwerb. Eine effektive Sprachförderung hat diese Metavariablen zu berücksichtigen, um davon ausgehend die „Zone der nächsten Entwicklung" für den Spracherwerb (auch mit Blick auf fach- und bildungssprachliche Register) der einzelnen SchülerInnen definieren zu können. Dass eine derart differenzierte Betrachtung des sprachbiografischen Hintergrundes der einzelnen SchülerInnen für FachlehrerInnen aus naturwissenschaftlichen Fachdisziplinen (und größtenteils selbst für DeutschlehrerInnen) nicht machbar ist, sondern seine Berücksichtigung in einer gesonderten Sprachförderung zu erfolgen hat, steht außer Frage.

Dass SchülerInnen mit Deutsch als Zweitsprache einer besonderen Sprachförderung bedürfen, zeigt des Weiteren auch eine Analyse des Konnektorengebrauchs in den Versuchsprotokollen.[8] Zwar verknüpfen SchülerInnen mit Deutsch als Erst- und Zweitsprache ihre einzelnen Aussagen gleichermaßen

---

8 Zur Explikation des zugrundeliegenden Begriffsverständnisses von Konnektoren vgl. Ricart Brede (2014a) sowie Pasch et al. (2003: 1ff) und Schanen (2001).

häufig über Konnektoren miteinander (durchschnittlich kommt in jedem zweiten Clause (oder Verbteilsatz) ein Konnektor(enpaar) vor), doch zeigen SchülerInnen mit Deutsch als Zweitsprache für einzelne Konnektoren besondere Verwendungszusammenhänge. Augenfällig sind diese Unterschiede in Bezug auf den Konnektor *und*, der mit 293 Belegen insgesamt der am häufigsten vorkommende Konnektor ist. Während *und* von SchülerInnen mit Deutsch als Erstsprache überwiegend als einfacher Konnektor gebraucht wird, ist diese Konjunktion in den Versuchsprotokollen der SchülerInnen mit Deutsch als Zweitsprache auffallend häufig Bestandteil eines mehrgliedrigen Konnektorenpaares wie *und dann* oder *und wenn* (z. B. „Und wenn man den Gummiabschluss loslässt", 11O_0108bS03, L1= Türkisch). In derartigen Mehrfachkonnexionen markiert *und* vordergründig die Einleitung überhaupt irgendeines Zusammenhanges. Bemerkenswert ist dabei, dass diese *und*-Mehrfachkonnexionen in zahlreichen Beispielen satzinitiierend gebraucht werden; ein Phänomen, das auch Walter & Schmidt im Rahmen einer Korpusanalyse als Charakteristikum für DeutschlernerInnen konstatieren konnten (vgl. Walter & Schmidt 2008: 336).

Eine größere Varianz zeigt sich für die Konnexionen der Texte von SchülerInnen mit Deutsch als Erstsprache lediglich mit Blick auf Alternativen zur morphologisch-lexikalischen Satzverknüpfung: Eine sprachliche Alternative zu *wenn (-dann)*-Konstruktionen und damit zur Realisierung konditionaler Zusammenhänge stellen Verberstsätze dar (vgl. „Lässt der Zuk [sic] nach [sic] entweicht die Luft aus den Lungen.", 11O_0108bS02, vgl. auch Riebling 2013: 146). Der hier syntaktisch mittels Verbinitialstellung realisierte konditionale Zusammenhang führt zu einer stärkeren Verdichtung der Äußerung und lässt den Text insgesamt elaborierter anmuten (vgl. Feilke 2012: 8). Zwar werden derartige Verknüpfungen auf syntaktischer Ebene von den SchülerInnen i. A. sehr selten genutzt, von SchülerInnen mit Deutsch als Zweitsprache jeodch nahezu überhaupt nicht.

Mit Konnektoren als sprachlichen Verknüpfungsmitteln scheinen die SchülerInnen demnach grundsätzlich vertraut zu sein. Dennoch ist insbesondere deren funktionale Vermittlung im Unterricht wünschenswert, bspw. indem auf sog. Wortschatzlisten explizit Verknüpfungsmittel aufgeführt werden. Im Besonderen gilt dies für SchülerInnen mit Deutsch als Zweitsprache, deren Versuchsprotokolle teilweise durch satzinitiale Wiederholungen der Form *und wenn* bzw. *und dann* auffallen. Zielführend könnten in diesem Fall auch Übungen sein, in denen bewusst wiederholend angelegte Musterprotokolle von den SchülerInnen überarbeitet werden.

4 Didaktische Konklusionen

Die Ausführungen haben vor Augen geführt, dass das Versuchsprotokoll, obgleich eine Textsorte aus dem naturwissenschaftlichen Unterricht, gleichermaßen inhaltlich-fachliche wie sprachliche Restriktionen einfordert. Tabelle 2 fasst die genannten Charakteristika beider Bereiche zusammen und zeigt zugleich mögliche Hilfestellungen auf, um SchülerInnen mit diesen Merkmalen zunehmend vertraut zu machen. Die Arbeit mit Mustertexten fungiert dabei in gewisser Weise als „Joker": Durch sie können inhaltliche Aspekte (wie der funktional begründete Textaufbau) gleichermaßen wie sprachliche Spezifika (z. B. Passivkonstruktionen oder Konnektoren betreffend) jederzeit aufgezeigt werden. Denkbar ist daher, dass die Arbeit mit einem ausgewählten Musterprotokoll einerseits den Einstieg in das Thema „Versuchsprotokoll" begründet und auch in Folgestunden immer wieder zur Verdeutlichung einzelner Charakteristika dient, das Musterprotokoll andererseits jedoch auch als Vergleichsfolie und Checkliste für die eigenen Textproduktionsprozesse der SchülerInnen fungiert.

Charakteristikum	Hilfestellungen
Klar gegliederter Aufbau in Fragestellung, Hypothesenbildung, Aufbau/Durchführung, Beobachtung und Auswertung	• Explizite Einführung der Textteile • Bereitstellung von Leitfragen • Arbeit mit Musterprotokoll
Unpersönlicher Schreibstil	• Bewusste Formulierung der Leitfragen • Vorgabe von Textanfängen • Explizite Thematisierung von Passivkonstruktionen als Mittel zur Prozessorientierung • Arbeit mit Musterprotokoll
Zeitlich und logisch verknüpfte Einzelaussagen	• Bereitstellung von Wortlisten mit Konnektoren inkl. deren Funktionen (konditionale Verkettung, kausale Konnexion ...) • Explizite Thematisierung von *wenn (-dann)*-Konstruktionen als konditionale Konnektoren • Arbeit mit Musterprotokoll

Tab. 2: Charakteristika von Versuchsprotokollen und mögliche didaktische Hilfestellungen

Optimalerweise bilden die Hilfsangebote ein Kontinuum von der aufmerksamen, erarbeitenden Rezeption bis hin zur vollständig selbstständigen Produktion von Versuchsprotokollen (vgl. Gibbons 2006): Während zunächst ein Musterprotokoll als Vorlage vorgegeben wird, erfolgt in einem zweiten Schritt entlang einer vorgegebenen Textgliederung sowie mittels bereits vorgegebener

Textanfänge eine zusätzlich durch Leitfragen gestützte erste Eigenproduktion von Versuchsprotokollen, bis schließlich (im Rückgriff auf das nun gefestigte Textmusterwissen) eine gänzlich eigenständige Textproduktion der SchülerInnen verlangt wird. Damit fungieren die einzelnen Hilfsangebote im Sinne eines „Scaffoldings" lediglich als temporäre Stützen, die mit zunehmender Kompetenz der SchülerInnen schrittweise und sukzessive zurückgenommen werden (vgl. Gibbons 2002: 10).

Offen ist allerdings weiterhin, ob die Herausarbeitung und Vermittlung des textuellen Aufbaus sowie der sprachlichen Mittel von Versuchsprotokollen Aufgabe des Faches Deutsch oder der naturwissenschaftlichen Fächer sein sollte; LehrerInnen beider Fachdisziplinen verweisen in diesem Zusammenhang auf ihnen fehlendes Fachwissen (vgl. Leisen 2005, Tajmel 2009: 139f), aber auch auf übervolle Lehrplanvorgaben und Pensendruck (vgl. Thürmann 2012: 21). Die bewusste Fokussierung des Sprachgebrauchs im Fachunterricht im Sinne eines sprachbewussten oder sprachsensiblen Fachunterrichts (vgl. Kruczinna 2010, Leisen 2010) stellt demnach eine Wunschvorstellung bzw. zumindest eher den Ausnahmefall als den Regelfall dar; selbiges gilt für eine Einführung fachspezifischer Textsorten im Deutschunterricht. Erfolgversprechend scheint daher lediglich der kooperierende Schulterschluss: Ebenso wie unlängst die Forderung nach einem sprachsensiblen Fachunterricht laut geworden ist, ergibt sich demnach die Forderung nach einem fachsensiblen Sprachunterricht (vgl. auch Abb. 3), wobei, trotz einiger Überschneidungen, durchaus Zuschreibungen in Bezug auf die Zuständigkeitsbereiche möglich sind. Während der sprachsensible Fachunterricht in diesem Fall mit dem naturwissenschaftlichen Fachunterricht zusammenfällt, wird der fachsensible Sprachunterricht in einem Deutschunterricht konkretisiert, der Sprachmittel funktionsorientiert vermittelt und auf tatsächlich existierende, lebensweltnahe Schreibaufgaben vorbereitet, statt sich allein genuin schulischen und didaktischen Schreibmustern zu verpflichten (vgl. hierzu auch Feilke 2012: 4f, Cathomas 2007).

Zu erweitern ist dieses Gefüge, wie auch die Analyseergebnisse gezeigt haben, um einen spezifischen Sprachförderunterricht für SchülerInnen mit Deutsch als Zweitsprache, der – zumindest in Teilen – ebenfalls fachsensibel angelegt sein sollte. Dieser geht deutlich über die Einführung und Einübung bestimmter Sprachmittel (wie des Vorgangspassivs), wie sie im regulären Deutschunterricht erfolgen kann, hinaus, u. a. indem typologische Merkmale der jeweiligen Erstsprachen und die sich daraus ableitenden Lernaufgaben explizite Berücksichtigung finden.

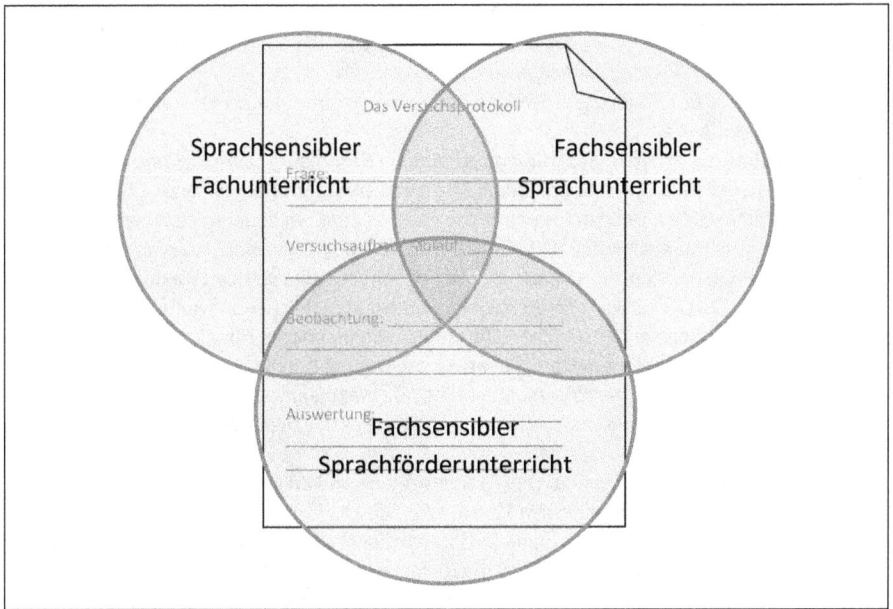

Abb. 3: Zusammenspiel von sprachsensiblem Fachunterricht, fachsensiblem Sprachunterricht und fachsensiblem Sprachförderunterricht

Zentral sowohl für den fachsensiblen Sprachunterricht als auch für den fachsensiblen Sprachförderunterricht ist darüber hinaus, dass SchülerInnen hier grundsätzlich auf den Fachunterricht vorbereitet werden sollten (anstatt dass nachbereitend aufgearbeitet wird), denn nur so erhalten sie die Möglichkeit, das sprachliche Wissen im Kontext anzuwenden bzw. – im Falle von SchülerInnen mit Deutsch als Zweitsprache – vorbereitet und „sprachlich entlastet" (vgl. Luchtenberg 1992: 157f) am Fachunterricht partizipieren zu können (vgl. Knapp 2010: 143).

5 Literatur

Ahrenholz, Bernt (2010): Einleitung. In Ahrenholz, Bernt (Hrsg.): *Fachunterricht und Deutsch als Zweitsprache*. Tübingen: Narr Francke Attempto, 1–14.

Baer, Heintz-Werner & Grönke, Ottokar (1977): *Arbeitstechniken Biologie*. Berlin: Volk und Wissen.

Beese, Melanie & Roll, Heike (2013): Versuchsprotokolle schreiben – zur Förderung literaler Routinen bei mehrsprachigen SuS in der Sekundarstufe I. In Decker-Ernst, Yvonne & Oomen-Welke, Ingelore (Hrsg.): *Deutsch als Zweitsprache*. Beiträge zur durchgängigen Sprachbildung. Beiträge aus dem 8. Workshop „Kinder mit Migrationshintergrund", 2012. Stuttgart: Fillibach bei Klett, 213–229.

Campbell, Neil A. (1997): *Biologie*. Heidelberg et al.: Spektrum.
Cathomas, Rico (2007): Neue Tendenzen der Fremdsprachendidaktik – das Ende der kommunikativen Wende? *Beiträge zur Lehrerbildung* 2: 180–191.
Feilke, Helmuth (2012): Bildungssprachliche Kompetenz – fördern und entwickeln. *Praxis Deutsch* 233: 4–13.
Gibbons, Pauline (ed.) (2002): *Scaffolding Language – Scaffolding Learning: Teaching Second Language Learners in the Mainstream Classroom*. Westport: Heinemann.
Gibbons, Pauline (2006): Unterrichtsgespräche und das Erlernen neuer Register in der Zweitsprache. In: Mecheril, Paul & Quehl, Thomas (Hrsg.): *Die Macht der Sprachen*. Englische Perspektiven auf die mehrsprachige Schule. Münster u. a.: Waxmann, 269–290.
Hachfeld, Axinja (2012): Lehrerkompetenzen im Kontext sprachlicher und kultureller Heterogenität im Klassenzimmer. Welche Rolle spielen diagnostische Fähigkeiten und Überzeugungen? In Winters-Ohle, Elmar; Seipp, Bettina & Ralle, Bernd (Hrsg.): *Lehrer für Schüler mit Migrationsgeschichte*. Münster et al.: Waxmann, 47–65.
Helbig, Gerhard (1997): *Man*-Konstruktionen und/oder Passiv? *Deutsch als Fremdsprache* 2: 82–85.
Henke, Andreas & Höttecke, Dietmar (2011): Beschreiben und Erklären elektrischer Vorgänge. *Naturwissenschaften im Unterricht Physik* 126: 20–24.
Hoppe, Petra; Krämer, Silke & Reh, Juana (2013): Wie keimt Kresse am besten? *Biologie im naturwissenschaftlichen Unterricht 5 bis 10*. Materialheft 4: 22–35.
Kernen, Nora & Riss, Maria (2012): *Textschwierigkeiten in Lehrmitteln für den naturwissenschaftlichen Unterricht in der Sekundarstufe I*. Eine Analyse von der Pädagogischen Hochschule FHNW, Zentrum Lesen. Im Auftrag des Departments Bildung, Kultur und Sport des Kantons Aargau. http://www.ilz.ch/cms/downloads/2012_Textschwierigkeiten.pdf (03.04.2013).
Knapp, Werner (2010): Didaktische Konzepte Deutsch als Zweitsprache. In Ahrenholz, Bernt & Oomen-Welke, Ingelore (Hrsg.): *Deutsch als Zweitsprache*. Baltmannsweiler: Schneider Hohengehren, 133–148.
Köhler, Karlheinz (2004): Nach welchen Prinzipien kann Biologieunterricht gestaltet werden? In Spörhase-Eichmann, Ulrike & Ruppert, Wolfgang (Hrsg.): *Biologiedidaktik*. Berlin: Cornelsen Scriptor, 124–143.
Krämer, Silke (2011): *Der Walsumer Fachsprachentag* Protokolle schreiben. Walsum. http://www.uni-due.de/imperia/md/content/prodaz/fachsprachentag_protokolle_schreiben.pdf (02.09.2014).
Krämer, Silke (2013): Kann ich dir helfen? *Biologie im naturwissenschaftlichen Unterricht 5 bis 10*. Materialheft 4: 76–82.
Kraus, Martin Ernst & Stehlik, Sebastian (2008): Protokolle schreiben. *Unterricht Physik* 19/104: 17–22.
Kruczinna, Rolf (2010): Inhalte nutzen, Sprache entwickeln. Der planvolle Weg zu einem sprachbewussten Fachunterricht. In Benholz, Claudia; Kniffka, Gabriele & Winters-Ohle, Elmar (Hrsg.): *Fachliche und sprachliche Förderung von Schülern mit Migrationsgeschichte*. Münster u. a.: Waxmann, 187–203.
Leisen, Josef (o. J.): *Sprachsensibler Fachunterricht*. http://www.josefleisen.de/uploads2/04%20Sprache%20im%20Fachunterricht%20-%20Bilingualer%20Fachunterricht/17%20Sprachsensibler%20Fachunterricht.pdf (02.09.2014).
Leisen, Josef (2003): Vorgänge und Experimente beschreiben. *Unterricht Physik* 75: 18–21.

Leisen, Josef (2005): Muss ich jetzt auch noch Sprache unterrichten? – Sprache und Physikunterricht. *Unterricht Physik* 3: 4–9.

Leisen, Josef (2010): *Handbuch Sprachförderung im Fach*. Sprachsensibler Fachunterricht in der Praxis. Bonn: Varus.

Lengyel, Drorit; Heintze, Andreas; Reich, Hans H.; Roth, Hans-Joachim & Scheinhardt-Stettner, Heidi (2009): Prozessbegleitende Diagnose zur Schreibentwicklung: Beobachtung schriftlicher Sprachhandlungen in der Sekundarstufe I. In Lengyel, Drorit; Reich, Hans H.; Roth, Hans-Joachim & Döll, Marion (Hrsg.): *Von der Sprachdiagnose zur Sprachförderung*. Münster u. a.: Waxmann, 129–138.

Luchtenberg, Sigrid (1992): Fachsprache im Unterricht mit Aussiedlerkindern. In Glumpler, Edith; Sandfuchs, Uwe et al. (Hrsg.): *Mit Aussiedlerkindern lernen*. Braunschweig: Westermann, 147–160.

Mihailova, Antoaneta (1997): Man wird hier gut bedient. Zur Analyse eines *man*-Passiv-Satzes. *Deutsch als Fremdsprache* 2: 80–82.

Pasch, Renate; Brauße, Ursula; Breindl, Eva & Waßner, Ulrich Hermann (2003): *Handbuch der deutschen Konnektoren*. Linguistische Grundlagen der Beschreibung und syntaktische Merkmale der deutschen Satzverknüpfer (Konjunktionen, Satzadverbien und Partikeln). Berlin: de Gruyter.

Peschel, Corinna (2013): Schreiben in der Zweitsprache Deutsch – Orientierung an Textmustern im Fachunterricht. In Röhner, Charlotte & Hövelbrinks, Britta (Hrsg.): *Fachbezogene Sprachförderung in Deutsch als Zweitsprache*. Theoretische Konzepte und empirische Befunde zum Erwerb bildungssprachlicher Kompetenzen. Weinheim, Basel: Juventa Beltz, 99–116.

Poser, Hans (2001): *Wissenschaftstheorie. Eine philosophische Einführung*. Stuttgart: Reclam.

Ricart Brede, Julia (2012a): Passivkonstruktionen in Versuchsprotokollen aus dem Fachunterricht Biologie der Sekundarstufe I. Ein Vergleich von lehrerseitigen Erwartungen und schülerseitigen Realisierungen unter besonderer Berücksichtigung der jeweiligen Erstsprachen. In Jeuk, Stefan & Schäfer, Joachim (Hrsg.): *Deutsch als Zweitsprache in Kindertageseinrichtungen und Schulen*. Aneignung, Förderung, Unterricht. Beiträge aus dem 7. Workshop „Kinder mit Migrationshintergund", 2011. Freiburg i. Br.: Fillibach, 265–284.

Ricart Brede, Julia (2012b): „Wenn man luft reinpustet, geht es schneller aus. Warum???". Ein empirisches Forschungsprojekt zu schriftlichen Produktionen von DaZ- und DaM-SchülerInnen im Fachunterricht Biologie. In Ahrenholz, Bernt & Knapp, Werner (Hrsg.): *Sprachstand erheben – Spracherwerb erforschen*. Stuttgart: Fillibach bei Klett, 225–240.

Ricart Brede, Julia (2014a): „Da wo das Gummiabschluss runter gezogen war, dadurch wurden die Luftballongs größer". Zum Konnektorengebrauch in Versuchsprotokollen von Schülern mit Deutsch als Erst- und Zweitsprache. In Ahrenholz, Bernt & Grommes, Patrick (Hrsg.): *Zweitspracherwerb im Jugendalter*. Berlin: de Gruyter, 59–76.

Ricart Brede, Julia (2014b): „Ich habe beobachtet, dass ..." Der Weg in schülerseitige Versuchsprotokolle und damit einhergehende Perspektivierungen. In: Lütke, Beate & Petersen, Inger (Hrsg.): *Deutsch als Zweitsprache: Lehrkompetenzen, Sprachförderkonzepte und Zweitspracherwerb*. Beiträge aus dem 9. Workshop „Kinder mit Migrationshintergrund". Stuttgart: Fillibach bei Klett (i. Dr.).

Riebling, Linda (2013): Heuristik der Bildungssprache. In Gogolin, Ingrid; Lange, Imke; Michel, Ute & Reich, Hans H. (Hrsg.): *Herausforderung Bildungssprache – und wie man sie meistert*. Münster u. a.: Waxmann, 106–153.

Schäffler, Arne & Menche, Nicole (2000): *Biologie, Anatomie, Physiologie. Kompaktes Lehrbuch für die Pflegeberufe*. 4. Auflage. München: Urban & Fischer.

Schanen, François (2001): Textkonnektoren: der begriffliche Hintergrund. In Cambourian, Alain (Hrsg.): *Textkonnektoren und andere textstrukturierende Einheiten*. Tübingen: Stauffenburg, 1–17.

Schleppegrell, Mary J. (1998): Grammar as Resource: Writing a Description. *Research in the Teaching of English* 32/2: 182–211.

Stephany, Sabine; Linnemann, Markus & Becker-Mrotzek, Michael (2013): Schreiben als Mittel des mathematischen Lernens. In Becker-Mrotzek, Michael; Schramm, Karen; Thürmann, Eike & Johannes, Helmut Vollmer (Hrsg.): *Sprache im Fach. Sprachlichkeit und fachliches Lernen*. Münster u. a.: Waxmann, 203–222.

Tajmel, Tanja (2009): Physikunterricht als Lernumgebung für Sprachlernen. In Knapp, Werner & Rösch, Heidi (Hrsg.): *Sprachliche Lernumgebungen gestalten*. Freiburg i. Br.: Fillibach, 139–154.

Tajmel, Tanja (2011): *Sprachliche Lernziele des naturwissenschaftlichen Unterrichts*. Hrsg. v. ProDaz. Universität Duisburg Essen. http://www.uni-due.de/imperia/md/content/prodaz/sprachliche_lernziele_tajmel.pdf (02.09.2014).

Thürmann, Eike (2012): Lernen durch Schreiben? Thesen zur Unterstützung sprachlicher Risikogruppen im Sachfachunterricht. *dieS-online* 1: 1–28. http://geb.uni-giessen.de/geb/volltexte/2012/8668/ (02.09.2014).

Tilman-Riemenschneider-Gymnasium Osterode am Harz (o. A.): *Methoden- und Kompetenzordner. Versuchsprotokoll*. Osterode. http://www.trg-oha.de/unterricht/methodenkonzept/pdf/versuchsprotokoll.pdf (02.09.2014).

Walter, Maik & Schmidt, Karin (2008): Und das ist auch gut so! Der Gebrauch des satzinitialen ‚und' bei fortgeschrittenen Lernern des Deutschen als Fremdsprache. In Ahrenholz, Bernt; Bredel, Ursula; Klein, Wolfgang; Rost-Roth, Martina & Skiba, Romuald (Hrsg.): *Empirische Forschung und Theoriebildung. Beiträge aus Soziolinguistik, Gesprochene-Sprache- und Zweitspracherwerbsforschung. Festschrift für Norbert Dittmar zum 65. Geburtstag*. Frankfurt am Main u. a.: Peter Lang, 331–342.

Wegener, Heide (1998): Das Passiv im DaZ-Erwerb von Grundschulkindern. In Wegener, Heide (Hrsg.): *Eine zweite Sprache lernen. Empirische Untersuchungen zum Zweitspracherwerb*. Tübingen: Narr, 143–172.

Witteck, Torsten & Eilks, Ingo (2004): Versuchsprotokolle kooperativ erstellen. *Naturwissenschaften im Unterricht Chemie* 15/82: 54–56.

Zürcher, Simone & Spörhase, Ulrike (2010): Protokoll. In Spörhase, Ulrike & Ruppert, Wolfgang (Hrsg.): *Biologie Methodik. Handbuch für die Sekundarstufe I und II*. Berlin: Cornelsen Scriptor, 162–165.

Anhang

An die SchülerInnen für die Textproduktion verteiltes Arbeitsblatt.

Sarah Schimke
Die rezeptive Verarbeitung von Markierungen der Diskurskohärenz bei Grundschulkindern mit Deutsch als Erst- oder Zweitsprache

Abstract: In diesem Artikel wird eine „selbstgesteuertes Lesen"-Studie vorgestellt, die mit Viertklässlern durchgeführt wurde, die Deutsch als Erstsprache (L1) oder Türkisch als Erst- und Deutsch als Zweitsprache (L2) sprachen. Es wird die Frage untersucht, ob sich diese beiden Gruppen darin unterscheiden, ob kontextuell angemessene Markierungen der Diskurskohärenz (Konnektoren und anaphorische Pronomen) ihre Textverarbeitung erleichtern und dadurch beschleunigen oder nicht. Die Ergebnisse zeigen, dass Texte mit derartigen Markierungen in beiden Gruppen ähnlich schnell oder schneller gelesen wurden als Texte ohne solche Markierungen. Allerdings verarbeiteten die L2-Kinder die Verbendstellung in Nebensätzen, die bei Sätzen mit Konnektoren auftritt, langsamer als die L1-Kinder und schnitten in einem C-Test schlechter ab. Diese Ergebnisse lassen vermuten, dass sich Kinder mit Deutsch als L1 in der Verarbeitung (texttypischer) morphosyntaktischer Strukturen stärker von Kindern mit Deutsch als L2 unterscheiden als in der Verarbeitung einfacher Markierungen der Diskurskohärenz. Der Artikel schließt mit Überlegungen zu weiterführenden Forschungsfragen und möglichen Implikationen der Ergebnisse für die Sprachförderung.

Keywords: Diskurskohärenz, referentielle Ausdrücke, Textverstehen, Deutsch als Erst- und Zweitsprache, Sprachförderung, Lesen, Grundschule, Pronomen, Konnektoren

Kinder, die in Deutschland geboren sind, aber Deutsch nicht als L1 erworben haben, beginnen den L2-Erwerb des Deutschen meist im Kindergartenalter. Studien, die den L2-Erwerb in dieser Population untersuchen, beobachten dabei häufig einen schnellen und erfolgreichen Erwerb wichtiger Gebiete der Kerngrammatik des Deutschen (s. z. B. Thoma & Tracy 2006). In der späteren Schullaufbahn sind Kinder mit Deutsch als L2 dennoch im Durchschnitt weniger erfolgreich als Kinder mit Deutsch als L1 (s. u. a. Hopf 2005). Dies wirft die Frage auf, ob

---

Sarah Schimke: Juniorprofessorin am Germanistischen Institut, Universität Münster, Schlossplatz 34, D-48143 Münster, e-mail: sarah.schimke@uni-muenster.de

es andere sprachliche Kompetenzen gibt, in denen diese beiden Gruppen sich voneinander unterscheiden.

In diesem Beitrag wird ein Aspekt sprachlicher Kompetenz daraufhin untersucht, ob sich zehnjährige Kinder mit Deutsch als L1 und L2 in ihm unterscheiden. Dabei geht es um Prozesse des Textverstehens, genauer um die Nutzung von Markierungen relationaler und referentieller Kohärenz (Konnektoren und anaphorische Pronomen). Für muttersprachliche Lesende ist bekannt, dass sie Texte mit diesen Markierungen, wenn sie kontextuell angemessen verwendet werden, schneller lesen als Texte ohne solche Markierungen (Gordon, Grosz & Gilliom 1993; Sanders & Noordman 2000). Offensichtlich nutzen Lesende die Markierungen, um den Text zu verstehen. Für Kinder mit Deutsch als L2 ist nicht bekannt, ob sie derartige Markierungen in gleicher Weise nutzen können. Sollte das nicht der Fall sein, könnte dies ein Faktor sein, der zu einem unterschiedlichen Lese- und in der Folge eventuell auch Schulerfolg beitragen könnte. Das Ziel der vorliegenden Studie war es daher, zu untersuchen, ob der Einfluss von Kohärenzmarkierungen auf die Lesegeschwindigkeit sich bei zehnjährigen Kindern mit Deutsch als L1 und als L2 unterscheidet. Nach der Vorstellung der Studie und ihrer Ergebnisse schließt der Beitrag mit Überlegungen zu weiterführenden Forschungsfragen und möglichen Implikationen der Ergebnisse für die Sprachförderung.

1 Die Verarbeitung von Kohärenzmarkierungen in der L1

In der Textverstehensforschung wird angenommen, dass erfolgreiches Textverstehen mit der Konstruktion einer kohärenten mentalen Repräsentation der Textbedeutung einhergeht (s. z. B. Kintsch 1998; Johnson-Laird 1980). Kohärenz äußert sich dabei darin, dass Beziehungen innerhalb des Textes erkannt oder erschlossen werden. Dies betrifft zum einen die Beziehungen zwischen einzelnen Aussagen des Textes (relationale Kohärenz), zum anderen das Erkennen von wiederholten Bezügen auf dieselben Diskursreferenten (referentielle Kohärenz, s. auch Sanders & Pander Maat 2006). Relationale Kohärenz kann in Texten durch den Gebrauch von Konnektoren explizit gemacht werden und referentielle Kohärenz durch den Gebrauch anaphorischer Formen, insbesondere anaphorischer Pronomen. Werden keine expliziten Markierungen verwendet, müssen diese Beziehungen vom Lesenden erschlossen werden, um zu einer kohärenten Repräsentation der Textbedeutung zu gelangen. Die Beispiele (1) und (2) illustrieren dies für relationale und referentielle Kohärenz. In (1a) wird die kausale Beziehung zwischen den beiden Sätzen explizit gemacht, während sie in (1b) erschlossen werden muss. In (2a) signalisiert das Pronomen, dass das Subjekt des Satzes sich auf einen Diskursreferenten beziehen muss, der zuvor bereits erwähnt wurde. Dies ist in (2b), wo der Name wiederholt wird, nicht der Fall.

(1a) Alina lacht, weil der Film lustig ist.
(1b) Alina lacht. Der Film ist lustig.
(2a) Jonas sitzt auf dem Boden, und er malt ein Bild.
(2b) Jonas sitzt auf dem Boden, und Jonas malt ein Bild.

Unter der oben erwähnten Annahme, dass Lesende Kohärenz in jedem Fall herzustellen versuchen (Kintsch 1998; Johnson-Laird 1980), erscheint es plausibel, dass explizite Kohärenzmarkierungen die Textverarbeitung erleichtern und damit beschleunigen. Wie im Folgenden zusammengefasst wird, ist diese Annahme jedenfalls für die oben illustrierten Markierungen bei Lesenden in der L1 bestätigt worden.

Sanders & Noordman (2000) verglichen die Verarbeitungszeit für einen Satz (s. „Der Bau einer Unterführung [...] soll nächstes Jahr beginnen." in Beispielsatz (3)), der auf eine Markierung relationaler Kohärenz folgte („Eine Lösung ist nun in Sicht."), mit dem gleichen Satz ohne eine derartige vorangehende Markierung. Um die beiden miteinander verglichenen Sätze identisch zu halten, wurde als Markierung also nicht ein Konnektor gewählt wie in (1a), sondern ein eigenständiger Satz, der eine Relation ausdrückte. Der diesem „Markierungssatz" vorangehende Kontext war in beiden Bedingungen gleich.

(3) [...] Wegen des hohen Verkehrsaufkommens ist es sehr gefährlich geworden, die Straße zu überqueren. (Eine Lösung ist nun in Sicht). Der Bau einer Unterführung [...] soll nächstes Jahr beginnen.

Sanders & Noordman (2000) beobachteten, dass Sätze, die auf einen solchen Markierungssatz folgten (hier also „Der Bau einer Unterführung [...] soll nächstes Jahr beginnen"), schneller verarbeitet wurden, als wenn den gleichen Sätzen kein „Markierungssatz" vorausging. Cain & Nash (2011) überprüften, ob ein solcher Effekt schon bei 8- und 10-jährigen Kindern vorhanden ist. Sie verglichen Lesezeiten für Sätze (s. „she was not allowed one." in Beispielsatz (4)), die auf einen semantisch in den Kontext passenden Konnektor folgten („but" in Beispiel (4)), mit Lesezeiten für die gleichen Sätze, wenn sie auf einen unpassenden (*after*), einen neutralen (*and*) oder auf keinen Konnektor folgten. Auch hier war der Kontext vor dem Konnektor in allen Bedingungen identisch.

(4) Amy had always loved dogs. Amy wanted a dog but/after/and/_ she was not allowed one.

Im Einklang mit den Ergebnissen von Sanders & Noordman (2000) beobachteten Cain & Nash (2011) für Kinder beider Altersstufen schnellere Lesezeiten nach dem passenden Konnektor als in den anderen Bedingungen.

Studien zur Verarbeitung anaphorischer Ausdrücke kommen ebenfalls zu dem Ergebnis, dass die Markierung referentieller Kohärenz die Verarbeitung im Vergleich zu einer fehlenden Markierung erleichtern kann. Gordon, Grosz & Gilliom (1993) verglichen Lesezeiten für Sätze, in denen das Subjekt sich auf den gleichen Diskursreferenten bezog wie das Subjekt des vorherigen Satzes und entweder als Pronomen realisiert war wie in (2a) oder als wiederholter Eigenname wie in (2b). Sie beobachteten längere Lesezeiten für Sätze mit wiederholten Eigennamen, also eine von ihnen so bezeichnete *repeated-name penalty*. Sie schlagen vor, dass es innerhalb lokal kohärenter, also semantisch eng zusammenhängender Textabschnitte eine starke Präferenz dafür gibt, von Satz zu Satz den gleichen Referenten in der Subjektrolle zu erhalten. Sie nehmen weiterhin an, dass die Verwendung eines Subjektpronomens wie in (2a) signalisiert, dass dieses Prinzip eingehalten wurde und der Lesende referentielle Kontinuität zwischen dem aktuellen und dem vorhergehenden Subjekt annehmen kann. Wird dagegen ein wiederholter Eigenname verwendet, wird dem Lesenden das Signal, dass er den aktuellen Satz als lokal kohärent mit dem vorhergehenden betrachten kann, genommen. Das Erkennen, dass der wiederholte Eigenname sich auf den gleichen Referenten bezieht wie der im vorherigen Satz erwähnte Referent, ist unter diesen Umständen offensichtlich verlangsamt. Dies gilt nicht nur für Erwachsene, sondern auch bereits für 7-jährige Kinder, wie Megherbi und Ehrlich (2009) mithilfe einer mit französischsprachigen Kindern durchgeführten inter-modalen Benennungsaufgabe nachweisen konnten.

Zusammenfassend nehmen also sowohl Studien zur relationalen als auch zur referentiellen Kohärenz an, dass Lesende versuchen, Kohärenz herzustellen, unabhängig davon, ob sie explizit markiert wird. Ist eine Markierung durch kontextuell angemessen verwendete Konnektoren und anaphorische Pronomen vorhanden, so erleichtert das diesen Prozess und beschleunigt dadurch die Verarbeitung. Diese Effekte treten sowohl bei Erwachsenen als auch bei Kindern im Grundschulalter auf.

2 Überlegungen zur Verarbeitung von Kohärenzmarkierungen bei Kindern in einer L2

Es ist unklar, ob Kinder in einer L2 Kohärenzmarkierungen ebenso erfolgreich nutzen können und ebenfalls schnellere Verarbeitungszeiten für Sätze mit kontextuell angemessenen Kohärenzmarkierungen zeigen.

Mehrere Unterschiede zwischen kindlichen Lesern in einer L1 und einer L2 könnten hier einen Einfluss haben. Zum einen ist es möglich, dass die Funktion bestimmter Kohärenzmarkierungen in der L2 später oder gar nicht erworben wird. Dies könnte wiederum mit dem höheren Alter zu Beginn des Erwerbs, der geringeren Menge an Input oder auch mit Interferenzen aus der L1 zusammenhängen. Diese Vermutung erscheint auch deswegen plausibel, weil die Funktion einzelner Kohärenzmarkierungen auch in der L1 nur langsam erworben wird (s. Arnold, Brown-Schmidt & Trueswell 2007; Cain & Nash 2011; Song & Fisher 2006). Zum anderen ist bekannt, dass die Kapazität des verbalen Arbeitsgedächtnisses in einer L2 geringer ist als in einer L1 und dass dies auch für Kinder im Grundschulalter gilt (Lesaux, Lipka & Siegel 2006). Eine geringere Kapazität des Arbeitsgedächtnisses macht es schwieriger, während der Verarbeitung eines gegebenen Satzes auch Informationen aus dem Kontext zu aktivieren und mit dem Satz zu verknüpfen. Es erscheint möglich, dass Lesende unter diesen Umständen jedenfalls zunächst auf die Herstellung von Kohärenz verzichten, um sich auf die Verarbeitung des aktuellen Satzes zu konzentrieren. Enthält ein Satz Kohärenzmarkierungen wie Konnektoren oder Pronomen, dürfte es jedoch schwerer oder, im Falle der Pronomen, geradezu unmöglich sein, auf eine Aktivierung des Kontexts zu verzichten. Unter diesen Umständen erscheint es denkbar, dass Kohärenzmarkierungen das Textverstehen eher erschweren als erleichtern. Diese Idee liegt auch Vorschlägen zugrunde, Texte, die sich an Lesende mit Lernschwierigkeiten richten, möglichst aus einfachen unverbundenen Hauptsätzen ohne Markierungen der relationalen oder referentiellen Kohärenz zu konstruieren (s. Kuhlmann 2013 für eine Zusammenfassung und kritische Diskussion dieser Empfehlungen). Zusammengefasst erscheint es also möglich, dass L2-Kinder Kohärenzmarkierungen weniger erfolgreich nutzen können als L1-Kinder. Sollte dies tatsächlich der Fall sein, würde man erwarten, dass eine schnellere Verarbeitung von Sätzen mit Kohärenzmarkierungen im Vergleich zu Sätzen ohne solche Markierungen in dieser Gruppe nicht auftritt.

Andererseits gibt es empirische Ergebnisse zu Leseprozessen bei erwachsenen L2-Lernern, die auch einen umgekehrten Effekt plausibel erscheinen lassen. Pan & Felser (2011) und Pan, Schimke & Felser (2014) zeigten für die Verarbeitung strukturell ambiger Sätze, dass erwachsene L2-Lerner den referentiellen Kontext eines Satzes früher und stärker in die Verarbeitung mit einbezogen als muttersprachliche Lerner. Dieser Unterschied wurde damit erklärt, dass Lesende in einer Zweitsprache generell eine größere Sensibilität für semantische und Diskursinformationen aufweisen, eventuell um Schwierigkeiten bei der Verarbeitung morphosyntaktischer Informationen zu kompensieren (Clahsen & Felser 2006). Sollte es einen solchen Effekt auch bei kindlichen Lernern einer Zweitsprache geben, erscheint es denkbar, dass diese Kinder Kohärenzmarkierungen sogar besser nutzen als gleich alte L1-Kinder und dementsprechend eine mindestens so große Beschleunigung der Verarbeitung bei Sätzen mit Kohärenzmarkierungen zeigen sollten.

Vor dem Hintergrund dieser verschiedenen Möglichkeiten wird in dieser Studie untersucht, ob sich Kinder mit Deutsch als L1 und L2 in der Verarbeitung von Kohärenzmarkierungen unterscheiden. Wie oben erläutert, könnte insbesondere eine weniger erfolgreiche Nutzung bei L2-Kindern Unterschiede im Leseverstehen zwischen den beiden Gruppen erklären. Untersucht wurden sowohl Markierungen relationaler Kohärenz (Experiment 1) als auch referentieller Kohärenz (Experiment 2).

2.1 Experiment 1

In diesem Experiment wurde untersucht, ob die von Sanders & Noordman (2000) und Cain & Nash (2011) beobachtete Erleichterung der Textverarbeitung nach einem Konnektor auch bei zehnjährigen Kindern mit Deutsch als L1 oder L2 auftritt. Dazu wurde eine „selbstgesteuertes Lesen"-Aufgabe verwendet, in der die Lesezeiten für Satzsegmente, die auf einen Konnektor folgten, mit den Lesezeiten für die gleichen Segmente ohne vorangehenden Konnektor verglichen wurden.

2.2.1 Methode

Teilnehmende
Die teilnehmenden Kinder besuchten die vierten Klassen von Grundschulen in Osnabrück und waren im Durchschnitt zehn Jahre alt. Die Kinder mit Deutsch als L2 waren alle in Deutschland geboren und sprachen alle Türkisch als L1. Zum Zeitpunkt der Datenerhebung sprachen 19 der 24 Kinder mit beiden Elternteilen überwiegend Türkisch, fünf sprachen mit einem Elternteil überwiegend Türkisch und mit dem anderen überwiegend Deutsch. Ein regelmäßiger Kontakt mit dem Deutschen hatte für eines der befragten Kinder mit 6 Jahren begonnen, für alle anderen hierzu befragten Kinder begann dieser mit dem Besuch des Kindergar-

tens im Alter von drei oder vier Jahren. Der sozio-ökonomische Hintergrund der beiden untersuchten Gruppen wurde in dieser Studie nicht systematisch erhoben oder kontrolliert. Nach Aussage der beteiligten Schulen ist jedoch davon auszugehen, dass er in der L2-Gruppe im Durchschnitt niedriger war als in der L1-Gruppe. Alle Kinder nahmen an einem C-Test teil, bei dem sie die fehlenden letzten Buchstaben von Wörtern in drei kurzen Texten ergänzen sollten (vgl. Grießhaber 1999). Bei diesem Test, der vor allem morphosyntaktische Kompetenzen überprüft, schnitten die Kinder mit Deutsch als L2 im Durchschnitt schlechter ab als die Kinder mit Deutsch als L1. Wichtige Eigenschaften der untersuchten Kinder sind in Tabelle 1 zusammengefasst.

Tab. 1: Eigenschaften der beiden untersuchten Gruppen. Aufgrund fehlender Daten beruhen die Angaben z. T. auf weniger Kindern (C-Test: n = 45, Alter: n = 42, Alter bei Erwerbsbeginn: n = 15)

Gruppe	Alter (Mittelwert in Jahren, Spanne)	Alter bei Erwerbsbeginn (Mittelwert in Jahren, Spanne)	Ergebnis C-Test (Mittelwert in % richtiger Ergänzungen, Spanne)
L1 (n = 21)	9;9 (9–10)	–	87 (68–94)
L2 (n = 24)	10;3 (9–11)	3;5 (3–6)	69 (51–86)

Materialien

Es wurden 12 experimentelle Items nach dem Muster von Beispiel (5) konstruiert. Jedes Item gab es in zwei Bedingungen, einmal mit und einmal ohne Konnektor.

(5) Mit Konnektor:
Alina lacht, weil / der Film / lustig ist.

Ohne Konnektor:
Alina lacht. / Der Film / ist lustig.

Der erste Satz enthielt immer ein Subjekt und ein intransitives Verb („Alina lacht"). In der Bedingung mit Konnektor folgte auf diesen Satz der Konnektor *weil*, in der Bedingung ohne Konnektor endete der Satz. Der zweite Satz, dessen Lesezeiten ausgewertet wurden, war dementsprechend entweder ein Nebensatz oder ein eigenständiger Hauptsatz. Er bestand aus einem Subjekt, das nicht identisch mit dem Subjekt des vorangehenden Satzes war, und einem Prädikat, das aus einem intransitiven Verb oder einer Prädikativstruktur bestand („weil der Film lustig ist" bzw. „Der Film ist lustig"). Zwischen den beiden Sätzen bestand eine plausible kausale Relation. Die Sätze wurden in Segmenten präsentiert, die im Beispiel durch die Schrägstriche angedeutet werden.

2.2.2 Durchführung

Das Experiment wurde mit jedem Kind einzeln auf einem Laptop durchgeführt. Das Kind erhielt die Instruktion, die auf dem Bildschirm erscheinenden Sätze zu lesen. Ihm wurde erklärt, dass die Sätze in kurzen Stücken präsentiert werden würden und dass es auf eine Taste drücken müsste, um das jeweils nächste Stück zu lesen. Auf jeden Satz folgte eine Verständnisfrage, um sicherzustellen, dass die Kinder aufmerksam lasen (im Beispiel (5): „Lacht Alina?"). Die Beantwortung der Frage erfolgte ebenfalls durch einen Tastendruck. Nach Beantwortung der Frage erschien das Wort „WEITER" auf dem Bildschirm. Durch einen erneuten Tastendruck erschien das erste Segment des folgenden Satzes. Die Lesezeit für jedes Segment wurde erfasst, indem die Zeit zwischen dem Tastendruck, durch den das Segment erschien, und dem Tastendruck nach Lesen des Segments, der das nächste Segment zum Vorschein brachte, erfasst wurde. Es wurden zwei experimentelle Listen konstruiert. Sechs der Items erschienen in Liste 1 in der Bedingung mit Konnektor und die anderen sechs in der Bedingung ohne Konnektor. In der zweiten Liste erschienen alle Items in der jeweils anderen Bedingung. Die Listen wurden möglichst gleichmäßig auf die teilnehmenden Kinder verteilt. Das Experiment startete mit zwei Trainingsitems. Danach wurden die 12 experimentellen Items aus Experiment 1 zusammen mit den 18 Items aus Experiment 2 (s. u.) sowie sechs Filleritems in randomisierter Reihenfolge präsentiert. Die Filleritems bestanden ebenfalls aus zwei Sätzen, zwischen denen keine plausible kausale Relation bestand. Sie enthielten keine Pronomen oder Ellipsen. Vor oder nach der Leseaufgabe nahmen die Kinder an dem C-Test sowie an einem weiteren von dieser Studie unabhängigen Experiment teil.

Wenn die Markierung relationaler Kohärenz durch den Konnektor *weil* das Verstehen in den beiden Gruppen erleichtert, sollten die beiden Segmente des zweiten Satzes in der Bedingung mit Konnektor schneller gelesen werden als in der Bedingung ohne Konnektor.

2.2.3 Ergebnisse

Die L1-Gruppe beantwortete 2,0% der auf die experimentellen Sätze folgenden Fragen falsch und die L2-Gruppe 5,2%. Ausgewertet wurden nur Durchgänge, in denen die Verständnisfrage korrekt beantwortet wurde. Wenn für das Lesen eines Segments extrem lange gebraucht wurde (3 Sekunden oder mehr), so wurde dieser Wert ebenfalls von der weiteren Analyse ausgeschlossen (weitere 3,2% der Daten in der L1-Gruppe und 4,2% in der L2-Gruppe).

In Tabelle 2 ist der Mittelwert der verbleibenden Lesezeiten für die beiden Segmente „Subjekt" und „Prädikat" dargestellt.

Tab. 2: Gemittelte Lesezeiten (Millisekunden) in Experiment 1 (in Klammern: Standardabweichungen)

Bedingung Gruppe	Bedingung Konnektor	Subjekt (D/der Film)	Prädikat (ist lustig/lustig ist)
L1	mit Konnektor	1159 (446)	1141 (442)
	ohne Konnektor	1210 (468)	1189 (512)
L2	mit Konnektor	1173 (444)	1243 (501)
	ohne Konnektor	1224 (473)	1108 (429)

Für die statistische Analyse wurden zwei Varianzanalysen pro Segment berechnet, eine mit nach Versuchsteilnehmern und eine mit nach Items aggregierten Daten. Die experimentellen Faktoren waren „Konnektor" (mit Konnektor, ohne Konnektor) und „Gruppe" (L1, L2). Als Kontrollvariablen wurden die experimentelle Liste in der Teilnehmeranalyse und die Itemgruppe in der Itemanalyse hinzugefügt.

Auf dem Subjektsegment fanden sich kürzere Lesezeiten, wenn das Segment auf einen Konnektor folgte, als wenn es nicht auf einen Konnektor folgte. Dieser Unterschied war in der Teilnehmeranalyse marginal signifikant, in der Itemanalyse aber nicht signifikant ($F1(1,33) = 3.65$, $p = .065$; $F2 < 1$). Es gab keinen signifikanten Effekt des Faktors „Gruppe" und keine Interaktion zwischen den beiden Faktoren (alle $F < 1$). Zur Veranschaulichung der Ergebnisse für das Subjekt-Segment werden diese in Abbildung 1 noch einmal dargestellt.

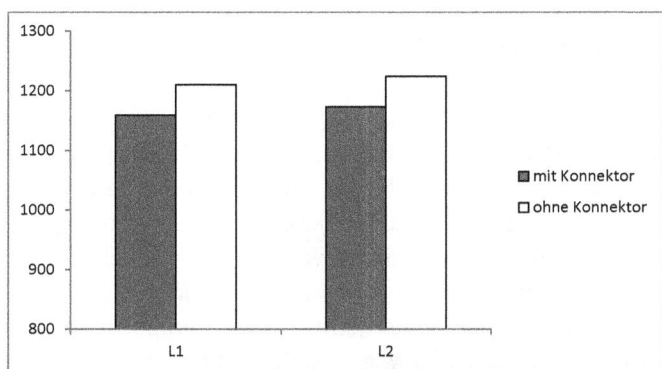

Abb. 1: Gemittelte Lesezeiten (Millisekunden) auf dem Subjektsegment

Auf dem Segment, das das Prädikat umfasste, zeigte sich ein unerwartetes Muster: Während das Segment in der L1-Gruppe weiterhin dann etwas schneller gelesen wurde, wenn vorher im Satz ein Konnektor vorhanden war, war dies in der L2-Gruppe nicht der Fall. Stattdessen zeigte sich hier ein genau entgegengesetzter Effekt mit längeren Lesezeiten nach einem Konnektor, als wenn kein Konnektor voranging. In der statistischen Analyse zeigte sich dementsprechend eine signifikante Interaktion zwischen den Faktoren „Konnektor" und „Gruppe" (F1(1,33) = 7.15, p < .05, F2(1,10) = 16.95, p < .005), während keiner der Haupteffekte signifikant war (F1 < 1.4, F2 < 2.2). Einzelvergleiche zeigten, dass sich die Lesezeiten in den beiden Bedingungen des Faktors „Konnektor" in der L2-Gruppe signifikant voneinander unterschieden (t1(23) = 3.02, p < .01, t2(11) = 3.02, p < .01), in der L1-Gruppe dagegen nicht (t1,2 < 1.1). Die Effekte auf dem Prädikat werden in Abbildung 2 noch einmal veranschaulicht.

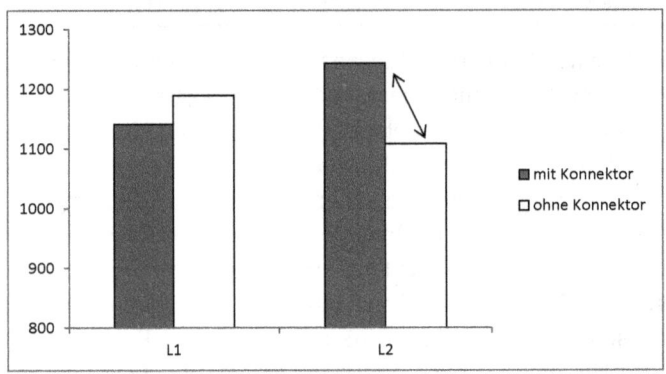

Abb. 2: Gemittelte Lesezeiten (Millisekunden) auf dem Prädikatssegment (Der Pfeil zeigt einen signifikanten Unterschied an)

2.2.4 Zusammenfassung und Diskussion

Die Ergebnisse für den Beginn des zweiten Satzes zeigen in der Tendenz die gleichen Effekte, wie sie von Sanders & Noordmann (2000) und Cain & Nash (2011) beobachtet worden waren. Auf einen Konnektor folgende Subjekte eines Nebensatzes wurden in beiden Gruppen schneller gelesen als Subjekte, die einen unabhängigen Hauptsatz eröffneten und denen kein Konnektor voranging. Dieser Effekt war jedoch in der Teilnehmeranalyse lediglich marginal signifikant und in der Itemanalyse nicht signifikant. Dies könnte auf die relativ geringe Zahl experimenteller Sätze in der vorliegenden Studie zurückgehen, sowie darauf, dass der vorhergehende Kontext besonders kurz und der Text damit besonders wenig komplex war. Frühere Befunde haben gezeigt, dass Konnektoren das Textverstehen umso stärker erleichtern, je komplexer der Text ist (Linderholm et al. 2010). Der marginal signifikante Effekt in der Teilnehmeranalyse zusammen mit der Tatsache, dass Cain & Nash (2011) für L1-Kinder in einem ähnlichen Design, allerdings mit mehr Testitems und etwas längeren Kontexten, einen reliablen Effekt des Konnektors fanden, lassen jedoch vermuten, dass ein solcher Effekt im Prinzip auch für L1-Kinder im Deutschen existiert. Die Ergebnisse für die L2-Gruppe auf dem Subjektsegment liefern keinerlei Hinweis darauf, dass dieser Effekt hier anders ausgeprägt ist als in der L1-Gruppe. Insgesamt deuten die Ergebnisse auf diesem Segment also darauf hin, dass sowohl L1- als auch L2-Kinder den Konnektor zum Textverstehen nutzen und ihre Textverarbeitung dadurch beschleunigt wird.[1]

Auf dem letzten Segment des Satzes fand sich in der L2-Gruppe unerwarteter Weise ein umgekehrter Effekt. War ein Konnektor vorausgegangen, wurde dieses Segment nun langsamer gelesen, als wenn kein Konnektor vorausgegangen war. Dieser Effekt ist möglicherweise nicht direkt auf den Konnektor zurückzuführen, sondern darauf, dass die Wortstellung in diesem Segment zwischen den beiden Bedingungen nicht konstant gehalten werden konnte: Ging ein Konnektor voran, so handelte es sich bei dem zweiten Satz um einen Nebensatz mit der entsprechenden Verbendstellung. Ging kein Konnektor voran, handelte es sich um einen Hauptsatz mit Verbzweitstellung. Nebensätze und die mit ihnen einhergehende Verbstellung kommen in konzeptuell schriftlichen Texten häufiger vor als in konzeptuell mündlicher Alltagssprache (zu der Unterscheidung s. Koch & Oesterreicher 1985). Dies gilt insbesondere für den Konnektor *weil*, für den es in konzeptuell mündlicher Sprache eine Tendenz zur Verbzweitstellung gibt. Für die hier getesteten Kinder ist wahrscheinlich, dass die L2-Gruppe insgesamt weniger Erfahrung mit konzeptueller Schriftlichkeit hatte als die L1-Gruppe. Es ist möglich, dass dies die Verarbeitung konzeptuell schriftlicher Strukturen erschwert und die langsameren Lesezeiten dies widerspiegeln.[2] Bevor dies näher diskutiert wird, wird im Folgenden zunächst Experiment 2 vorgestellt.

---

1 Wie genau der Konnektor genutzt wird, insbesondere, ob die kausale Bedeutung im Vordergrund steht oder nur die Tatsache, dass er irgendeine Art von Verbindung zwischen den beiden Sätzen impliziert, kann nur auf Grundlage der vorliegenden Befunde nicht entschieden werden. Cain & Nash (2011) beobachteten jedoch, dass ein neutraler Konnektor (*und*) die Verarbeitung im Gegensatz zu spezifischeren Konnektoren nicht beschleunigte. Dies spricht dafür, dass auch die hier untersuchten Kinder die Bedeutung des Konnektors für die Textverarbeitung nutzten.
2 Nicht völlig ausgeschlossen werden kann, dass die Stellung von Konnektoren im Türkischen zu der Umkehrung des Effekts beiträgt. Im Türkischen folgt der Konnektor auf das durch ihn modifizierte Element, im Falle von *weil* bedeutet das, dass der dem Konnektor vorangehende Teil einen Grund angeben sollte, während er in den deutschen Stimulisätzen die Folge des später angegebenen Grundes enthält. Mit anderen Worten könnte bei direktem Transfer aus dem Türkischen Satz (1b) verstanden werden als „Weil Alina lacht, ist der Film lustig". Sollte der Satz tatsächlich so interpretiert werden, erscheinen verlängerte Lesezeiten auf dem letzten Segment plausibel. Angesichts der Häufigkeit des Konnektors *weil* sowohl in Texten als auch in gespro-

2.3 Experiment 2

In diesem Experiment wurde untersucht, ob die unter anderem von Gordon et al. (1993) und Megherbi & Ehrlich (2009) beobachtete *repeated-name penalty* auch bei zehnjährigen Kindern mit Deutsch als L1 oder L2 auftritt. Dazu wurden in der gleichen experimentellen Sitzung, in der auch Experiment 1 durchgeführt wurde, Lesezeiten für wiederholte Eigennamen mit Lesezeiten sowohl für anaphorische Personalpronomen als auch für Subjektellipsen verglichen. Da die Sätze der beiden Experimente in einer Sitzung präsentiert wurden, waren die teilnehmenden Kinder natürlich identisch.

2.3.1 Methode

Materialien
Es wurden 18 experimentelle Items nach dem Muster von Beispiel 6) konstruiert. Jedes Item gab es in drei Bedingungen, bei denen das Subjekt des zweiten Satzes entweder ein wiederholter Eigenname, ein Pronomen oder aber ausgelassen war.

6) Wiederholter Eigenname:
Jonas sitzt auf dem Boden, / und Jonas / malt / ein Bild.

Pronomen:
Jonas sitzt auf dem Boden, / und er / malt / ein Bild.

Ellipse:
Jonas sitzt auf dem Boden, / und / malt / ein Bild.

Da frühere Studien Subjektpronomen untersucht hatten, erschien es sinnvoll, eine Bedingung mit Pronomen einzuschließen, um die Ergebnisse direkt vergleichen zu können. Die Bedingung, in der das Subjekt ausgelassen wurde, wurde aus zwei Gründen verwendet. Erstens werden im Deutschen in koordinierten Hauptsätzen bei Subjektkontinuität Ellipsen gegenüber Pronomen deutlich präferiert (Stutterheim & Carroll 2005). Es kann daher nicht ausgeschlossen werden, dass Lesende Subjektpronomen in koordinierten Hauptsätzen relativ langsam lesen, weil sie bei erhaltenem Subjekt eine Auslassung erwartet hätten. Es erscheint also möglich, dass sich eine *repeated-name penalty* im Vergleich zwischen wiederholten Namen und ausgelassenen Subjekten, nicht aber im Vergleich zwischen wiederholten

---

chener Sprache erscheint es jedoch unwahrscheinlich, dass die untersuchten Kinder seine Skopuseigenschaften nicht erworben haben könnten.

Namen und Pronomen zeigen würde. Zweitens entspricht der Satz mit einem ausgelassenen Subjekt direkter dem Übersetzungsäquivalent im Türkischen, wo Subjektpronomen normalerweise ausgelassen werden und offene Pronomen auf wenige Diskurskontexte beschränkt sind. Der erste Satz enthielt immer ein Subjekt, ein Bewegungs- oder Positionsverb und ein Lokaladverbial. Der zweite Satz begann immer mit dem Konnektor *und* sowie dem jeweiligen anaphorischen Ausdruck. Dann folgten ein transitives Verb und ein Objekt. Die Segmente, in denen die Sätze präsentiert wurden, sind im Beispiel wiederum durch Schrägstriche angedeutet.

2.3.2 Durchführung

Es wurden drei experimentelle Listen für Experiment 2 konstruiert, die in Kombination mit den beiden Listen aus Experiment 1 zu insgesamt sechs verschiedenen Varianten der Durchführung führten. Die drei experimentellen Bedingungen wurden gleichmäßig auf die Listen und die Listen möglichst gleichmäßig auf die Kinder verteilt. Die weitere Durchführung wurde bereits oben beschrieben.

2.3.3 Ergebnisse

Die L1-Gruppe beantwortete 5,8 % der auf die Experimentalitems folgenden Fragen falsch und die L2-Gruppe 7,9 %. Ausgewertet wurden erneut nur Durchgänge, in denen die Frage korrekt beantwortet wurde. Vor der statistischen Analyse der verbleibenden Daten wurden extrem lange Lesezeiten von mehr als 3 Sekunden ausgeschlossen (weitere 1,7 % in der L1-Gruppe und 2,2 % in der L2-Gruppe).

In Tabelle 3 sind die Lesezeiten für die drei Segmente „Subjekt", „Verb" und „Objekt" dargestellt.

Tab. 3: Gemittelte Lesezeiten (Millisekunden) in Experiment 2 (in Klammern: Standardabweichungen)

Bedingung Gruppe	Bedingung Anapher	Subjekt (und Jonas/und er/und)	Verb (malt)	Objekt (ein Bild)
L1	Name	1187 (478)	942 (325)	1130 (486)
	Pronomen	1101 (444)	904 (372)	1089 (510)
	Ellipse	943 (376)	886 (383)	1142 (473)
L2	Name	1245 (497)	996 (434)	1095 (479)
	Pronomen	1089 (453)	968 (392)	1079 (482)
	Ellipse	942 (419)	876 (329)	1144 (505)

Für die statistische Analyse wurden erneut zwei Varianzanalysen pro Segment berechnet, eine mit nach Versuchsteilnehmern und eine mit nach Items aggregierten Daten. Die experimentellen Faktoren waren „Anapher" (Name, Pronomen, Ellipse) und „Gruppe" (L1, L2). Als Kontrollvariablen wurden die experimentelle Liste in der Teilnehmeranalyse und die Itemgruppe in der Itemanalyse hinzugefügt.

Das erste Segment wird im Folgenden als „Subjektsegment" bezeichnet, umfasst aber in der Bedingung mit ausgelassenem Subjekt natürlich nur den Konnektor *und*. Auf diesem Segment zeigten sich in beiden Gruppen kürzere Lesezeiten für Pronomen als für wiederholte Namen, und für Ellipsen kürzere als für Pronomen. Dementsprechend fand sich in der statistischen Analyse ein signifikanter Effekt des Faktors „Anapher" ($F1(2,66) = 26.62$, $p < .001$; $F2(2,30) = 15.08$, $p < .001$) und kein Effekt des Faktors „Gruppe" (beide $F < 1$). Auch die Interaktion zwischen den beiden Faktoren war nicht signifikant ($F1 < 1$, $F2 < 1.4$). Um den Effekt des Faktors „Anapher" näher zu untersuchen, wurden weitere Einzelvergleiche durchgeführt. Sie zeigten signifikante Unterschiede zwischen Namen und Pronomen ($t1(44) = 3.66$, $p < .005$, $t2(17) = 3.34$, $p < .005$) und zwischen Pronomen und Ellipsen ($t1(44) = 3.72$, $p < .005$, $t2(17) = 5.02$, $p < .001$). Zur Veranschaulichung der Effekte auf dem Subjektsegment sind die Ergebnisse in Abbildung 3 noch einmal dargestellt.

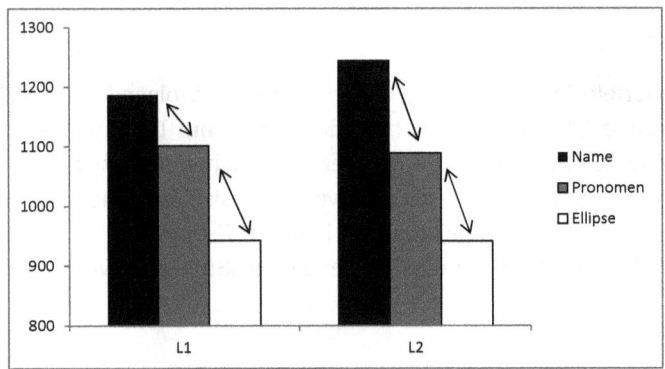

Abb. 3: Gemittelte Lesezeiten (Millisekunden) auf dem Subjektsegment (Pfeile zeigen signifikante Unterschiede an)

Auf dem Verb fand sich erneut ein signifikanter Haupteffekt des Faktors „Anapher" ($F1(2,66) = 4.19$, $p < .05$, $F2(1,15) = 7.67$, $p < .05$), aber kein Haupteffekt des Faktors „Gruppe" und keine Interaktion zwischen den beiden Faktoren (beide $F1 < 1$, beide $F2 < 2.5$, ns). Weitere Einzelvergleiche zeigten, dass es keinen signifikanten Unterschied zwischen den Lesezeiten auf Namen und Pronomen (beide $t < 1.6$, ns) und zwischen Pronomen und Ellipsen ($t1(44) = 1.69$, $p = .098$, $t2 < 1.6$, ns) gab. Nur der Unterschied zwischen Namen und Ellipsen war signifikant ($t1(44) = 2.81$, $p < .01$, $t2(17) = 2.73$, $p < .05$). Die Effekte auf dem Verb sind in Abbildung 4 noch einmal dargestellt.

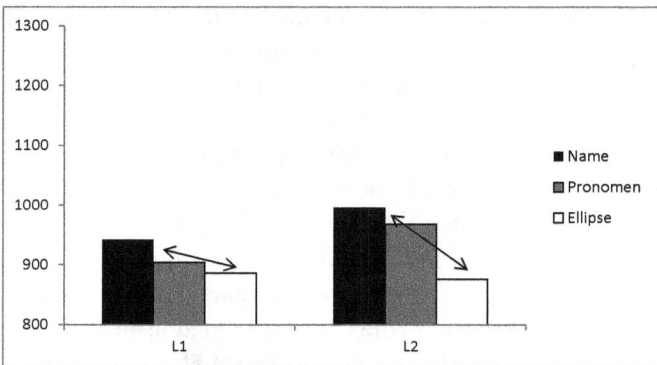

Abb. 4: Gemittelte Lesezeiten (Millisekunden) auf dem Verbsegment (Pfeile zeigen signifikante Unterschiede an)

Auf dem Objekt gab es keine signifikanten Effekte (alle F < 1.2).

2.3.4 Zusammenfassung und Diskussion

Der Vergleich der Lesezeiten für wiederholte Namen und Pronomen auf dem Subjektsegment zeigt die erwartete *repeated-name penalty*. Wiederholte Namen wurden langsamer gelesen als Pronomen. Im Einklang mit früheren Studien kann daraus geschlossen werden, dass die untersuchten Kinder in der Lage sind, die durch ein Pronomen erfolgte Markierung referentieller Kohärenz für das Textverstehen zu nutzen.[3] Wie in Experiment 1 gilt auch hier, dass keine signifikanten Unterschiede zwischen der L1 und der L2-Gruppe in der Nutzung der Markierung zu beobachten sind. Rein numerisch ist der Effekt in der L2-Gruppe jedoch stärker ausgeprägt als in der L1-Gruppe. Es gibt also keinerlei Hinweise darauf, dass L2-Kinder Pronomen weniger gut verarbeiten können als L1-Kinder.

---

[3] Man kann sich fragen, ob der Effekt eventuell darauf zurückgeht, dass wiederholte Namen länger sind als Pronomen und deswegen langsamer gelesen werden könnten. In früheren Studien wurde dies durch zusätzliche experimentelle Bedingungen ausgeschlossen, in denen sich der wiederholte Name und das Pronomen auf das Objekt des vorhergehenden Satzes bezogen. Hier zeigte sich keine *repeated-name penalty* mehr und stattdessen ein vollständig umgekehrter Effekt, was ausschließt, dass die unterschiedliche Länge die Ergebnisse beeinflusst hat (s. z.B. Gelormini-Lezama & Almor 2011). Basierend auf diesen Ergebnissen gehe ich davon aus, dass auch die hier gefundenen Effekte sich nicht durch die Länge der Segmente erklären lassen. Auf jeden Fall gilt das für die auf dem Verb gefundenen Effekte, bei denen die Länge des Segments in den verschiedenen Bedingungen identisch war.

Was die Verarbeitung der Ellipse angeht, so können aus der kurzen Verarbeitungszeit auf dem ersten Segment keine Schlüsse gezogen werden, da hier ja nur der Konnektor „und" gelesen wurde. Die Lesenden konnten an dieser Stelle noch nicht wissen, welche Form das Subjekt des Satzes haben würde. Auf dem zweiten Segment, dem Verb, ist jedoch vermutlich klar geworden, dass der Satz eine Subjektellipse enthält. Obwohl hier in diesem Sinne mehr Information zu verarbeiten ist als in der Bedingung mit wiederholten Namen, in der das Subjekt schon beim Lesen des ersten Segments bekannt ist, wird das Verb in dieser Bedingung signifikant schneller verarbeitet, als wenn es auf einen wiederholten Namen folgt. Auf dem letzten Segment sind die Lesezeiten für die Ellipsenbedingung leicht erhöht, dies soll hier aber nicht weiter interpretiert werden, da dieser Effekt nicht signifikant ist. Insgesamt werden also auch Ellipsen deutlich schneller verarbeitet als wiederholte Namen. Auch dieser Effekt zeigt sich in ähnlicher Weise in der L1- und der L2-Gruppe.

Wenn man die Lesezeiten für Ellipsen mit denen für Pronomen vergleicht, so sind die für Ellipsen insgesamt kürzer. Das erste Segment wird in dieser Bedingung signifikant schneller gelesen, als wenn es ein Pronomen enthält, und auf den weiteren zwei Segmenten gibt es keine signifikant langsamere Verarbeitung von Ellipsen. Dies könnte entweder auch auf Prozesse der Kohärenzherstellung zurückzuführen sein, in dem Sinne, dass das Pronomen in dem gegebenen Kontext im geringeren Maße als der wiederholte Name, aber im stärkeren Maße als die Ellipse eine unnötig explizite Form darstellt und dies die Verarbeitung aus ähnlichen Gründen erschwert, wie dies auch für die wiederholten Namen der Fall ist. Aufgrund der größeren Häufigkeit von Subjektellipsen im Vergleich zu Subjektpronomen in den hier getesteten Kontexten im Deutschen könnte es sich aber auch um einen reinen Frequenzeffekt handeln. Schließlich kann in der L2-Gruppe, in der der Unterschied stärker ausgeprägt war, auch ein Einfluss der L1 nicht ausgeschlossen werden.

Zusammengefasst zeigt Experiment 2, dass Kinder mit Deutsch als L1 und als L2 Markierungen referentieller Kohärenz erfolgreich für das Textverstehen nutzen können. Dabei gab es keine signifikanten Unterschiede zwischen den beiden Gruppen.

3 Allgemeine Diskussion

Diese Studie hat die Frage untersucht, ob Markierungen relationaler und referentieller Kohärenz die Lesezeiten von zehnjährigen Kindern mit Deutsch als L1 oder als L2 in unterschiedlicher Weise beeinflussen. Die Ergebnisse enthalten keinerlei Hinweise auf einen derartigen Unterschied. Beide Gruppen zeigten ähnlich schnelle oder schnellere Verarbeitungszeiten in Sätzen mit als in Sätzen ohne Markierungen, was darauf zurückgeführt werden kann, dass die Markierungen zum Textverstehen genutzt wurden.

Bei der Interpretation dieses Ergebnisses sollte jedoch beachtet werden, dass konzeptuell einfache und häufige Markierungen in extrem einfachen kurzen Texten untersucht wurden. Die hier untersuchten Markierungen können eventuell größere Anforderungen an die Verarbeitung stellen, wenn sie in komplexeren Kontexten vorkommen, zum Beispiel in Kontexten mit mehreren möglichen Antezedenten für eine pronominale oder elliptische Form. Außerdem gibt es andere Markierungen der Diskurskohärenz, die komplexere Funktionen erfüllen können und sich stärker zwischen verschiedenen Sprachen unterscheiden (s. z. B. Dimroth et al. 2010; Fabricius-Hansen 2005). Es bleibt eine offene Frage für die zukünftige Forschung, ob sich die beiden Gruppen in solchen Fällen in die eine oder andere Richtung unterscheiden.

Eine weitere wichtige Frage für zukünftige Forschung wird durch die Beobachtung verlangsamter Lesezeiten in der L2-Gruppe auf dem letzten Segment des auf einen Konnektor folgenden Satzes aufgeworfen. Oben wurde dieser Effekt darauf zurückgeführt, dass die Kinder dieser Gruppe weniger Erfahrung mit konzeptuell schriftlichen Texten haben und daher die Nebensatzwortstellung langsamer verarbeiten. Zukünftige Studien könnten versuchen, diese Vermutung zu bestätigen. Besonders sinnvoll erscheint es, die Verarbeitungszeit von *weil*-Sätzen mit Verbzweit- und Verbletztstellung bei verschiedenen Gruppen von Lesenden direkt miteinander zu vergleichen. Bestätigt sich die Vermutung, bleibt die Frage, worauf genau die verlangsamte Lesezeit zurückgeht. Vermutlich hängt sie mit einem Widerspruch zwischen der von den Kindern erwarteten und der tatsächlich vorgefundenen Wortstellung zusammen, es wäre aber interessant zu überprüfen, ob sie auch Schwierigkeiten reflektiert, den Satz mit der unerwarteten Wortstellung zu verstehen.

Die verlangsamte Lesezeit der L2-Kinder in Nebensätzen wirft außerdem die Frage auf, ob diese Kinder auch andere Merkmale konzeptueller Schriftlichkeit langsamer oder weniger erfolgreich verarbeiten als L1-Kinder. Neben anderen morphosyntaktischen Strukturen könnte dies auch das Lexikon betreffen. Sollte dies der Fall sein, stellt sich weiter die Frage, ob die Mehrsprachigkeit der Kinder an sich zu diesem Effekt beiträgt oder ob er bei einsprachig deutschen Kindern in der gleichen Weise auftritt, wenn der sozio-ökonomische Hintergrund der beiden Gruppen gleich gehalten wird, was in der vorliegenden Studie nicht der Fall war.

4 Überlegungen zu Implikationen für die Sprachförderung

Wenn in der vorliegenden Studie Unterschiede zwischen L1- und L2-Kindern gefunden wurden, so ließ sich dies immer auf unterschiedliche morphosyntaktische Kompetenzen zurückführen und nicht auf das Wissen über oder die Nutzung von Diskursmarkierungen. Unterschiede in morphosyntaktischen Kompetenzen zeigten sich in den Ergebnissen des C-Tests und liegen vermutlich auch den langsameren Lesezeiten bei Nebensätzen zugrunde. Dies repliziert frühere Ergebnisse zum Vergleich von L1- und L2-Kindern, in denen ebenfalls Unterschiede in Tests syntaktischer Kompetenzen, nicht aber im Textverstehen gefunden wurden (da Fontoura & Siegel 1995; Lesaux et al. 2006). Ob es Kindern schwerfällt, Kohärenzmarkierungen unter komplexeren Bedingungen zu verarbeiten, ist eine offene Frage. Die vorliegenden Ergebnisse lassen auf jeden Fall vermuten, dass Kinder dann Schwierigkeiten haben können, Texte zu lesen, wenn sie typisch konzeptuell schriftliche morphosyntaktische Strukturen enthalten. Vor diesem Hintergrund erscheint es sinnvoll, Gelegenheit zum Umgang mit derartigen Strukturen in einfachen Kontexten zu geben, in denen keine Verständnisschwierigkeiten zu erwarten sind.

Eine weitere Implikation ist, dass es weder nötig noch hilfreich erscheint, zu lesende Texte danach auszuwählen oder selbst so zu gestalten, dass sie möglichst wenige Kohärenzmarkierungen enthalten. Es gibt keinen Hinweis darauf, dass eine Aneinanderreihung unverbundener Sätze einfacher zu verstehen sein könnte als ein mit Kohärenzmarkierungen versehener Text. Dies gilt sowohl für L1- als auch für L2-Kinder.

5 Literatur

Arnold, Jennifer E.; Brown-Schmidt, Sarah & Trueswell, John C. (2007): Children's use of gender and order-of-mention during pronoun comprehension. *Language and Cognitive Processes* 22: 527–565.

Cain, Kate & Nash, Hannah M. (2011): The influence of connectives on young readers' processing and comprehension of text. *Journal of Educational Psychology* 103/2: 429–441.

Clahsen, Harald & Felser, Claudia (2006): Grammatical processing in language learners. *Applied Psycholinguistics* 27: 3–42.

Dimroth, Christine; Andorno, Cecilia; Benazzo, Sandra & Verhagen, Josje (2010): Given claims about new topics. The distribution of contrastive and maintained information in Romance and Germanic languages. *Journal of Pragmatics* 42: 3328–3344.

Fabricius-Hansen, Cathrine (2005): Elusive connectives. A case study on the explicitness dimension of discourse coherence. *Linguistics* 43/1: 17–48.
da Fontoura, Helena A. & Siegel, Linda S. (1995): Reading, syntactic, and working memory skills of bilingual Portuguese-English Canadian children. *Reading and Writing: An Interdisciplinary Journal* 7: 139–153.
Gelormini Lezama, Carlos & Almor, Amit (2011): Repeated Names, Overt Pronouns and Null Pronouns in Spanish. *Language and Cognitive Processes* 26/3: 43–454.
Gordon, Peter C.; Grosz, Barbara J. & Gilliom, Laura A. (1993): Pronouns, names, and the centering of attention in discourse. *Cognitive Science* 17: 311–347.
Grießhaber, Wilhelm (1999): Der C-Test als Einstufungstest. In Eggensperger, Karl-Heinz & Fischer, Johann (Hrsg.): *Handbuch UNICERT®*. Bochum: AKS-Verlag, 153–167.
Hopf, Diether (2005): Zweisprachigkeit und Schulleistung bei Migrantenkindern. *Zeitschrift für Pädagogik* 51: 236–251.
Johnson-Laird, Philip N. (1980): Mental models in cognitive science. *Cognitive Science* 4: 71–115.
Kintsch, Walter (1998): *Comprehension: A paradigm for cognition*. New York, NY: Cambridge University Press.
Koch, Peter & Oesterreicher, Wulf (1985): Sprache der Nähe – Sprache der Distanz. Mündlichkeit und Schriftlichkeit im Spannungsfeld von Sprachtheorie und Sprachgeschichte. *Romanistisches Jahrbuch* 36/85: 15–43.
Kuhlmann, Julia (2013): Zum Konzept der leichten Sprache. Erkenntnisse aus der Verständlichkeitsforschung. *Alfa-Forum* 8: 11–15.
Lesaux, Nonie K.; Lipka, Orly & Siegel, Linda S. (2006): Investigating Cognitive and Linguistic Abilities that Influence the Reading Comprehension Skills of Children from Diverse Linguistic Backgrounds. *Reading and Writing: An Interdisciplinary Journal* 19: 99–131.
Linderholm, Tracy; Gaddy Everson, Michelle; van den Broek, Paul; Mischinski, Maureen; Crittenden, Alex & Samuels, Jay (2000): Effects of causal text revisions on more- and less-skilled readers' comprehension of easy and difficult texts. *Cognition and Instruction* 18/4: 525–556.
Megherbi, Hakima & Ehrlich, Marie-France (2009): The on-line interpretation of pronouns and repeated names in seven-year-old children. *Current psychology letters [Online]* 25/2: http://cpl.revues.org/4895.
Pan, Hui-Yu & Felser, Claudia (2011): Referential context effects in L2 ambiguity resolution: Evidence from self-paced reading. *Lingua* 121: 221–236.
Pan, Hui-Yu; Schimke, Sarah & Felser, Claudia (2014): Referential context effects in non-native relative clause ambiguity resolution. *International Journal of Bilingualism*. Online publiziert am 14.1.2014. DOI: 10.1177/1367006913515769.
Sanders, Ted J. M. & Pander Maat, Henk (2006): Cohesion and Coherence. In Brown, Keith (ed.): *Encyclopedia of Language and Linguistics*. Volume 2. Amsterdam: Elsevier, 591–595.
Sanders, Ted J. M. & Noordman, Leo G. M. (2000): The role of coherence relations and their linguistic markers in text processing. *Discourse Processes* 29/1: 37–60.
Stutterheim, Christiane von & Carroll, Mary (2005): Subjektwahl und Topikkontinuität im Deutschen und Englischen. *Zeitschrift für Literaturwissenschaft und Linguistik* 139: 7–27.
Song, Hyun-joo & Fisher, Cynthia (2006): Who's „she"? Discourse structure influences preschoolers' pronoun interpretation. *Journal of Memory & Language* 52/1: 29–57.
Thoma, Dieter & Tracy, Rosemarie (2006): Deutsch als frühe Zweitsprache: zweite Erstsprache? In Ahrenholz, Bernt (Hrsg.): *Kinder mit Migrationshintergrund. Spracherwerb und Fördermöglichkeiten*. Freiburg i. Br.: Fillibach, 58–79.

Dank

Vielen Dank an Valentina Cristante und Marina Root für die große Hilfe bei der gemeinsamen Datenerhebung, und an alle Teilnehmenden der Projekttreffen am Germanistischen Institut der Universität Osnabrück für die konstruktiven Überlegungen zu der vorgestellten Studie.

Anhang

Experimentelle Items aus Experiment 1
Alina lacht, weil der Film lustig ist. / Der Film ist lustig. Lacht Alina?
Thomas freut sich, weil seine Oma geschrieben hat. / Seine Oma hat geschrieben. Freut Thomas sich?
Abdul ist enttäuscht, weil der Kuchen schon weg ist. / Der Kuchen ist schon weg. Ist Abdul glücklich?
Jan ist traurig, weil die Ferien vorbei sind. / Die Ferien sind vorbei. Ist Jan traurig?
Matthias ist aufgeregt, weil die Schule angefangen hat. / Die Schule hat angefangen. Ist Matthias ganz ruhig?
Ben weint, weil seine Katze sehr krank ist. / Seine Katze ist sehr krank. Weint Ben?
Bastian ist wütend, weil seine Mutter zu spät ist. / Seine Mutter ist zu spät. Ist Bastian zufrieden?
Laura ist böse, weil ihr Bruder gemein ist. / Ihr Bruder ist gemein. Ist Laura böse?
Lena ist glücklich, weil ihre Freundin heute da ist. / Ihre Freundin ist heute da. Ist Lena traurig?
Yasmin kichert, weil ihre Schwester witzig ist. / Ihre Schwester ist witzig. Ist Yasmin wütend?
Emma springt in die Luft, weil das Geschenk so toll ist. / Das Geschenk ist so toll. Springt Emma in die Luft?
Melissa schimpft, weil ihre Hose kaputt ist. / Ihre Hose ist kaputt. Ist Melissa zufrieden?

Experimentelle Items aus Experiment 2
Jonas sitzt auf dem Boden, und Jonas/er/Ø malt ein Bild. Sitzt Jonas auf dem Boden?
Leon sitzt am Tisch, und Leon/er/Ø isst ein Brot. Sitzt Leon auf dem Sofa?
Marco sitzt auf dem Sessel, und Marco/er/Ø trinkt eine Milch. Sitzt Marco auf dem Sessel?
Devin liegt im Bett, und Devin/er/Ø liest ein Buch. Ist Devin auf dem Spielplatz?

Selma liegt auf dem Sofa, und Selma/sie/Ø hört eine CD. Liegt Selma auf dem Sofa?
Nora liegt auf dem Teppich, und Nora/sie/Ø macht ein Puzzle. Sitzt Nora am Tisch?
Anna steht an der Tafel, und Anna/sie/Ø rechnet eine Aufgabe. Steht Anna an der Tafel?
Lisa steht vor der Tür, und Lisa/sie/Ø wartet auf die Pause. Ist Lisa in der Klasse?
Oskar steht am Fenster, und Oskar/er/Ø sieht eine Wolke. Steht Oskar am Fenster?
Lukas rennt in die Schule, und Lukas/er/Ø schreibt eine Arbeit. Geht Lukas nach Hause?
Emil rennt nach Hause, und Emil/er/Ø klingelt an der Tür. Rennt Emil nach Hause?
Murat rennt zum Spielplatz, und Murat/er/Ø klettert auf das Gerüst. Ist Murat in der Schule?
Jana geht zum Supermarkt, und Jana/sie/Ø kauft einen Apfel. Geht Jana zum Supermarkt?
Lara geht ins Kino, und Lara/sie/Ø guckt einen Film. Guckt Lara Fernsehen?
Leila geht in den Flur, und Leila/sie/Ø holt ihre Jacke. Geht Leila in den Flur?
Mira klettert auf die Leiter, und Mira/sie/Ø putzt das Fenster. Putzt Mira den Fußboden?
David klettert auf den Baum, und David/er/Ø singt ein Lied. Klettert David auf den Baum?
Leah klettert auf die Mauer, und Leah/sie/Ø springt auf die Straße. Klettert Leah auf die Rutsche?

Filler Items
Simon fährt mit seinem Fahrrad. Die Ampel ist rot. Muss Simon anhalten?
Philip redet mit einem Freund, als seine Mutter anruft. Redet Philip mit seinem Vater?
Martin fährt mit dem Zug. Es ist sehr heiß. Fährt Martin mit dem Zug?
Annika geht spazieren, als es anfängt zu regnen. Ist Annika zu Hause?
Sofie telefoniert mit einer Freundin. Draußen wird es dunkel. Telefoniert Sofie mit einer Freundin?
Nina ist im Schwimmbad, als es plötzlich donnert und blitzt. Ist Nina auf dem Sportplatz?

Trainingsitems
Tobias mag gerne Kuchen und Schokolade, aber keinen Salat. Mag Tobias gerne Salat?
Sarah kann gut tanzen, singen und Ball spielen. Kann Sarah gut singen?

Sarah Schneitz
Passiv im kindlichen Zweitspracherwerb – Diagnostik und Förderimplikationen

Abstract: Im vorliegenden Beitrag wird ein Verfahren zur Feststellung des Sprachstands im Bereich „Passiv" vorgestellt, das im Kontext einer diagnosebasierten Sprachförderung zur Ermittlung der Passivkompetenz eingesetzt werden kann. Methodisch beruht das standardisierte Elizitationsverfahren auf bereits bestehenden Verfahren des Projekts *Deutsch für den Schulstart*. Die 22 DaZ-Grundschulkinder, an denen die insgesamt drei Teilerhebungen exemplarisch durchgeführt wurden, weisen eine deutlich höhere Passivbereitschaft auf als Probanden bisheriger Studien (Wegener 1998; Haberzettl 1998) und wenden die von Wegener (1998) häufig beobachtete *sein*-Übergeneralisierung nicht an. Die Darstellung der nicht-passivischen Äußerungen in Kontexten, die aus pragmatischer Sicht ein Passiv erfordern, führen abschließend zur Formulierung erster Ideen zur Konzeption einer Fördereinheit für das Passiv.

Keywords: Deutsch als Zweitsprache, Spracherwerb, Diagnostik, diagnosebasierte Sprachförderung, Passiv, Sprachstand

Am Institut für Deutsch als Fremdsprachenphilologie der Universität Heidelberg ist im Rahmen von *Deutsch für den Schulstart* (DfdS) sprachwissenschaftlich fundiertes Fördermaterial entwickelt worden (vgl. Kaltenbacher & Klages 2012; Kaltenbacher 2009; Kaltenbacher, Klages & Pagonis 2009).[1] Die dazugehörigen Sprachstandsfeststellungsverfahren dienen sowohl der Ermittlung des individuellen Sprachstands zur Festlegung des Fördereinstiegs als auch der Dokumentation der sprachlichen Entwicklung des Kindes im Verlauf der Förderung. Ein im Grundschulalter zunehmend relevanter Erwerbskomplex, der bislang nur begrenzt im Fokus des Projekts steht, ist das Passiv. Im Hinblick auf eine poten-

---

[1] Das Projekt wurde 2004 unter der Leitung von Dr. Erika Kaltenbacher aufgenommen und wird finanziell unterstützt durch die Günter-Reimann-Dubbers-Stiftung, Heidelberg (www.guenter-reimann-dubbers-stiftung.de) und die Dürr-Stiftung, Hamburg (www.duerr-stiftung-hamburg.de). In diesem Rahmen sind Fördermaterialien entstanden, die von projektinternen Förderkräften, darunter die Autorin, an Heidelberger KiTas und Grundschulen erprobt wurden. Alle Materialien stehen zum kostenlosen Download zur Verfügung (www.deutsch-fuer-den-schulstart.de).

Sarah Schneitz: Assistentin im Projekt MITsprache, Kontaktadresse: Stiftung Fairchance, Grüntaler Straße 7, D-13357 Berlin, e-mail: sarah.schneitz@stiftung-fairchance.org

tielle Erweiterung des Fördermaterials um diesen Erwerbsgegenstand wird im vorliegenden Beitrag eine Studie zur Untersuchung des Passiverwerbs im Kontext der Mehrsprachigkeit vorgestellt (Schneitz 2012). Darin wurden zwei Zielsetzungen verfolgt: zum einen die Erarbeitung einer Passiv-Diagnostik, die in der Praxis als Instrument zur Ermittlung der produktiven Sprachkompetenz innerhalb des Passiverwerbs eingesetzt werden kann; zum anderen die exemplarische Durchführung des Verfahrens an kindlichen Lernern des Deutschen als Zweitsprache. In dem empirischen Teil sollte das entwickelte Verfahren nicht nur auf seine Einsetzbarkeit hin erprobt werden. Die gewonnenen Daten sollten auch mit bisherigen Studien zum Passiverwerb im Kontext der Ein- und Mehrsprachigkeit verglichen werden, Einblicke in den Erwerb der Passivkompetenz bei DaZ-Kindern erlauben und zudem als Basis für eine potentielle Förderung dieser Kompetenz dienen.

1 Passivbegriff

Im vorliegenden Beitrag wird das Passiv formal als lexikalisch fundierte Konverse des Aktivs definiert und auf das „grammatisch zentrale" (Zifonun et. al. 1997: 1794) zweitaktische *werden*-Passiv (Vorgangspassiv) beschränkt. Dem sogenannten Zustandspassiv wird in Anlehnung an Wegener (vgl. 1998: 143; 2001: 117f) kein Passivstatus zugesprochen. Aus funktionaler Sicht gilt das Passiv als sprachliches Mittel zur Verbalisierung einer transitiven Ereignisstruktur aus der Patiens-Perspektive. Auf der kommunikativ-pragmatischen Ebene bietet das Passiv die Möglichkeit, das Patiens als Subjekt und gegebenenfalls als Topik zu enkodieren und gleichzeitig die ereignisauslösende Instanz (das Agens) trotz Nichtrealisierung zu implizieren.

2 L1-Passiverwerb

Studien zum L1-Passiverwerb im Deutschen zeigen, dass die hier fokussierte Konstruktion – bestehend aus einem Patienssubjekt, einer finiten Form des Auxiliars *werden* und einem Passivpartizip – erstmals im Alter von 3;03 (vgl. Fritzenschaft 1994) bzw. 4;07 (vgl. Mills 1985) auftreten kann, die Lernenden aber zu diesem Zeitpunkt konzeptuell kein Agens vorsehen. Die Annahme, dass es sich bei den ersten formal zielsprachlichen Passiväußerungen um einstellige Prädikativkonstruktionen handelt, entspringt der von Fritzenschaft (1994: 177ff) konstatierten Schwierigkeit beim Verständnis von agenshaltigen Passivsätzen (vgl. Wegener 1998: 165f). Untersuchungen zum Verständnis von Passivkonstruktionen machen deutlich, dass das Patiens-Subjekt eines Passivsatzes bis 3;06 (vgl. Grimm 1975), vereinzelt auch bis 7;0 (vgl. Mills 1985), konsequent als Agens interpretiert wird.

Der spontane Passivgebrauch bleibt bis zum Grundschulalter eher sporadisch, wie zahlreiche Studien belegen. So stellt Rickheit (1975) bei Kindern zwischen 6;0 und 9;11 fest, dass der Passivgebrauch unter 1 % liegt. Wie eine longitudinal angelegte Untersuchung der Spontansprache eines Jungen zwischen 2;0 und 5;0 Jahren zeigt, wird das *sein*-Passiv vor dem *werden*-Passiv erworben (vgl. Abbot-Smith & Behrens 2006). Die Daten liefern zudem Anzeichen dafür, dass der Erwerb des *sein*-Passivs durch die zuvor erworbene Kopulakonstruktion mit *sein* unterstützt wird, hingegen das *werden*-Passiv mit dem *werden*-Futur in keinem Erwerbszusammenhang steht (vgl. Abbot-Smith & Behrens 2006). Dass spontane Passivproduktionen nicht zwangsläufig mit dem notwendigen Perspektivenwechsel – von der Agensperspektive zur Patiensperspektive – einhergehen, zeigt die von Mills (1985) fixierte Äußerung (vgl. Wegener 1998: 162):

(1)   Der Vater wird vom Teppich geklopft.

Die Fähigkeit zur nicht-formelhaften Produktion eines Passivs kann folglich nur in Kontexten eruiert werden, die kommunikativ auch ein Passiv fordern.

In gelenkten Interviews legt Haberzettl (1998) 15 L1-ErstklässlerInnen transitive Ereignisse aus *Max und Moritz* vor. Anhand der Fragen *Was passiert hier mit dem Topf/den Hühnern/dem Schneider?* untersucht sie, ob die Kinder das pragmatisch angemessene Vorgangspassiv bilden oder zumindest zur Patienstopikalisierung im Aktiv bereit sind. Aufgrund der „Seltenheit von Objekt-vor-Subjekt-Abfolgen […] und von Passivsätzen" (Haberzettl 1998: 139) konstatiert sie eine deutlich erkennbare „Agenslastigkeit, mit der die Kinder offenkundig die Sachverhalte konzeptualisieren und so bei der Formulierung eine ‚Agens-zuerst'-Strategie befolgen" (Haberzettl 1998: 137). Slobin (1994) stellt in Passiv-Kontexten ebenfalls eine starke Favorisierung aktiver Äußerungsstrukturen fest.

3 L2-Passiverb

Die bislang einzige Untersuchung zum Passiv im kindlichen DaZ-Erwerb liegt mit Wegener (1998) vor. Für die Verlaufs- und Elizitationsstudie werden Daten von sechs Grundschulkindern herangezogen; je zwei mit Polnisch, Russisch und Türkisch als Erstsprache. Die Strukturen ihrer Äußerungen weisen Merkmale auf, die im Wesentlichen denen des L1-Lerners von Fritzenschaft (1994) entsprechen. Lediglich die polnischsprachigen Kinder lassen erkennen, dass L1-Vorkenntnisse und bestimmte Lernbedingungen den deutschen Passiverwerb begünstigen können (vgl. Wegener 1998: 159; 2001: 123f). Wie Haberzettl (1998) für den L1-Erwerb, zeigt Wegener (vgl. 1998: 159ff; 2001: 126ff) für den L2-Erwerb anhand von gelenkten Interviewpassagen, dass zumindest die russisch- und türkischsprachigen Kinder auf passivfordernde Fragen wie beispielsweise *Was passiert mit den Haaren?* mit Aktiväußerungen antworten:

(2) Er schneidet gleich sie ab.
(3) Die Haare? Schnitt äh schneidet der Friseur.
(4) Die Haare geh kleiner.

Diese sogenannten Ausweichkonstruktionen sind in Bezug auf den notwendigen Perspektivenwechsel als entgegengesetzt zu beschreiben (Wegener 2001: 127):

Tendenz 1, vgl. (2),(3):

> Die Lerner ziehen es vor, den Vorgang in der ihnen vertrauten Aktivkonstruktion wiederzugeben, behalten also die Agensperspektive bei, oder versuchen, den Patiens[2] durch Topikalisierung ins Zentrum zu rücken.

Tendenz 2, vgl. (4):

> Die Lerner nehmen einen Perspektivenwechsel vor, wechseln dabei aber von der Handlungs- in die Vorgangsperspektive, indem sie eine valenzreduzierte Konstruktion gebrauchen und den Agens vollständig eliminieren.

Tendenz 2 ist gegenüber Tendenz 1 die sehr viel häufigere Vermeidungsstrategie. Als häufigste Ausweichkonstruktion beobachtet Wegener (vgl. 2003: 221) hingegen die Übergeneralisierung des Verbs *sein* in Kombination mit dem erwarteten Partizip:

(5) Ist der Mann hier schon gerettet? *Nein, er muss jetzt gerettet sein.*

Abgesehen von unterschiedlichen Zeitpunkten der produktiven Verwendung zeigen „die DaZ lernenden Kinder [...] einen mit dem L1 lernenden Kind [Fritzenschaft 1994] und untereinander im wesentlichen homogenen Verlauf des Passiverwerbs" (Wegener 1998: 169). Dieser manifestiert sich in acht Etappen im Erwerbsprozess, von denen die ersten fünf Etappen bei allen Kindern vor dem produktiven Gebrauch des Passivs zu beobachten sind:

---

2 Bei Wegener (1998; 2001; 2003) sind Agens und Patiens maskulin. Im vorliegenden Beitrag wird das in der Literatur häufigere Neutrum verwendet.

1. Die Kinder verwenden nur aktive Verbformen. Wenn ein Passivsatz kommunikativ notwendig ist, kann es zu einer falschen und mißverständlichen Konstruktion mit aktivem Verb kommen.[3]
2. Die Partizipien werden zuerst beim Perfekt und nur mit *haben* gebraucht, bei transitiven und ergativen Verben: *hat geschlagen, hat runtergefallen*.
3. Beim Perfekt ergativer Verben wird auch das Hilfsverb *sein* verwendet, nach einer Zeit der Schwankungen werden schließlich *haben* und *sein* getrennt. Damit ist der Unterschied zwischen Agens- und Patiens-Subjekten erworben [*hat geschlagen, ist runtergefallen*].
4. *Sein* wird jetzt auch beim Partizip transitiver Verben gebraucht, das „Zustandspassiv" ist also erworben [*ist geschlagen*].
5. Wenn überhaupt Sätze mit Patiens-Subjekt gebildet werden, so wird ausschließlich das Hilfsverb *sein* verwendet, alle Passivsätze sehen also wie Zustandspassiv aus. Der Unterschied zwischen dynamischer und statischer Lesart wird nicht ausgedrückt, oder er wird mit Hilfe von Modalverben und/oder Adverbien ausgedrückt.[4] (Wegener 1998: 169)

4 Entwicklung des Erhebungsverfahrens

4.1 Grundlagen

Die erste entscheidende Etappe im Passiverwerbsprozess ist erreicht, wenn das Kind die semantisch-syntaktische Kopplung von Patiens und Subjekt beim Perfekt ergativer Verben vornimmt (s. o. 3.). Der zweite entscheidende Erwerbsschritt gilt als vollzogen, wenn das Kind das Verb *sein* mit einem Partizip II eines transitiven Verbs kombinieren kann (s. o. 4.). Die dritte und letzte notwendige Etappe stellt schließlich die Überwindung der Übergeneralisierung von *sein* in Sätzen mit Patiens-Subjekten dar (s. o. 5.). Das Kind muss hierfür lernen, dass durch den Gebrauch von *werden* eine dynamische Lesart ausgedrückt wird und das formale Zustandspassiv für die Versprachlichung von Vorgängen kein adäquates Mittel ist.

Für das Passiv-Erhebungsverfahren wurde folglich eine Methodik erarbeitet, mit der sukzessive ermittelt werden kann, welche jener drei zentralen Zwischenschritte bereits erreicht sind. So wurden drei Teilerhebungen angefertigt, deren jeweils fokussierte Erwerbsetappe aus Tabelle 1 zu entnehmen ist.

---

3 „Warum weint er? *Hat geschlagen*. Er –, weil er geschlagen hat oder –? *Andrer hat geschlagen*" (Wegener 1998: 151).
4 S. Beispiel (5) oben.

Tab. 1: Eruierte Erwerbsetappe pro Teilerhebung

Teil 1	**Perfekt** eruiert, ob das Kind die syntaktische Funktion des Subjekts mit der semantischen Rolle des Patiens verknüpfen kann, indem es im Perfekt ergativer Verben als Hilfsverb *sein* statt *haben* verwendet.
Teil 2	**Zustandspassiv** eruiert, ob das Kind das Verb *sein* auch in Kombination mit dem Partizip II eines transitiven Verbs verwendet und damit das Zustandspassiv bilden kann.
Teil 3	**Vorgangspassiv** eruiert, ob das Kind auch das Verb *werden* in Kombination mit dem Partizip II eines transitiven Verbs verwendet und damit das Vorgangspassiv bilden kann.

In der Praxis müssten zahlreiche Kinder auf ihre Sprachkompetenz hin untersucht werden und die Ergebnisse miteinander vergleichbar sein. Da dies nur unter gleichen Bedingungen möglich ist, stellt ein standardisiertes Elizitationsverfahren hier die effizienteste Variante dar. In Anbetracht des Grundsatzes der Standardisierung wurde bei der Entwicklung auf bereits bestehende Verfahren zurückgegriffen, die im Rahmen des DfdS-Projekts entwickelt wurden. Sie dienten als Orientierung für den formalen Ablauf aller Teilerhebungen:

In Einzeldurchläufen sollen den Kindern Abbildungen, sogenannte Items, vorgelegt werden. In jeder Teilerhebung wird zu jedem Item eine immer gleich formulierte, offene Frage gestellt, deren kommunikativ angemessene Antwort die gewünschte Zieläußerung ist (Tab. 1). Um sicherzustellen, dass die Aufgabenstellung verstanden ist, formuliert die Testleiterin zunächst für zwei Übungsitems die Zieläußerung selbst.

Vor diesem Hintergrund wurden für jede der drei Erwerbsetappen eine geeignete Formulierung der Frage, entsprechende Übungs- und Testitems, ein kommunikativ eingebetteter Durchführungsrahmen sowie ein einheitliches und plausibles Auswertungssystem entwickelt.

4.2 Teil 1: Perfekt

Im DfdS-Basisverfahren wird unter anderem die Fähigkeit zur Perfektbildung überprüft, indem die Kinder bei Vorlage einer Abbildung gefragt werden: *Was ist hier passiert?* Die Fragestellung ist bewusst so gewählt, da durch sie alle Konstituenten der Zieläußerung rhematisch sind und nur so eine vollständige Äußerung zu erwarten ist. Die obige Frage wurde daher für Teil 1 beibehalten. Sowohl für das Perfekt mit *haben* als auch mit *sein* sollen dem Kind jeweils ein Übungsitem und drei Testitems vorgelegt werden. Für die Items mit *haben* wurden transitive Ereignisse gewählt, die deutlich erkennbar als Resultat abbildbar sind; für die Items mit *sein* waren Ergativ-Situationen zu finden, in denen das Subjekt möglichst nicht als Agens wahrnehmbar ist. Tabelle 2 listet die für die zweite Teilerhebung herangezogenen Übungs- und Testitems.[5]

Tab. 2: Items zu Teil 1: Perfekt

Übungsitems	
Ü1	Das Kind ist hingefallen/gestürzt *Ein Mädchen kniet auf allen Vieren neben einem Fahrrad. Neben dessen Vorderrad liegt ein Stein, an den das Kind gefahren ist. Die Hose des Mädchens hat am Knie ein Loch.*
Ü2	Das Ei hat den Schuh verloren *Ein Ei mit Armen, Beinen und Gesicht steht am linken Bildrand. Die Augen sind aufgerissen, die Arme in die Höhe gestreckt, der Mund geöffnet. Einen Schuh trägt das Ei am Fuß, ein Schuh liegt am rechten Bildrand.*
Testitems	
1.	Die Ente hat den Stuhl kaputt gemacht *Eine Ente mit wütendem Blick hält eine Säge. Daneben ist ein Stuhl mit abgesägten Beinen.*
2.	Der Ball ist ins Wasser gefallen *Ein Fußball schwimmt in einem See. Daneben ist ein Hügel, von dem der Ball runter gerollt ist. Wasserspritzer verdeutlichen, dass er gerade erst ins Wasser gefallen ist.*
3.	Die Frau hat das Haus angemalt *Eine Frau in weißer Latzhose steht neben einem roten Haus. In der einen Hand hält sie einen Pinsel, von dem rote Farbe auf den Boden neben den Farbeimer tropft. Die andere Hand hat sie, zur Unterstreichung der Abgeschlossenheit, in die Hüfte gestemmt. Auf der Kleidung und im Gesicht der Frau sind rote Farbkleckse.*
4.	Das Schiff ist untergegangen/kaputt gegangen *Eine Holzjolle liegt mit zerbrochenem Rumpf, kaputtem Mast und gerissenem Segel am Meeresboden. Aufsteigende Luftblasen deuten darauf hin, dass es soeben gesunken ist.*

---

5 Items Ü1, Ü2, 1, 2 und 5 stammen aus dem DfdS-Basisverfahren. Items 3, 4 und 6 sind neu erstellt worden.

5. Das Ei ist runtergefallen
   Ein zerbrochenes Ei liegt auf dem Boden, daneben steht ein Tisch.

6. Der Mann hat das Auto geputzt
   Ein Mann in blauer Latzhose steht neben einem glänzenden Auto, davor ein Eimer mit dreckigem Lappen darin, auf dem Boden ist eine Wasserlache. Zur Unterstreichung der Abgeschlossenheit der Handlung hat der Mann die eine Hand in der Hüfte und die andere in der Hosentasche.

Der kommunikative Rahmen der ersten Teilerhebung entspricht dem Ablauf des DfdS-Basisverfahrens: Die Testleiterin erzählt dem Kind, sie habe „ein paar lustige Bilder" mitgebracht und wolle sie gemeinsam mit ihm ansehen. Für die Auswertung wurde ein Auswertungsbogen erstellt, der sich in der Darstellung an die DfdS-Bögen anlehnt. In diesen werden die Äußerungen des Kindes transkribiert und nach folgendem System ausgewertet: Wenn das Kind bei den drei *haben-* und drei *sein-*Testitems jeweils mindestens zwei Zieläußerungen produziert, gilt die erste Erwerbsetappe als erreicht.

4.3 Teil 2: Zustandspassiv

Die Formulierung der Frage zu Teil 2 stellte eine besondere Herausforderung dar, denn das Zustandspassiv steht einer Kopulakonstruktion strukturell und funktional sehr nahe, letztere soll aber als Antwort möglichst ausgeschlossen werden. Die in der Pilottestung gestellte Frage *Wie ist [Patiens] denn bei Dir?* führte vielfach zur unerwünschten Produktion von Kopulakonstruktionen der Form *Bei mir ist [Patiens] [Adjektiv].* Daher wurde entschieden, anstelle einer Frage eine Aussage an das Kind zu richten: die Modalkonstruktion *Hier muss [Patiens] noch [Partizip II] werden!* Auf diese Feststellung soll das Kind mit einer Gegenformulierung reagieren: der Zieläußerung *Hier ist [Patiens] schon [Partizip II]!* Jedes Item wurde demnach in zweifacher Ausführung benötigt. Das a-Item soll der Testleiterin als Anlass dienen, die erwähnte Feststellung zu formulieren, während das b-Item beim Kind die gewünschte Zieläußerung elizitieren soll. Da auch hier zwei Übungsitems und sechs Testitems herangezogen werden, sind nach folgendem Schema acht Szenen für Istzustände ausgedacht und entsprechende Fotos erstellt worden: Die a-Version bildet einen Gegenstand/Kontext in einem nicht erreichten (Ziel-)Zustand ab; die b-Version zeigt denselben Gegenstand/Kontext in dem bereits erreichten (Ziel-)Zustand. So entstanden die in Tabelle 3 gelisteten Übungs- und Testitems.

Tab. 3: Items zu Teil 2: Zustandspassiv

Übungsitems	
Ü1a.	Hier muss die Wäsche noch zusammengelegt werden
Ü1b.	Hier ist die Wäsche schon zusammengelegt
Je ein Foto von einem Wäschekorb mit (a) unsortierter und (b) zusammengelegter Kleidung	
Ü2a.	Hier muss der Tisch noch gedeckt werden
Ü2b.	Hier ist der Tisch schon gedeckt
Je ein Foto von einem (a) ungedeckten und (b) gedeckten Tisch	
Testitems	
1a.	Hier muss das Bild noch angemalt werden
1b.	Hier ist das Bild schon angemalt
Je eine (a) schwarz-weiße und eine (b) bunte Zeichnung mit Haus, Baum und Blume	
2a.	Hier muss das Zimmer noch aufgeräumt werden
2b.	Hier ist das Zimmer schon aufgeräumt
Je ein Foto von einem (a) unordentlichen und (b) aufgeräumten Wohnzimmer	
3a.	Hier muss der Koffer noch gepackt werden
3b.	Hier ist der Koffer schon gepackt
Je ein Foto von einem (a) leeren und (b) gepackten Koffer	
4a.	Hier muss die Puppe noch angezogen werden
4b.	Hier ist die Puppe schon angezogen
Je ein Foto von einer Puppe in (a) Windeln und (b) Puppenkleidung	
5a.	Hier muss das Geschenk noch eingepackt werden
5b.	Hier ist das Geschenk schon eingepackt
Je ein Foto von (a) Geschenkpapier, Schere und Klebeband und (b) einem fertigen Geschenk	
6a.	Hier muss das Brot noch geschnitten werden
6b.	Hier ist das Brot schon geschnitten
Je ein Foto von einem (a) ganzen Brotlaib und einem (b) geschnittenen Brot	

Der Durchführungsrahmen der zweiten Teilerhebung ist ein Kartenspiel. Die Testleiterin erhält die a-Items, das Kind die b-Items. Das Kind soll nach jedem von der Testleiterin kommentierten a-Item das passende b-Item auf seiner Hand finden und beschreiben, „wie es bei dir ist". Die so produzierten sechs Äußerungen werden nach dem gleichen Prinzip ausgewertet: Sofern das Kind zu mindestens fünf der sechs b-Items das Zustandspassiv produziert und dabei einen für den abgebildeten Sachverhalt zutreffenden Wortschatz verwendet, gilt das Zustandspassiv als erworben.

4.4 Teil 3: Vorgangspassiv

Eine das Passiv elizitierende Frage muss so formuliert sein, dass es angemessen erscheint, das Patiens als Subjekt zu realisieren. Dies kann erreicht werden, indem das Patiens in der Fragestellung bereits Erwähnung findet. Dadurch kann es in der Antwort als Thema in Topikposition wiederaufgegriffen werden, während der passivische Verbalkomplex eine rhematische Rolle einnimmt. Analog zu den gelenkten Passagen in Haberzettl (1998) und Wegener (1998) soll der passivfordernde Kontext für Teilerhebung 3 mit der Frage *Was passiert hier mit Mimi?* hergestellt werden. Für die Gestaltung der Items wurden acht an einem Stofftier[6] ausübbare transitive Ereignisse gewählt, die in Bezug auf den Wortschatz der kindlichen Erfahrungswelt entsprechen. Sie wurden fotografisch so inszeniert, dass die verursachende Instanz (hier: ein protototypisches, menschliches Agens) in den perzeptiven Hintergrund rückt und Mimi als Patiens im Wahrnehmungsfokus steht. Das Agens wurde daher auf seine Tätigkeit reduziert und lediglich als ins Bild ragende Hand abgebildet. So entstanden die in Tabelle 4 gelisteten Übungs- und Testitems.

Tab. 4: Items zu Teil 3: Vorgangspassiv

Übungsitems	
Ü1.	Mimi wird geküsst
Ü2.	Mimi wird geföhnt

Testitems	
1.	Mimi wird gefüttert
2.	Mimi wird gebadet
3.	Mimi wird abgetrocknet
4.	Mimi wird gekämmt
5.	Mimi wird gestreichelt
6.	Mimi wird getragen

Als kommunikativer Rahmen für Teil 3 dient ein fiktiver Urlaubsaufenthalt der Stoffkatze Mimi, aus dem sie der Testleiterin einen Brief schickt. In diesem steht, wie gut es ihr ergehe, da sich alle um sie kümmerten und sie „gar nichts selber machen" müsse. Als Beweis hat die Katze Urlaubsbilder mitgeschickt – die dem Briefumschlag beigelegten acht Fotos sind die Übungs- und Testitems.

---

6 Katze Mimi aus dem DfdS-Projekt.

Die Äußerungen aus Teil 3 werden analog zu Teil 1 und 2 transkribiert und ausgewertet: Sofern das Kind zu mindestens fünf der sechs Items die Zieläußerung produziert und dabei einen für den abgebildeten Sachverhalt zutreffenden Wortschatz verwendet, wird davon ausgegangen, dass es in der Lage ist, das Vorgangspassiv produktiv zu verwenden.

5 Zum Einsatz des Verfahrens

5.1 Zweck der Datengewinnung

Wie eingangs erläutert, zielte die Durchführung des Verfahrens nicht nur auf die Erprobung seiner Praktikabilität. Ein Teil der gewonnenen Daten, nämlich die Äußerungen auf die passivfordernde Frage *Was passiert hier mit Mimi?* (Teil 3: Vorgangspassiv), wurde zunächst mit dem aktuellen Forschungsstand zum Passiverwerb von Kindern mit Deutsch als Zweitsprache (Wegener 1988; 2001; 2003) und Deutsch als Erstsprache (Haberzettl 1998) abgeglichen.

Im nächsten Schritt wurden die elizitierten Äußerungen aus allen drei Teilerhebungen herangezogen, um einerseits Aussagen zum Verlauf der Kompetenzentwicklung im DaZ-Kontext zu machen und andererseits den potentiellen Förderbedarf bei der untersuchten Probandengruppe zu konkretisieren.

5.2 Probanden

Die Passiv-Erhebung wurde an 22 DaZ-Grundschulkindern durchgeführt, die in der KiTa in aktiven Kontakt mit der Zweitsprache Deutsch traten und bereits dort viermal wöchentlich DfdS-Sprachförderung erhielten. Die Erstsprachen der Kinder sind Albanisch, Arabisch, Kurdisch, Russisch, Romani, Tamil, Türkisch, Urdu oder Vietnamesisch. Bei der Datenerhebung waren die Kinder im Alter zwischen 6;8 und 9;8. und erhielten mehrmals wöchentlich Sprachförderung mit der DfdS-Grundschulversion. Fünf Kinder besuchten eine Grundschulförderklasse (GFK), ein Angebot, das jedem schulpflichtigen, aber nicht-schulreifen Kind ein weiteres Vorbereitungsjahr einräumt. Weitere sechs Kinder hatten ein GFK-Schuljahr bereits hinter sich und befanden sich am Ende der 1. Klasse (d. h. des 2. Schulbesuchjahrs). Die verbleibenden elf Kinder hatten nur vereinzelt die GFK besucht und waren kurz davor, die 2. Klasse zu beenden. Die Anzahl der Kinder mit Deutsch als Zweitsprache überwog in allen Klassen, der Schulstatistik zufolge hatten 63,8 % der gesamten Schülerschaft einen sogenannten Migrationshintergrund.

6 Ergebnisse

Aus Tabelle 5 ist ersichtlich, dass insgesamt 288 von 396 möglichen Zieläußerungen produziert wurden, mit 73 % also fast drei Viertel der an die Kinder gerichteten Fragen die jeweilige Zieläußerung elizitiert haben. Die Gesamtkonzeption der Passiv-Diagnostik ist damit gelungen – die Items wurden erkannt, der Durchführungsrahmen verstanden. Teil 1 war die Teilerhebung mit der geringsten Schwierigkeit: Auf die Frage *Was ist hier passiert?* wurde in 107 von 132 Fällen mit einer Zieläußerung geantwortet. Mit 105 Zieläußerungen stellte Teil 2 eine ebenfalls geringe Herausforderung dar. Für Teil 3 liegen mit 76 von 132 die wenigsten Zieläußerungen vor; es war erwartungsgemäß die komplexeste Teilerhebung. Dennoch zeigt sich, dass die Stimulusfrage *Was passiert hier mit Mimi?* mit 58 % zu mehr als der Hälfte mit dem kommunikativ angemessenen Vorgangspassiv beantwortet wurde. Damit lässt sich keine mehrheitliche Vermeidung des Passivs im passivfordernden Kontext konstatieren.

Tab. 5: Produzierte Zieläußerungen pro Teilerhebung

Teilerhebung	Teil 1		Teil 2	Teil 3	Gesamt
Input/Frage	*Was ist hier passiert?*		*Hier muss [Patiens] noch [Partizip II] werden!*	*Was passiert hier mit Mimi?*	
Verbalkomplex der Zieläußerung	*haben* + Partizip II (transitiv)	*sein* + Partizip II (ergativ)	*sein* + Partizip II (transitiv)	*werden* + Partizip II (transitiv)	
Produzierte Zieläußerungen	50 von 66 (76 %)	57 von 66 (86 %)	105 von 132 (80 %)	76 von 132 (58 %)	288 von 396 (73 %)
	107 von 132 (81 %)				

6.1 Bezug zum aktuellen Forschungsstand

6.1.1 L2-Passiverwerb (Wegener 1998; 2001; 2003)

Die grundsätzliche Feststellung, dass selbst wenn das Vorgangspassiv gebildet werden kann, in „Passivkontexten [...] weiterhin Aktivkonstruktionen vorgezogen [werden]" (Wegener 1998: 169), kann im Rahmen der Studie nicht bestätigt werden. Vielmehr zeigte sich, dass Kinder, die ein Passiv bilden können, dies im erwähnten Kontext auch mehrheitlich tun. Von den 19 Kindern nämlich, die in Teil 3 mindestens eine Zieläußerung produzierten (und damit potentiell in der Lage zur Passivproduktion sind), äußerten lediglich fünf Kinder mehr Aktiv- als Passivkonstruktionen. Ein Kind produzierte drei Aktiv- und drei Passiväußerungen, und die verbleibenden 13 entschieden sich zur Produktion von mehr Passiv- als Aktivkonstruktionen. Eine tatsächliche Präferenz von Aktivkonstruktionen trotz Fähigkeit zur Passivbildung trifft damit auf lediglich rund ein Viertel zu.

Die bei Wegener am häufigsten[7] festgestellte Ausweichkonstruktion, die Kombination von *sein* mit dem passenden Partizip II, kommt in der vorliegenden Untersuchung lediglich einmal vor:

(6) Item 3: *Sie ist abgetrocknet.*

Da die Zweitklässlerin zu den restlichen fünf Items aber ein Vorgangspassiv produzierte, kann kein systematisch fehlerhafter Gebrauch von *sein* als Passivhilfsverb festgestellt werden. Es ist daher anzunehmen, dass die von Wegener festgestellte *sein*-Übergeneralisierung im Passiverwerb ein Phänomen darstellt, das mit dem fortgeschrittenen Alter zum Erwerbsbeginn zusammenhängt. Den hier gewonnenen Daten zufolge wenden Kinder, die bereits im KiTa-Alter mit der L2 Deutsch in Kontakt kommen, diese Erwerbsstrategie nicht an.

Die zweithäufigste Antwort bei Wegener ist die als Tendenz 2 zusammengefasste Umperspektivierung, bei der die Lernenden „einen Schritt zu weit" (Wegener 2001: 133) gehen, da sie das Agens formal wie konzeptuell aus der Äußerungsstruktur ausschließen. Dies ist die häufigste Ausweichtendenz der Kinder in der vorliegenden Untersuchung. In 20 der 46 vollständigen nicht-passivischen Antworten produzierten die Kinder Äußerungen folgenden Typs:

(7) Item 2: *Mimi badet.*
(8) Item 4: *Mimi kämmt sich.*

---

[7] Wegener präzisiert den relativen Häufigkeitsgrad nicht durch konkrete Zahlen.

Die Reduktionskonstruktionen hier zeigen eine andere Präferenz hinsichtlich des konkreten Konstruktionstyps: Während bei Wegener (2001) zahlreiche Prädikativkonstruktionen mit *sein* und *werden* genannt werden, kommt in der vorliegenden Untersuchung nur ein kopulativer Gebrauch von *sein* vor:

(9) Item 6: *Die ist auf dem Arm von jemanden.*

Desweiteren stehen sechs Reflexivkonstruktionen in dieser Studie einer einzigen bei Wegener gegenüber (vgl. 1998: 160). Ein Äußerungstyp, der nur in den vorliegenden Daten registriert wurde, ist die transitive Satzstruktur ohne Erwähnung des abgebildeten Agens. Die zwei Kinder beziehen hier stattdessen den instrumentalen Aktanten des Verbs *füttern* – also das, womit die Katze gefüttert wird – als Objekt mit ein:

(10) Item 1: *Mimi isst Kellog's./Mimi isst Müsli.*

Die seltenste Ausweichkonstruktion bei Wegener, Tendenz 1, ist die mit 30 % zweithäufigste Tendenz der vorliegenden Untersuchung. Insgesamt 14 der 22 Kinder gingen „beim Perspektivenwechsel nicht weit genug" (Wegener 2001: 131) – sie realisierten das abgebildete Agens als Subjekt und beschrieben die Situation damit aus der Agensperspektive:

(11) Item 4: *Einer kämmt sie.*
(12) Item 5: *Der streichelt Mimi.*

6.1.2 L1-Passiverwerb (Haberzettl 1998)

Da es sich bei Haberzettl (1998) ausschließlich um Äußerungen von L1-Kindern zwischen 6 und 7 Jahren handelt, die Kinder der vorliegenden Studie hingegen Deutsch als Zweitsprache erwerben und im Schnitt eineinhalb Jahre älter sind, darf kein unreflektierter Vergleich der beiden Datensätze vorgenommen werden: Die Prozentwerte in der unteren Zeile von Tabelle 6 lassen bei den L2-Kindern eine mehr als dreimal höhere Passivbereitschaft feststellen. Selbst das am wenigsten zielführende Item 4 veranlasste mit 45 % anteilig mehr Kinder zu einer Passivproduktion als der mit 33 % passivreichste Stimulus bei Haberzettl (Tabelle 6, 2. Satz). Damit lässt sich auch Haberzettls (1998: 137) „‚Agens-zuerst'-Strategie" nicht bestätigen. Insbesondere vor dem Hintergrund, dass es sich bei dem Passivanteil von 18 % um L1-Kinder handelt, sind die 58 % der L2-Kinder als hoch einzustufen.

Tab. 6: Passivbereitschaft gegenüber Haberzettl (1998)

Teil 3: Vorgangspassiv 22 L2-Kinder zwischen 6;8 und 9;8			Haberzettl (1998: 136f) 15 L1-Kinder zwischen 6 und 7	
Was passiert hier mit Mimi?			*Was passiert hier mit dem Topf/den Hühnern/dem Schneider?*	
Testitems (Urlaubsfotos von Mimi)	*werden + Partizip II*		Bildstimuli aus	
	(transitiv)		Max & Moritz	
1. Mimi wird gefüttert	16 (73 %)	0 (0 %)	1. Einem Schneemann wird ein Topf als Hut aufgesetzt	
2. Mimi wird gebadet	13 (59 %)			
3. Mimi wird abgetrocknet	13 (59 %)	5 (33 %)	2. Die toten Hühner werden von Witwe Bolte abgehängt	
4. Mimi wird gekämmt	10 (45 %)			
5. Mimi wird gestreichelt	13 (59 %)	3 (20 %)	3. Schneider Böck wird von zwei Gänsen an Land geflogen	
6. Mimi wird getragen	11 (50 %)			
Produzierte Zieläußerungen	**76 von 132 (58 %)**	**8 von 45 (18 %)**	**Produzierte Zieläußerungen**	

6.1.3 Diskussion

Neben dem unterschiedlichen Alter zum Zeitpunkt der Erhebung ist die hohe Passivbereitschaft der Heidelberger L2-Kinder gegenüber Haberzettl (1998) und Wegener (1998; 2001; 2003) auch im Zusammenhang mit dem jeweiligen Untersuchungsdesign zu interpretieren: Sowohl die Vorerwähnung im Brief, dass Mimi „gar nichts selber machen" muss, als auch die reduzierte Agens-Darstellung kann die mehrheitliche Realisierung eines Patiens-Subjekts zumindest mit begünstigt haben. Nicht zuletzt kann durch die Modellvorgaben der Übungsitems ein Priming-Effekt eingetreten sein. Das im Gegenzug ausgeprägte Vermeiden eines Passivs der L1-Kinder bei Haberzettl (1998) kann wiederum mit den Bildstimuli selbst in Verbindung stehen: Die konverse Versprachlichung des ditransitiven Ereignisses – Max und Moritz setzen dem Schneemann einen Topf als Hut auf – stellt die komplexeste Herausforderung der ohnehin lexikalisch anspruchsvollen Sachverhalte dar. Dass der Topf als Patiens beim Aufgesetztwerden abgesehen vom lokalen Ortswechsel keine Zustandsveränderung durchläuft, kommt erschwerend hinzu. Um die mehrheitliche Passivbereitschaft der 22 DaZ-Kinder präziser in den Forschungskontext einordnen zu können, wäre Teil 3 des Erhebungsverfahrens an gleichaltrigen Kindern mit Deutsch als Erstsprache zu wiederholen.

6.2 Entwicklung der Passivkompetenz bei Grundschulkindern mit Deutsch als frühe Zweitsprache

Aus Tabelle 7 ist erkennbar, dass 91 % der Kinder den ersten Meilenstein im Passiverwerb bereits erworben haben. Sie sind offensichtlich imstande, im Aktiv zwischen einem Agens-Subjekt und einem Patiens-Subjekt zu unterscheiden. In Teilerhebung 2 sind es mit 17 Kindern 77 %, für die die Etappe des Zustandspassivs als erreicht gilt. Schließlich zeigen zehn Kinder, dass sie bereits in der Lage sind, den notwendigen Perspektivenwechsel zu vollziehen und in mindestens fünf von sechs Fällen ein Vorgangspassiv zu produzieren.

Tab. 7: Erreichte Erwerbsetappen insgesamt

Teilerhebung	Teil 1	Teil 2	Teil 3
Benötigte Zieläußerungen	je mindestens 2 von 3	mindestens 5 von 6	mindestens 5 von 6
Anzahl Kinder (%)	20 von 22 (91 %)	17 von 22 (77 %)	10 von 22 (45 %)

Abbildung 1 stellt die Kombination der erreichten Erwerbsetappen für jedes Kind dar; Tabelle 8 erläutert die darin enthaltenen Abkürzungen. Zunächst ist erkennbar, dass sich die von Wegner (1998: 169) beobachtete, in Kapitel 3 dargestellte Chronologie der Passiv-Erwerbssequenz in den Daten widerspiegelt: Bis auf die Sonderfälle 07_AlRF und 18_KuAA hat jedes Kind eine Etappe nur dann erreicht, wenn auch die vorige(n) erreicht wurde(n). Zur kurzen näheren Betrachtung der beiden Sonderfälle: Kind 07_AlRF hat die erste und dritte Erwerbsetappe erreicht, aber die zweite nicht. Statt des erwarteten Zustandspassivs produziert die Erstklässlerin in Teil 2 zu jedem Item ein Passiv im Perfekt:

(13) Item 2b: *Das Zimmer ist schon aufgeräumt worden.*

Dies ist im Kontext der Teilerhebung eine ebenfalls adäquate Konstruktion und zeigt darüberhinaus, dass sie das Vorgangspassiv sogar im Perfekt bilden kann. Kind 18_KuAA hat den Auswertungskriterien zufolge die zweite entscheidende Erwerbsetappe erreicht, aber die erste nicht. Vor dem Hintergrund der von Wegener (1998: 169) konstatierten chronologischen Entwicklung scheint dieser Sprachstand sehr unwahrscheinlich. Bei Betrachtung der Äußerungen in Teil 1 wird deutlich, dass die Zweitklässlerin zu allen drei Ergativ-Items das Perfekt mit *sein* bildet, aber das Perfekt mit transitivem Verb und *haben* nur einmal bildet. Es ist jedoch nicht davon auszugehen, dass sie das Perfekt von ergativen Verben beherrscht, das von transitiven Verben hingegen nicht. Vielmehr ist denkbar, dass sie die Abgeschlossenheit der transitiven Ereignisse nicht erkannt hat und so bei den verbleibenden zwei Transitiv-Items das Präsens präferierte:

(14) Item 3: *Der Maler malt den Haus an.*
(15) Item 6: *Die machen des Auto sauber.*

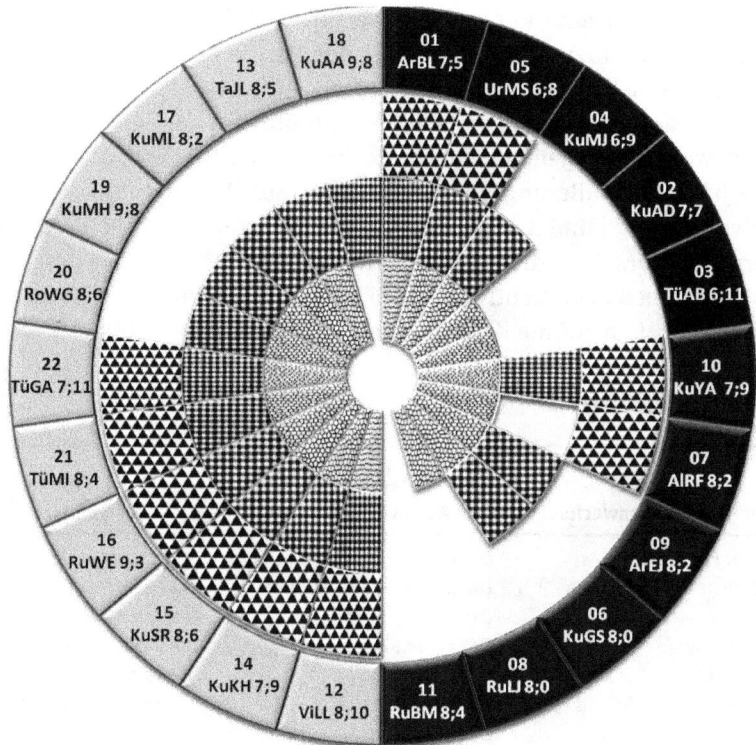

Abb. 1: Erreichte Erwerbsetappen pro Kind

Tab. 8: Legende zu Abbildung 1

01 bis 05	Grundschulförderklasse
06 bis 11	1. Klasse
12 bis 22	2. Klasse
Buchstabe 1+2	Buchstabe 1+2 der L1: Albanisch, Arabisch, Kurdisch, Russisch, Romani, Tamil, Türkisch, Urdu, Vietnamesisch
Buchstabe 3+4	Kürzel des Kindes
Jahr;Monat	Alter zum Zeitpunkt der Datenerhebung
Ring innen	erreichte Erwerbsetappe: Teil 1 Perfekt
Ring mittig	erreichte Erwerbsetappe: Teil 2 Zustandspassiv
Ring außen	erreichte Erwerbsetappe: Teil 3 Vorgangspassiv

7 Förderbedarf und Förderimplikationen

Die Kinder 04, 06, 09, 13, 17, 19 und 20 stellen die interessanteste Gruppe dar: Sie haben als einzige der 22 Probanden lediglich die dritte Erwerbsetappe nicht erreicht. Die notwendigen Voraussetzungen für den Passiverwerb sind bei ihnen offensichtlich erfüllt; sie kämen also in der Praxis für eine Passiv-Förderung in Frage. Für eine Konkretisierung ihres Förderbedarfs ist es sinnvoll, zunächst ihre bevorzugte Strategie bei der Passivvermeidung zu ermitteln. Dazu sind in Tabelle 9 die nicht-passivischen Antworten der sieben Kinder aufgelistet. In der linken Spalte stehen die neun Äußerungen, in denen kein Perspektivenwechsel vorgenommen wurde. In der mittleren Spalte stehen die ebenso häufigen Äußerungen, in denen das auf dem Stimulus abgebildete Agens vollständig eliminiert wurde. Die reche Spalte listet sechs Antworten, bei denen unklar ist, ob die Kinder den notwendigen Perspektivenwechsel vorgenommen haben oder nicht: Die Subjekte *sie* bzw. *die* können sich sowohl auf das Agens als auch auf die Katze beziehen.[8]

Tab. 9: Ausweichtendenzen bei potentieller Zielgruppe

Tendenz 1 kein Perspektivenwechsel	Tendenz 2 Agenseliminierung	Tendenz unklar
Der gebt Futter	*Die Mimi esst Früh/Müsli*	*Die wascht ... ihre Haare*
Die streicheln Mimi	*Die tr/macht sich sauber*	*Die trocknet*
Tragen sie	*Die will schlafen*	*Die kämmt ihre Haare*
Einer kämmt sie	*Die kämmt sich*	*Die kämmt ihre Haare*
Eine Hand streichelt sie	*Schläft ein*	*Die streichelt ihre Haare*
Die füttern sie (OVS?)	*Mimi wascht sich*	*Sie kämmt ihre Haare*
Sie duschen sie (OVS?)	*Die Mimi badet*	
Sie trocknet sie ab	*Sie trocknet sich*	
Der oder die streichelt Mimi	*Die badet*	
9	9	6

Da eine Feststellung der Qualität des kindlichen Perspektivenwechsels (Tabelle 9, Spalten links und Mitte) für die anschließende Förderempfehlung (s. u.) notwendig ist, wird empfohlen, nach Äußerungen mit unklarer Ausweichtendenz (Tabelle 9, Spalte rechts) die einmalige Nachfrage *Wer?* in die standardisierte

---

[8] Aufgrund der sechsmal nicht zu ermittelnden Ausweichtendenz (Tabelle 9, Spalte rechts) ließ sich für keines der sieben potentiellen Förderkinder eine favorisierte Ausweichtendenz feststellen.

Durchführung aufzunehmen.⁹ Dadurch gewinnt man für jedes Kind weitere Äußerungen, die als Indizien für die eine oder andere Tendenz gewertet und zur Ermittlung der vom Kind bevorzugten Strategie genutzt werden können. Die auf der Feststellung der präferierten Ausweichtendenz basierenden Förderimplikationen werden in den folgenden Abschnitten dargestellt.

7.1 Kinder mit Tendenz 1: Förderimplikationen

Denjenigen Kindern, die in ihren nicht-passivischen Konstruktionen zu Teil 3 weiterhin das Agens als Subjekt realisieren, fällt es offensichtlich schwer, den für das Passiv notwendigen Perspektivenwechsel zu vollziehen. Daher benötigen diese Kinder primär Unterstützung darin, ihre Aufmerksamkeit verstärkt auf das Patiens zu lenken und dieses als Subjekt zu realisieren. Gleichzeitig wäre wichtig, ihre prioritäre Wahrnehmung des Agens in einem passivfordernden Kontext zu reduzieren. Dies könnte beispielsweise im Kontext von Koch- und Backrezepten erfolgen. In diesem Rahmen stünden die Zutaten in der Rolle des Patiens im Zentrum der Aufmerksamkeit: *Die Milch wird umgerührt; Der Apfel wird geschält; Der Teig wird geknetet*. Die ausführende Person in der Rolle des Agens wäre hierbei in den perzeptiven Hintergrund gerückt. Denn wer die Handlungen ausführt, spielt für den Zubereitungsprozess keine Rolle.

Ebenfalls vorstellbar wäre eine Fördereinheit, in der ein Tier (in der Rolle des Patiens) seine Erlebnisse derart an die Förderkinder heranträgt, dass die Kinder die Geschichte vollständig aus seiner (Patiens-)Perspektive wahrnehmen. Um die Fokussierung auf das Agens zu reduzieren, soll dieses keine weitere Rolle spielen und den Kindern, zumindest zunächst, unbekannt bleiben. Eine entsprechende Rahmengeschichte, die zahlreiche Passivkonstruktionen als Modellvorgaben enthalten sollte, könnte wie folgt aussehen: Ein Maulwurf wird beim Überqueren einer Straße von einem Auto angefahren. Zufällig wird das verletzte Tier gefunden, aufgehoben und in ein Haus gebracht. Dort wird es in einen Korb gelegt und täglich versorgt. Der Maulwurf, der den Förderkindern ‚live' von seinen Erlebnissen berichtet, erzählt anhand von Passivkonstruktionen, „was gerade mit mir passiert": *Ich werde gefüttert / gestreichelt / gebadet / gekämmt / gewaschen / angezogen* etc. Aufgrund seiner naturgemäß schwachen Sehkraft kann der Maulwurf den Wohltäter (in der Rolle des Agens) nicht erkennen, wodurch der kommunikative Fokus auf ihm selbst als Patiens und dem transitiven Ereignis liegt.

---

9 In der vorliegenden Untersuchung wurde eine solche Frage nicht gestellt, was die relativ hohe Anzahl von Äußerungen mit unklarer Tendenz erklärt.

Weil der Maulwurf nur weiß, was ihm passiert, aber nicht, durch wen es verursacht wird, sind passivische Äußerungen aus kommunikativer Sicht das sprachlich angemessenste Mittel.

Um nach der Inputphase die Produktion eines Passivs zu elizitieren, gibt der Maulwurf zu einem späteren Zeitpunkt den Kindern Rätsel auf: Er nennt ihnen nur noch die verwendeten Utensilien (z. B. Kamm, Bürste, Seife, Handtuch, Pullover etc.) und lässt die Kinder raten, was gerade mit ihm gemacht wird. Später können die Kinder anderen Personen (Freundin, Lehrer etc.) erzählen, „was dem Maulwurf passiert ist".

Der Maulwurf steht als Patiens im Mittelpunkt der Fördereinheit und unterstützt als Sympathieträger die Sensibilisierung für die Einnahme der Patiensperspektive durch die Kinder, während der Wohltäter als Agens keine weitere Thematisierung erfährt.

7.2 Kinder mit Tendenz 2: Förderimplikationen

Für diejenigen Kinder, die in passivfordernden Kontexten wie in Teil 3 das abgebildete Patiens zwar als Subjekt realisieren, aber durch die Eliminierung des abgebildeten Agens bei ihrem Perspektivenwechsel zu weit gehen, wären Förderanlässe mit einer anderen Zielsetzung zu entwickeln. Die Schwierigkeiten der Kinder bestehen hier nicht darin, einen Perspektivenwechsel an sich vorzunehmen, denn die Stoffkatze Mimi, die im vorliegenden Kontext der Bildstimuli die Rolle des Patiens inne hat, wird bereits als Subjekt und in Topikposition realisiert. Als Herausforderung ist hier vielmehr das gleichzeitige Implizieren des abgebildeten Agens zu nennen, das von den Kindern in ihren Reflexiv-, Prädikativ- oder Ergativkonstruktionen weder syntaktisch noch konzeptuell vorgesehen ist. Hier sollte also primär die Sensibilisierung der Agensimplizierung im Fokus stehen.

Dies könnte anhand einer thematischen Fördereinheit namens *Ich kann das schon alleine!* erfolgen. Verschiedene Spiele könnten hier als Input- und Gesprächsanlass dienen, um folgende Fragen aus dem kindlichen Alltag aufzugreifen: *Wirst du noch angezogen oder ziehst Du Dich schon selber an? Wirst du noch zur Schule / ins Bett gebracht oder gehst Du schon alleine zur Schule / ins Bett? Wirst Du noch von der Schule abgeholt oder gehst Du schon alleine nach Hause?* Die thematische Gegenüberstellung von a) *Wirst Du noch* und b) *Machst Du schon alleine* liefert dem Kind Hinweise darauf, dass die Existenz einer Person samt ihrer situativen Rolle (Agens) impliziert sein kann, obwohl die Person nicht genannt wird. Das Kind wird hier dafür sensibilisiert, dass durch die Formulierung *Ich werde noch [Partizip II]* indirekt mitgeteilt wird, dass jemand anderes etwas für einen tut, er oder sie aber nicht explizit genannt wird – denn das Agens soll bei der Besprechung von Frage a) keinesfalls durch die Förderkraft weiter thematisiert werden.

Die vorgenommene Differenzierung des Förderbedarfs im Erwerbsbereich „Passiv" sowie die daraus abgeleiteten Gedanken zur praktikablen Umsetzung in die Praxis sollen als Anstoß dienen für sprachdidaktisch fundierte Förderspiele.

8 Literatur

Abbot-Smith, Kirsten & Behrens, Heike (2006): How known constructions influence the acquisition of other constructions: the German passive and future constructions. *Cognitive Science* 30/6: 995–1026.

Fritzenschaft, Agnes (1994): Activating Passives in Child Grammar. In Tracy, Rosemarie & Lattey, Elsa (eds.): *How tolerant is universal grammar? Essays on language learnability and language variation.* Tübingen: Niemeyer, 155–184.

Grimm, Hannelore (1975): Verstehen, Imitation und Produktion von Passivsätzen. In Grimm, Hannelore; Schöler, Hermann & Wintermantel, Margret (Hrsg.): *Zur Entwicklung sprachlicher Strukturformen.* Weinheim: Beltz, 73–99.

Haberzettl, Stefanie (1998): FHG in der Lernersprache, oder: Gibt es ein diskursfunktionales Strukturierungsprinzip im kindlichen L2-Syntaxerwerb? In Wegener, Heide (Hrsg.): *Eine Zweite Sprache lernen. Empirische Untersuchungen zum Zweitspracherwerb.* Tübingen: Narr, 117–142.

Kaltenbacher, Erika (2009): Vom Nutzen der Spracherwerbsforschung für die Sprachvermittlung *Zeitschrift für Literaturwissenschaft und Linguistik* 153: 39–59.

Kaltenbacher, Erika & Klages, Hana (2012): Sprachprofil und Sprachförderung bei Vorschulkindern mit Migrationshintergrund. In Ahrenholz, Bernt (Hrsg.): *Kinder mit Migrationshintergrund. Spracherwerb und Fördermöglichkeiten.* 3. Auflage. Freiburg i. Br.: Fillibach, 80–97.

Kaltenbacher, Erika; Klages, Hana & Pagonis, Giulio (2009): Projekt *Deutsch für den Schulstart* – Arbeitsbericht April 2009. http://www.idf.uni-heidelberg.de/fileadmin/user/pagonis/Arbeitsbericht.pdf (03.09.2014).

Mills, Anne E. (1985): The Acquisition Of German. In Slobin, Dan I. (ed.): *The Crosslinguistic Study of Language Acquisition.* Band 1: *The Data.* Hillsdale, London: Erlbaum, 141–254.

Rickheit, Gert (1975): *Zur Entwicklung der Syntax im Grundschulalter.* Düsseldorf: Schwann.

Schneitz, Sarah (2012): *Passiv im kindlichen Zweitspracherwerb. Entwicklung einer standardisierten Passiv-Diagnostik mit exemplarischer Durchführung an 22 DaZ-Grundschulkindern.* Unveröffentlichte Magisterarbeit, Universität Heidelberg.

Slobin, Dan I. (1994): Passives and Alternatives in Children's Narratives in English, Spanish, German, and Turkish. In Fox, Barbara & Hopper, Paul J. (eds.): *Voice: Form and Function.* Amsterdam: Benjamins, 341–364.

Wegener, Heide (1998): Das Passiv im DaZ-Erwerb von Grundschulkindern. In Wegener, Heide (Hrsg.): *Eine Zweite Sprache lernen. Empirische Untersuchungen zum Zweitspracherwerb.* Tübingen: Narr, 143–172.

Wegener, Heide (2001): Pragmatisch motivierter Perspektivenwechsel im Spracherwerb. In Liedtke, Frank & Hundsnurscher, Franz (Hrsg.): *Pragmatische Syntax*. Tübingen: Niemeyer, 115–140.

Wegener, Heide (2003): Zur konzeptuellen Struktur kindlicher Passivsätze. In Haberzettl, Stefanie & Wegener, Heide (Hrsg.): *Spracherwerb und Konzeptualisierung*. Frankfurt am Main, New York: Peter Lang, 209–227.

Zifonun, Gisela; Hoffmann, Ludger; Strecker, Bruno et al. (Hrsg.) (1997): *Grammatik der deutschen Sprache*. Band 3. Berlin: de Gruyter.

Tetyana Vasylyeva und Gunde Kurtz

Das „Robuste Wortschatztraining" im schulischen Spracherwerb

Theoretische Begründung und Beispiele aus der Praxis

Abstract: In diesem Beitrag wird die Wichtigkeit von sog. Bildungswortschatz für das schulische Leseverstehen und somit für die Teilhabe aller Schüler[1] an der gesellschaftlichen Bildungspraxis diskutiert. Als eine Möglichkeit zur Förderung des Bildungswortschatzes wird das Robuste Wortschatztraining (RoW) vorgestellt, welches im Rahmen des Projekts *Integrierte Sprachförderung in 3. und 4. Klassen* in Heidelberg unterrichtsintegriert eingesetzt wird. Nach einer Festlegung des Begriffs *Bildungswortschatz* wird der Erwerb einer lexikalischen Einheit nach dem Gebrauchsbasierten Modell beschrieben und für die Notwendigkeit einer tiefgreifenden und umfassenden Wortschatzarbeit in der Zielgruppe argumentiert.

Keywords: Spracherwerb, Wortschatztraining, Bildungswortschatz, Bildungssprache, integrierte Sprachförderung, Grundschule

1 Das Projekt Integrierte Sprachförderung in 3. und 4. Klassen

Integrierte Sprachförderung in 3. und 4. Klassen ist ein Projekt zur sprachlichen Bildung im Regelunterricht. Es findet seit dem Schuljahr 2009/2010 an Heidelberger Grundschulen statt und zielt auf die Entwicklung von Textkompetenz sowie

---

[1] Wir verzichten wegen besserer Lesbarkeit auf Doppelformen wie Schülerinnen und Schüler.

Tetyana Vasylyeva: Wissenschaftliche Mitarbeiterin am Institut für Germanistik und Vergleichende Literaturwissenschaft, Universität Paderborn, Warburger Straße 100, D-33098 Paderborn, e-mail: tetyanav@mail.upb.de
Gunde Kurtz: Leitung des Projekts „Integrierte Sprachförderung in 3. und 4. Klassen", Kontaktadresse: Institut für Deutsch als Fremdsprachenphilologie (IDF) der Universität Heidelberg, Plöck 55, D-69117 Heidelberg, e-mail: kurtz@idf.uni-heidelberg.de

allgemein auf den Schulerfolg als Grundlage gesellschaftlicher Teilhabe ab.[2] Da der im vorliegenden Beitrag näher zu behandelnde Förderschwerpunkt *Wortschatz* als ein wichtiger Teil dieses Konzepts verstanden werden soll, wird das Projekt in seiner Gesamtkonzeption kurz skizziert.

Das Konzept ist geeignet für Schulen mit einem hohen Anteil an Schülern mit Sprachförderbedarf. Die Sprachförderung findet unterrichtsintegriert statt und ist weitgehend an aktuelle Inhalte der Fächer Deutsch, Sachunterricht und Mathematik angebunden (zur Kritik an der Trennung von Fach- und Sprachinhalten z. B. Ahrenholz 2010 und Gogolin 2002). Der fächerübergreifende Einsatz erweist sich als besonders geeignet. Denn die Intensivierung bestimmter Fachinhalte z. B. durch größere Text- und Aufgabenpensen zu einem Thema mit vergleichbarem Wortschatz kann dazu führen, dass eine für effektive Lernprozesse notwendige sprachliche Dichte erreicht wird: Eine begrenzte Menge zentralen Sprachmaterials tritt sowohl gehäuft als auch variantenreich auf. Das bedarfsgeleitete Sprachtraining wie z. B. das Wortschatztraining innerhalb bestimmter Themenbereiche bietet in Bezug auf die Förderung des Bildungswortschatzes einige Vorteile. Erstens wird relevantes Sprachmaterial (Wörter, Mehrworteinheiten und ihre syntaktischen Verwendungsweisen) regelrecht ventiliert. Zweitens kann auch der formbezogene Teil des Deutschunterrichts (Orthographie- und Grammatikunterricht, Erarbeitung der wörtlichen Rede, Satzanfänge, Textteile) auf genau dieses Sprachmaterial zurückgreifen und damit die sprachliche Dichte, also die Begegnungsrate mit relevantem Sprachmaterial, weiter erhöhen.

2 (Bildungs-)Wortschatz als Grundlage für Lesekompetenz

Eine explizite Förderung bildungssprachlicher Praktiken ist Aufgabe der Schule in der mehrsprachigen, sozial geschichteten Gesellschaft. Im Rahmen des Projekts verbindet die Förderung daher z. T. sehr verschiedene Ansätze vom Einsatz strukturierter Lesetrainings (vgl. z. B. Leseflüssigkeitstraining Rosebrock et al. 2011; Lesen durch Hören Gailberger 2011) bis zur Durchführung von Projekten, deren Ziel v. a. die Stärkung eines bildungsbezogenen Selbstbildes ist. Einen besonderen Stellenwert hat dabei die Förderung des Wortschatzes in seinen aktuellen Textzusammenhängen.

---

[2] Das Projekt (vgl. Kurtz 2012a) wird von der Lautenschlägerstiftung und der Stadt Heidelberg gefördert. Derzeit wird das Konzept an 10 Grundschulen in 25 3. und 4. Klassen eingesetzt.

Umfang und Qualität des individuellen Wortschatzes ist ein, wenn nicht sogar der Hauptunterschied zwischen starken und schwachen Lesern (vgl. Artelt et al. 2007). Verschiedene Studien haben einen starken bidirektionalen Zusammenhang zwischen der Entwicklung des Wortschatzes und der Literalität gefunden (vgl. Verhoeven, van Leeuwe & Vermeer 2011; Lesaux & Kieffer 2010). Ein gut entwickelter Wortschatz stellt demnach eine Grundbedingung für die Entwicklung von Lesekompetenz dar, wobei eine gut entwickelte Lesekompetenz wiederum zur weiteren Ausdifferenzierung und Vertiefung des fortgeschrittenen Wortschatzes beiträgt. Ein großer Einfluss des Wortschatzes auf Lesefähigkeiten wurde schon in den 1980er Jahren in mehreren Studien nachgewiesen, die einen positiven Effekt von Wortschatztrainings auf Worterkennungsprozesse (*word decoding*) und Leseverstehen belegen (vgl. Übersicht in Artelt et al. 2007). Neuere Untersuchungen bestätigen diesen Effekt (Lesaux et al. 2010; Christ & Wang 2011). Die Schnelligkeit und Richtigkeit der Worterkennung im Leselernprozess hängt einerseits mit der sicheren Beherrschung der phonischen Form eines Wortes und andererseits mit seiner *semantischen Verfügbarkeit*[3] zusammen. Durch die automatisierte Worterkennung und die damit einhergehende hohe Leseflüssigkeit werden beim Lerner Kapazitäten frei, um das Leseverstehen (*reading to learn*, vgl. Chall & Jakobs 2003) und den daraus resultierenden Erwerb neuer lexikalischer Einheiten[4] anzukurbeln. Nach Perfetti (2007: 357) ist die Qualität der lexikalischen Repräsentation eines Wortes: „well-specified and partly redundant representation of form (orthography and phonology) and flexible representations of meaning, allowing for rapid and reliable meaning retrieval", aber auch die schiere Anzahl der zur Verfügung stehenden Wörter wichtig für das Leseverstehen.[5]

Das im Projekt eingesetzte Wortschatztraining soll diesen bidirektionalen Zusammenhang berücksichtigen, indem es an die im Unterricht behandelten Texte anknüpft, zugleich aber über diese hinausgeht. Gearbeitet wird in die Tiefe der Zeit, d.h. einzelne lexikalische Einheiten werden über mehrere Wochen in ihren verschiedenen Erscheinungsformen erlernt, damit sie in den persönlichen Wortschatz

---

3 Rosebrock et al. (2011: 17) stellen die Bedeutung der „schnellen Verfügbarkeit des semantischen Lexikons (Wortschatz und Vorwissen)" fest.
4 Unter *lexikalischen Einheiten* verstehen wir mindestens ein orthographisches Wort und zugleich mindestens eine semantische Konstituente, wodurch auch Mehrworteinheiten erfasst werden.
5 Der Aufbau der phonologischen Repräsentation (Perfetti 2007) und der semantischen Verfügbarkeit werden im mehrstufigen Modell der Förderung von Lesekompetenz von Rosebrock & Nix (2008) und in Rosebrock et al. (2011) angestrebt. Die phonische Repräsentation eines Wortes soll dabei durch das mehrmalige laute Vorlesen an erster Stelle ausgebildet werden.

eingebettet und vertieft werden können. Neben üblichen Formen der Wortschatz- und Wörterbucharbeit wird vor allem eine strukturierte Aufgabenserie, das *Robuste Wortschatztraining* (RoW)[6], durchgeführt (Kurtz et al. 2014: 103ff), das auf den aktiven, produktiven mündlichen und schriftlichen Gebrauch der Wörter in Texten abzielt. Für jede lexikalische Einheit wird der Aufbau einer korrekten phonischen und orthographischen Repräsentation und das Erreichen der semantischen Verfügbarkeit angestrebt. Durch spezielle Impulse werden die Schüler dazu angeregt, das trainierte Wort mehrmals selber auszusprechen (z. B. durch die Rufübungen, vgl. Kurtz 2012b, Kurtz et al. 2014), außerdem wird es vielfach schriftlich präsentiert. Im weiteren Verlauf sollen die lexikalischen Einheiten von den Schülern semantisch erfasst und vernetzt werden, indem in mehreren Übungssequenzen die Lesarten und Verwendungsmöglichkeiten der Zieleinheiten schrittweise aufgeschlüsselt werden. Zunächst arbeiten die Schüler mit den trainierten lexikalischen Einheiten kontextnah, was ihnen ermöglicht, semantische und syntaktische Aspekte der Wörter im aktuellen Sinnzusammenhang eines Unterrichtsfaches kennenzulernen. In den nächsten Phasen des RoW werden zum einen weitere semantische und syntaktische Kontexte des Wortes erfasst und zum anderen wird mit den Wörtern am Ende auch dekontextualisiert gearbeitet, was zur Vertiefung der semantischen und syntaktischen Repräsentation bei den Lernern führt. Die dadurch erfolgenden Vernetzungen zwischen den Wörtern (z. B. *Frage + stellen*) bzw. die Abgrenzung eines Wortes gegen andere (z. B. *Triumph* vs. *Erfolg, Sieg, Jubel, Freude*) führt zu einer steigenden Anzahl an lexikalischen Einheiten im Sprachschatz des Lerners. Dadurch sind die Schüler imstande, beim Lesen genauere und verschiedenartige syntaktische und semantische Erwartungen in Bezug auf die Vorkommensweisen dieser Einheiten aufzubauen, welche zu *top-down*-Lesestrategien (vgl. Kintsch 1998) führen und die Leseflüssigkeit steigern und dadurch Lernprozesse an neuen lexikalischen Einheiten möglich machen.

Ab der Sekundarstufe stellen Texte die Grundlage des schulischen Wissenserwerbs dar. Um das spätere Leseverstehen zu erleichtern, müssen die Schüler schon während der Grundschulzeit durch die Wortschatzarbeit intensiv darauf vorbereitet werden. Dabei sollen lexikalische Einheiten geübt werden, mit denen Leselerner wenige mündliche und schriftliche Erfahrungen haben und die deswegen für sie beim Lesen schwer erkennbar sein können. Das sind vor allem solche lexikalischen Einheiten, die in mündlichen Situationen selten und in schriftlichen Texten häufig vorkommen. Sie stehen im Fokus der Wortschatzarbeit im Projekt.

---

6 Als robust wird in Beck, McKeown & Kucan (2008) der Wortschatz bezeichnet, dessen Beherrschung durch das Training angestrebt wird und der daher intensiv über Wochen geübt wird.

Seit den 1980er Jahren haben Beck und Kollegen Wortschatztrainings zur Verbesserung von Leseverstehensleistungen bei Schülern mit geringem Zugang zur Bildungssprache entwickelt und erprobt (zuletzt in Beck, McKeown & Kucan 2008 umfassend dargestellt). Sie haben für das Englische den Wortschatz identifiziert, dessen Training sich effektiv auf Leseverstehens- und Textproduktionsleistungen auswirkt. Da im Rahmen des Trainings lexikalische Einheiten intensiv über Wochen geübt werden, ist die Wahl der Zieleinheiten von großer Bedeutung. Zentral ist vor allem themen*un*spezifischer Wortschatz, der in literarischen, aber auch in Sachtexten vorkommt.[7] Die Konzentration auf diesen Zielwortschatz wurde für unser Projekt aufgenommen, an die syntaktischen und semantischen Eigenschaften der Zielsprache Deutsch angepasst und auf weitere thematische Felder (Sachfächer, Mathematik) ausgedehnt.

Die wichtigsten Kriterien für die Auswahl des Zielwortschatzes sind nach Beck, McKeown & Kucan (2008):[8]

a) Er ist nicht die einfachste Art, etwas zu sagen (*öffnen* vs. *aufmachen*)
b) im Alltag niederfrequent oder nur in Teilbedeutungen verwendet, in schriftsprachlichen Texten frequent und z. T. mit spezifischen Bedeutungen belegt (*Betrag, Strecke, abnehmen, da*)
c) domänenunspezifisch, weil über verschiedenste Fach-Domänen hinweg gebraucht (*Eigenschaft, Ursache, sich beziehen auf, verringern, vollständig, infolge*)
d) konzeptuell reich, also sehr verschiedene semantische Rahmen aufrufend (*Störung, vollkommen, unterstützen*), abstrakt (*Eigenschaft, merkwürdig, ermitteln*) oder zum gehobenen Register gehörend (*Duft, divers, triumphieren*)

In Kurtz (2012b) wurde die Auswahl für das Deutsche um folgende Kriterien erweitert:

e) „Funktionswörter" (*außerdem, schließlich, völlig*)

---

[7] Den themenunspezifischen Wortschatz fassen Beck, McKeown & Kucan (2008) unter *tier two* (Schicht zwei) und unterscheiden in ihrer Klassifikation zwischen den weiteren zwei Bereichen: dem *tier three*- (domänen- und fachspezifischen) und dem *tier one*-Wortschatz (hochfrequent im Alltag). Die Zuordnung einzelner Wortschatzeinheiten zu den Wortschatzschichten ist zwar eine spekulative, doch hat sie sich für die Auswahl von Wortschatzeinheiten als nützlich erwiesen. Da sich die meisten Wortschatztrainings entweder auf die Alltagswörter oder auf domänenspezifische Wörter beziehen, bleibt der *tier two*-Wortschatz häufig unbemerkt. Diese eher funktionale Sichtweise auf den Wortschatz hilft, die syntaktisch, semantisch und morphologisch sehr heterogene Gruppe als Ganzes zu betrachten.
[8] Eine lexikalische Einheit kann dabei mehrere Kriterien erfüllen.

f) Metaphern, vor allem Alltagsmetaphern im Sinne von Lakoff & Johnson (1980) (*Nase* und *Fernseher + laufen; Verkehr* und *Elektrizität + fließen*)
g) Idiome/Phraseologismen (jmdn. *im Stich lassen*)
h) sog. „Mehrworteinheiten", unter anderem: reflexive Verben (*sich verringern*), Einheiten mit Rektion mittels Präposition *(handeln...mit/von; froh über; Interesse an*) und Kombinationen dieser Möglichkeiten (*sich beziehen auf*); Kollokationen (*Wert ermitteln; dicke Freunde*); Funktionsverbgefüge (*an Bedeutung gewinnen*).

Unter den Mehrworteinheiten (h) stellen die Kollokationen eine besonders große und schwer einzugrenzende, aber aufgrund ihrer sozialen Verbindlichkeit (*common sense*, vgl. Feilke 1994: 9) auch besonders bildungssprachrelevante Gruppe dar. Kollokationen können nach Hausmann (2004, 2007) den Phraseologismen (Idiomatismen) zugeordnet werden. Innerhalb der Familie der Phraseologismen sind sie durch die Eigenschaft gekennzeichnet, eher schwach idiomatisch zu sein (*Fragen stellen*), d. h. die lexikalische Bedeutung ihrer einzelnen Bestandteile geht nicht völlig verloren. Dagegen sind Phraseologismen stärker idiomatisch und noch weniger kompositionell (die Bedeutung von *ins Gras beißen* lässt sich nicht aus der Bedeutung der einzelnen Wörter erschließen). Der partielle Erhalt lexikalischer Bedeutung in den Kollokationen unterstützt den Lerner bei ihrer Rezeption. Die verbindliche[9] formale Zusammensetzung (*Fragen stellen* und nicht *platzieren* oder *legen*) und die teilweise Aufgabe der Kompositionalität (*stellen* ist hier desemantisiert) macht sie laut Hausmann (2004) jedoch zu einem Produktionsproblem.

Die Ausführungen oben haben gezeigt, dass der beschriebene Bildungswortschatz in Bezug auf zwei Funktionen für die Schule wichtig ist. Einerseits bildet er die Grundlage für gut entwickelte Lesefähigkeiten und spielt somit eine wichtige Rolle beim schulischen Wissenserwerb. Andererseits öffnet er die Tür zur Teilhabe an der sozialen Bildungspraxis, da er sich hauptsächlich in schriftlichen Texten findet und für die Verwendung in solchen Texten im Sinne eines *common sense* gesellschaftlich etabliert ist. Da dieser Wortschatz selten in Alltagssituationen vorkommt und folglich nicht aus ihnen gelernt werden kann, soll im Rahmen eines Trainings ein Zugang ermöglicht werden, der einerseits die für diesen Wortschatz charakteristischen Verwendungskontexte bietet und andererseits seiner semantischen, syntaktischen und morphologischen Vielfalt Rechnung trägt. Für die Unterstützung des Spracherwerbs bedeutet das, dass für jedes Zielwort[10] u. a.

---

9 Die interne formale Zusammensetzung einer Kollokation beim Sprachgebrauch wird durch die Sprecher einer Sprachgemeinschaft festgelegt und ist somit gesellschaftlich verbindlich.
10 Als *Zielwort* werden die für das RoW ausgewählten lexikalischen Einheiten bezeichnet.

die Vielfalt an Formen, Bedeutungen und syntagmatischen Verwendungen (s. Beispiele in Abschnitt 4) besonders beachtet werden muss. Solch eine Menge an Informationen kann den Schülern jedoch nicht durch punktuelles Erklären und Üben vermittelt werden, sondern muss von ihnen intensiv über zwei bis drei Wochen erarbeitet werden, um qualitativ hochwertige Wortrepräsentationen auf den o. g. Ebenen (phonetisch/graphisch, lexikalisch, semantisch, syntaktisch) zu erreichen. Die intensive Erarbeitung erfordert gezielten Input im Rahmen eines Trainings. Das oben dargestellte Vorgehen des RoW scheint für diese Ziele geeignet. Solch eine Vorgehensweise scheint auch mit Erkenntnissen zum Spracherwerb übereinzustimmen, die im nächsten Abschnitt dargestellt werden sollen.

3 Gebrauchsbasiertes Lernen von lexikalischen Einheiten

Die zeitlich auf jeweils drei bis vier Wochen ausgedehnte Wortschatzarbeit im Rahmen des RoW orientiert sich an Erkenntnissen der linguistischen Forschung zum Erwerb sprachlicher Einheiten (Konstruktionen) von einem unanalysierten *chunk* ggf. bis zur (vollen) Beherrschung.

Das Entstehen von Sprache und die Aneignung bestimmter Kompetenzen basiert nach sprachpragmatischen Überlegungen von Feilke (1994) auf dem Gebrauch von Sprache. Der Sprachgebrauch spielt eine entscheidende Rolle auch in einer Reihe von spracherwerbstheoretischen Modellen (vgl. Langacker 2006; Goldberg 2006; Tomasello 2003), die unter *Gebrauchsbasierter Grammatik* zusammenzufassen sind. Für die Gebrauchsbasierte Grammatik ist der Begriff der *Konstruktion* zentral, der durch die Konstruktionsgrammatik beschrieben wird (zum Gegenstand und zu Problemen der Konstruktionsgrammatik vgl. Stefanowitsch 2011). Konstruktionen sind Form-Bedeutungs-Einheiten, aus denen sich die Sprache zusammensetzt und die beim Spracherwerb verarbeitet werden. Der Begriff *Konstruktion* ist auf alle sprachlichen Einheiten anwendbar: Goldberg (2003: 220) zählt u. a. Morpheme, Wörter, Idiome und syntaktische Strukturen zu den Konstruktionen. Jede Konstruktion hat ihre eigene Bedeutung, die sich nicht kompositionell aus der Summe der Bedeutungen ihrer Bestandteile ergibt. So wird die Satzbedeutung nicht als Summe der Wortbedeutungen aufgefasst, sondern sie wird durch die syntaktische Konstruktion mitbestimmt: Die Argumente des Verbs *slice* ermöglichen z. B. in den beiden Konstruktionen *He sliced the bread* und *Pat sliced the box open* eine Interpretation der Sätze, die über die Bedeutung dieses Verbs hinausgeht (Beispiel aus Goldberg 2006: 7). Somit hat auch jede syntaktische Konstruktion eine eigene Bedeutung. Für Wörter, die als

Form-Bedeutungseinheiten, mithin als Konstruktionen betrachtet werden, gilt die Fähigkeit, in bestimmten syntaktischen Umgebungen vorzukommen (Möglichkeiten und Beschränkungen des Wortgebrauchs) als Teil ihrer Bedeutung. Konstruktionen bilden als Basiselemente der Sprache entweder Baumaterial für andere, komplexere Konstruktionen oder sie entstehen selbst nicht-kompositionell aus anderen einfacheren Konstruktionen (z. B. *finden – vorfinden; treffen – eine Entscheidung treffen*). Diese Sicht auf Konstruktionen wird im vorliegenden Beitrag zugrunde gelegt, da sie eine einheitliche Beschreibung aller sprachlichen Ebenen, somit auch aller im vorigen Abschnitt beschriebenen heterogenen Phänomene der Bildungssprache, ermöglicht.

Die Gebrauchsbasierte Grammatik versteht sich vor allem als eine Spracherwerbstheorie im Rahmen der Konstruktionsgrammatik und legt ihren Schwerpunkt auf die Repräsentation und Verarbeitung des sprachlichen Wissens. Sie geht davon aus, dass das Lernen mit Hilfe allgemeingültiger Mechanismen der Abstraktion und Generalisierung aus dem Input erfolgt. Der Erwerb einer Konstruktion (Langacker 2000: 4f) kann vereinfacht wie in Abbildung 1 dargestellt werden:

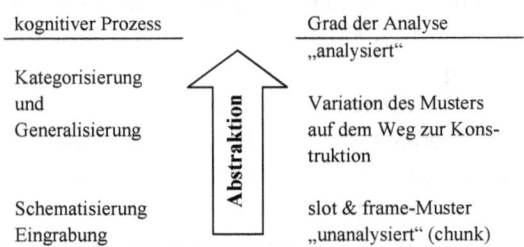

Abb. 1: Schematisch dargestellter Erwerb einer Konstruktion

Der Erwerb einer Konstruktion wird durch regelmäßige Begegnungen in Gang gesetzt und vorangetrieben. Die hohe Wiederholungsrate einer Einheit führt zur Erzeugung *kognitiver Trampelpfade* beim Lerner, die im Prozess der Eingrabung (*entrenchment*) zur Automatisierung und somit zur Beschleunigung der Verarbeitung führen (vgl. Behrens 2011). Diese Einheiten sind noch nicht analysiert, es handelt sich somit um *chunks*.[11] Mit Hilfe von Generalisierungsmechanismen sucht der Lerner bei mehreren abgespeicherten chunks nach Gemeinsamkeiten,

---

[11] Solche *chunks* kommen in der Lernersprache auch im Schriftlichen vor. Sie fallen vor allem beim anfänglichen Schreiben auf: „wigezidir" statt *wie geht es dir*, „Ausfersen" statt *aus Versehen* (Daten in dieser Fußnote und mündliche und schriftliche Äußerungen der Schüler im weiteren Verlauf des Beitrags stammen aus dem bisher unveröffentlichten Korpus mündlicher und schriftlicher Texte des Projekts *Integrierte Sprachförderung*, vgl. Kurtz 2012a).

so dass in diesem Prozess der Abstraktion eine Struktur entsteht. Auf einer höheren Abstraktionsebene kann es durch Schematisierungsprozesse zu so genannten *slot & frame patterns* kommen. Diese Schemata bestehen aus einem unveränderlichen Rahmen und einer Leerstelle, die mit einem Element aus einer begrenzten Anzahl an möglichen *fillers* (X, Y, Z) gefüllt werden kann (*X geht*). Der Gebrauch dieser syntaktischen Konstruktion mit verschiedenen lexikalischen Einheiten *(fillers)* führt zu einer Abstraktion dieser Konstruktion, d. h. zur Ausbildung des „Wissens" über zulässige Verwendungsweisen und Restriktionen für die *fillers* (vgl. Bybee 2006). Im weiteren Erwerbsverlauf arbeitet der Lerner in vielschichtigen Generalisierungsprozessen Ähnlichkeiten und Unterschiede zu anderen Konstruktionen aus. Im Prozess der Kategorisierung werden neue Tokens bestehenden Schemata zugeordnet und diese anhand formaler oder funktionaler Ähnlichkeit in eine Kategorie zusammengeführt. Es ist zu vermuten, dass Lerner diese Phasen unterschiedlich schnell durchlaufen. Die sprachlich schwächeren Schüler benötigen für die Generalisierungsprozesse mehr Zeit, die ihnen durch die Beschäftigung mit den einzelnen Wörtern während mehrerer Wochen gewährt wird.

Da „Kinder oder Erwachsene weder mit Strukturen ohne Inhalt noch mit Inhalten ohne Struktur und Ausdrucksform kommunizieren" (Behrens 2011: 167), werden sprachliche Ausdrücke zusammen mit bestimmten Interaktionsmustern und lebensweltlichen Erfahrungen erworben. Das gebrauchsbasierte Modell sieht den Spracherwerb als Erwerb bestimmter Konventionen, die auf Basis der Interaktion erworben werden und durch Interaktion weitergegeben werden. Aus diesem Grund spielt der sprachliche Input beim gebrauchsbasierten Lernen die ausschlaggebende Rolle (vgl. Behrens 2011: 174).

Im Rahmen des Projekts *Integrierte Sprachförderung* soll durch intensives fachübergreifendes Training eine für den Spracherwerb günstige Inputsituation entstehen, unter anderem ein Angebot von sog. *skewed input*[12]: Durch die Bindung

---

12 Die Spracherwerbsforschung im Paradigma der Gebrauchsbasierten Grammatik untersucht in verschiedenen Settings die Wirkung von *skewed input*, also bestimmter Frequenzverteilungen, wo einzelne Tokens einen maßgeblichen Anteil am Gesamtvorkommen einer Konstruktion haben. So beträgt der Anteil sog. *general purpose verbs* an der Gesamtanzahl an Vorkommen aller Verben in bestimmten Valenzmustern in der Mutter-Kind Kommunikation laut Goldberg (2006: 75ff) 20% – 39%. In den ditransitiven Konstruktionen deckt das Token *give* bei insgesamt 13 vorkommenden Verben (Tokens) allein 20% aller Fälle ab; *go* deckt in der Konstruktion *Subj-V-Obl* alleine schon 39% aller Fälle ab. Für die Vermittlung von Wortschatz bedeutet das zweierlei: Um die erhöhte Tokenfrequenz zunächst für die Entrenchment- und Schematisierungs-Phase nutzen zu können, müssen die Zielwörter und -ausdrücke über einige Zeit in erhöhter Frequenz auftreten; zugleich ist aber auch die Variation und Begegnung mit weiteren Beispielen notwendig, um Generalisierungsprozesse zu ermöglichen und der Fossilisierung vorzubeugen.

an Unterrichtsinhalte bleiben bestimmte Wörter und Wortgruppen zentral und erfahren dadurch eine hohe Wiederholungsrate. Dabei treten sie in mehr oder weniger variierenden Konstruktionen auf und stehen also innerhalb ihres eigenen Formenparadigmas den Lernern zum Vergleich zur Verfügung. Für das Verb *triumphieren* (vgl. Abschnitt 4) sind es mündliche und schriftliche Vorkommen des Verbs: *X hat triumphiert*; ... *hat X triumphiert*; *X triumphierte*; *X triumphierte über Y*; *ich habe triumphiert, weil ...*; *wenn ..., triumphiere ich*; später auch des Nomens: *Z ist ein Triumph*; *Z ist ein Triumph für X*.

Die durch die intensive Bearbeitung der fokussierten Ausdrücke sind darüber hinaus im schulischen Alltag umgeben von Konstruktionen, mit denen sie wiederum Züge gemeinsam haben: Themenbedingt tritt neben dem zentralen trainierten und deshalb gehäuft auftretenden *Z ist ein Triumph für X* auch auf: *Z ist eine Niederlage / Blamage / Erfolg / Sieg für X*. Neben dem ebenfalls trainierten *X triumphiert über Y* erscheinen auch *X siegt / spricht / diskutiert / berichtet / schreibt / weint / lacht ... über Y*. Diese lexikalischen Einheiten erreichen im Schulalltag jedes für sich zwar keine hohe Wiederholungsrate, insgesamt jedoch bilden sie ein sprachliches Umfeld für das Trainieren der fokussierten Ausdrücke, indem der Lerner die trainierten Konstruktionen von ihnen inhaltlich und formal abgrenzt und sich dadurch eine präzisere Repräsentation dieser Konstruktionen erarbeitet. Im Rahmen des RoW steht den Lernenden somit genügend Zeit und genügend dichter Input zur Verfügung, um durch eine hinreichende Menge von rezeptiven, halbproduktiven (Manipulation vorhandenen Sprachmaterials) und produktiven Gebrauchsereignissen die Generalisierungsmechanismen in Gang setzen und vorantreiben zu können.

4 Illustration des Erwerbs von Konstruktionen im Rahmen des RoW

Im Folgenden soll anhand von vier Gruppengesprächen gezeigt werden, wie der Erwerb von Konstruktionen im Rahmen des RoW erfolgt. Dabei wird deutlich, dass die Schüler abhängig von ihrem Sprachstand unterschiedlich viel Zeit und Input benötigen, um Generalisierungsprozesse in Gang zu setzen. Zur Illustration soll der Gebrauch einer durch das RoW geförderten lexikalischen Einheit und der Grad ihrer Beherrschung analysiert werden. Da laut Annahmen der Gebrauchsbasierten Grammatik jede Konstruktion eine Form-Bedeutungs-Einheit darstellt, dient die Variation beim Gebrauch von Formen und Bedeutungen als Messlatte für den Grad der Beherrschung der Konstruktion

(s. u.). Die phonologische Verfügbarkeit des Zielwortes bildet laut Perfetti (2007, vgl. Abschnitt 2) die Grundlage für seinen Gebrauch und wird bei der Analyse mitberücksichtigt.

Als Zielwort[13] dient *triumphieren*, das in einer vierten Klasse im Rahmen des Themas *Pharaonen* verwendet und für das RoW ausgewählt wurde. Die Auswahl gründet auf mehreren Kriterien nach Beck, McKeown & Kucan (2008) und Kurtz (2012b): Das Wort stellt nicht die einfachste Art dar, etwas zu sagen, ist niederfrequent im Alltag und gehört zum gehobenen Register. Es ist morpho-syntaktisch sowie in seiner Bedeutung komplex. In Bezug auf das Nomen *Triumph* und das entsprechende Verb *triumphieren* werden folgende formale Anforderungen an die Lernenden gestellt: Aussprache durch Reihung mehrerer komplexer Silben (besonders bei *triumphierend*); Wortbildung (*Triumph, triumphieren, triumphal*); Genus des Nomens; Formenbildung des Verbs; Rektion und Selektion der Präpositionen für weitere Konstruktionen mit dem Verb bzw. Nomen: *jmd. triumphiert; jmd. triumphiert über jmdn./etw.; triumphierend schauen/sprechen; Triumph über jmdn./etw.; Triumph für jmdn.*

Die Komplexität der Bedeutung drückt sich in hohen Anforderungen an die Verstehensleistung aus. Das Wort hat eine abstrakte Bedeutung: inneres Erleben, Gefühl der starken Genugtuung in für die Beteiligten entscheidenden Situationen, von deren zwei Mitspielern einer implizit bleiben kann. Zum Verstehen des Wortes gehören die Konnotationen, die neben der Denotation erworben werden: Siegeszug, Freude, historisches Ereignis, Triumphbogen, Sportereignis, Wettstreit (vgl. Duden, Kunkel-Razum et al. 2006). Außerdem passt das Wort inhaltlich gut in den Rahmen des Sachthemas und des anschließend zu diesem Thema gelesenen Romans (Müller 2008) sowie zu den Interessen der Altersgruppe, was durch die Freude, mit der die Schüler in der gezeigten Aufgabenbearbeitung Beispiele liefern, bestätigt wird.[14]

Das Zielwort taucht in der Lektüre als adverbial gebrauchtes Partizip I auf: „*Ha! machte Julian und sah sich triumphierend zu seiner Schwester um.*" (Müller 2008: 23). Diese Textstelle wurde am Tag nach ihrem ersten Erscheinen in der Lektüre im Rahmen des RoW zunächst in einer kurzen mündlichen Klärungsphase wieder aufgenommen und es wurde eine Übung zur Grundbedeutung des Verbs durchgeführt. Dabei stand der Infinitiv an der Tafel und die Klasse musste diesen in einem spiele-

---

13 Im RoW wird als *Zielwort* zunächst eine lexikalische Einheit (hier: *triumphieren*) fokussiert, deren Wortfamilienmitglieder im Verlauf der Übungen z. T. intensiv in die Aufgabenstellungen mit einbezogen werden.
14 Die Auswahl wird auch durch die Rolle des Zielwortes für das Thema (*Pharaonen*) und das im Roman mitlaufende Thema (Geschwisterkonkurrenz) mitbegründet, was eine gute Einbettung in die Unterrichtsinhalte ermöglicht.

rischen Rahmen mehrfach laut ausrufen. Einige Tage später folgte die unten gezeigte Aufgabe zum Zielwort, die der Phase II des RoW angehört. Hier sollen die Schüler mit dem Zielwort spielen, es z. B. zeichnerisch darstellen oder Situationen ausdenken, in denen das Zielwort möglich/unmöglich ist. Im Verlauf der nächsten zwei Wochen wurden zunehmend komplexere Aufgaben zu dem Zielwort *triumphieren* bearbeitet, wobei zu den Verbformen das Nomen in den Verwendungsweisen *ein Triumph für jmdn.* und *ein Triumph über jmdn./etw.* hinzukam. Die Lesarten des Zielwortes als Jubel (entspricht dem Verb *triumphieren*), als Sieg über jemanden (i. S. v. *überlegen sein, triumphieren+über* +Akk) und auch die spezielle Verwendung des Partizips mit Verben des persönlichen Ausdrucks (*triumphierend sprechen, lachen, gehen*) sind von Anfang an präsent.

Die hier dargestellten Daten stammen aus der Phase II des RoW, in der die Schüler sich mit der Wortbedeutung spielerisch auseinandersetzen. Die Aufgabe lautet: *Nennt drei Beispiele, in denen jemand triumphierend schaut oder etwas triumphierend sagt. Erklärt auch, warum er triumphiert.* Diese Aufgabe wurde von den Schülern in Paaren und einer Kleingruppe bearbeitet, wobei sie sich selbst Partner wählten. Die Gespräche im Rahmen der Partnerarbeit wurden aufgenommen und transkribiert.

Die Schüler müssen zunächst die Aufgabenstellung laut lesen. Dadurch kann auch beobachtet werden, inwieweit sie die phonologische Form des Zielwortes, das in Phase I schon geübt wurde, verinnerlicht haben. Nach der gebrauchsbasierten Sichtweise auf den Erwerb einer Konstruktion geht der hohe Grad der Analyse dieser Konstruktion mit der hohen sprachlichen Flexibilität bei ihrer Verwendung einher. Aus diesem Grund wird hier die Beherrschung der Konstruktion an ihrem morpho-syntaktischen und lexikalischen Auftreten gemessen (Benutzung von Tempus- und Modusformen, Art des Subjekts, Satzkonstruktionen und neu versuchte Konstruktionen). Da Konstruktionen Einheiten aus Form und Bedeutung darstellen, deutet auch die Ausdifferenziertheit ihrer Bedeutung auf einen hohen Grad der Abstraktion hin. Somit soll auch die Verwendung der oben dargestellten Bedeutungsnuancen bei der Analyse berücksichtigt werden. Der Grad der Beherrschung wird in den Gruppengesprächen an den Merkmalen *phonologische Form, morpho-syntaktische Vielfalt* und *semantische Ausdifferenziertheit* gemessen, wobei vermutet wird, dass hohe morpho-syntaktische Vielfalt[15] und hohe semantische Ausdifferenziertheit miteinander einhergehen.

---

15 Die sonstigen Äußerungen der Schüler zeugen davon, dass alle bereits über diverse morphosyntaktische Muster (Formen der Tempora und Modi; Verwendung verschiedener Satztypen) verfügen. Diese Vielfalt an Mustern findet sich bei *triumphieren* jedoch nicht bei allen Schülern, was im Folgenden dargestellt und diskutiert werden soll.

Nach der Besprechung der vier folgenden Fallbeispiele aus der Sicht der Gebrauchsbasierten Grammatik soll das Vorgehen beim RoW – mehrwöchiges Arbeiten an wenigen Zielwörtern – in Abschnitt 5 diskutiert werden.

Tab. 1: Transkript 1 (S1, S2 = Gruppe 1)[16]

Vorkommen des Zielwortes insg.[17]	3
Tempus / Modus	3x Präsens Indikativ
Subjekt	2x Personalpronomen (*er*); 1x Indefinitpronomen (*man*)
Satzkonstruktion und Verbform	Subjekt + *triumphieren*$_{konj}$ + Konjunktion (2x *weil*, 1x *wenn*)
neu versuchte Konstruktionen	keine

Legende: $_{konj}$ – konjugiert

Obwohl die phonologische Form des Infinitivs geübt wurde, die des Partizip I gelesen und mehrfach gehört wurde, sind beide Schüler beim Vorlesen der Aufgabe stark gefordert und scheitern an der Aussprache des Zielwortes (1/3[18]). S1 lernt seit ca. einem Jahr Deutsch; S2 ist in seinem Spracherwerb deutlich weiter, gehört aber laut Angaben der Lehrperson zu den Schülern mit hohem Sprachförderbedarf. Er verwendet das Zielwort zweimal zu Beginn des Dialogs (1/4), im weiteren Verlauf vermeidet er es. Die Anzahl der produzierten Äußerungen mit *triumphieren* ist verglichen mit den anderen Gruppen sehr gering. Es handelt sich in 1/4 und in 1/9 um eine einzige syntaktische Konstruktion *er/man triumphiert, weil/wenn* mit anschließender kurzer Pause, die als Antwort auf die letzte Teilaufgabe: *Erklärt auch, warum er triumphiert.* aufgefasst werden kann. Entsprechend der Definition des *slot & frame*-Musters werden Pronomina und Konjunktionen variiert, allerdings nur minimal (vgl. Tab. 1). S1 und S2 verwenden das Zielwort in seiner Grundbedeutung und beziehen es auf das fremde innere Erleben, das Gefühl der Genugtuung in Wettbewerbssituationen (Sport). Eine genauere

---

[16] Jedes Transkript beinhaltet Auszüge aus mündlichen Interaktionen von Schülern (hier als S abgekürzt) bei der Bearbeitung der Aufgabe innerhalb von Kleingruppen. Alle Transkripte befinden sich im Anhang.
[17] Hier wird nur die eigene Produktion des Zielwortes mitgezählt. Das Vorlesen der Aufgabe wird dabei nicht berücksichtigt.
[18] Die erste Ziffer bezieht sich auf den entsprechenden Transkriptauszug im Anhang und die zweite auf die entsprechende Zeile in diesem Transkript.

Bestimmung einer Situation, in der man triumphiert, und die damit zusammenhängende Abgrenzung gegenüber ähnlichen lexikalischen Einheiten, z. B. durch Nachfragen, finden nicht statt.

Tab. 2: Transkript 2 (S3, S4 = Gruppe 2)

Vorkommen des Zielwortes insg.	12
Tempus / Modus	1x Präsens Indikativ; 11x Perfekt Indikativ
Subjekt	2x Eigenname; 1x Nominalphrase; 1x fehlend; 8x Personalpronomen (7x *ich*, 1x *sie*, 3. Person Plural)
Satzkonstruktion und Verbform	1x Subjekt + *triumphieren*$_{konj}$ + Konjunktion (*weil*) … 10x *dann* + *haben*$_{konj}$ + Subjekt + *triumphierend geschaut* (und *haben*$_{konj}$ *triumphierend … gesagt* 1x *dann* + *haben*$_{konj}$ + Subjekt + *triumphierend geschaut* + Konjunktion (*weil*) …
neu versuchte Konstruktionen	keine

Legende: $_{konj}$ – konjugiert

Auch hier hat ein Schüler (S3) Schwierigkeiten beim Vorlesen des Partizip I (2/1), wird aber von seinem Gesprächspartner korrigiert (2/2) und verwendet es danach korrekt (2/5). Das Zielwort wird im Vergleich zu Gruppe 1 im Laufe des Gesprächs intensiv verwendet. Obwohl die beiden Schüler sonst über reichere syntaktische Muster wie Nebensätze und Modalverbkonstruktionen verfügen, verwenden sie das Zielwort über die ganze Länge des Dialogs fast ausschließlich nach dem syntaktischen Muster *und dann hab ich triumphierend geschaut* (vgl. Tab. 2). Die Konstruktion dient als eine Art Abschlusssatz in der Darstellung von einzelnen Situationen (z. B. 2/5, 2/12, 2/15, 2/20, 2/23). Die Konstruktion wird aus der Aufgabe modifiziert übernommen, indem das Präsens in der Aufgabe durch das Perfekt ersetzt wird, in zwei Fällen syntaktisch erweitert und mit unterschiedlichen Subjekten, meist mit Personalpronomen, besetzt. Das Zielwort wird hier in seiner Grundbedeutung verwendet und bezieht sich auf das eigene und fremde innere Erleben, das Gefühl der Genugtuung in diversen Situationen, in denen man sich gegen andere durchsetzen muss (Wetten, Wettbewerbe, Sport). Ein Beispiel beschreibt eine Situation in der Klasse (2/28). Im Unterschied zu Gruppe 1 elaborieren S3 und S4 die genauere Bedeutung des Zielwortes, indem sie begründen (2/12: *weil ich schneller war*) und Zwischenfragen stellen (2/24). Eine Abgrenzung gegenüber anderen lexikalischen Einheiten findet hier jedoch nicht statt. Da das Zielwort nur in einer Bedeutung vorkommt und in stereotypen Sätzen verwendet wird, wobei die Sätze eine Subjekt-Variation aufweisen, handelt es sich bei den Verwendungen des Zielwortes um ein *slot & frame*-Muster auf dem Weg zur weiteren Abstraktion.

Tab. 3: Transkript 3 (S5, S6, S7 = Gruppe 3)

Vorkommen des Zielwortes insg.	11
Tempus / Modus	4x Präsens Indikativ; 4x Perfekt Indikativ; 2x Präteritum Indikativ
Subjekt	10x Personalpronomen (8x *ich*, 2x *du*)
Satzkonstruktion und Verbform	3x Subjekt + *triumphieren*$_{konj}$ + [*dann*] + Konjunktion (1x *wenn*, 2x *weil*) 1x *Wie* + *schauen*$_{konj}$ + Subjekt + *triumphierend?* 2x Subjekt + *haben*$_{konj}$ + *triumphiert* (+ Konjunktion *(als)*) 1x Hauptsatz + Konjunktion (*weil*) + Subjekt + *triumphiert haben*$_{konj}$ 1x Hauptsatz + Konjunktion (*weil*) + Subjekt + *triumphieren*$_{konj}$ 1x *warum* + *haben*$_{konj}$ + Subjekt + *triumphiert?* 1x *Da* + *haben*$_{konj}$ + Subjekt + *triumphiert*
neu versuchte Konstruktionen	1x *dann* + *sein*$_{konj}$ + Subjekt + *triumphierend*

Legende: $_{konj}$ – konjugiert

Mit der Aussprache des Zielwortes haben S5, S6 und S7 keine Schwierigkeiten. Wie in Gruppe 2 wird es im Laufe des Gesprächs intensiv verwendet. Die Vielfalt der verwendeten Konstruktionen ist hier größer: Aus insgesamt 11 Verwendungen des Zielwortes wurde es in acht unterschiedlichen syntaktischen Konstruktionen benutzt und mit pronominalen Subjekten besetzt. Hier wird außerdem nach einem passenden Ausdruck zur Bezeichnung eines inneren Zustandes gesucht und es entsteht eine syntaktische Neubildung (3/12: *bin ich triumphierend*). S5, S6 und S7 verwenden die Grundbedeutung mit Bezug auf das eigene innere Erleben, das Gefühl der Genugtuung in unterschiedlichen Situationen (Sport, Wettstreit und Wetten). Indem sie das Zielwort direkt in die Beschreibung der Situation einbinden (3/8, 3/10, 3/17), es in den Fragen an ihren Kommunikationspartner verwenden (3/11: *wie schaust du da triumphierend?*) und sich selbst korrigieren (3/12), wird es in den Mittelpunkt gerückt und seine Bedeutung fokussiert. Die Selbstkorrektur, die Neubildung (beides in 3/12), die der Abgrenzung von *triumphierend schauen* und *triumphieren* dient, und die spätere Verwendung mit einem Kausalnebensatz (3/17) sprechen für eine intensive Auseinandersetzung mit der Bedeutung des Zielwortes. Die vielfältige Verwendung und der Versuch einer neuen Konstruktion sprechen für den im Vergleich zu den ersten beiden Gruppen höheren Grad der Beherrschung des Zielwortes.

Tab. 4: Transkript 4 (S8, S9 = Gruppe 4)

Vorkommen des Zielwortes insg.	16
Tempus / Modus	13x Präsens Indikativ; 3x Konjunktivbedeutung
Subjekt	5x Personalpronomen (4x *sie*, 3. Person Plural und Sing.; 1x *er*); 1x Interrogativpronomen (*was*); 2x Indefinitpronomen (*man*); 5x Demonstrativpronomen (*das*); 3x Auslassung
Satzkonstruktion und Verbform	5x (*wenn*...) *dann* + *triumphieren*$_{konj}$ + Subjekt + [Negation] + Konjunktion (*weil*...) 2x (*wenn*...) *dann* + *kann* + Subjekt + *triumphieren* + Konjunktion (*weil*) 1x *dann* + *schauen*$_{konj}$+ Subjekt + *triumphierend* 1x Subjekt + *haben*$_{konj}$ + *nichts mehr* + *mit triumphieren zu tun*
neu versuchte Konstruktionen	7 x Variationen von Formen mit Kopula-Verben + *triumphierend* + *für* + Subjekt

Legende: $_{konj}$ – konjugiert

S8 und S9 haben ebenfalls keine Schwierigkeiten mit der Aussprache des Zielwortes, das sie intensiv und vielfältig verwenden. Ein großer Teil der Verwendungen erfolgt in Hauptsätzen mit Nebensätzen und vielfältigen Pronominalsubjekten (Personal-, Interrogativ-, Indefinit- und Demonstrativpronomina, vgl. Tab. 4). Die Vielfalt der pronominalen Besetzung fällt mit der Vielfalt der syntaktischen Konstruktionen zusammen. Auffallend viele (Neu-)Konstruktionen bilden S8 und S9 mit dem Partizip I des Verbs (4/15, 4/76, 4/78, 4/96, 4/100). In einigen Kontexten scheinen die Schülerinnen nach einem passenden, ihnen noch unbekannten Substantiv (*Triumph*) zu suchen (4/96: *ist doch triumphierend, oder?*). Außer der Verwendung des Zielwortes in der Grundbedeutung handelt es sich in zwei Fällen um eine semantische Abgrenzung von anderen Wörtern (4/53: *aber nicht so stark triumphieren*; 4/96–97: vs. *schadenfroh*), wodurch seine Konnotationen und Verwendungsbeschränkungen besprochen werden und seine Bedeutung ausgehandelt wird. Zum einen beziehen sich die besprochenen Situationen auf das innere Erleben beim Gewinn einer Wette bzw. eines Sportwettbewerbs. Zum anderen beziehen sich S8 und S9 auf mehrere Nicht-Wettbewerbssituationen, in zwei Beispielen sogar auf eine besonders abstrakte Form des Triumphs, eine große Genugtuung aufgrund einer hervorragenden eigenen Leistung ohne einen konkreten Sieg über jemanden (4/89–92 und 4/100–102). Die Variation in der Verwendung, die neu versuchten Konstruktionen (vgl. Tab. 4) und die metasprachlichen Überlegungen zum Zielwort sprechen für einen höheren Grad der Beherrschung des Zielwortes als in den anderen Gruppen.

In den oben dargestellten Gesprächen finden sich formale und semantische Besonderheiten der Verwendung des Zielwortes, die den Annahmen der Gebrauchsbasierten Grammatik entsprechen. Während die erste und zweite Gruppe[19] noch Schwierigkeiten beim Vorlesen des Wortes haben und das Zielwort hauptsächlich in stereotypen Sätzen und in einer Bedeutung verwenden, ist bei den Schülern der dritten und vierten Gruppe die phonologische Form des Zielwortes fest verankert und die morpho-syntaktische Variation höher. In diesen beiden Gruppen beziehen die Schüler das Wort in ihre Beispiele mit ein, wodurch seine Bedeutung zum Gegenstand ihrer Überlegungen wird. Je mehr morphosyntaktische Variation das Zielwort erfährt, umso ausdifferenzierter und elaborierter wird seine Bedeutung und umso mehr wird sie zum Gegenstand der Diskussion. Der Vergleich der Gruppen zeigt, dass *triumphieren* sich immer mehr von der Verwendung in bestimmten syntaktischen Konstruktionen löst und bei den Schülern der vierten Gruppe schon einen hohen Grad an Abstraktion erreicht, was ihnen erlaubt, neue Muster zu versuchen. Doch an diesen zielsprachlich inkorrekt gebildeten Strukturen (4/76: *das wär dann triumphierend für ihn*) ist zu sehen, dass die Schüler einige Beschränkungen bei der Verwendung der Konstruktionen noch nicht erworben haben.

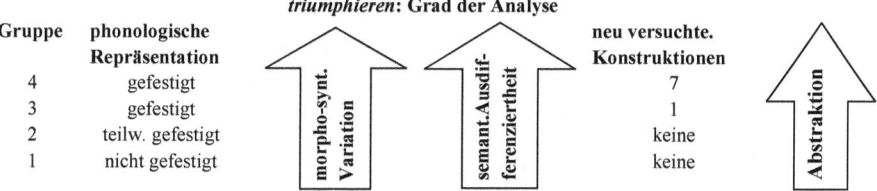

Abb.2: Schematische Darstellung der Abstraktion zum Zielwort *triumphieren* in den Gruppen 1–4

Abbildung 2 zeigt den unterschiedlichen Grad der Analyse von *triumphieren* aus der Sicht der Gebrauchsbasierten Grammatik. Obwohl die Schüler in der Klasse gemeinsam das Zielwort trainiert haben, brauchen einige von ihnen offensichtlich mehr Zeit für den Erwerb. Im nächsten Abschnitt wird das Vorgehen in die Tiefe der Zeit und die Art des Inputs diskutiert, die die Schüler auf dieser Erwerbsstufe brauchen.

---

19 Es ist einerseits wenig sinnvoll, vom Erwerbsstand einer Gruppe zu sprechen, andererseits zeigen sich in den Daten derart homogene Bilder für die einzelnen Paare bzw. Gruppen, dass solch ein Vorkommen überzufällig scheint. Möglicherweise richtet sich die Verfügbarkeit von Spracheinheiten in Partner- oder Kleingruppengesprächen nach einem gemeinsam geschaffenen „Sprachstand".

5 Unterstützung des gebrauchsbasierten Lernens durch die Wortschatzarbeit

In der hier vorgestellten frühen Übungsphase ließen sich Phänomene beobachten, die die Annahmen der Gebrauchsbasierten Grammatik unterstützen und das Vorgehen des Wortschatztrainings – mehrwöchige Arbeit an wenigen Zielwörtern – als sinnvoll nahelegen.[20]

Zentral für den Erwerbsweg ist der massive Input – der im Rahmen des RoW sowohl durch die Aufgaben als auch durch die Gespräche mit Übungspartnern entsteht – und die Möglichkeit, die zu erlernende lexikalische Einheit sukzessive in immer neuen Kontexten zu verwenden und dabei auch zu variieren. Das alles wird beim RoW durch eine Reihe von Aufgaben ermöglicht, in denen der Input jeweils auf den Erwerb der im Folgenden unter 1.–6. benannten Kenntnisse des Zielwortes abgestimmt ist, wobei die Stufen 1. und 2. vor den hier gezeigten Beispielen liegen, aber für einige Lerner eben noch nicht abgeschlossen sind; die Stufen 3.–6. sollen ab Phase II des RoW, aus der die Beispiele stammen, bearbeitet werden, immer gezielter dann auch in späteren RoW-Phasen. „Stufen" ist hier nicht im Sinne einer linearen Abfolge zu verstehen, sondern vielmehr als Arbeitsschritte, die sich vielfältig überlagern und rekursiv durchlaufen werden, wobei jedoch didaktische Schwerpunkte in der genannten Reihenfolge gedacht werden sollen.

1. Korrekte Aussprache
2. Erfassen einer Grundbedeutung[21]
3. Verwendung in verschiedenen syntaktischen Konstruktionen
4. Verwendung verschiedener Wortformen, Rektionsmuster sowie weiterer Wortfamilienmitglieder
5. Elaborieren weiterer Bedeutungskomponenten (Grad, Ausmaß, Perspektive bei *triumphieren*); ein erzähltes Beispiel wird z. B. negativ sanktioniert: *das*

---

[20] Unsere Beobachtungen zur Entwicklung der Schüler sowohl im Lauf einer RoW-Phase als auch über mehrere RoW-Phasen hinweg unterstützen diese Annahme. Allerdings stehen systematische longitudinale Erhebungen noch aus, anhand derer individuelle Erwerbsverläufe sowie die von uns vermuteten überindividuellen Phänomene näher untersucht werden können.

[21] In einer hier nicht vorgestellten Gruppe wird vor Beginn der eigentlichen Aufgabe die Grundbedeutung des Zielwortes wiederholt (S10: *äh also triumphieren war doch ding äh wenn man so #* äh S11: *ja also wenn man so gewinnt* S10: *ja aä ## °recht hat°*), was typisch für sprachschwächere Gruppen ist und als Bedeutungssicherung auch zu Beginn von Transkript 1 und 2 zu beobachten ist.

hat nichts mehr mit triumphieren zu tun (4/74), ein anderes Beispiel wird relativiert: *naja, aber nicht so stark triumphieren* (4/53). Das spricht für eine präzise Erfassung der Wortbedeutung durch die Schülerin und die Fähigkeit, diese Bedeutung von anderen abzugrenzen. An anderer Stelle wird gefragt, wieso der Sieg Italiens über Deutschland denn ein Triumph sei, und die Antwort lautet: *für die italier* (4/16), wobei hier nicht die eigene, sondern die fremde Perspektive übernommen wird.

6. Erwerb weiterer Konnotationen / spezifischer Bedeutungskomponenten (z. B. triumphieren, ohne in einem Streit bzw. Wettbewerb gesiegt zu haben, 4/89–92 und 4/100–102); Entwicklung der Fähigkeit zum metasprachlichen Umgang mit dieser lexikalischen Einheit.

Dass sich dieser Weg für alle Schüler als lohnend erweisen kann, wenn entsprechende Möglichkeiten durch Aufgaben über eine gewisse Zeitdauer angeboten werden, lässt sich an den Gruppenbeispielen beobachten: Während Gruppe 1 auch noch an der ersten Stufe, der Aussprache des Zielwortes, arbeitet, bieten sich für die Gruppe 4 Erwerbsaufgaben der vierten Stufe an, da die Schülerinnen gerade nach neuen Wortformen suchen (mehrmaliges Vorkommen von **triumphierend für...* statt *Triumph für...*). Daraus ergeben sich individuelle Erwerbssituationen. Während S1 im Laufe der auf diese Übung folgenden zwei Trainingswochen Stufe 3 (Verwendung des Zielwortes in verschiedenen syntaktischen Konstruktionen) meistern wird, gelangen S8 und S9 bis zum Erwerb spezifischer Bedeutungskomponenten. Dafür muss das Sprachangebot den für die verschiedenen Lernbedarfe nötigen Input enthalten: Hörbeispiele, Texte, die die verschiedenen Wortformen, Wortbildungsformen und Rektionsmuster des Zielwortes in variierenden Satzmustern und mit variierenden Mitspielern enthalten, schließlich kontextfreie Beispiele und sog. Nachdenkaufgaben, z. B.: *Erklärt den Unterschied zwischen den Wörtern ‚der Sieg' und ‚der Triumph'. Benutzt dazu auch das Wörterbuch.*

Da man auf diese intensive Art und Weise eines zeitlich gedehnten Wortschatztrainings nur relativ wenige lexikalische Einheiten intensiv trainieren kann, stellt sich die Frage, ob sich das Ergebnis solcher Trainings und die Zeitressourcen von Klasse und Lehrperson in einem ausgewogenen Verhältnis befinden. Im Zusammenhang damit steht die Frage nach der Übertragbarkeit gelernter Muster auf andere Konstruktionen.[22] Unseres Wissens sind diese Fragen empi-

---

22 Übertragungen sind hier auf mehreren Ebenen möglich: Die Kenntnis der adverbialen Verwendung von Partizipien (*triumphierend schauen – heulend weglaufen, grinsend sagen*), die Aufmerksamkeit für Wortbildungsphänomene (*triumphieren – der Triumph*) und morpho-syntaktische Regularitäten (*triumphieren über jmdn.*), das generelle Wissen um die Tatsache, dass Wörter

risch noch nicht überprüft worden, lediglich der generelle Erfolg von Wortschatztrainings (Beck, Perfetti & McKeown 1982; Artelt et al. 2007).

Im Zusammenhang mit der Verbindung von Gebrauchsbasierter Grammatik und RoW wird auch die Notwendigkeit der Erkennung und didaktischen Bearbeitung von fossilierenden Übergeneralisierungen deutlich, die – besonders im Zweitspracherwerb – durch Generalisierungsprozesse bedingt werden können. So kam die Form *triumphierend* im Input als *triumphierend schauen* häufig vor und wurde von den Schülerinnen S6, S8 und S9 auf nominale Kontexte als **triumphierend sein für...* übergeneralisiert, da ihnen das Substantiv *Triumph* noch unbekannt war. Würde das Wortschatztraining nicht systematisch im Hinblick auf die Formenvielfalt des Zielwortes fortgesetzt, liefen die Schüler möglicherweise Gefahr, diese von ihnen spontan gebildeten ungebräuchlichen Ersatzformen auf Basis des Partizip I beizubehalten (z. B. 3/12, 4/76, 4/78). Durch das sukzessive Angebot des Zielwortes in unterschiedlichen Kontexten und Formen soll einerseits der Grad seiner Analyse gemessen an der Anwendung in unterschiedlichen syntaktischen Konstruktionen unter Beachtung von Beschränkungen (vgl. bei **triumphierend für...*) vorangetrieben werden und andererseits soll der Verfestigung (Fossilisierung) von Übergeneralisierungen entgegenwirkt werden. Einer möglichen Übergeneralisierung von Konstruktionen mit dem Zielwort (z. B. *Triumph über*) auf ähnliche schon bekannte Konstruktionen (z. B. **Erfolg über...*, **Gewinn über ...*) wirkt das Auftreten der lexikalischen Einheiten (*Triumph* in Abgrenzung zu *Erfolg*, *Gewinn*) in vielen Verwendungskontexten der späteren RoW-Phasen entgegen.

Der vorliegende Beitrag hat einen Blick auf den Wortschatzerwerb im Rahmen des RoW ermöglicht. Der Erwerb von phonologischen Formen, morpho-syntaktischer und semantischer Vielfalt der Konstruktionen, aber auch ihrer Verwendungsbeschränkungen entspricht den Annahmen der Gebrauchsbasierten Grammatik und erfordert bei den Schülern unterschiedlich lange Zeit. Das Vorgehen im RoW ist auf den schrittweisen Aufbau der Kenntnisse zu den trainierten Einheiten abgestimmt. Empirisch zu untersuchen wäre dabei der tatsächliche Erfolg der Generalisierungsprozesse für Einheiten, die im Training vermittelt wurden, sowie die Übertragbarkeit der erworbenen Kompetenzen auf andere Konstruktionen.

---

in ihren Bedeutungen und Formen vielfältige Varianten zulassen, aber auch Beschränkungen unterliegen und dass die Suche nach dem „richtigen Wort" lohnt.

6 Literatur

Ahrenholz, Bernt (Hrsg.) (2010): *Fachunterricht und Deutsch als Zweitsprache*. Tübingen: Narr.
Artelt, Cordula; McElvany, Nele; Christmann, Ursula; Richter, Tobias; Groeben, Norbert; Köster, Juliane; Schneider, Wolfgang; Stanat, Petra; Ostermeier, Christian; Schiefele Ulrich; Valtin, Renate & Ring, Klaus (2007): *Förderung von Lesekompetenz – Expertise*. Bildungsforschung Band 17. Bonn: BMBF.
Beck, Isabel; McKeown, Margaret & Kucan, Linda (2008): *Creating Robust Vocabulary*. New York: Guilford.
Beck, Isabel; Perfetti, Charles & McKeown, Margaret G. (1982): Effects of long-term vocabulary instruction on lexical access and reading comprehension. *Journal of Educational Psychology* 74: 506–521.
Behrens, Heike (2011): Die Konstruktion von Sprache im Spracherwerb. In Lasch, Alexander & Ziem, Alexander (Hrsg.): *Konstruktionsgrammatik III. Aktuelle Fragen und Lösungsansätze*. Tübingen: Stauffenburg, 166–179.
Bybee, Joan (2006): From usage to grammar: the mind's response to repetition. *Language* 82/4: 711–733.
Chall, Jeanne S. & Jacobs, Vicki (2003): Poor Children's Fourth-Grade Slump. *American Educator* 27/1: 14–15.
Christ, Tanja & Wang, Christine (2011): Closing the Vocabulary Gap?: A Review of Research on early Childhood Vocabulary Practices. *Reading Psychology* 32: 426–458.
Feilke, Helmuth (1994): Common sense-Kompetenz. Überlegungen zu einer Theorie des ‚sympathischen' und ‚natürlichen' Meinens und Verstehens. Frankfurt am Main: Suhrkamp.
Gailberger, Steffen (2011): *Lesen durch Hören*. Weinheim: Beltz.
Gogolin, Ingrid (2002): Mathematikunterricht ist Deutschunterricht. Über das fachliche Lernen in mehrsprachigen Klassen. In Barkowski, Hans & Faistauer, Renate (Hrsg.): *... in Sachen Deutsch als Fremdsprache. Sprachenpolitik und Mehrsprachigkeit, Unterricht, interkulturelle Begegnung*. Baltmannsweiler: Schneider Hohengehren, 51–61.
Goldberg, Adele (2006): *Constructions at Work. The Nature of Generalization in Language*. Oxford: University Press
Goldberg, Adele (2003): Constructions: a new theoretical approach to language. *TRENDS in Cognitive Sciences* 7/5: 219–224.
Hausmann, Franz Josef (2007): Die Kollokationen im Rahmen der Phraseologie – Systematische und historische Darstellung. *ZAA* 55/3: 217–234.
Hausmann, Franz Josef (2004): Was sind eigentlich Kollokationen? In Steyer, Katrin (Hrsg.): *Wortverbindungen – mehr oder weniger fest*. Berlin: de Gruyter, 309–334.
Kintsch, Walter (1998): *Comprehension: A paradigm for cognition*. Cambridge: Cambridge University Press.
Kunkel-Razum, Kathrin et al. (2006): *Duden. Deutsches Universalwörterbuch*. Mannheim: Dudenverlag.
Kurtz, Gunde; Hofmann, Nicole; Biermas, Britta; Back, Tiana & Haseldiek, Karen (2014): *Sprachintensiver Unterricht. Ein Handbuch*. Baltmannsweiler: Schneider Hohengehren.
Kurtz, Gunde (2012a): Bildungssprache – Sprachbildung: Leistungen in verschiedenen Wortschatzgebieten bei Dritt- und Viertklässern mit Deutsch als Erst- und Zweitsprache.

In Ahrenholz, Bernt & Knapp, Werner (Hrsg.): *Sprachstand erheben – Spracherwerb erforschen*. Stuttgart: Klett, 241–264.

Kurtz, Gunde (2012b): Bildungswortschatz trainieren – Robusten Wortschatz aufbauen. In Merten, Stephan & Kuhs, Katharina (Hrsg.): *Perspektiven empirischer Sprachdidaktik*. Trier: WVT, 71–90.

Lakoff, George & Johnson, Mark (1980): *Metaphors We Live By*. Chicago: The University of Chicago Press.

Langacker, Ronald (2006): Cognitive Grammar. In Brown, Edward K. (ed.): *Encyclopedia of Language and Linguistics*. Oxford: Elsevier, 590–593.

Langacker, Ronald (2000): A dynamic usage-based model. In Barlow, Michael & Kemmer, Suzanne (eds.): *Usage-based Models of Language*. Stanford: CSLI, 24–63.

Lesaux, Nonie & Kieffer, Michael (2010): Exploring Sources of Reading Comprehension Difficulties Among Language Minority Learners and Their Classmates in Early Adolescence. *American Educational Research Journal* 47/3: 596–632.

Lesaux, Nonie; Kieffer, Michael; Faller, Elisabeth & Kelley, Joan (2010): The Effectiveness and Ease of Implementation of an Academic Vocabulary Intervention for Linguistically Diverse Students in Urban Middle Schools. *Reading Research Quarterly* 45/2: 196–228.

Müller, Dagmar (2008): *Geheimnisvolle Zauberreisen. Schatzräuber im Tal der Pharaonen*. Würzburg: Arena.

Perfetti, Charles (2007): Reading Ability: Lexical Quality to Comprehension. *Scientific Studies of Reading* 11/4: 357–383.

Rosebrock, Cornelia; Nix, Daniel; Rieckmann, Carola & Gold, Andreas (2011*): Leseflüssigkeit fördern. Lautleseverfahren für die Primar- und Sekundarstufe*. Seelze: Klett Kallmeyer.

Rosebrock, Cornelia & Nix, Daniel (2008): *Grundlagen der Lesedidaktik und der systematischen schulischen Leseförderung*. Baltmannsweiler: Schneider Hohengehren.

Stefanowitsch, Anatol (2011): Konstruktionsgrammatik und Grammatiktheorie. In Lasch, Alexander & Ziem, Alexander (Hrsg.): *Konstruktionsgrammatik III. Aktuelle Fragen und Lösungsansätze*. Tübingen: Stauffenburg, 11–25.

Tomasello, Michael (2003): *Constructing a Language. A Usage-Based Theory of Language Acquisition*. Cambridge, MA: Harvard University Press.

Verhoeven, Ludo; van Leeuwe, Jan & Vermeer, Anne (2011): Vocabulary Growth and Reading Development across the Elementary School Years. *Scientific Studies of Reading* 15/1: 8–25.

7 Anhang

Transkription:

\# Pause; #4# 4 Sekunden Pause
<? text> nicht ganz verständlicher Text
xxxx völlig unverständlicher Text
-, fallende Intonation
-‛ steigende Intonation
GROSSBUCHSTABEN: starke Betonung
[/] Wiederholung von Äußerungsteilen
[//] Wiederaufnahme von Äußerungsteilen mit Veränderung
[/-] Abbruch
+/. Unterbrechung
[%Kommentar]

Transkript 1 (S1, S2 = Gruppe 1)

1	S1: nennt zwei # +/.
2	S2: beispiele
3	S1: beispiele nennt drei beispiele in denen jemand ### triu##phiert schaut oder etwas ##tri#u#fiert sagt-. erklärt auch warum #3# [% flüsterndes Buchstabieren]
4	S2: er triumphiert weil ähm # oh # wenn man n fußballspiel gewonnen hat dann schreit man yeah also man triumphiert wenn man zum beispiel ein rennen gewonnen hat eine xxx dann
5–8	---
9	S1: ähm # äh zum beispiel er triumphiert weil ## [//] ja weil die ähm renn gewonnen hat ## weil der nich so schnell [//] also gerannt ist # und die anderen also nicht so schnell sind oder +/.
10–12	---

Transkript 2 (S3, S4 = Gruppe 2)

1	S3: nennt drei beispiele in denen jemand triumphiert schaut oder etwas trium +/.
2	S4: nein [% laut], nennt drei bei [/] beispiele, in denen jemand triumphIEREND [<] schaut [>]
3	S3: [<] schaut [>]

4	S4: oder etwas triumphierend sagt. erklärt auch warum er triumphiert-.
5	S3: #4# julian triumphiert, weil helene zu ihm sagt, es gibt keine könige mit [/-], die neun jahre alt sind und dann [/] und dann sagt daisy es gibt könige mit [/-] die neun jahre alt sind und dann hat julian äh triumphierend geschaut-.
6–11	---
12	S3: warte ähm ich und meine schwester wetten darum, dass ich schneller bin als sie und äh dann kam meine mutter und hat gesagt ich bin schneller als sie und dann hab ich triumphierend geschaut-. # weil ich schneller war als meine schwester
13	S4: o::k
14	S3: und gewonnen hab
15	S4: ich und meine schwester haben mh # hat xx xx also also um den [/-]um die fernbedienung gestritten dann ham wir ne münze genommen ich war zahl und sie war kopf, dann ham wir sie hoch und dann war [/] war zahl und des war ich-. dann hab ich [/] hab ich triumphierend geschaut und hab gesagt ### also dann hab ich halt ## ja äh:: m
16–19	---
20	S3: ich und meine schwester haben sich um eine # flasche cola [%lachend] gestritten und # ich und ## äh # ich und meine schwester [/-] ich hab gesagt du darfst noch keine cola trinken du bist zu klein und dann hat [/-] is meine mutter gekommen und hat [/] hat gesagt ja du bist zu klein und dann hab ich triumphiernd geschaut-.
21	S4: äh ja #
22	S3: und gelacht
23	S4: ok ich und meine schwester haben ne wette gemacht wer ne [/] wer ne ganze ähm flasche a [/] apfelschorle austrinken kann-. und dann # ich musste die austrinken und meine schwester aber nicht, die hat gewettet, und wir haben um ein euro gewettet, dann hab ich sie ganz ausgetrunken, dann hab ich triumphierend geschaut+/.
24	S3: °wirklich?°
25	S4: ja °und dann war mir schlecht° #5# ja nochn beispiel
26–27	---
28	S3: ah, ## ah in der [/] in der klasse hat [Name der Lehrperson] diese glocke geschlagen und alle waren ruhig und dann hat sie triumphierend geschaut, weil [/] weil sie es geschafft hat, dass die ganze klasse leise ist-. #7#
29–39	---

Transkript 3 (S5, S6, S7 = Gruppe 3)

1	S5: nennt drei beispiele die denen jemand triumphierend schaut oder was triumphierend sagt
2	S6: erklärt euch warum er triumphiert
3	??? # ah ehm ### also
4–7	---
8	S6: ok dann fang ich halt an ähm ich triumphiere wenn ich
9	S7: ne-, [!]
10	S6: wenn ich jetzt ähm fünfzich kilometer gelaufen bin und jemand sagt nein ich bin zeh kilometer gelaufen und da
11	S5: und wie schaust du da triumphierend?
12	S6: hä? ähm und dann schau ich [/-] dann bin ich triumphierend und bin glücklich weil ich ähm dann +/.
13	S5: lächelst du o +/.
14	S6: ich bin dann glücklich-.
15	??? [%flüstern]
16	S6: ja ich lächel dann-.
17	S6: ja und ich triumphiere dann # weil ich recht hatte
18	S5: mm # ich äh triumphierte, weil ich ähh mein vater gesagt habe, dass es elf meter beim fußball gibt und der hat nicht # [%räuspert sich] und der hat was anderes gesagt und da hatte ich recht und ich hab triumphiert # und ich hab gelächelt, weil ich triumphiert °hab # [/] weil ich triumphierte°
19	S7: und warum hast du triumphiert?
20	S5: weil # ich recht hatte weis bein fußball °elfmeterschießen xx°
21	S7: so ok in Ordnung … also ich-, hab triumphiert <als ich mein bruder gesa> [//] als mein bruder mir gesagt hat, ähm mein vater is neununvierzich und ich ihm gesagt hab <dass er> [/]dass er siebmvierzig is, dann hat er <ge> [//] mir gesagt ähm wer ähm also wir xx fragen, wer richtige hat darf bei jedem einfach rein-. dann ham wir <mein vater> äh äh [/] also mein vater gefragt, hat er gesagt ich bin siebmvierzig, hatte ich recht, da hab ich triumphiert-.
22	S6: ja aber mh und wie habt ihrs rausgefunden?
23	S7: weil ich mein vater gefragt habe-,
24	S6: ok und wie hast dus herausgefunden?

25	S5: ich habs herausgefunden, weil ich selber des gekuckt habe und die haben zum schluss wirklich elfmeter ge#schossen-.
26–32	...

Transkript 4 (S8, S9 = Gruppe 4)

1	S8: nennt drei beispiele, in denen jemand
2	S9: # triumphierend schaut oder etwas triumphierend sagt. erklärt auch, warum er triumphiert.
3	S8: ## schaut. o. k. also, wenn # [/] es ein fußballspiel ist und deutschland gewinnt, dann +/.
4	S9: [/] triumphieren sie, dass sie [///] einen sieg haben, # dass sie gewonnen haben.
5	S8: und die leute, die's schauen, die # [/] machen dann böller, tsch, tsch.
6	S9: ja, # und zum beispiel, wenn jetzt jemand eine wette eingeht und der eine mit der wette recht hat, dann kann er triumphieren, weil er ge [/] gewonnen hat, bei der wette.
7–13	...
14	S9: ja, ein rennen gewinnt. zum beispiel, #2# ah ja, warte. ja! also, deutschland gegen italien. # italien hat gewonnen, weil sie viel besser spielen. # und deutschland hat verloren.
15	S8: ja, und was ist daran triumphierend?
16	S9: ja, mh, für die italier!
17–21	...
22	S9: mmhhm. oder bei einem single-wettbewerb. zum beispiel die eine gewinnt und dann kann sie triumphieren, weil sie gewonnen hat.
23–33	...
34	S9: ja. also, zum beispiel, ## der eine kann nicht kochen, der eine kann kochen.
35	S8: dann triumphiert man nicht.
36	S9: doch!
37	S8: wenn man feinde sind, schon, aber wenn du jetzt deine mutter, die freundin von deiner mutter, jetzt nicht kochen kann, sagst du ja nicht: haha, ich kann besser kochen. yeah, yeah.
38–39	...

40	S9: hm # oder, wenn einer diese küche hier, in der wir grade sind, benutzen darf, und einer nicht.
41	S8: dann triumphiert man doch nicht.
42	S9: doch!
43	S8: nein!
44	S9: doch! der eine darf benutzen, der andere nicht.
45	S8: yeah, ich darf die küche benutzen, yeah!
46	S9: hhhhhh
47	S8: nein. du musst dann schon richtige beispiele sagen.
48	S9: ja, stimmt. #4# hmm. was könnte es noch geben? ##
49	S8: wenn du eine lose gewonnen hast.
50	S9: ja! stimmt. oder # wenn man bei tischkicker gewonnen hat
51	S8: das ist kein tischkicker. lose. hhhhhh xxxxx
52	S9: ja, aber das würde auch triumphieren, wenn einer bei tischkicker # gewonnen hätte.
53	S8: naja, aber nicht so stark triumphieren. xxx <beim> fußballturnier zweiter platz geworden ist.
54	S9: oder wenn zwei popstar, zum beispiel lady gaga und +/.
55	S8: rihanna
56	S9: rihanna gegeneinander antreten und dann lady gaga gewinnt, dann triumphiert sie. so: yeah! ich hab gewonnen!
57–67	---
68	S9: nein! hhhhhh XX, dann schauen sie so triumphierend, so: yeah, eh [/]! nein, so: wir sind die sieger. dann freuen die sich so. dann [/] fühlen die sich so muskulös und so. stolz auf sich, so.
69	S9: muskulös? wieso muskulös?
70	S8: die stellen sich so hin mit ihren muskeln, so. und dann gucken sie so xx, dann rennen sie, rennen sie zu den spielern, zu den anderen spielern, also zu den anderen italienspielern, und dann machen sie yeah!
71	S9: nein, sie stehen und machen so: ja! <die arme. und nicht so>. hm. hm.
72	S8: und danach ziehen sie glaub ich ihre t-shirts aus.
73	S9: ja! dann ziehen sie sie aus und dann
74	S8 ja das ist xxx ein gutes beispiel. das hat nichts mehr mit triumphieren zu tun.

75	S8: hhhhhh. ok. will jemand noch ein höhren? ähm. noch ein höheren wolkenkratzer als xxx baun
76	S9: ja. das wär dann triumphierend für ihn
77	S8: xxx xxx xxx weil er?höher ein turm gebaut hat als der xxx ###
78	S9: ja. ### hm # oder # ah, jetzt hab ich was. zum beispiel, also, es ist nur noch eine chips-packung im regal. einer <nimmt sie>. und dann rennt da einer hin und will sie auch nehmen, aber der andere hat sie schon. das ist doch triumphierend für den, der die chips hat.
79–88	---
89	S8: ja, ok. oder wenn jemand jetzt einen neuen laden eröffnet hat.
90	S9: ja.
91	S8: dann triumphiert er auch, weil +/.
92	S9: dann XX. dann hat er auch einen eigenen laden. dann ist er stolz auf seinen laden. ## oder ### wenn jemand bei einer kochshow gewinnt. oder bei perfektes dinner! ja!
93–95	---
96	S9: oder, wenn jemand von einem mädchen die beste freundin wegnimmt. ist doch triumphierend, oder?
97	S8: nein, das wär eher schadenfroh.
98–99	---
100	S9: ja, hhhhhh […]. also, hm. # oder wenn jemand einen neuen film oder so. ## wenn ein resigieur einen neuen film erstellt, dann ist das triumphierend für ihn, weil er dann im kino läuft und bestimmt auch sein resigieurname erwähnt wird und dann stolz auf seinen film ist.
101	S8: ja. und wenn applaus und er kommt glaube ich auch ins fernsehen.
102	S9: ja, und dann beantwortet er fragen und freut sich einfach dass ihm so viele fragen gestellt werden weil er jetzt einen coolen neuen film hat oder wenn [/] die so diesen film aufnehmen-. also wenn die so aufnehmen, was die da machen oder wie das geht so-. ## wie zum beispiel bei snowwhite, da haben die, da haben die gezeigt +/.
103	S8: ja [///]
104	S9: wie die alles vorbereiten.
105–108	---

Register

Adjunktfrage 129
Adverb, adverbial 29, 205, 219, 247, 255
Agens 216, 218, 221, 224, 227–229, 232–235
  Agenseliminierung, Eliminierung des Agens 232, 234
  Agenslastigkeit 217
  agenshaltig 216
  Agensimplizierung 234
  Agensperspektive 217f, 228
  Agens-Subjekt 219, 228, 230, 233
  ‚Agens-zuerst'-Strategie 217, 228
Albanisch 35, 41, 225, 231
Alltagsmetapher 242
Alltagssprache, alltagssprachlich 1–5, 179, 203
ambig, Ambiguität 25f, 31f, 197
  Disambiguierung 26
  genusambig 75, 87, 96
Anapher, anaphorisch 17–46, 71–98, 193f, 196, 204–206
  Anapherndistribution 17–46
  Anaphernresolution, Anaphernauflösung, Auflösung pronominaler Anaphern 17–46, 72, 83
  Anapherntypen 19, 27f, 44
  Anaphernspektrum 27, 35
  Anaphernunterscheidung 43
  anaphorische Personalpronomina 71–98
  Nullanapher 26f, 87
Anbindung 19–23, 31, 33f, 36f, 41f
  Anbindungsmuster 23–25, 31, 35–37, 39f, 42f
  Anbindungspräferenz 21, 23–26, 32, 37
  Anbindungsverhalten 18, 22–26, 28, 30–34, 36f, 40–43
  Subjektanbindung 27f, 31–34, 36f, 39, 41
  Subjektanbindungspräferenz 32, 37
Anforderungen 2, 9f, 112, 117, 127, 180, 209, 247
Angleichung, wechselseitige 3
Antezedent 21, 75, 80, 83, 89,
  Antezedentsatz 80
  Antezedenttyp 71–98
  Objektantezedent 80, 85, 87, 89
  Subjektantezedent 80, 85, 87, 89

Antizipationsfähigkeit 4
Antwortmuster 34, 37
Arabisch 41, 109, 113, 116, 225, 231
Arbitrarität 100, 109
‚Argumentieren', Argumentation 5, 10, 56, 64
Artikel 40, 41, 45, 86, 102, 105, 108, 113, 116f, 147, 158–160, 163–165
  Artikelgebrauch 113
  Artikelform 159, 163f, 166, 169
  Artikelsystem 167
  Artikelwahl 147
  Artikelwort 160, 163f
  definiter/bestimmter Artikel 40f
  indefiniter/unbestimmter Artikel 105
Aufgabe 2, 11f, 28, 32, 52, 54f, 59, 80, 84, 86f, 151, 173, 175, 186, 213, 238, 248–250, 254f
  Aufgabenbearbeitung 247
  Aufgabenbewältigung 50, 53f, 60f,
  Aufgabenlösung 11
  Aufgabenpensum 238
  Aufgabenserie 240
  Aufgabenstellung, 50–52, 55f, 220, 247f
  Benennungsaufgabe 196
  Briefaufgabe 58
  Erwerbsaufgabe 125, 129, 132, 142, 144, 255
  Hausaufgabe 55, 68
  Lernaufgabe 117, 186
  Leseaufgabe 118, 200
  Nachdenkaufgabe 255
  Schreibaufgabe 51, 60, 174, 186
  Teilaufgabe 159, 220
  Transferaufgabe 166
Aufmerksamkeit 8, 20, 79, 80, 82–85, 87–89, 91–93, 96, 99f, 102, 106, 110f, 116f, 151f, 155–158, 160, 162f, 167f, 233, 255
  Aufmerksamkeitslenkung 155, 157, 161, 163, 165, 168f
  metasprachliche Aufmerksamkeit 109, 110, 117
Ausweichkonstruktion 218, 227f
Ausweichtendenz 227, 232f
Authentizität, authentisch 12, 144, 146, 151
Automatisierung 92, 94, 104, 244

Basic Interpersonal Communicative Skills (BICS) 2, 9, 48, 142
benachteiligt 2, 72
Benennungsaufgabe 196
‚Begründen' 1, 5
‚Berichten', Bericht 5, 52, 54, 56f, 60–62, 68, 182, 233, 246
‚Beschreiben', Beschreibung 1, 5, 11, 103, 177, 182, 251
‚Bewerten' 5
Bewusstheit, phonologische 102, 109f, 132
Bezugsausdruck 129f
BICS *(Basic Interpersonal Communicative Skills)* 2, 9, 48, 142
Bildung 1, 5
    Bildungsbiographie 2
    Bildungseinrichtung 49, 79
    Bildungserfolg 47, 48
    bildungsfern 1f, 9
    Bildungsinstitution 154
    Bildungskarriere 47
    bildungsnah 8
    Bildungspraxis 72, 242
    Bildungssprache, bildungssprachlich 1–15, 47–49, 62–64, 127, 183, 237f, 241f, 244,
        bildungssprachliche Handlungsfähigkeit 1–15
        bildungssprachliche Handlungskompetenz 1–15
        bildungssprachliche Kompetenz 1–15, 47f, 63f
    Bildungsverlauf 103
    Bildungswortschatz 237f, 242
    Sprachbildung vii, 237
bilingual 48, 100f, 109, 111f, 146
Biliteralität 109
    s. *Literalität, literal*
Bosnisch 113, 116
Briefaufgabe 58
C-Test 59, 193, 199f, 210
CALP *(Cognitive Academic Language Proficiency)* 2, 48
Chunks vii, 1, 7, 11f, 143, 243f
Cognitive Academic Language Proficiency (CALP) 2, 48
Complementary Hypothesis 20, 22, 27

DaF-/DaZ-Didaktik, Zweitsprachdidaktik 123–139, 142–145, 158, 235
Daten 17f, 24, 30, 32, 35, 38f, 42, 44, 48–50, 59, 71, 79f, 82f, 106– 113, 117, 125, 127, 129–131, 148, 153, 178, 199–201, 205f, 216f, 225, 228, 230, 244, 248, 253
    Datenbeispiel 99, 100f, 116f
    Datenerhebung 79–81, 198, 212, 231
    Datengewinnung 225, 227
    Eyetrackingdaten 81
DaZ-/DaF-Didaktik, Zweitsprachdidaktik 123–139, 142–145, 158, 235
definiter/bestimmter Artikel 40f
deiktisch 45, 117
deklarativ 147, 161
Defaultpronomen 38, 40, 44f
dekontextualisiert 2, 240
Demonstrativpronomen 17–46, 252
Derivationssuffix 158
Deutsch als Erstsprache 112, 183f, 193–213, 225, 229
Deutsch als Fremdsprache (DaF) 17–46, 63, 158, 164
Deutsch als Muttersprache (DaM) 17–46, 47–69, 71–98
Deutsch als Zweitsprache (DaZ) vii, 1–15, 17–46, 47–69, 71–98, 99–122, 123–139, 141–172, 193–213, 215–236
Deutsch für den Schulstart viif, 132, 215
Deutschunterricht 35, 44, 141, 168, 186, 238
Diagnose, Diagnostik, diagnostisch 47, 117, 215–236
    diagnosebasiert 117, 215
    Diagnoseinstrument 47
    Diagnoseverfahren 50
        s. *Sprachstandsfeststellungsverfahren*
    (Förder-)Eingangsdiagnose 50, 60
Didaktik, didaktisch 173–191
    Didaktik des Versuchsprotokolls 173–191
    Fachdidaktik 174
    Förderdidaktik 142f
    Sprachdidaktik, (fremd)sprachdidaktisch vii, 1, 99–122, 123–139, 141–145, 235
    Zweitsprachdidaktik, DaF-/DaZ-Didaktik 123–139, 142–145, 158, 235
Dialekt, dialektal 4, 135

dialogisch 4, 11
Disambiguierung 26
Diskurs, diskursbezogen, diskursiv 3, 20f,
    27, 31, 49, 72–76, 91–96, 101, 105, 108,
    111, 117
  Diskurskohärenz 193–213
  Diskurskompetenz 117
  Diskurskontext 3, 28, 205
  Diskursmarker, Diskursmarkierung 6,
    210
  Diskursreferent 194–196
  Diskursrepräsentation 72, 74
  diskursspezifisch 112, 116
  Diskurstopik 17, 20, 22, 25
  Diskurstyp 25, 117f
  Minidiskurs 24–26
Domäne 20, 32, 34, 44, 241
  domänenspezifisch/domänenunspezifisch 112, 241
doppelter Erstspracherwerb 100, 109
Drittklässler 109
Dürr-Stiftung viii, 215
Effektivität, effektiv viii, 135, 153, 183, 238, 241
  s. Ineffektivität
Eigenname 21, 29, 196, 204, 250
Eingangsdiagnose 63
  s. Diagnose, Diagnostik
  s. Fördereingangsdiagnose
einsprachig, monolingual 40, 47f, 59–62, 79,
    107, 109–112, 126–132, 209
Ellipse, elliptisch 4, 200, 204–209
  Subjektellipse 204
elogit, elogit-Wert 82, 85, 88, 91f
Englisch, englisch, englischsprachig 67, 74,
    101, 109f, 147, 241
Ergativ, ergative Verben 219–221, 226, 230,
    234
Erhebung 59, 79, 111, 112, 229, 254
  Datenerhebung 79–81, 198, 212, 225, 231
  Erhebungsverfahren 219, 229
  Teilerhebung 215, 219–226, 230
‚Erklären', Erklärung 1, 5, 10, 176f, 243
Erstsprache 19, 37, 78, 82, 99, 103f, 106, 110,
    112f, 126, 146, 159, 183f, 186, 193, 217,
    225, 229

Erstspracherwerb 17, 38, 44, 71, 86, 100f,
    103f, 109, 124f, 128, 132, 143, 149
  doppelter Erstspracherwerb 100, 109
Erwerb, erwerben/Spracherwerb vii, viii,
    1–15, 17–46, 104
  DaM-Erwerb 17–46, 47–69, 71–98
  DaZ-Erwerb vii, 71–98
  Erstspracherwerb 17, 38, 44, 71, 86,
    100f, 103f, 109, 124f, 128, 132, 143,
    149
  Erwerb bildungssprachlicher Handlungsfähigkeit 1–15
  Erwerb funktionaler Anapherndistribution 17–46
  Erwerb referentieller Ausdrücke vii,
    17–46, 71–98, 193–213
  Erwerb von Passivstrukturen 215–236
  Erwerbsabfolge 86, 145
  Erwerbsaufgabe 125, 129, 132, 142, 144,
    255
  Erwerbsphase 84, 87, 93, 126, 129
  Erwerbsprozess 8, 17, 19, 23, 44, 48, 105,
    131, 142, 146, 156, 162, 169, 218, 219
  Erwerbssequenz 145, 159, 230
  Erwerbsstudie 17, 19,
  Erwerbstyp 78, 83f, 90, 94
  Erwerbsverlauf 18, 38, 40, 45, 90, 93,
    110, 124, 126, 136, 245, 254
  L1-Erwerb 7, 74, 93, 218
  L2-Erwerb 7, 77f, 125, 127, 193, 218
  schulischer Spracherwerb 237–264
  Spracherwerbsforschung, erwerbstheoretische Forschung vii, 72, 86, 121,
    123, 136, 145, 164, 168, 245
  spracherwerbstheoretische Aspekte,
    Erwerbstheorie 123–139, 142f, 244
  Zweitsprach(en)erwerb vii, 17, 27, 71,
    77f, 86, 99–122, 123–126, 130, 132,
    136, 141, 143, 146, 155f, 158f, 162,
    215–236, 256
‚Erzählen', Erzählen, Erzählung 5, 111–113,
    117, 222, 233f, 254
  Erzählfähigkeit 39
Expectancy-Hypothese 74, 92
Explizitheit, explizit 11, 35, 54, 56, 64, 80, 99,
    102–106, 108, 118, 134, 141–172, 175, 177,
    180, 182–186, 194–196, 208, 235, 238

explizite Formfokussierung 141–172
Explizitheitsgrad 102
Explizitheitsstufe 105
Eyetracking 71–98
   Eyetrackingdaten 81
Fach, fachlich 2, 11, 50, 63, 101, 103, 177, 179, 183, 185f, 238, 240f
   fächerübergreifend 238
   Fachdidaktik 174
   fachsensibler Sprach(förder)unterricht 173–191
   Fachsprache, fachsprachlich 2, 102f, 183
   Fachunterricht 94, 127, 173–191
   Unterrichtsfach 179, 240
Fachsprache, fachsprachlich 2, 102f, 183
Farbsymbol 160, 162f
face-to-face 4, 48
Feedback 104, 117
   s. *Rückmeldung*
Finnisch 78
Fixation, Fixationszeit 25, 81–98
Förderung, fördern vii, 2, 10, 64, 94f, 110f, 123, 131, 135, 141–143, 158, 178, 187, 215f, 236–239
   Förderbedarf/Sprachförderbedarf 49, 54–58, 64, 123, 225, 232–235, 238, 249
   Förderdidaktik 142f
   Fördereingangsdiagnose 50
   Förderqualität 135
   Fördersituation 123f, 131, 133, 135
   Genusförderung 162, 169
   Leseförderung 49
   Sprachförderung vii, viii, 1, 47, 49, 64, 71, 93, 123–139, 141, 152, 173, 183, 193f, 210, 215–225, 236
FörMig 2
focus-on-form 141–172
focus-on-formS 150, 152, 157
focus-on-meaning 149
Fokuspartikel 128–132
Formmerkmal 104, 117
Formfokussierung, formfokussierend viii, 141–172
Französisch, französisch, französischsprachig 35, 78, 108–110, 196
Frame 5, 13, 244f, 249, 251
Fremdsprachenforschung 145, 150
Fremdsprachenunterricht 8, 153
Frog Story 111, 114f
frühkindlich 2, 111
funktionale Anapherndistribution 17–46
Funktionsverbgefüge 242
Funktionswort 127, 241
gebrauchsbasiert/*usage-based* 142f, 148, 237, 243, 245, 248, 254
Gebrauchsbasierte Grammatik 144, 243–246, 249, 253f, 256
Gemeinsamer Europäischer Referenzrahmen 30
   (GER-Niveau) A1 30
   (GER-Niveau) A2 30
   (GER-Niveau) B1 30–36
   (GER-Niveau) B2 30–36
   (GER-Niveau) C1 30–36
Gemeinschaftsschule, Gemeinschaftsschüler 47–69
Generalisierung, Generalisierungsprozess 149, 244–246, 256
Genus 25, 45, 58, 71–98, 113, 141f, 150, 158–172, 247
   genusambig 75, 87, 96
   Genusdistinktion 45
   genuseindeutig 82–84, 87, 89–90, 94
   Genuserwerb 45, 78, 90, 131, 142, 159, 160–169
   Genusförderung 162, 169
   Genushinweis 87
   Genusinformation 20, 25, 74, 78
   Genuskategorie 78, 160–162
   Genusklasse 80
   Genuskodierung 90
   Genuskompetenz 90, 141f, 158, 168
   Genuskongruenz 29, 76, 84, 96
   Genusmarkierung, Genusmarker, genusmarkierendes Element 126, 159–161, 164, 169
   Genusmerkmal 158, 160
   Genusmorphem 164
   s. *Genusträgerelement, genustragendes Element*
   Genussystem, Genussystematik 19, 126, 131f, 159, 166f, 169
   Genusträgerelement, genustragendes Element 159, 162, 166, 168

Genusübung 163
genusvariierend 94
Genusverarbeitung 77f, 80, 89
Genuswahl 117
Genuszugehörigkeit 141, 158, 160, 164, 168f
Genuszuordnung 160
Genuszuweisung 78, 90, 142, 158f, 164, 166, 168
Genuszuweisungsregel 159, 168
Genuszuweisungsregelhaftigkeit 159f, 164, 168
Grammatik, grammatisch, grammatikalisch vii, 1, 4, 7–9, 12, 20, 25, 49f, 76, 102, 104, 107f, 112f, 144–148, 150, 157, 181f, 216
   Gebrauchsbasierte Grammatik 144, 243–246, 249, 253f, 256
   Grammatikerwerb 141
   Grammatikfehler, grammatischer/ grammatikalischer Fehler 50, 107, 110
   Grammatikunterricht 104, 238
   Grammatikvermittlung, Grammatikvermittlungsansatz 150
   grammatische Kompetenz 144, 149
   grammatische Regel, grammatisches Regelsystem, grammatische Struktur 104, 147f, 153–155, 157f
   grammatisches Geschlecht 25, 160f
   Interimsgrammatik 44
   interne Grammatik 76
   Kerngrammatik, (kern)grammatische Strukturen, (kern)grammatischer Bereich 146, 154, 158, 193
   Konstruktionsgrammatik 243f
   Lernergrammatik 35
   ungrammatisch/agrammatisch 22, 110
   universalgrammatisch 142
Griechisch 41
Grundschule, Grundschüler, Grundschulkinder 17–46, 48, 59f, 67, 71–98, 108, 128, 141, 158, 193–213, 215–236, 237–264
Günter-Reimann-Dubbers-Stiftung viii, 215
Gymnasium 59
Hauptsatz/Nebensatz 80, 125f, 147, 193, 197, 199, 202–204, 209f, 250–252

Hausaufgabe 55, 68
Hempel-Oppenheim-Schema 176
Hilfsverb 183, 219f, 227
   Passivhilfsverb 216
Hörverstehen 49
hypotaktisch 4
Idiomatismus, idiomatisch 1, 6–8, 11, 242
   s. unidiomatisch
Imitation, 5, 9f, 105
   s. Nachahmung
Inklusion 94
Immersion 110
   Immersionsprogramm 101, 109f
   Immersionsschüler 151
Implizitheit, implizit 102–106, 108, 141–143, 145–149, 151, 153–160, 162, 164–169
Impuls vii, viii, 52, 240
indefiniter/unbestimmter Artikel 105
Indefinitpronomen 180–182, 249, 252
Input 8, 12, 32ff, 38, 40, 44, 49, 72, 76, 86f, 93, 104ff, 127, 133, 143, 149–151, 154ff, 162f, 197, 226, 234, 243ff, 253–256
   s. Sprachinput
Intake 12, 155f
Integration 3, 25, 51, 94, 167
‚*Integrierte Sprachförderung in 3. und 4. Klassen*' 237–264
Intentionalität, intentional 100, 147
Interaktion 4, 5, 7, 104, 108, 118, 146, 153–158, 160ff, 168, 201f, 206, 245, 249
   Interaktionsmuster 245
Interdisziplinarität viii
interface 152–155
   non *interface*-Hypothese 155
   strong *interface*-Hypothese 154
   weak *interface*-Hypothese 154f, 160, 166f
   s. Schnittstelle
Interferenz 78, 87, 100, 109, 197
Interimsgrammatik 44
interne Grammatik 76
Interrogativpronomen 252
intransitiv 199
Inversion 113, 116–118
Italienisch, italienisch 41, 67, 255
Kasus 58, 113, 166
   Kasusdistinktion 45
   Kasuserwerb 132

Kasuskorrektur 113
Kasusmarkierung 117, 126, 169
Kasussystem 126, 131f
Kausalnebensatz/*weil*-Satz 209, 251
Kindergarten, Kindergartenalter 49, 67, 99–122, 193
KiTa 43, 45, 79, 141, 158, 215–236
Kognition, kognitiv 2, 5f, 8f, 11, 40, 72, 74, 77f, 82f, 85f, 89, 96, 100, 103, 151, 156, 163f, 168, 244
Kohärenz, kohärent 18, 72, 181f, 194–205
  Diskurskohärenz 193–213
  Kohärenzbildung 116
  Kohärenzherstellung 208
  Kohärenzmarkierung 194f, 197–205
  referentielle Kohärenz 18, 194, 196
  relationale Kohärenz 194f
Kollokation 1, 6, 8, 242
kompensatorisch 49, 141f, 151
Kompetenz(en), kompetent 2, 47, 72, 77f, 86, 94, 144ff, 149, 166, 186, 216, 243, 256
  alltagssprachliche Kompetenz 1f
  bildungssprachliche (Handlungs)Kompetenz 1–15, 47f, 63f
  Diskurskompetenz 117
  Genuskompetenz 90, 141f, 158, 168
  grammatische Kompetenz 144, 149
  Kompetenzbeschreibung 64
  Lesekompetenz 49, 238–243
  metasprachliche Kompetenz 111
  morphosyntaktische Kompetenz 99, 210
  Passivkompetenz 215f, 230f
  Schreibkompetenz 47–69
  Sprachkompetenz, sprachliche Kompetenz 2, 7, 9, 47, 106, 111, 141–144, 146, 148, 152–156, 160, 167f, 180, 194, 216, 220
  Text(muster)kompetenz 47, 54f, 57–62, 173f, 237
Kompositum, kompositionell, Kompositionalität 4, 102, 110, 242–244
Kongruenz 25, 75, 126
  Genuskongruenz 29, 76, 84, 96
  Subjekt-Verb-Kongruenz 126
  Tempuskongruenz 116
Konjunktion 58, 63, 184, 249–252
Konjunktiv 4, 252

Konnektor, Konnexion 4, 58, 63, 148, 173, 180, 183–185, 193–203, 205f, 208f
Konstruktionsgrammatik 243f
Kontaktdauer, Kontaktzeit 90, 93f, 124– 128, 131, 136, 183
Kontext, kontextuell 1f, 12, 22f, 33, 37f, 49f, 72, 77f, 83, 87ff, 96, 102ff, 108f, 111f, 123, 128, 134, 146f, 152f, 155, 165, 179, 187, 193–197, 202f, 208ff, 215ff, 222, 224, 227, 230, 233f, 240, 252–256
  ambiger Kontext 32, 75, 87
  Auflösungskontext 82, 84, 90, 94, 96
  DaM-Kontext 92–94, 158
  DaZ-Kontext 1–15, 78, 94, 225
  dekontextualisiert 2, 240
  Diskurskontext 22f, 28, 205
  kontextnah 240
  kontextfrei 8, 255
  Kontextoptimierung 93
  kontextualisiert 4
  passivfordernder Kontext, Passivkontext 224, 226f, 233f
  sprachlicher Kontext 25, 26, 38
  Verweiskontext 38, 40
  Verwendungskontext 45, 242, 256
Kontrollgruppe 24f, 30, 33, 35
Kontrollvariable 201, 206
Konverse, konvers 216, 229
konzeptionell mündlich, konzeptionelle Mündlichkeit 4
konzeptionell schriftlich, konzeptionelle Schriftlichkeit 4, 38, 44, 47, 49, 57
Koreferenz 87
Korrektheit 10, 57, 80
Korrektur 64, 99, 101f, 107f, 110ff, 116ff, 251
Kroatisch 35, 41
Längsschnittstudie 128
L1-Erwerb 7, 74, 93, 218
L2-Erwerb 7, 77f, 125, 127, 193, 218
Lernaufgabe 117, 186
Lernergrammatik 35
Leseaufgabe 118, 200
Leseverstehen 198, 237, 239, 240, 241
Lesezeit 25, 195, 196, 198– 210
lexikalisch 5, 74f, 112, 117, 150, 184, 216, 229, 237, 239–256
Lexikerwerb 109

LiSe-DaZ 129
Literalität, literal 62, 109, 187, 239
   vorliteral 109
longitudinal 111, 144, 217, 254
man, *man*-Konstruktion 180–183, 249, 252
Mathematik 238, 241
Mehrsprachigkeit, mehrsprachig 47–50, 54, 59–66, 72, 77, 79, 110f, 209, 216, 238
Mehrwortäußerung 126
mentale (Diskurs-)Repräsentation, mental repräsentiert 6, 74, 194
metakommunikativ 108
Metapher 242
metaphonologisch 102
metapragmatisch 102
Metasprache, metasprachlich vii, 99–122, 154, 168, 252, 255
   metasprachliche Aufmerksamkeit 109, 110, 117
   metasprachliche Kompetenz 111
metasyntaktisch 102, 110
Migrationshintergrund 2, 47f, 225
Minidiskurs 24–26
Mittelfeld 118
Modellierungstechnik 123–139
Modus 249–252
monolingual/einsprachig 40, 47f, 59–62, 79, 107, 109–112, 126–132, 209
monologisch 4, 11
morphologisch 4, 27, 102, 108, 110f, 158, 184, 241f
morphosyntaktisch, Morphosyntax 50, 113, 125, 193, 198f, 209f, 248, 253
Mündlichkeit, mündlich 2, 4, 10, 12, 19, 32, 72, 107, 109, 111f, 117, 203, 240, 244, 246f, 249
Muster 6, 11, 17, 19, 29, 37, 42, 82f, 130f, 199, 201, 204, 244, 248f, 253, 255
   Anbindungsmuster 23–25, 31, 34–43
   Antwortmuster 34, 37
   Distributionsmuster 157
   Erwerbsmuster 124, 127
   Interaktionsmuster 245
   Musterprotokoll 173, 179, 184, 184
   Mustertext 185
   Präferenzmuster 35,
   Rektionsmuster 254f

Satzmuster 118, 255
Schreibmuster 186
sprachliches Handlungsmuster 10
Textmuster 173
Textmusterwissen 186
Valenzmuster 244
Muttersprache, muttersprachlich 2, 17–46, 48, 71f, 77f, 80, 94, 194, 198
Nachahmung 104
   s. *Imitation*
Nachdenkaufgabe 255
Nebensatz/Hauptsatz 80, 125f, 147, 193, 197, 199, 202–204, 209f, 250–252
Niederländisch 23f
Nomen, nominal 127, 158–161, 163f, 168f, 181, 247f, 256
   Nominalflexion 50, 57, 125f, 158
noticing-Hypothese 12, 153, 155f, 163
Nullanapher 26f, 87
Nullpronomen 23–26
Nullsubjekt-Sprache 23–27
Numerus 20, 25–27, 58, 71f, 75f, 113, 116, 165f, 169
Objekt 18, 22, 39, 72–74, 76, 80, 85, 87–93, 95, 100, 205, 207, 228
   Objektantezedent 80, 85, 87, 89
   Objektfrage 129
   Objekt-NP 130f
   Objektposition 166
   Objektreferenz/-bezugnahme 82, 84
   ‚Objekt-vor-Subjekt-Abfolge' 217
Orthographie 57, 238
   s. *Rechtschreibung*
Output 104f, 112, 116f, 154, 156
pädagogische Fachkräfte 123–139
Partizip 216, 218–220, 222, 226f, 229, 234, 247–250, 252, 255f
   Passivpartizip 216
Partizipation, partizipieren 3, 9, 127, 187
Passiv 183, 215–236
   Passivbegriff 216
   Passiv-Diagnostik 216, 226
   Passiv-Erhebung(sverfahren) 219, 225
   Passivsatzkonstruktion 180f, 183
   Passiv-Förderung 232
   passiv-fordernd 224ff, 233f
   Passivgebrauch 173, 216

Passivhilfsverb 227
Passivkompetenz 215f, 230f
Passivkonstruktion 4, 180f, 183, 185, 216, 227, 233
Passivpartizip 216
Passivproduktion 217, 227f
Passivsatz 216f, 219
Passivstatus 216
Passivstruktur vii
Passivvermeidung 232
Vorgangspassiv, *werden*-Passiv 182f, 186, 216f, 220, 224ff, 229ff
Zustandspassiv, *sein*-Passiv 216f, 219f, 222f, 230f
Patiens 216–234
  Patiensperspektive 217, 233f
  Patienssubjekt 216f, 219, 229f
  Patienstopikalisierung 217
Perfekt 219–221, 230f, 250f
Persisch, persisch 17–46
Person 19, 26f, 167, 250, 252
Personalpronomen 17–46, 71–98, 181f, 204, 249–251
phonologisch 18, 75, 102, 108f, 132, 158f, 164, 239, 247–249, 253, 256
  metaphonologisch 102
phonologische Bewusstheit 102, 109f, 132
Phraseologismus, phraseologischer Ausdruck 1, 4, 6, 242
Plural 76, 147, 150, 164, 250, 252
Polnisch, polnischsprachig 35, 41, 116, 217
prä-/post-pronominal 71–98
Prädikat 199, 201f
Prädikativstruktur 199
Prädikativkonstruktion 216, 228, 234
Prädikatssegment 202
pragmatisch 3, 6, 9, 20, 102, 104, 108, 215–217
Produktion, produktiv 4, 6f, 49, 77, 90, 125–132, 144, 151, 154, 157, 187, 216–218, 222, 225, 234, 240, 246, 249
  Sprachproduktion 6, 100, 128, 146ff
  Textproduktion 49, 63, 64, 179, 183, 185f, 191, 241
Pronomen, pronominal 17–46, 58, 71–98, 105, 113, 117f, 158, 193–213, 251f
  anaphorische Personalpronomina 71–98

anaphorische Pronomen 71–98, 193–213
Defaultpronomen 38, 40, 44f
Demonstrativpronomen 17–46, 252
Indefinitpronomen 180–182, 249, 252
Interrogativpronomen 252
Nullpronomen 23–26
Personalpronomen 17–46, 71–98, 181f, 204, 249–252
Possessivpronomen 38, 108
prä-/post-pronominal 71–98
Pronomenauflösung/Pronomenresolution 71–98
Pronomen-Onset 82–84, 88
Pronomenresolution/Pronomenauflösung 71–98
Pronomenrezeption 73, 75
Pronomentyp, pronominaler Typ 20, 31–34, 36f, 42f, 45
Pronomenverarbeitung, pronominale Verarbeitung(sprozesse) 83, 88
pronominale Anapher, pronominale Anaphorik 17–46, 71–98
pronominale Referenz 32, 58
Reflexivpronomen 38
Subjekt(s)pronomen, pronominales Subjekt, Pronominalsubjekt, prä-/post-pronominales Subjekt 25, 92, 196, 204f, 208, 251f
Protokoll, protokollieren 175, 178
  Musterprotokoll 173, 179, 184
  Versuchsprotokoll 173–191
Prototyp, Prototypikalität 104, 150
prozedural 103, 107, 141f, 146–148, 152–155, 161f, 166, 168
Querschnittstudie 48, 128
randomisiert 30, 81, 200
Rater 54, 63
Rechtschreibung/Orthographie 57, 238
Regelunterricht 237
Referenz 20, 26, 31, 117
  ambige Referenz 31
  anaphorische Referenz 20, 29
  Koreferenz 87
  Objektreferenz 82
  pronominale Referenz 32, 58
Referenzausdruck, referentieller Ausdruck 72–76, 85, 87f, 91–93, 96

Referenzbereich 108, 117
Referenzherstellung 105
Referenzmodell 105
Referenztracking 25
Referenztyp 71, 74f, 77–78, 82–84, 90–92, 95
Subjektreferenz, Subjektreferent 82, 84, 92
Reflexiv, Reflexivkonstruktion 39, 228, 234, 242
Reflexivpronomen 38
Regelunterricht 237
Rektionsmuster 254f
Reliabilität 76, 78, 86
repeated-name penalty 196, 204, 207
Repräsentation 6, 72, 74, 104–106, 148, 194, 239f, 243f, 246, 253
Reversed Mapping Hypothesis 21, 22, 27
Rezeption, rezeptiv 4, 6, 8, 48, 73, 75, 77, 90, 125, 127f, 131f, 146, 148, 163, 180, 185, 193–213, 242, 246
‚*Robustes Wortschatztraining*' 237–264
Romani 225, 231
Routinen 1–15
Rückmeldung 95
 s. Feedback
Rumänisch 35, 41
Russisch, russisch, russischsprachig 35, 37, 41, 79, 87, 126, 217f, 225, 231
Sachfach 241
Salienz, salient 21f, 26–29, 31f, 153f, 156, 159, 162
Satz 4, 20–22, 50, 73–75, 80, 87, 89, 110, 116, 118, 125f, 129–131, 157, 181, 193–200, 202–205, 207–210, 219, 238, 243, 251, 253
 Abschlusssatz 250
 Antezedentsatz 80
 Einführungssatz 80
 Hauptsatz/Nebensatz 80, 125f, 147, 193, 197, 199, 202–204, 209f, 250–252
 Kausalnebensatz, *weil*-Satz 209, 251
 Nebensatz/Hauptsatz 80, 125f, 147, 193, 197, 199, 202ff, 209f, 250–252
 Passivsatz 216f, 219
 Satz mit/ohne Fokuspartikel 129–131
 Satzbau 158

Satzbedeutung 243
Satzbildung 118
Satzklammer 117
Satzkonstruktion 4, 248–252
Satzmuster 118, 255
Satzsemantik 125
Satzstellung 22
Satzstruktur 130, 228
Satztyp 248
Satzverknüpfung 58, 63, 184
 Verberstsatz 184
 V3-Satz 148
 weil-Satz, Kausalnebensatz 209, 251
Scaffolding 11, 182, 186
Schnittstelle 152–158, 160, 166–168
 s. interface
Schreiben, Schreiber, Schreibender 5f, 50, 57, 64, 102f, 176, 179, 182, 244, 246
Schreibaufgabe 51, 60, 174, 186
Schreibkompetenz 47–69
Schreibmuster 186
Schreibprodukt 48f, 54
Schreibstil 173, 180–182, 185
Schriftlichkeit, schriftlich 2, 4, 10, 12, 19, 32, 38, 44, 72, 109, 112, 117, 160, 178, 203, 209f, 240, 242, 244, 246
 konzeptionelle Schriftlichkeit, konzeptionell schriftlich 4, 38, 44, 47, 49, 57
‚*Schuldeutsch*' 47–69
Schulerfolg 2, 194, 238
schulischer Spracherwerb 237–264
Schwa-Regel 158f, 164
Sechstklässler 109
Seiteneinsteiger 50f
sein-Passiv, Zustandspassiv 216f, 219f, 222f, 230f
Sekundarstufe 18, 47–69, 173–191, 240
selbstgesteuert 193, 198
Sensibilisierung 39, 234
Serbisch 35
Sequenz 6–9, 11
Siebtklässler 49f, 62, 64
slot&frame 244f, 249, 251
Sprachangebot 38, 141f, 144, 146, 149f, 153, 155–160, 255
Sprachbewusstheit 12, 99–122
Sprachbewusstsein 99–122, 134

Sprachbildung vii, 237
Sprachbiographie, sprachbiographisch 30, 59, 64, 67, 183
Sprachdidaktik, sprachdidaktik vii, 1, 99-122, 123-139, 141-145, 235
Spracherwerb, Erwerb, erwerben vii, viii, 1-15, 17-46, 104
  DaM-Erwerb 17-46, 47-69, 71-98
  DaZ-Erwerb vii, 71-98
  doppelter Erstspracherwerb 100, 109
  Erstspracherwerb 17, 38, 44, 71, 86, 100f, 103f, 109, 124f, 128, 132, 143, 149
  Erwerb bildungssprachlicher Handlungsfähigkeit 1-15
  L1-Erwerb 7, 74, 93, 218
  L2-Erwerb 7, 77f, 125, 127, 193, 218
  schulischer Spracherwerb 237-264
  Spracherwerbsforschung, erwerbstheoretische Forschung vii, 72, 86, 121, 123, 136, 145, 164, 168, 245
  spracherwerbstheoretische Aspekte, Erwerbstheorie 123-139, 142f, 244
  Zweitsprach(en)erwerb vii, 17, 27, 71, 77f, 86, 99-126, 130, 132, 136, 141, 143, 146, 155f, 158f, 162, 215-236, 256
Spracherwerbsstörung 134
Sprachförderung vii, viii, 1, 47, 49, 64, 71, 93, 123-139, 141, 152, 173, 183, 193f, 210, 215-225, 236
  diagnosebasierte Sprachförderung 215
  ‚Integrierte Sprachförderung in 3. und 4. Klassen' 237-264
  Sprachförderbedarf/Förderbedarf 49, 54-58, 64, 123, 225, 232-235, 238, 249
  Sprachfördercurriculum 145
  Sprachförderkonzeption vii
  sprachförderliche Sprache 123, 135
  Sprachfördermaterial vii
  Sprachförderprojekt vii, 63
  Sprachförderunterricht 186f
  Sprachförderziele 125
Sprachgebrauch 1, 3f, 6-8, 10, 133, 135, 144-146, 165, 168, 179, 186, 242f
Sprachinput 142
Sprachkontakt 36, 44, 142

sprachliche Routinen 1-15
sprachliches Handlungsmuster 10
Sprachregister, sprachliches Register 2, 9, 48f, 58, 62, 174, 179, 183, 241, 247
Sprachmodalität 117
Sprachproduktion 6, 100, 128, 146, 148
sprachsensibler Fachunterricht 173-191
Sprachstandsfeststellungsverfahren 215
  s. Diagnoseverfahren
sprachtypologisch 173, 183
Sprachunterricht 143, 150
  fachsensibler Sprachunterricht 173, 186, 187
Sprachverarbeitung 6, 85, 106, 112, 142f, 145, 146-148, 151, 153, 155, 158, 160, 162, 168
Sprachvermittlung vii, 141f, 149-153, 156f
Sprachverstehen, Sprachverstehensprozess 17-46, 125, 128-132, 136
Sprachwahl 100
Sprachwissen 99, 103f, 147f, 155
Sprechergemeinschaft 1, 3
Sprechhandlung 5, 12
Standardsprache 4
Stellung (im Satz), Satzstellung 22, 203
  Erststellung 21
  Grundwortstellung 25, 161
  Umstellung der Wortfolge 102
  Verbstellung 125-127, 132, 203
  Verbzweitstellung 148, 203
  Verbendstellung/Verbletztstellung 193, 203, 209
  Wortstellung, Nebensatzwortstellung 102, 126, 203, 209
Stiftung Mercator 50
Stimulus 79-82, 105, 229, 234
  Stimulusfrage 226
  Stimulus-Onset 82f
Subjekt 18, 21f, 25-31, 33-35, 37, 39, 41f, 72-76, 85, 87-93, 95f, 159, 181f, 195f, 199, 201f, 204f, 208, 216f, 219-221, 224, 228, 232-234, 249-252
  Agens-Subjekt 219, 228, 230, 233
  initiales (initial gebrauchtes) Subjekt 181f
  Nicht-Subjekt 17, 22, 25-27, 30-33, 35-37, 41
  Nicht-Subjektanbindung 27

Nullsubjekt-Sprache 23–27
Patienssubjekt 216f, 219, 229f
subjektaffin 34
Subjektanbindung 27f, 31–34, 36f, 39, 41
Subjektanbindungspräferenz 32, 37
Subjektantezedent 80, 85, 87, 89
Subjektellipse 204, 208
Subjektfrage 129
Subjektkontinuität 204
Subjekt-NP 130, 131
Subjektreferenz, Subjektreferent 82, 84, 92
Subjektrolle 196
Subjektposition, Nicht-Subjektposition 17, 23, 27, 76, 87
Subjektpräferenz, Nicht-Subjektpräferenz 31, 33, 37, 43
Subjekt(s)pronomen, pronominales Subjekt, Pronominalsubjekt, prä-/post-pronominales Subjekt 25, 196, 204f, 208, 251f
Subjektreferenz, Subjektreferent 82, 84, 92
Subjektsegment 201, 203, 206f
Subjekt-Variation 251
Subjekt-Verb-Kongruenz 126
Syntax, syntaktisch 4, 25, 72–74, 102, 108, 110f, 113, 116f, 126, 132, 143, 150, 184, 210, 219, 234, 238, 240–245, 249–256
metasyntaktisch 102, 110
morphosyntaktisch, Morphosyntax 50, 113, 125, 193, 198f, 209f, 248, 253
(morpho)syntaktische Korrektur, formbezogene Korrektur 102, 113, 116f
Tamil/Tamilisch 41, 225, 231
Teilaufgabe 159, 249
Tempus 248–252
  Grundtempus 57
  Tempusfolge 55
  Tempuskongruenz 116
  Tempusmarkierung 113
Test, Pre-Test, Pilottest 50, 112, 128f, 210, 222
  C-Test 59, 193, 199f, 210
  Testbedingung 31–34, 36, 39
  Testgruppe 33, 41
  Testgütekriterien 50
  Testitem 31f, 80f, 84, 203, 220–224, 229

Testkomponente 81f
Testleiterin 220, 222–224
Testmaterial 28, 35, 130
Testsatz 80, 130
Testverfahren 109
Testzeitpunkt 30, 129
Textbaustein 55, 173–175, 177–179
Text(muster)kompetenz 47, 54f, 57–62, 173f, 178, 237
Textmuster 173
Textproduktion 49, 63f, 179, 183, 185f, 191, 241
Textsorten 11, 57, 173–175, 178, 180, 185, 186
  textsortenspezifisch vii, 5, 49, 50, 60
  textsortenübergreifend 50, 57, 60, 62
Textverarbeitung 193, 195, 198, 203
Textverstehen 193f, 197, 202f, 207–210
Topik, Topikalisierung 20–23, 25, 27–29, 38, 73f, 216–218
  Diskurstopik 17, 20, 22, 25
  Patienstopikalisierung 217
  Topikposition 224, 234
  Topikwechsel 17, 20f, 23, 26, 38
Transfer 7, 34, 87, 177, 203
  Transferaufgabe 166
  Transfereffekt 23
Transkript, Transkription 112, 249–252, 254, 259, 261f
Türkisch, türkischsprachig 17–46, 103, 106, 111, 113, 116, 126, 184, 193, 198, 203, 205, 217, 218, 225, 231
Übergeneralisierung 159, 217–219, 227, 256
Umgangssprache 2, 48, 58, 135
Ungarisch 35
unidiomatisch 7f
universalgrammatisch 142
Unterricht, unterrichtlich 2f, 5, 10ff, 18, 35, 103, 127f, 173ff, 182, 184f, 239
  Deutschunterricht 35, 44, 141, 168, 186, 238
  fachsensibler Sprachunterricht 173, 186f
  Fachunterricht 94, 127, 173–191
  Fremdsprachenunterricht 8, 153
  Regelunterricht 237
  Sprachförderunterricht 186f
  Sprachunterricht 143, 150
  Unterrichtsfach 179, 240
  Unterrichtsgegenstand 44, 147, 183

Urdu 110, 225, 231
usage-based/gebrauchsbasiert 142f, 148, 237, 243, 245, 248, 254
Varietät(en) 1, 3–5, 12, 48, 167
Verb, verbal 126f, 147, 181, 197, 199, 205–208, 217f, 220, 228, 230f, 242f, 245–248, 252
  ergative Verben, Ergativ 219ff, 226, 230, 234
  Funktionsverbgefüge 242
  Hilfsverb 183, 219f, 227
  Modalverbkonstruktion 250
  Subjekt-Verb-Kongruenz 126
  transitives/intransitives Verb 199, 205, 216, 219ff, 224, 226, 228, 230, 233
  V3-Satz 148
  Verbendstellung/Verbletztstellung 193, 203, 209
  Verberstsatz, Verbinitialstellung 184
  Verbflexive 102, 105, 113, 116
  Verbform 143, 219, 248, 252
  Verbkonstruktion 181
  Verbalkomplex 224, 226, 247
  Verbklammer 118, 126
  Verbkonjugation 150
  Verbstellung 125–127, 132, 203
  Verbwortschatz 132
  Verbzweiteigenschaft 147f
  Verbzweitstellung 148, 203, 209
Vermittlungsmethode viii, 149
Versuchsprotokoll 173–191
Verstehen, verstehen, Verstehensprozess 2, 4, 9, 17–46, 71–98, 103, 108, 125, 128–132, 194, 200, 209f, 239, 247
  Hörverstehen 49
  Leseverstehen 198, 237, 239, 240, 241
  Sprachverstehen, Sprachverstehens- prozess 17–46, 125, 128–132, 136
  Textverstehen 193f, 197, 202f, 207–210
  Verstehen anaphorischer Personal- pronomina 71–98
Viertklässler 17, 19, 35–45, 110, 193
Vietnamesisch 35, 225, 231
Visual World Paradigma 71–98
Vorgangspassiv, *werden*-Passiv 182f, 186, 216f, 220, 224ff, 229ff

Vorschule, vorschulisch, Vorschulalter 39f, 44, 62, 99, 101, 123, 146
Vorschulkinder vii, 108–110
W-Frage 128f, 132
wechselseitige Angleichung 3
weil-Satz, Kausalnebensatz 209, 251
wenn-dann(-Konstruktion) 180, 184f, 252
werden-Passiv, Vorgangspassiv 182f, 186, 216f, 220, 224ff, 229ff
Wirksamkeit 2, 44, 134–136, 142, 157
Wissensbestand 2, 5, 106, 145–147, 154
Wissensrahmen 5
Wissenschaftssprache 4
Weiterbildung 123, 134,
Wörterbucharbeit 240, 255
Wortbildung 247, 255
Worterkennung, Worterkennungsprozess 78, 239
Wortschatz vii, 3, 49, 104, 125, 127f, 132, 136, 159, 223ff, 237–264
  Bildungswortschatz 237f, 242
  ‚*Robustes Wortschatztraining*' 237–264
  Verbwortschatz 132
  Wortschatzarbeit 237–264
  Wortschatzeinheit 241
  Wortschatzentwicklung 132
  Wortschatzerwerb, 86, 109, 125ff, 256
  Wortschatzliste 184
  Wortschatzschicht 241
  Wortschatzspurt 127
  Wortschatztraining 237–264
  Zielwortschatz 241
Zielsprache 9f, 33f, 44, 142, 150, 153, 183, 241
Zielwortschatz 241
Zustandspassiv, *sein*-Passiv 216f, 219f, 222f, 230f
Zweijährige 100, 107
Zweitklässler 227, 230
Zwei-Komponentenmodell 106, 109
Zweitsprachdidaktik, DaF-/DaZ-Didaktik 123–139, 142–145, 158, 235
Zweitsprach(en)erwerb vii, 17, 27, 71, 77f, 86, 99–126, 130, 132, 136, 141, 143, 146, 155f, 158f, 162, 215–236, 256

www.ingramcontent.com/pod-product-compliance
Lightning Source LLC
Chambersburg PA
CBHW070608170426
43200CB00012B/2624